W0257798

Ed Dunphy

Unternehmen UNIX

Technologie, Märkte und
Perspektiven offener Systeme

Mit einem Vorwort von Peter Domann,
Siemens, München

Springer-Verlag

Berlin Heidelberg New York
London Paris Tokyo
Hong Kong Barcelona
Budapest

Übersetzt aus dem Amerikanischen
von Betsy Meyer, München

Autorisierte Übersetzung aus der englischen Originalausgabe
The UNIX Industry herausgegeben von QED Information
Sciences, Inc., Wellesley, Massachusetts, USA. Alle Rechte
vorbehalten.

ISBN-13:978-3-642-77245-0   e-ISBN-13:978-3-642-77244-3
DOI· 10.1007/978-3-642-77244-3

Umschlaggestaltung: Konzept & Design, Ilvesheim
Satz: Datenkonvertierung durch Ulrich Kunkel Textservice, Reichartshausen
33/3140 – 5 4 3 2 1 0 – Gedruckt auf säurefreiem Papier

Gegenerklärung

Die in diesem Buch – *Unternehmen UNIX* – enthaltenen Informationen sind das Resultat von Marktforschungen, die der Autor angestellt hat, oder sind dem Autor von Entwicklern, Herstellern oder Anbietern der Produkte und Dienstleistungen, die beschrieben werden, angeboten worden. Andere Informationsquellen sind öffentlich zugänglich. Diese Informationen sind weder im Ganzen noch in Teilen vom Autor überprüft, noch von unabhängiger Seite authentifiziert worden.

Der Autor, QED Information Sciences Inc. und der Springer-Verlag geben für Produkte oder Dienstleistungen, die in dieser Arbeit beschrieben werden, keine Gewähr oder Garantie. Fragen bezüglich der Produkte oder Dienstleistungen, die in dieser Untersuchung enthalten sind, sollten direkt an die Hersteller, Anbieter oder Entwickler der in Frage kommenden Produkte oder Dienstleistungen gerichtet werden.

Sun Microsystems Inc. hat dieses Manuskript nicht unterstützt und ist auch sonst nicht daran beteiligt.

Das UNIX-Warenzeichen

UNIX ist ein eingetragenes Warenzeichen von AT&T und wird eingesetzt, um eine bestimmte Software-Marke zu identifizieren. Das Warenzeichen umfaßt mehrere Betriebssysteme, die bei AT&T-Bell Laboratories entwickelt und von AT&T lizenziert werden.

In dieser Arbeit bezieht sich der Ausdruck UNIX auf die UNIX-Betriebssysteme von AT&T. Der Gebrauch dieses Warenzeichens hier ist so zu verstehen, daß UNIX ein Adjektiv ist, welches ein Nomen näher bestimmt, und zwar dort, wo das Nomen der Name eines Produkts ist. Da es mehrere UNIX-Betriebssysteme gibt, sollen die Bezüge auf das UNIX-Betriebssystem hier als Sammelbegriff verstanden werden.

Warenzeichen

Acer Incorporated – ACER
Adobe Systems Incorporated – Display PostScript, PostScript und TransScript
Altos Computer Systemes – Altos, Series 1000, Series 2000
Amdahl Corporation – UTS
Apollo Computer Inc. – APOLLO, DOMAIN/IX, Aegis, Domain/IX, Domain/PC, PA-RISC
Apple Computer – A/UX, Mac, MacOS, Macintosh, LaserWriter
Arix Corporation – Arix
AT&T-Open Look, System Interface Definition (SVID), 3B2, Programmer_s Workbench,
Tuxedo, ABI UNIX, System V und AT&T
Charles River Data Systems – UNOS
Convex Computer Corp. – Convex, ConvexUNIX
Commodore-Amiga, AmigaDOS
Compaq-Compaq 386, SYSTEMPRO
Cray Research, Inc. – Cray
Data General Corporation – Data Gernal, DG/UX

Dell Computer Corporation – Dell
Digital Equipment Corporation – DECwindows, DECnet, Ultrix, VAX, VT100, DEC, PDP, MicroVAX, Digital, VMS, VT100, VT200
Digital Research, Inc. – EXOS
Everex – ESIX
Excelan, Inc. – EXOS
Frame Technology Corp. – Framemaker
Gould, Inc. – UTX/32
Hewelett-Packard Corporation – HP-UX, New Wave, HP 9000 Series, HP Windows, Precision Architecture
Independence Technology, Inc. – Turbo
Informix Software, Inc. – Informix, C-ISAM, Informix-4GL, SQL
International Business Machines Corporation – IBM, IBM RT System, PS/2, OS/2, AIX, AS400, S36, S38, BSC3270, SAA, Andrew, Token-Ring, PC/XT, DB2, VP/SP, RS/6000, MVS, PS/2, RT, SNA, SNA RJE
Interleaf, Inc. – Interleaf
Institute of Electrical and Electronic Engineers, Inc. (IEEE) – POSIX
Intel Corporation – Intel, 80386, 80486, 386
INTERACTIVE Systems Corporation – 386/ix, IN/ix und VP/ix
IXI Limited – X.desktop
Language Processors, Inc. – LPI
Locus Computing Corporation – X Sight
Massachusetts Institute of Technology – X Window
MicroFocus Ltd. – MicroFocus
Microport Corp. – DOSMerge, Microport, System V/AT, System V/386
Microsoft Corporation – MS-DOS, XENIX, MS, Windows-386, Windows-3.0, LAN Manager
MIPS Computer Systems, Inc. – RISC
Motorola Computer Systems – MC68010, MC68020, MC68030, Motorola
NCR Corp. – NCR, TOWER, TPSX, System 3000, ITX
NeXT – NeXT
Open Software Foundation – Motif
Open Systems Inc. – Open Systems
Oracle Inc. – Oracle
Radioshack – TRS80
The Regents of University of California – Berkeley 4.2BSD, Berkeley 4.3BSD
Relational Technology, Inc. – INGRES
The Santa Cruz Operation, Inc. – SCO, SCO VP/ix, Open Desktop, SCO UNIX und SCO XENIX
SPARC International Inc. – SPARC
Sun Microsystems, Inc. – SunOS, ONC, X11/NeWS, Open Windows, NeWSpring, Network File System (FNS), Sun 3, Sun 4, SunLink und PC-NFS und NeWS, SPARC, SPARCstation, Sun Micorsystems
Sybase, Inc. – Sybase, Data ToolSet, DataServer, Data WorkBench
Tolerant Systems, Inc. – TX, Pathway
Transaction Processing Performance Council – TPC Benchmark
UniForum – UniForum, /usr/group
UNIX System Laboratories, Inc. – UNIX und OPEN LOOK
Unicorn – UniKix
Unify – Unify
Unisys Corporation – Unisys 6000
Visionware Inc. – X Vision
VISystems Inc. – VIS/TP
The Wollongong Group – Eunic, WIN
Xerox Corporation – Ethernet
X/Open Ltd. – XPG3, X/Open
Zilog – Z80

UNIX als Basis für Offene Systeme

ein Vorwort zur deutschen Ausgabe
von Dr. Peter Domann, Siemens AG, München

Der Rollenwandel von UNIX

UNIX hat im Laufe seiner 20jährigen Geschichte einen grundlegenden Rollenwandel erfahren. Ursprünglich als Software-Entwicklungssystem konzipiert und von einer eingeschworenen „Gemeinde von Software-Gurus" vor allem im Universitätsbereich eingesetzt, gilt es heute weltweit als Schlüsselkomponente für offene, herstellerunabhängige Systeme.

Die Gründe für diese Entwicklung liegen sowohl in den Eigenschaften von UNIX, die eine Vielzahl von technischen und schließlich auch politischen Aktivitäten im Umfeld von UNIX ausgelöst haben, als auch in einer veränderten DV-Situation bei den Anwendern, die das Anforderungsprofil für neue Systeme stark beeinflußt hat.

Das Vordringen von leistungsfähigen Personal Computern und Workstations und die damit verbundene Dezentralisierung der Informationsverarbeitung führt in vielen Organisationen zu einer Auflösung der traditionellen DV-Strukturen. Parallel dazu vollzieht sich eine Entwicklung, die man als das Zusammenwachsen von DV-Inseln bezeichnen kann. Als Folge einer immer stärkeren DV-Durchdringung technischer und organisatorischer Abläufe entsteht auch immer häufiger die Notwendigkeit, spezielle DV-Lösungen der verschiedenen betrieblichen Bereiche miteinander zu verbinden, die Rechner zu vernetzen und mit der Landschaft der Personal Computer und Workstations zu integrieren. Dadurch treten in vielen Betrieben die eigentlich längst vorhandenen Probleme einer heterogenen DV-Landschaft, wie Kompatibilitätsprobleme, Aufwand für Ausbildung, Software-Entwicklung und -Wartung für unterschiedliche Rechnersysteme plötzlich in den Vordergrund.

Behörden, Industrie, Banken, Versicherungen, aber auch mittelständische Betriebe achten daher zunehmend auf die Kompatibilität der eingesetzten Systeme. Bei Neuinvestitionen und bei Konzepten für die Ablösung vorhandener DV-Systeme wird heute eine gemeinsame Systembasis gefordert, die in allen Bereichen einsetzbar ist, langfristig Bestand hat und auch einen Herstellerwechsel übersteht.

UNIX spielt bei diesen Überlegungen aus mehreren Gründen eine zentrale Rolle: Sein von vornherein auf Portabilität ausgelegtes Konzept hat UNIX bereits frühzeitig den Zugang zu Rechnern unterschiedlicher Architektur und Größe ermöglicht. Besondere Bedeutung erhielt diese Eigenschaft mit dem Erscheinen kleiner leistungsfähiger Rechner auf Mikrocomputerbasis. Für Rechner dieser Preisklasse war die Entwicklung eines eigenen Betriebssystems und der notwendigen Anwendersoftware nicht mehr wirtschaftlich. Dadurch entstand bei vielen Rechnerherstellern der Bedarf nach einem preiswerten, verfügbaren Betriebssystem, das gleichzeitig den Zugang zu einem entsprechenden Potential an Anwendersoftware bot. UNIX war damals das einzige portable Betriebssystem (und ist es im wesentlichen noch heute), das diesen Anforderungen entsprach. Als Folge dieser Entwicklung finden sich UNIX-Systeme auf einer Vielzahl von Rechnern aller namhaften Rechnerhersteller.

Der entscheidende Durchbruch begann schließlich mit der Standardisierung von UNIX durch die Gremien IEEE und X/Open. Nach einer Phase der kaum noch überschaubaren UNIX-Variantenvielfalt schlossen sich einige Rechnerhersteller zusammen, um die weitere Entwicklung zu vereinheitlichen und durch Standards abzusichern. Als Ergebnis der bisher sechsjährigen Standardisierungsarbeit in IEEE und X/Open liegt eine Fülle von Spezifikationen für die wesentlichen Schichten offener Systeme vor, die weltweit von allen Rechnerherstellern mitgetragen werden.

In diesem Zusammenhang hat es sich für viele beteiligte Firmen als vorteilhaft erwiesen, proprietäre Schnittstellen in offene umzuwandeln, weil dadurch für sie Kosten- und Startvorteile entstehen. Beispiele für solche freigegebenen Schnittstellen sind X-Windows (MIT/DEC), OSF/Motif-Komponenten (Hewlett-Packard, DEC, Microsoft), LM/X (Microsoft), SAA-Spezifikation (IBM) für CPI-C und die Komponenten von OSF/DCE und DME, zu denen viele Firmen Beiträge geleistet haben. Dieser Prozeß wird insbesondere durch die Arbeitsweise der OSF (Technologie-Auswahl und OEM-Lizensierung) gefördert.

Auf diese Weise entstand auf Basis von UNIX ein umfassendes Angebot von Standards, das bisher in der Geschichte der Datenverarbeitung einmalig ist, und das die Verträglichkeit der Komponenten in offenen Systemen (auch mit proprietären Systemen) sicherstellt. UNIX gilt damit heute weltweit als *Schrittmacher für offene, herstellerunabhängige Systeme.* Die für UNIX entstandenen Spezifikationen und Schnittstellen werden inzwischen vielfach als Modell für die Weiterentwicklung proprietäter Systeme verwendet.

Darin unterscheidet sich UNIX auch wesentlich von Konkurrenten wie DOS oder OS/2, die entweder auf bestimmte Rechnerarchitekturen festgelegt sind oder sich bisher nicht von ihrer Bindung an einzelne Hersteller lösen konnten. Neuere Entwicklungen wie Mach und Chorus verdanken ihren heutigen Einfluß nicht zuletzt der Tatsache, daß sie sich bewußt an den UNIX-Konzepten und -Standards orientieren.

Auf der Anwenderseite wird dieser Prozeß massiv durch Behörden im EG-, Nato- und nationalen Bereich unterstützt, die UNIX-basierte Systeme und die Einhaltung der X/Open-Spezifikationen in ihren Ausschreibungen fordern. Dazu gehören Behörden im europäischen und nationalen Bereich (Deutschland, Schweiz, Spanien, Schweden, Japan, US Department of Defense) und Postbehörden (Deutschland, Schweden, Japan). Auch kommerzielle Großanwender wie Banken und Versicherungen und Großfirmen setzen zunehmend auf X/Open-validierte Produkte (Bellcore, CCTA, DHL, Elf Aquitaine, Ford, Gerling-Konzern, GTE, Harris, Schweizerische Bankgesellschaft, Southwestern Bell, Wal-Mart).

Eine entscheidende Rolle spielen nicht zuletzt die Softwarehäuser. Marktstudien zeigen, daß mit ihrer Unterstützung die UNIX-Verbreitung zu einem zyklischen, selbstverstärkenden Prozeß geworden ist. Die in großer Zahl angebotenen Anwenderlösungen machen das System attraktiv, tragen dadurch zu seiner weiteren Verbreitung bei und vergrößern damit die Basis der installierten Systeme.

Konkurrenz und Gemeinsamkeiten in der UNIX-Szene

Daß der Prozeß der UNIX-Vereinheitlichung wegen der vielfältigen wirtschaftlichen Interessen der beteiligten Parteien nicht immer homogen und störungsfrei abläuft, darf in einer Marktwirtschaft nicht überraschen. Die konkurrierenden Aktivitäten von Gruppen wie OSF, UNIX International, ACE und Apache führen dazu, daß die UNIX-Szene für Außenstehende noch keineswegs übersichtlich geworden ist. Die vielen Schlagzeilen zu diesem Thema tragen oft wenig zur Klärung bei, da sie häufig „Etappensiege" einzelner Gruppen und „erfolgreiche" Einzeltechnologien in den Vordergrund rücken und dabei den Blick für die immer stärker werdenden Gemeinsamkeiten verstellen.

Die Zusammenführung der UNIX-Hauptlinien (AT&T, Berkeley BSD, Microsoft XENIX), auf denen die heute angebotenen UNIX-Systeme basieren, in System V.4 durch AT&T war ein erster konkreter Schritt zur Vereinheitlichung der Entwicklung.

Seither beschäftigt das Tauziehen zwischen den beiden Marktrivalen Open Software Foundation (OSF) und UNIX International (UI) die UNIX-Anwender und -Interessenten. Ein Sieg einer dieser Gruppen ist wenig wahrscheinlich und erscheint Kennern der Szene auch immer weniger erstrebenswert, denn die Konkurrenz trägt nach wie vor sehr viel zur technischen Weiterentwicklung im Umfeld von UNIX bei. Die vielen Doppelmitgliedschaften zeigen das Interesse vieler Firmen, von den technischen Entwicklungen beider Lager zu profitieren (Abbildung S. XII). Die Mitglieder der beiden Organisationen fühlen sich zudem nicht ideologisch an ihre Gruppen gebunden, sondern suchen Kooperationen auch mit dem „Gegner", wenn es Vorteile bringt. Kooperationen wie in der OMG (Object Management Group) zwischen Hewlett-Packard (OSF-Mitglied) und Sun (UI-Mitglied) zeigen die Absicht, die Gegensätze zwischen den beiden Lagern zu überwinden. Sowohl OSF als auch UNIX International sind zudem Mitglieder von X/Open und besitzen für ihre Betriebssysteme das X/Open-Prüfzertifikat.

Ebenso orientieren sich alle auf dem Markt konkurrierenden Gruppen heute an den Spezifikationen von X/Open. Unterschiede finden sich im wesentlichen in den verwendeten Technologien, die aber weitgehend X/Open-konform eingesetzt werden, sowie bei Lücken in den X/Open-Spezifikationen, die dann mit eigenen Festlegungen gefüllt werden. Daß manche dieser Lücken (z.B. bei der Benutzeroberfläche) wegen massiver wirtschaftlicher Interessen möglicherweise nicht auf der Ebene der Standardisierung sondern über den Markt geschlossen werden, spricht aber nicht gegen die Wirksamkeit des Standardisierungsprozesses an sich.

Verkürzt gesagt sind heute praktisch alle UNIX-Systeme am Markt Implementierungen der X/Open-Spezifikationen, und eine große Zahl hat bereits das Prüfzertifikat „Branding" erhalten. Das umfassende X/Open-Branding „PLUS XPG3" besitzen derzeit Bull, ICL und SNI. Neben OSF, UI und SCO („BASE XPG3 Source") bieten derzeit die Firmen Acorn, AT&T, Data General, Dell, Diab Data, Digital, Fujitsu, Hewlett-Packard, IBM, ICL, NCR, NEC, Nokia, Olivetti, Sequent, SNI, Sun und Unisys Produkte mit „BASE XPG3"-Branding an, das nur die zentralen Funktionen enthält.

Als wirkungsvoller Mechanismus für die Weiterentwicklung von UNIX hat sich das Technologieauswahlverfahren (Request for Technology „RFT") der OSF erwiesen, bei dem in einem Wettbewerb die jeweils leistungsfähigsten Komponenten zu bestimmten Technologiebereichen aus dem weltweiten Angebot der Industrie und Forschung ausgewählt werden. Das Ergebnis dieser Auswahl stellt die OSF ihren Mitgliedern in Form von OEM-Komponenten zur Verfügung, die diese als Basis für ihre

eigenen Produkte verwenden können. Bisherige Ergebnisse des RFT sind
der von Microsoft und HP eingereichte Vorschlag für ein Common User
Interface, das inzwischen unter dem Namen OSF/Motif in vielen Produkten verfügbar ist, das ANDF (Architekturneutrales Softwareformat),
das DCE (Distributed Computing Environment) und das DME (Distributed Management Environment).

X/Open und die Anwender

Trotz der unbestrittenen Verdienste der X/Open-Gruppe als Schrittmacher der Standardisierung offener Systeme ist derzeit ihr Bild in der Öffentlichkeit zwiespältig. Dazu tragen die Beschlußunfähigkeit bei wichtigen Themen (wie der Benutzeroberfläche) ebenso bei wie Schwächen in
der Vertriebsorganisation und bei der Umsetzung der Ergebnisse in die
Praxis. Aufgrund von Fusionen (z.B. Siemens/Nixdorf, Fujitsu/ICL/No-
kia, AT&T/NCR) sinkt zudem die Zahl der Mitglieder, was zu einer
Schwächung der finanziellen Basis für notwendige Aktivitäten führt.

Die wachsende Kritik aus der Anwenderseite auf die in letzter Zeit
schleppende Weiterentwicklung der Standards hat zur Gründung einer
beachtlichen Zahl von Anwendergruppen geführt. Sie fordern eine zügi-
gere Standardisierung und deren Umsetzung in Produkte und greifen inzwischen zur Selbsthilfe.

X/Open hat sich daher vor kurzem zu der umfassendsten Umstrukturierung seit seinem Bestehen entschlossen. Das bisher stark von Herstellern bestimmte Gremium will jetzt den Anwendern deutlich mehr Einfluß einräumen. Gleichzeitig soll aber auch die Finanzierung der Aktivitäten stärker durch die Anwender mitgetragen werden. Mit den Anwendergruppen ist ein umfassendes Kooperationsprogramm geplant.

Die technische Basis von X/Open ist nach wie vor die 1989 herausgegebene dritte Auflage des Portability Guide (XPG3), die mit dem IEEE-
POSIX-Standard kompatibel ist und in 7 Bänden Spezifikationen einer
Vielzahl von Schnittstellen eines Common Applications Evironment
(CAE) enthält. An der Erweiterung der Definitionen wird in den Wor-
king Groups (Communication, Realtime, Security, User Interface ...) lau-
fend gearbeitet. Neben den 2400 Seiten des XPG3 sind inzwischen weitere 4000 Seiten erarbeitet worden, die zusätzliche Schichten offener Systeme beschreiben und demnächst veröffentlicht werden sollen.

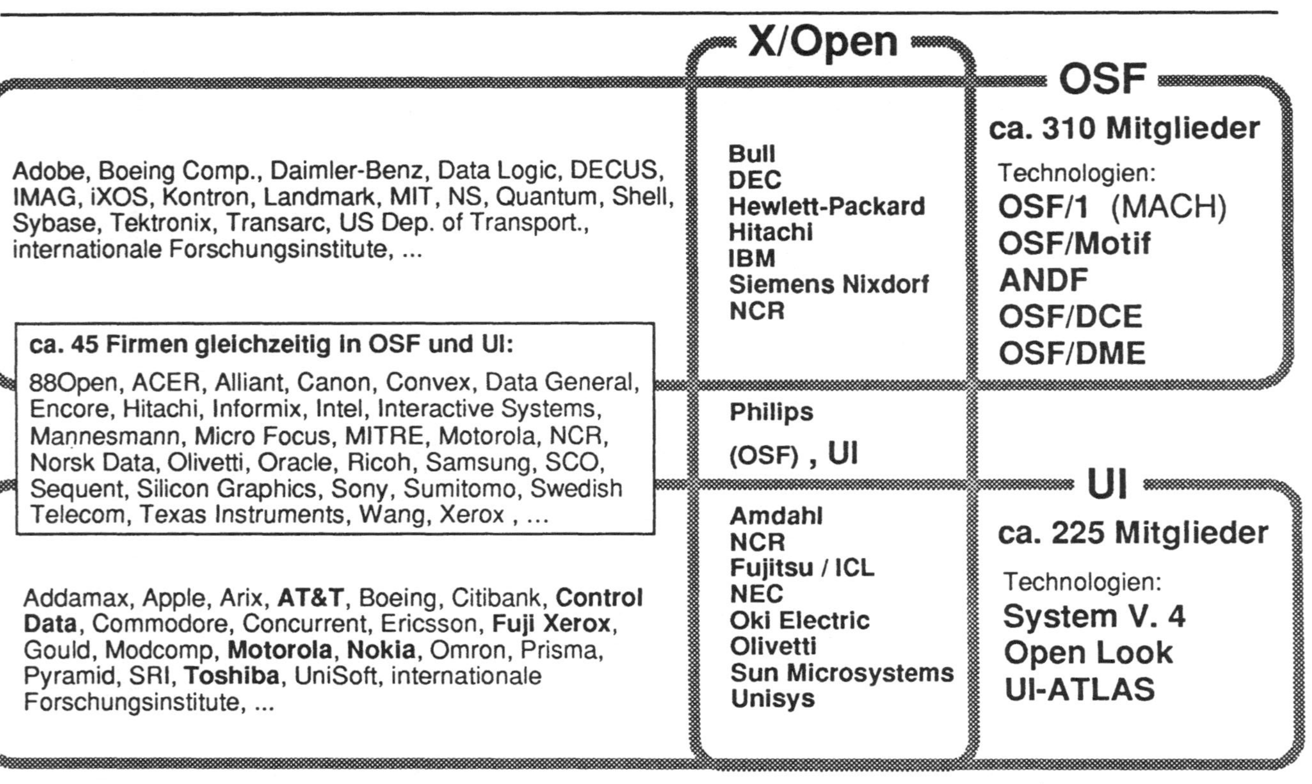
X/Open
OSF
ca. 310 Mitglieder
Technologien:
OSF/1 (MACH)
OSF/Motif
ANDF
OSF/DCE
OSF/DME
Bull
DEC
Hewlett-Packard
Hitachi
IBM
Siemens Nixdorf
NCR
Adobe, Boeing Comp., Daimler-Benz, Data Logic, DECUS, IMAG, iXOS, Kontron, Landmark, MIT, NS, Quantum, Shell, Sybase, Tektronix, Transarc, US Dep. of Transport., internationale Forschungsinstitute, ...
ca. 45 Firmen gleichzeitig in OSF und UI:
88Open, ACER, Alliant, Canon, Convex, Data General, Encore, Hitachi, Informix, Intel, Interactive Systems, Mannesmann, Micro Focus, MITRE, Motorola, NCR, Norsk Data, Olivetti, Oracle, Ricoh, Samsung, SCO, Sequent, Silicon Graphics, Sony, Sumitomo, Swedish Telecom, Texas Instruments, Wang, Xerox , ...
Philips
(OSF) , UI
UI
ca. 225 Mitglieder
Technologien:
System V. 4
Open Look
UI-ATLAS
Amdahl
NCR
Fujitsu / ICL
NEC
Oki Electric
Olivetti
Sun Microsystems
Unisys
Addamax, Apple, Arix, AT&T, Boeing, Citibank, Control Data, Commodore, Concurrent, Ericsson, Fuji Xerox, Gould, Modcomp, Motorola, Nokia, Omron, Prisma, Pyramid, SRI, Toshiba, UniSoft, internationale Forschungsinstitute, ...

Auf dem Weg zu offenen, verteilten Systemen

Die Weiterentwicklung und Standardisierung im Umfeld von UNIX hat sich weitgehend von den ursprünglichen Zielsetzungen des Betriebssystems UNIX gelöst und bewegt sich in Richtung offener verteilter Systeme. Die Initiative geht dabei vor allem von den Herstellergruppen OSF und UNIX International aus. Die Konzepte DCE und DME (OSF) und UI-ATLAS (UNIX International) bilden zwei Meilensteine auf diesem Weg. Gleichzeitig reagieren auch zunehmend die Herstellerfirmen auf den Wunsch des Marktes nach diesen Technologien. So hat z.B. IBM mit dem Integrationskonzept „IBM Open Enterprise", das auch UNIX-Systeme auf Großrechnern einbezieht, ein Zeichen der Öffnung für seine Produktpolitik gesetzt.

Die folgenden Abschnitte machen deutlich, wie breit die Basis der beteiligten Firmen und der verwendeten Technologien inzwischen geworden ist.

Die Konzepte DCE (Distributed Computing Environment) und DME (Distributed Management Environment) der OSF stellen Mechanismen und Dienste für die verteilte Verarbeitung in heterogenen Rechnernetzen bereit. Um rascher auf dem Markt präsent zu sein, hat man sich für ein Vorgehen in zwei Stufen entschieden. Das DCE wird bereits als Produkt ausgeliefert. Es besteht aus zentralen Services (RPC, Name, Directory, File, Time, Security, ...), die von acht Firmen eingereicht wurden.

Das erst vor kurzem vorgestellte DME unterstützt die Betreiber von verteilten Systemen bei der Administration von heterogenen Rechner- und Anwendungssystemen auf der Basis grundlegender Strategien wie Consistency, Scalability, Interoperability, Policies, Roles und Security. Die Komponenten des DME Environment Service bieten Funktionen zur Verteilung und Installation von Anwendungen, einen License Service, einen verteilten Print-Server, ein Host-Management und Funktionen zur Integration von PCs. Alle Funktionen sollen über ein einheitliches grafisches Benutzerinterface mit Motif anzusprechen sein.

Ausgewählt aus der Vielzahl von Vorschlägen wurden folgende Komponenten: Das objektorientierte Managementgerüst „Wizdom" (Tivoli Systems), das „Consolidated Management Application Programming Interface" CM-API (Bull), das eine einheitliche Schnittstelle zu unterschiedlichen Netzmanagement-Protokollen zur Verfügung stellt, der „Open View"-Server für das Netzmanagement (HP), die „Software Distribution Utilities" SDU (HP), der „Network Licence Server" NetLS (HP), die Komponenten „NetLS PC Ally" und der „PC Agent" (Gradient Technologies) zur Integration von PCs in das Netz, die „Data Engine"

(IBM), der „Network Event-Logger" (Wang) und das netzfähige verteilte Printsytem „Palladium Version 2" (vom MIT zusammen mit DEC, HP, IBM entwickelt).

Auch UNIX International hat inzwischen den Schritt von der reinen UNIX-System-V-Gruppe zur einer Open-Systems-Organisation vollzogen. Mit „UI-ATLAS" tritt sie auch auf dem Gebiet von DCE und DME in Konkurrenz mit der OSF. Gleichzeitig soll der Arbeitsstil mit Technologieauswahl und Lizensierung dem der OSF angenähert werden.

Bei der kürzlich vorgestellten Distributed Computing Architecture „UI-ATLAS" handelt es sich um ein integriertes Konzept, das auf objektorientierter Basis mit System Services (Object Management, differenzierten Naming Services, Time Service, System Management), Communication Services (mit Fault-Tolerance-Mechanismen), Application Services (File Services, Transaction Processing), einer Reihe von Sicherheitsservices und dem Transaktionsverbund von UNIX mit Mainframes die wesentlichen Mechanismen für verteilte heterogene Systeme bereitstellen soll. Im Gegensatz zu OSF/DCE und DME ist in UI-ATLAS explizit die Anbindung von Architekturen anderer Hersteller mit vorgesehen. Unter dem Stichwort Interoperabilität werden Systemkonzepte wie SAA (IBM), NAS (DEC) und DCE (OSF) unterstützt. Als erste Referenzarchitekturen sind VAX- und Mips-Rechner geplant. Realisiert werden soll das Konzept durch ICL, USL (UNIX System Laboratories), sowie die Datenbankfirmen Oracle und Ingres. Vorgesehene Bestandteile sind u.a. das NFS (Sun), das Systemmanagement von Tivoli Systems und Funktionen des Object Management, die von der OMG entwickelt werden.

Kooperation – die Chance zur Vereinheitlichung?

In jüngster Zeit mehren sich die Anzeichen dafür, daß die Fronten zwischen den gegnerischen Lagern der OSF und UNIX International aufzuweichen beginnen. Die ideologischen Kämpfe der letzten Jahre haben beide Parteien viel Kraft und Aufwand gekostet – inzwischen beginnt sich eine mehr pragmatische Haltung durchzusetzen.

Hilfreich für diesen Prozeß ist sicher die Erkenntnis, daß kein Hersteller allein in der Lage sein wird, die Vielzahl der Aufgaben zu lösen, die mit der Entwicklung offener Systeme verbunden sind, und seine Lösungen auf dem Markt durchzusetzen. Daher versucht man jetzt zunehmend, durch Kooperation die Kräfte auf die wesentlichen Aufgaben zu konzentrieren und Doppelentwicklungen zu vermeiden.

Kristallisationspunkte dieser Entwicklung sind zunächst die schon erwähnten Herstellergruppen OMG und ACE. Ein wichtiger Schritt ist der kürzlich erfolgte Beitritt der AT&T-Tochter zur konkurrierenden ACE-Gruppe mit dem Ziel, dort gemeinsame Schnittstellen für System V und SCOs Open Desktop für die MIPS-Risc-Architektur und Intel-Rechner zu definieren. Daneben wächst die Zahl der Einzelkooperationen (USL mit Novell und Chorus, SCO mit Bany ...) an, die zu einem Austausch von Technologien und damit zu ihrer Verfügbarkeit in vielen Produkten führen. Auch die Technologie-Auswahlverfahren bei OSF und jetzt auch bei UI tragen zur Verbreitung erfolgreicher Basistechnologien bei. Gefördert wird dieser Prozeß nicht zuletzt durch die europäischen Forschungsprogramme ESPRIT und RACE, bei denen die Vielzahl der entstandenen Kontakte im Forschungsgebiet auch die Gesprächsbereitschaft bei gemeinsamen Produktentwicklungen fördert.

Daß dieses Netz der Kooperationen sich zunehmend auch über die bisherigen Grenzen der beiden Lager zieht, gibt Anlaß zur Hoffnung, daß der „UNIX-Streit" über kurz oder lang auf friedliche Weise beigelegt und die Spaltung des UNIX-Marktes beendet sein wird.

Für den Anwender besteht damit die Hoffnung, daß er künftig UNIX-Systeme unterschiedlicher Hersteller problemlos in seine DV-Welt integrieren kann.

Januar 1992   P. Domann

Vorwort

Das vorliegende Buch – *Unternehmen UNIX*® – wurde während der letzten drei Jahre geschrieben, zu einer Zeit, als ich bei Sun Microsystems arbeitete. Da die Firma Sun ausschließlich im UNIX-Markt tätig ist, war ich genötigt, mich sowohl über die technologischen als auch über die kommerziellen Aspekte von UNIX umfassend zu informieren. Bei diesem Lernprozeß wurde mir bewußt, daß die meisten UNIX-Informationsquellen ausgesprochen technischer Natur waren und sich insbesondere an technisch orientierte Endverbraucher und Software-Entwickler richteten. Es erschien mir einleuchtend, daß ein Bedarf an einer tiefgehenden, mehr im kommerziellen Bereich angesiedelten Analyse bestand.

Meine berufliche Laufbahn in der EDV begann Anfang der 70er Jahre, zu einer Zeit, als der Einsatz von Großrechnern die Regel und Timesharing noch Neuland war. Während der folgenden 20 Jahre, als sich meine berufliche Laufbahn von der Systementwicklung und -programmierung entfernte und dem Marketing und der kommerziellen Seite zuwandte, interessierte ich mich immer mehr dafür, wie sich neue Technologien auf Probleme im geschäftlichen Bereich nutzbringend anwenden lassen. Ich erkannte, daß auf Grund der Verschiebung innerhalb der Industrie hin zu Offenen Systemen die Lage für UNIX äußerst günstig war – eine Situation, die nicht nur Programmierern und Technikern zugute kommen würde, sondern auch System-Managern, Einkäufern und führenden Entscheidungsträgern, aber auch dem Marketing, dem Vertrieb und den Spezialisten im Support.

Ich brauchte mehr Informationen über UNIX, die ich in den Buchläden und Bibliotheken suchte. Allerdings war nirgends die Art von Überblick über die Industrie und Technologie zu finden, die ich mir wünschte. Also beschloß ich, mein eigenes Buch zu schreiben, nicht nur für mich, sondern für Leute wie mich, denen ein besseres Verständnis der UNIX-Technologie aus der Sicht des Geschäftsmannes vorschwebt.

Danken möchte ich auf diesem Wege all jenen, die mir bei diesem Projekt behilflich waren. Ich möchte insbesondere James Callan von der Albert Consulting Group meinen Dank aussprechen, der mir bei dieser Arbeit zur Seite stand und mir eine große Stütze war. Es gibt viele Leute, die dieses Buch gelesen haben und mir mit Rat und Tat beistanden. Den folgenden sei meine Anerkennung und mein Dank ausgesprochen: Todd Bernhard, Collette Moquette Ricks, Colleen Sullivan und Gina Davis, die mir in den Anfangsstadien dieses Projekts sehr behilflich waren. Ich möchte auch Gordon Short (Hitachi), James Spitze (The Systems Consulting Consortium Inc.), George Symons (Procase), Mike Dierker (Independence Technology Inc.) und Lewis Brentano (Infocorp) meinen Dank für das Feedback aussprechen, das sie mir nach Lektüre der ersten Frühfassung des vorliegenden Manuskripts gaben. Mein Dank gilt aber auch Eric Herr, Pat Harding, Norm Eaglestone, Andy Hall, Xavier Candia, Masood Jabbar, Charlie Simmons, Marleen McDaniel, Herb Hinstorff und vielen anderen bei Sun. Ich möchte auch Roger Gourd, Vice-President for Engineering der Open Systems Foundations Inc., danken, der das Manuskript durchlas und mir Einsichten und Perspektiven vermittelte, die einen Ausgleich zu meinen bei Sun erworbenen Ansichten darstellten. Ich möchte auch allen Anbietern danken, die mich mit Input und Feedback versorgten. Schließlich gilt mein besonderer Dank meinem Bruder Charles H. Dunphy Jr., der mir bei der Erstfassung des Manuskripts und während des gesamten Projekts eine Hilfe war, außerdem meiner Ehefrau Janet und meiner Familie für ihre fortwährende Stütze und Zuspruch.

Ich hoffe, daß die Leser von *Unternehmen UNIX* ein besseres Verständnis dafür bekommen, welche Konzepte UNIX zugrunde liegen, beziehungsweise daß sie die Bedeutung erkennen, die UNIX, Offenen Systemen und bahnbrechenden Technologien für die Strategien von Informationssystemen, für Endverbraucher und für die Computerindustrie im allgemeinen zukommt.

Ich möchte auch Sun Microsystems Inc. für die Erlaubnis, bei der Entwicklung dieser Arbeit auf Rechner von Sun zugreifen zu können, wie auch für die Erlaubnis, in den Illustrationen grafische Sinnbilder zu verwenden, meinen Dank aussprechen.

Ed Dunphy

Inhaltsverzeichnis

Einleitung

Dieses Buch wurde zu einem entscheidenden Zeitpunkt geschrieben, und
zwar nicht nur in Hinblick auf die Entwicklung des Betriebssystems
UNIX an sich, sondern auch in Hinblick auf die UNIX-Industrie als Ganzes. Es bietet einen ausführlichen Überblick über eine der bislang spannendsten Phasen in der Evolution der Computerindustrie. Wir hoffen,
daß der Leser insofern davon profitiert, als er einen grundlegenden Einblick in die kommerzielle Seite dieser Veränderungen und ihre praktische
Bedeutung bekommt.

Dieses Buch richtet sich speziell an Manager, Geschäftsführer, Anwender und an Personen, die in dieser Branche im Verkauf und Support tätig
sind und ein grundlegendes Verständnis für die Materie mitbringen. Es
wird aber auch Studenten, die sich besser in die Thematik einarbeiten
wollen, einen genauen Überblick über die UNIX-Industrie und -Technologie verschaffen.

Derzeit macht sich im Computer-Markt ein Trend bemerkbar hin zu
Offenen Systemen und zu dem, was einige einen freien Software-Markt
genannt haben, und was schon zu weitreichenden Veränderungen geführt hat. Erst im Laufe der letzten Jahre hat sich dieses Phänomen aus
den Entwicklungslabors heraus- und in die freie Welt hineinbewegt –
weg vom Marketing- und Verkaufsblabla und hin zu den realen Gegebenheiten der Geschäftswelt. Was dabei langsam Gestalt annimmt, ist
eine neue, in sich geschlossene Sprache, beziehungsweise ein EDV-spezifisches Paradigma. Es ist schwierig geworden, mit der Technologie, den
Trends und der Terminologie Schritt zu halten, geschweige denn, mit ihnen innovativ umzugehen. Die Lektüre dieses Buches soll dem Leser
nicht nur die UNIX-Technologie und -Terminologie besser verständlich
machen, sondern ihm einen Überblick über die Struktur der gesamten
UNIX-Industrie verschaffen.

Eine exakte UNIX-Definition erscheint schwierig. UNIX ist ein Markenzeichen von AT&T. Es ist der Name eines Betriebssystems. Es gibt viele Betriebssysteme, die auf UNIX basieren. Sie dürfen aber nur UNIX genannt werden, wenn AT&T die Lizenz erteilt und wenn sie sich an die Lizenzbedingungen von AT&T halten. In diesem Buch wird der Begriff UNIX oft für Anbieter von Software- oder Systemprodukten benutzt, die sich mehr oder weniger formal an das UNIX-Produkt von AT&T oder seine Spezifikationen halten.

UNIX – so hat es AT&T festgelegt – darf nur als Adjektiv verwendet werden, nicht als Substantiv. Der Grund hierfür ist rechtlicher Natur und hat mit dem Schutz des Markenzeichens zu tun. Das Wort „UNIX" hat viele Bedeutungen. AT&T's Eingrenzung der Verwendung dieses Etiketts bringt es mit sich, daß wir gezwungen sind, präzise zu sein. Leider halten sich, sowohl in mündlicher als auch in schriftlicher Form, nicht alle an diese Bestimmung von AT&T. Die Definition von UNIX ist daher eine äußerst verwirrende Angelegenheit. Programmierer mit langjähriger Berufserfahrung geben ihre Meinungen und Urteile zum Besten. Anwender lassen sich über seine Benutzerschnittstelle oder ihre UNIX-Anwendungen aus. Anbieter beschreiben ihre eigene Version mit ihren besonderen Leistungsmerkmalen, anstatt über UNIX zu reden.

Die Aufmerksamkeit, die derzeit UNIX zuteil wird, beruht nicht nur auf den Fortschritten, die in der Hardware und bei den Systemen erzielt wurden, sondern auch auf der UNIX-Software. Dank den 80x86-, 680x0- und RISC-Prozessor-Chips haben wir jetzt mehrplatzfähige Mikrocomputer-gestützte Systeme, die realistisch und kosteneffizient sind. Ein Anwachsen des Workstation- und Mainframe-Marktes und neuerdings der Trend in Richtung Offener Systeme ist mit dafür verantwortlich, daß UNIX wieder verstärkt im Mittelpunkt des Interesses steht.

Die Open Systems-Architektur basiert sowohl auf festen Richtlinien, die anbieterunabhängig und international anerkannt sind, als auch auf einer standardisierten Arbeitsumgebung für den Anwender. Richtlinien, die anbieterunabhängig sind, bezeichnet man in der Branche als „Open System Standards".

UNIX verdient das Interesse, das ihm zuteil wird. Man könnte dieses Interesse als eine Art „Revival" bezeichnen, denn ohne ein neues Produkt zu sein, hat UNIX einen brandneuen Markt geschaffen.

Man muß davon ausgehen, daß sich der Computermarkt ständig verändert. Seine Wachstumsrate wird durch technologische Fortschritte und Wirtschaftsfaktoren stimuliert. In den letzten Jahren wurde auch der wachsende Einfluß von Normungsgremien immer stärker. Speziell im UNIX-Markt konnten diese Veränderungen als Chance genutzt werden.

Die immer größer werdende Palette an kommerziellen Produkten bringt es mit sich, daß es dem professionellen Durchschnittsanwender und Manager immer schwerer fällt, auf dem Laufenden zu sein und auch zu bleiben. Im Monat kommen durchschnittlich sechs Bücher über UNIX heraus, ganz abgesehen davon, daß es jetzt eine ganze Reihe von regelmäßig erscheinenden Fachzeitschriften gibt, die sich ausschließlich mit UNIX beschäftigen. In Branchenpublikationen jagt ein Artikel den anderen, in denen von Produktverbesserungen die Rede ist, von einer Bewegung hin zur Standardisierung, von diversen Händlergruppen, die um die Gunst der Kunden buhlen, und über die außerordentlichen Fähigkeiten der Senkrechtstarter und ihre neuesten Entwicklungen berichtet wird. Allein die Masse an Information ist atemberaubend. Fast alle großen Marktforschungsfirmen in der Computerindustrie entwickeln und fördern UNIX-orientierte Dienstleistungen, um den Bedürfnissen von Händlern und Kunden nachzukommen.

In den letzten Jahren ist den Firmen selbst der Durchbruch gelungen, und sie sind weit über die Evaluierungsphase hinausgekommen. UNIX ist nicht mehr die Kuriosität, die auf akademische, wissenschaftliche oder technische Einrichtungen beschränkt ist. UNIX ist fester Bestandteil des Computermarktes geworden und setzt sich im Handel durch.

UNIX faßte zwar schon früh in technisch und anwendungsorientierten Bereichen Fuß, beginnt aber jetzt erst sein explosives Wachstum in Märkten, die bislang von Standardbetriebssystemen beherrscht waren.

UNIX und AT&T's System V Interface Definition (oder SVID), die Spezifikation, die UNIX definiert, sind zusehends zu einer festen Anforderung in Ausschreibungen der Anwender und der öffentlichen Hand für ihre geplanten EDV-Systeme geworden. Viele Firmen legen sich in bezug auf die Kapitalausgaben für Systeme, Applikationen und Personal fest, die alle auf neuen und entwicklungsträchtigen Standards basieren. Aufgrund dieser einmaligen Zusammenarbeit zwischen Anbietern werden diese Normen nicht nur von solchen Gremien wie IEEE und ISO festgelegt, sondern auch von Herstellerkonsortien wie Open Software Foundation (OSF) und UNIX International (UI). Große oder fortschrittliche Firmen legen sogar ihre eigenen, firmeninternen Richtlinien fest.

Was ist der Grund für diese Veränderung? Ist es nicht eher so, daß wir seit Jahren zu hören bekommen, daß UNIX der große Durchbruch „unmittelbar" bevorsteht?

UNIX ist beileibe keine Neuheit, es existiert schon seit 20 Jahren. Seine technische und auch seine kommerzielle Entwicklung hatten zur Folge, daß von UNIX zahlreiche Versionen entstanden. Insgesamt dürften es mehr als 100 sein, die inzwischen größtenteils auf der UNIX System V

Interface Definition basieren. Was diese Versionen jedoch grundlegend unterschied, war die Implementierung. Erst in letzter Zeit ist eine Annäherung der beliebtesten UNIX-Versionen und eine allgemeine Übereinkunft innerhalb der Industrie in bezug auf UNIX-Normen erfolgt.

SVID und POSIX sind jetzt die allgemein akzeptierten Standardspezifikationen für UNIX: POSIX repräsentiert den kleinsten gemeinsamen Nenner für die Benutzerschnittstelle. Es wird in Zukunft nicht nur für UNIX, sondern auch für einen Großteil der anderen Standardbetriebssysteme, wie z.B. OS/2 und VMS, der Standard werden.

Die Übereinkunft in bezug auf Standards, auf die sich verschiedene UNIX-Anbieter geeinigt haben, reicht weit über Kommunikation und die UNIX-Betriebssystem-Schnittstelle hinaus und beinhaltet auch weitergefaßte Spezifikationen der Systemumgebungen, wie z.B. XPG 3 von X/Open. Es handelt sich hierbei schlicht und einfach um die Anerkennung auf Seiten der Industrie, daß eine Standard-Anwendungsprogrammierschnittstelle für das Betriebssystem vonnöten ist, aber nicht ausreicht, um die Portierbarkeit von Applikationen über ein breites Spektrum an Systemen und ihrer übereinandergelagerten Software-Umgebungen zu gewährleisten.

Aber warum erscheint in der Fachpresse so viel über UNIX? Hat es damit eine besondere Bewandtnis oder ist es ein Medienrummel, der von den Marketing-Abteilungen der Systemanbieter veranstaltet wird?

Obgleich ein Großteil dieses Rummels vom Marketing kommt, erkennen viele endlich, daß UNIX eine kommerziell entwicklungsfähige Alternative zu proprietären Betriebssystemen darstellt. UNIX ist nicht ein Betriebssystem wie jedes andere. Einer seiner unzähligen Vorteile besteht darin, daß man mit ihm die Fähigkeiten des Mikro-Computers erweitern kann, indem man das gleiche Betriebssystem auf Großrechnern und Mini-Computern anwendet.

Der Grund, warum Computerfirmen allmählich begriffen, daß UNIX wichtig ist, war der, daß bei den zwei größten Marktbereichen in den USA, die sich Rechner anschafften, nämlich den amerikanischen Regierungsbehörden und örtlichen Niederlassungen der Bell-Telefongesellschaft, UNIX sehr gefragt war. Dies gilt auch für viele andere große Konzerne, wie zum Beispiel General Motors.

Warum UNIX? Kosten – Anwendungslösungen – Konsistenz. Kostendämpfung ist auf dem UNIX-Markt einer der Hauptantriebsfaktoren, besonders aus der Sicht des Anwenders. UNIX hält, was es verspricht, nämlich den Anwender von einem bestimmten Anbieter, der sich einem Betriebssystem verschrieben hat, freizumachen und seine Abhängigkeit zu drosseln. „Verschrieben" bedeutet hier, daß die Applikationen, die ein Benutzer verwendet, nur auf dieser Hardware laufen, wobei jeder weiß, daß es ein teueres und schwieriges Unterfangen ist, die Hardware zu wechseln, da man letztendlich die System-, Software- und Schulungs-Investitionen über den Haufen werfen muß. Warum unterstützen dann die meisten neuen Hardware-Produkte, die auf den Markt kommen, in erster Linie UNIX? UNIX macht es jedem Anwender erheblich leichter, sich neuen Technologien – wie zum Beispiel leistungsfähigeren Computern – zuzuwenden, sowohl in Hinblick auf die Technologie, als auch in Hinblick auf Kosten. Sowohl Kunden als auch Systemanbieter profitieren davon.

Ein weiterer wichtiger Grund für diese Migration besteht darin, daß eine große Anzahl von Anwendungen erhältlich sind, die auf UNIX-Systemen laufen, wie auch in der Tatsache, daß diese relativ leicht von einem Rechner zum anderen portiert werden können.

Mit UNIX kann man Konsistenz erlangen. Und mit Konsistenz erzielt man Ergebnisse. Was kann man denn letztlich durch SAA von IBM oder NAS von DEC, oder durch irgendeine andere Schutz-Architektur gewinnen? Kann man auf etwas deuten und behaupten: „Das war mir erst auf Grund meiner SAA möglich?" Der Vorteil, den die meisten Leute aus einer einheitlichen Architektur ziehen können, ist Konsistenz. Dadurch ziehen alle Fachleute mit ihrem gesamten Potential an Fähigkeiten automatisch am gleichen Strang. UNIX wird eine höchst wichtige Rolle dabei spielen, Konsistenz in eine Welt zu bringen, die ansonsten auf komplexe Weise aus mannigfachen Technologien und Plattformen besteht.

Portierbarkeit und Kostenvorteile fördern den Trend in Richtung UNIX. Die Tendenz hin zu UNIX als Standard hat eine herausragende und entscheidende Ursache – mit UNIX erreicht man ein hohes Maß an Portierbarkeit. Man hat somit einen größeren Spielraum als in der Vergangenheit, Arbeits- und Applikations-Software auf kostengünstigeren und/oder leistungsfähigeren Hardware-Plattformen, die wiederum von einem größeren Spektrum von Anbietern erhältlich sind, zu implementieren. Somit wird UNIX für Anwender zu einer echten Alternative. Portierbarkeit für Applikations-Software reduziert die Kosten sowohl für Systemanbieter als auch für Anwender.

Software-Kosten steigen mehr und mehr ins Unermeßliche. Für den Hardware-Verkäufer verringert ein standardisiertes Betriebssystem die Ausgaben, weil er dadurch nicht neue Betriebssysteme für andere Rechner-Architekturen neu entwickeln muß. Die Kosten für die Entwicklung eines eigenen Betriebssystems kann man mit etwa 50% der Gesamtentwicklungskosten eines Computersystems ansetzen. Sie übertreffen vielfach die Kosten der Hardware-Entwicklung. Obgleich die Kosten, die der Systemanbieter hierbei spart, einen enormen Vorteil darstellen, resultiert ein noch größerer Vorteil daraus, den UNIX-Anwendungsmarkt anzuzapfen.

Die Fähigkeit, Software von anderen UNIX-Rechnern weiterhin einzusetzen, ist für Anwender und System-Lieferanten gleichermaßen von Nutzen. Anders als bei proprietären Systemumgebungen, gibt UNIX dem Anwender die Möglichkeit, dieselbe Software oder dieselben Prozeduren auf verschiedenen UNIX-Systemen einzusetzen, wobei oftmals gar keine oder nur minimale Veränderungen vorgenommen werden müssen. Betriebssysteme wie VMS, OS/2, MVS und MS-DOS, werden als proprietär bezeichnet, weil ihre zukünftige Evolution und die Lizenzrechte von einer einzigen Firma kontrolliert werden. Die Möglichkeit, Klone zu erstellen, ist damit ein Gradmesser für die „Offenheit" eines Systems.

Bestehende Systeme werden durch verschiedene, proprietäre Technologien fragmentiert, was es sehr schwierig macht, Informationen zusammenzuführen und integriert zu nutzen. Die vorherrschende Situation erinnert an einen modernen „Turmbau-zu-Babel". Diese Barrieren müssen beseitigt werden, damit die Informationstechnologie ihrer entscheidenden Rolle bei der Erzeugung und Unterstützung von echten Produktivitätszuwächsen für Einzelne und Arbeitsteams gerecht werden kann. UNIX wird zunehmend als entwicklungsfähige Lösung für dieses Problem gesehen und nimmt beim Aufbau von Strategien für Informations-Systeme eine Schlüsselrolle ein.

Obwohl sich UNIX vom Kostenstandpunkt aus gesehen als eine reizvolle Alternative zu anderen Betriebssystemen darstellt, war seine Beliebtheit bisher nicht von kommerziellen Faktoren bestimmt. Denn wenn es so gewesen wäre, hätte UNIX heute sicher einen weit größeren Markt. Die Akzeptanz, derer sich UNIX am Markt erfreut, ist während der letzten 20 Jahre nach und nach von einer Art Gegenkultur, die aus progressiven Computerspezialisten bestand, aufgebaut worden. Sie schätzten besonders die Freiheit und Offenheit, die UNIX den verfügbaren proprietären Betriebssystemen voraus hatte. Diese anfängliche Zielgruppe ist gewachsen und umschließt heute ein breites Spektrum von Anwendern.

Für einen symbolischen Preis hat AT&T Hunderten von Universitäten eine UNIX-Lizenz erteilt. Jedes Jahr gehen an die 500.000 Studenten weltweit von Universitäten ab, von denen zehntausende versiert im Umgang mit UNIX sind. Ein Großteil dieser Leute tritt in die Arbeitswelt ein, und ihr Einfluß wird sich zunehmend bemerkbar machen, wenn sie bei den Kaufentscheidungen von großen, industriellen Unternehmen mitwirken können. Wenn man die Proceedings von technischen UNIX-Konferenzen studiert, stellt man fest, daß sowohl akademische und wissenschaftliche Einrichtungen als auch große Industriekonzerne noch einen maßgeblichen Einfluß auf den technologischen Fortschritt von UNIX ausüben.

Während an Universitäten und Institutionen die Lizenzierung von UNIX durch AT&T dessen Beliebtheitsgrad erhöht und es leicht zugänglich gemacht hat, hat in der Computerindustrie nie zuvor in ihrer Geschichte ein solcher Durchbruch einer Betriebssystem-Software-Architektur stattgefunden, wie es bei UNIX der Fall war. Sogar MS-DOS wurde nie von einer solchen Vielzahl von Anbietern mit einem so reichhaltigen Sortiment an Hardware angeboten.

Wachstum bei UNIX-Systemen ist gekoppelt mit einem Wachstum an vernetzter EDV-Leistung. Hunderte von EDV-Anbietern haben sich bei ihren Hardware-Produkten auf UNIX festgelegt. Die Computerfirmen mit der höchsten Wachstumsrate in der gesamten Industrie setzen UNIX als ihr primäres (oder einziges) Betriebssystem ein. Fast jede wichtige Computerfirma hat sich dazu entschlossen, irgend eine Variante von UNIX anzubieten.

Die größten Lieferanten der gesamten Industrie haben in letzter Zeit ihre Position verlagert. Sie behandeln UNIX jetzt nicht mehr wie ein Stiefkind gegenüber ihren proprietären Betriebssystemen, sondern wie ein fast gleichwertiges „strategisches" Produkt. IBM hat zum Beispiel bekanntgegeben, daß AIX (ihre Variante einer UNIX-Implementierung) von jetzt ab auf mehreren (aber nicht auf allen) Rechnerserien läuft. Die Firma IBM hat auch öffentlich verlauten lassen, daß sie UNIX als Architektur genauso wie SAA unterstützen wird! Die UNIX-Variante von DEC – ULTRIX – hat in letzter Zeit Aufmerksamkeit erregt, da DEC ein neues Hochleistungssystem und Workstations sowie fehlertolerante Systemprodukte angekündigt hat, auf denen nur eine der von DEC unterstützten UNIX-Varianten läuft (zum Beispiel ULTRIX, SVR4 usw.), nicht aber ihre wichtigste Stütze, das proprietäre Betriebssystem VMS. Vor kurzem hat DEC sogar bekanntgegeben, daß es AT&T's System V Release 4 auf seinen neuen „high-availability" (fehlertoleranten) Rechnern implementieren wird.

Während traditionelle Betriebssystemanbieter mindestens eine UNIX-Variante zusätzlich zu ihren proprietären Betriebssystemen offerieren, unterstützen neuere Computerfirmen, wie zum Beispiel Sun Microsystems, nur UNIX. Sogar traditionelle Firmen lancieren Produktlinien, auf denen nur UNIX-Versionen laufen.

Rechner von heute, von PCs bis hin zu Großrechnern, werden vernetzt. Es gibt ganz offensichtliche Vorteile, wenn miteinander vernetzte Systeme so viele Eigenschaften wie möglich gemeinsam haben. Je mehr sie gemeinsam haben, desto weitreichender ihre Kommunikationsmöglichkeiten. In den nächsten zehn Jahren wird sich die Kommunikationstechnologie rapide vom heutigen Stand, der Daten- und Datei-Sharing erlaubt, weiterentwickeln hin zu Prozessen mit vollständig verteilten Anwendungen. UNIX wird eine große Rolle dabei spielen, den Trend hin zu Interoperabilität zu verstärken; Interoperabilität nicht nur für individuelle Rechnerproduktlinien, sondern flächendeckend für unterschiedliche heterogene Netze. UNIX wird dabei für die Computerumgebung und Zusammenarbeit von Gruppen die Rolle einnehmen, die MS-DOS derzeit für Personal-Computer noch einnimmt. „Interoperabilität" bedeutet, daß die Komponenten von verschiedenen Anbietern zusammenarbeiten, um Systeme zu schaffen, die eine Gesamtlösung ermöglichen. Voraussetzung hierfür ist, daß unterschiedliche Hardware-Plattformen so miteinander verbunden werden, daß kompatible Datentypen und konsistente Protokollebenen zur Verfügung gestellt werden. Interoperabilität impliziert, daß Anwender leichten Zugang zu Daten überall im Netz haben, ohne daß sie sich Gedanken darüber machen müssen, wo sich die Daten im Netz eigentlich befinden. Die Nachfrage nach der Interoperabilität wird durch die Anwender verstärkt und wird ihnen eines Tages insofern zugute kommen, als dann auf Daten einfacher zugegriffen und sie problemloser bearbeitet werden können.

Die UNIX-Informationsexplosion. Es gibt für UNIX-Interessierte eine Fülle an Information. Das meiste davon ist allerdings technischer Natur und wendet sich vorwiegend an den Computer-Anwender oder Techniker. Technische Handbücher und Handbücher mit den Kommandos für den Anfänger und den fortgeschrittenen Benutzer (Programmierer) bevölkern die Regale in technischen Buchläden und Bibliotheken. Sogar das einführende Material, das zur Zeit erhältlich ist, zielt in erster Linie auf den Leser ab, der lernen muß, wie man UNIX *benutzt*.

Meine Motivation, dieses Buch, *Unternehmen UNIX*, zu schreiben, beruhte letztlich auf der Erkenntnis, daß es eine große Anzahl von Leuten gibt, die das Bedürfnis nach einem speziell zusammengestellten und ausgewählten Grundstock an Informationen haben. Viele wollen nicht UNIX-Experten im technischen Sinne werden. Sie wollen vielmehr die UNIX-Grundbegriffe verstehen, damit sie ihren Beruf, sei es nun als Manager oder Abteilungsleiter besser ausüben können. Mit dem Buch *Unternehmen UNIX* wird eine Zusammenfassung von UNIX geliefert, die dem Bedürfnis nach einem Management-orientierten Gesamtüberblick von UNIX nachzukommen versucht.

Manager sollten sich in zunehmendem Maße darüber im Klaren sein, was mit „Offenen Systemen" gemeint ist und wie dies ihre EDV-Umgebung beeinflussen kann. Anwender sollten UNIX-kompatible Produkte kaufen und die daraus entstehenden Vorteile in bezug auf Software-Kompatibilität verstehen. Große und kleinere Unternehmen sollten bewußter und in größerem Maße am Prozeß der Etablierung von Standards teilnehmen. Sie sollten sich Normen zu eigen machen und damit für ihre langfristigen informationstechnologischen Strategien eine Basis schaffen. Nur so kann man Investitionen bei den EDV-Systemen, einschließlich Hardware, Systemsoftware und Anwendungslösungen, langfristig absichern.

„Open Systems" – eine informationstechnologische Strategie. Bei einer idealen Implementierung von Offenen Systemen würden die verschiedenen Komponenten nahtlos ineinander passen und auch zusammen funktionieren, ähnlich wie bei einer modernen Stereoanlage. Man könnte somit Komponenten willkürlich – aber kreativ – miteinander kombinieren und so auch je nach Bedarf die Stärke eines jeden Lieferanten einsetzen (Preisoptimierung, Leistung, Zuverlässigkeit usw.). Die Stärke von Offenen Systemen liegt in ihrer Unabhängigkeit von Anbietern. Unabhängigkeit ist die Folge der Standardisierung, wobei Komponenten von verschiedenen Anbietern miteinander kombinierbar sind und zusammenarbeiten. In der EDV wächst die Zahl derer, die sich dafür einsetzen. Dies gilt in besonderem Maße für den UNIX-Teil dieser Branche.

Es ist immer schwierig, die Zukunft vorherzusehen, besonders in der Computerindustrie. Die Untersuchungen, die diesem Buch vorausgingen, machten deutlich, daß sich grundlegende Veränderungen im nächsten Jahrzehnt auf dem Gebiet der Informationstechnologie ergeben. Es ist Ziel dieses Buches, Managern dabei behilflich zu sein, neue Signale in der Industrie zu verstehen und auf sie zu reagieren, damit sie ihre Geschäfte so positionieren können, daß sie einen maximalen Nutzen aus dieser anhaltenden Evolution in der Computerwelt ziehen können.

Neue Methoden in der EDV werden einen kosteneffizienteren Einsatz von Rechern und einen problemloseren Umgang damit erlauben und bedeuten Flexibilität für die nächste Generation von Anwendungslösungen, die auf UNIX basieren. Außerdem werden neue Computertechniken zusammen mit einer Strategie Offener Systeme, die auf anbieterunabhängigen und international etablierten Standards für Datenkommunikation und Betriebssysteme beruht, viele Vorteile mit sich bringen. Dabei wird es insbesondere leichter werden, preiswert und gezielt bei Anbietern einzukaufen, beziehungsweise eine viel stärkere, netzwerkfähige Basissystemplattform für die Zusammenführung von EDV zu erlangen.

Es ist offensichtlich, daß die Computerindustrie als Ganzes gesehen sich in einer Krise der Anwendungsentwicklungen befindet. Weder traditionelle Programmierwerkzeuge noch die heutige Generation an hochproduktiven proprietären Werkzeugen stellen eine adäquate Lösung für die Bedürfnisse der kommenden integrierten und *netzwerkbewußten* Anwendungen dar. Was vonnöten ist, ist ein neues Modell für *vernetzte* Anwendungsentwicklung. UNIX und Open Systems Standards werden ihren Hauptimpuls auch aus dieser Tatsache beziehen. Diese mächtigen Katalysatoren werden die Energien der Software-Industrie darauf konzentrieren, Werkzeuge zu produzieren, die mit der Komplexität von zukünftigen Anwendungsentwicklungen umgehen können.

Im gleichen Maße, wie Personal Computer eine ungeheure Entwicklung von Anwendungen stimulierten, die auf individuelle Produktivität abzielten, werden Offene Systeme die Entwicklung von „Kollektiv-" Systemen vorantreiben, wobei sie sich in erster Linie auf logisch zusammen gehörende Arbeitsgruppen, später auf ganze Unternehmen konzentrieren werden. Die Aufmerksamkeit, die man heutzutage auf Projektgruppen-bezogene EDV richtet, unterscheidet sich von traditionellen „Abteilungs"-Strukturen. Anwendungen werden auf vielen Anbieter-Plattformen laufen und dabei für Software-Lieferanten die Möglichkeiten vergrößern, ihren Marktanteil auszuweiten, und darüberhinaus neue Software-Entwicklungen stimulieren. MIS und hausinterne Entwickler werden von dieser gleichen Technologie Gebrauch machen, während sie ihre veralteten Systeme und hausintern entwickelten Anwendungen ersetzen.

Offene Systeme sind richtungsweisend – man kann sich mit ihnen den unglaublichen Veränderungen und Erneuerungen, die vor uns liegen, am besten anpassen.

Bill Joy, Sun Microsystems

UNIX stellt ein neues Modell für die EDV dar – ein Standardbetriebssystem, das auf vielen Hardwareplattformen laufen kann. Allerdings wird im allgemeinen Diskurs über UNIX und Open Systems ein Thema ausgespart, nämlich das, wie Computer und Informationstechnologien Wertzuwachs generieren.

Dies hat unter anderem mit der Art zu tun, wie Innovationen und die Technologie selbst sich ständig verändern. Die Innovationen und Veränderungen treten nicht plötzlich auf und nicht in einer einzelnen Firma. Es kann keiner vorhersagen, wann oder wo sie stattfinden werden. Unternehmen und Menschen müssen von Innovationen Gebrauch machen, oder sie verlieren an Boden. In den meisten Industrien heißt Technologie: zuverlässiger, billiger, schneller usw. Um im Markt bestehen zu können, müssen Geschäftsmodell und -struktur auch von Innovation Gebrauch machen, die anderswo stattgefunden hat. Keine Firma kann es sich leisten, nur Spitzenkräfte einzustellen.

Offene Systeme und Standards sind einfach Techniken, die jene Stolpersteine entfernen, die verhindern, daß technologische Innovationen an den Kunden gelangen. Eine Plattform erweist sich als wertvoll, wenn sie auf allgemein akzeptierten Normen beruht, die die Wahrscheinlichkeit vergrößern, daß derjenige, der weiß, wie man ein Problem löst, es auch tatsächlich unter Zuhilfenahme der neuesten Technologie einer Lösung näherbringt.

„Open Systems" ist die Geburtsstunde der freien Entwicklung von Ideen in der Computerindustrie. Von grundlegender Bedeutung dabei ist, daß Computer-Systemplattformen kompatibel sind, so daß wertvolle Arbeitskräfte, die neue Technologien entwickeln, mehr Zeit darauf ver wenden können, wirklich innnovativ zu sein, statt darum zu ringen, ihre Softwarelösungen zum Laufen zu bringen. Erfolgreiche UNIX-Anbieter werden diejenigen sein, die sich UNIX nicht nur mit Worten verschrieben haben, sondern die sich eine Philosophie des Teamworks aneignen, sowohl intern wie auch extern mit Leuten in anderen Organisationen.

Mit Hilfe von Standards kann Innovation sich frei entfalten. Dies ist sogar mit konkurrierenden Standards möglich. Es könnte sogar von Vorteil sein, mehr als einen Standard zu haben, um Wettbewerb zu schaffen, und somit schnellere und differenziertere Entwicklungen voranzutreiben. Ziel hierbei ist sicherzustellen, daß technologische Innovationen möglichst kostengünstig voranschreiten. Von Bedeutung ist nicht die Frage von „offen" im Gegensatz zu „geschlossen". Sinn und Zweck ist vielmehr, es Anwendern möglich zu machen, sich aller Vorteile, die die Technologie bereitstellt, bedienen zu können.

Offene Systeme sind nicht, wie man annehmen könnte, eine Utopie. Die Idee der Offenen Systeme ist aufs engste mit der Idee der Software-Austauschbarkeit und -Portierbarkeit zwischen Hardware-Plattformen verbunden. Austauschbarkeit wird zum Tragen kommen, wenn die Funktionen jedes einzelnen Moduls und die Schnittstellen zwischen verschiedenen Modulen durch einen Konsens der Industrie definiert worden sind, und wenn Software-Anbieter Produkte zur Verfügung stellen, die sich nach diesen Normen auch richten.

Die Entwicklung einer Open-Systems-Strategie. Die meisten großen Firmen haben eine MIS-Gruppe, die für die Auswahl, Assimilierung und Nutzbarmachung der EDV zuständig ist. Open Systems unterscheidet sich grundlegend von der Strategie, einen „Vorzugshändler" auszusuchen, die viele Firmen befolgen. Eine Strategie Offener Systeme macht es Computerfirmen möglich, ihre Kunden mit EDV-Systemen zu versorgen, die ihren Erwartungen gerecht werden, und sie sogar übertreffen, wobei die „Kosten pro Lebenszyklus" so gering wie möglich gehalten werden sollen.

Die finanziellen Vorteile von Offenen Systemen sind unter anderem:

- Größere Flexibilität, den verschiedenen Bedürfnissen eines Unternehmens Rechnung zu tragen. Wirtschaftlichkeit in bezug auf das ganze Unternehmen. Abstufung nach ökonomischen Gesichtspunkten innerhalb eines Betriebes. Inwieweit unterstützt dieses Produkt (firmenweit) den wirtschaftlichen Erfolg des Unternehmens?
- Eine größere Kontrolle über geschäftliche Vorgänge, wie zum Beispiel Preise, Produktion und Inventar, aber auch das Potential, neue Märkte durch eine externe Kunden-Anbieter-Integration erobern zu können.
- Eine flachere, besser ansprechende Organisation, aufgebaut auf einem verbesserten Netzwerksystem.
- Die Reduzierung von Kosten für die Lebensdauer eines Systems.

Kosteneinsparungen durch Übernahme einer Umgebung mit Offenen Systemen umfassen auch die folgenden Gebiete:

- Größere Einflußnahme auf technische Betriebsmittel, indem eine Vielzahl von proprietären Umgebungen eliminiert werden, die jedes für sich ein breites Spektrum an Support nach sich ziehen.
- Weniger Aufwand und weniger Hardware-Kosten für „Gateways" und andere integrierende Komponenten, die „aufgesetzt" statt „eingebaut" sind.

- Kosten für Einarbeitung und Schulung werden minimiert, wenn sich die Komponenten sowohl im Aussehen als auch in der Bedienung ähneln und firmeninterne Software standardisiert wird.
- Mengenrabatt für gemeinsame Hardware und Software.

Offene Architektur. Das oberste Gebot bei einer offenen Architektur ist die Optimierung des Ganzen, und nicht der einzelnen Teile. Durch die hochgradige Spezialisierung innerhalb der Informationssysteme ergibt sich die natürliche Tendenz, einzelne Teile zu optimieren, d.h. das beste LAN-Netz, der beste PC, das beste Betriebssystem, das beste Datenbanksystem, den besten Anwendungsgenerator usw.

Die optimalen Komponenten werden aber, wenn sie zusammen arbeiten, nicht das beste Ganze ergeben. Es ist der Hauptzweck einer Open-Systems-Architektur, daß diese einzelnen Teile als Teil einer Einheit operieren können.

Anwendungen, die auf Standardschnittstellen und -dienstleistungen aufgebaut sind, werden eine größtmögliche Portierbarkeit und Interoperabilität erlangen. Portierbarkeit ist die Fähigkeit, eine Anwendungssoftware auf den Plattformen unterschiedlicher Anbieter zu installieren.

**Warum wünschen Anwender Offene Systeme
und was erwarten sie von ihnen?**

- Die Anwender glauben, daß UNIX einen architektonischen Rahmen bietet, der eine erweiterbare Auswahl an Schnittstellen besitzt.
- Sie verlangen die Definition, die Wartung und Pflege sowie die Verfügbarkeit von nicht-proprietären Schnittstellen für jeden Anbieter oder Anwender bei der Entwicklung von Produkten.
- Sie erwarten, daß Offene Systeme eine Entwicklungsschnittstelle bieten, die hinsichtlich ihrer Definition und Spezifikation einer Evolution unterworfen ist, die auf einem breiten Konsens beruht.
- Sie erwarten eine bedienerfreundliche Schnittstelle zum Betriebssystem und zu ihrer Applikations-Software, die eine allgemeine Mensch-Maschine-Schnittstelle bietet, in der die Ausführungsumgebungen und die Tools für die Applikationen integriert sind.
- Sie erwarten allgemeingültige Schnittstellen für die Anwendungsprogrammierung und Hilfsprogramme, um grafische, fensterbasierte Schnittstellen herzustellen.
- Sie erwarten eine große Auswahl an interoperablen Komponenten, die von verschiedenen Händlern angeboten werden.
- Sie möchten anbieterneutrale Lösungen – worunter Interoperabilität mit und Übertragbarkeit von Applikations-Software auf Hardware und Betriebssysteme verstanden wird, die gleichfalls Offene Systeme sind.
- Sie erwarten, daß der Begriff „Offen" beinhaltet, daß Standards und Spezifikationen von unabhängigen Normengremien, wie z.B. X/Open, IEEE und NIST, anerkannt sind.

UNIX schafft den Impuls für einen ganzen „Open-Systems-Industriezweig". Die Rechner-Kommunikation ist vielleicht eines der höchstentwickelten und allgemein anerkanntesten Gebiete von Standardisierung innerhalb der Computertechnologie. Echte Offene Systeme werden über Kommunikation und Betriebssysteme weit hinausgehen. Bis zum Ende dieses Jahrhunderts werden Open Systems-Standards praktisch alle Bereiche, in denen Technologie als Gebrauchsgegenstand behandelt wird, umfassen. Leider ist der Begriff „Offene Systeme" heute schon überfrachtet. Es gibt von Offenen Systemen so viele Definitionen, wie es Menschen gibt, die diesen Begriff definieren.

Die Rechner-Busse der PCs wie die ISA, EISA und MCA-Busse sind schon Offene Systeme genannt worden. Die Firma Sun bezeichnet ihren SPARC-Prozessor als „Offene Architektur". Offene Systeme beschränken sich nicht auf Hardware- oder Software-Standards. Die Vorstellung von Offenen Systemen im Computerbereich entstand lange, nachdem UNIX erfunden war.

Die frühen Konzepte, die zur Entwicklung von UNIX führten – insbesondere die Tatsache, daß das Betriebssystem portierbar ist, und daß jeder, der einen vernünftigen Preis dafür zahlt, auch die Lizenz dafür bekommen kann – und daß sein Quellcode frei zugänglich ist, haben sich mittlerweile auch in anderen Bereichen durchgesetzt. Genau das versteht man auch kommerziell gesehen unter einem „offenen" UNIX.

Aus der Sicht der Applikation bestand das ursprüngliche Konzept von UNIX darin, die Portierbarkeit von Anwendungssoftware zu fördern. Seine Applikationen konnten auf jedem Rechner mit einer zu UNIX kompatiblen Version laufen, oder sie waren zumindest viel einfacher zwischen verschiedenen UNIX-Systemen zu portieren als zwischen proprietären Systemen. Das Ergebnis war eine für Anwendungen viel offenere Umgebung.

Aus der Sicht des Systems bot UNIX die Skalierbarkeit auf einfachem Weg, weil das gleiche Betriebssystem praktisch auf jedem Rechner, vom Laptop bis zum Supercomputer, laufen konnte. Andere Betriebssystemumgebungen unterstützten einen viel beschränkteren oder weniger offenen Umfang von Computertechnologie.

Als schließlich UNIX und Netzwerkstandards wie zum Beispiel TCP/IP und NFS von Sun Microsystem sich zusammentaten, um vernetzten Rechnern die Möglichkeit zu geben, Dateien und Applikationen gemeinsam zu nutzen, öffnete die Interoperabilität, sogar mit nicht-UNIX-Systemen, die Computerwelt für eine neue Palette an Möglichkeiten der Netzwerknutzung.

Als die „International Standards Organisation" das Siebenschichten-modell von Open Systems Interconnection (OSI) vorstellte, konkretisierte sich die Vorstellung, auf Standards basierende Interoperabilität zwischen heterogenen Systemen zu ermöglichen. Allerdings müssen diese Systeme außer ihrer OSI-Kommunikationsfähigkeit nichts gemeinsam haben. Mit UNIX erweiterte sich die Chance erheblich, Portierbarkeit über verschiedene und nicht-kompatible Hardware-Plattformen zu erreichen. Man erkannte, daß das zugrundeliegende Betriebssystem das erste, fundamentale Mittel war, um die Portabilität von Anwendungssoftware zu erzielen. Aber die echte Applikationsportabilität, sogar auf Quelltextebene, benötigt mehr als ein Standardbetriebssystem. Diese Art der Standardumgebung ist das Ziel von X/Open's CAE (Common Application Environment). Damit sind die Voraussetzungen geschaffen worden, um den nächsten logischen Schritt zu vollziehen, der nicht nur Applikationsportabilität gewährleistet, sondern auch die Auswechselbarkeit zwischen den Komponenten, die zur Standardumgebung gehören.

Für viele ist UNIX synonym mit Open Systems, aber es ist eigentlich nur ein Teil davon. In der Tat hat ein frei erhältliches, portierbares und skalierbares UNIX-Betriebssystem einen ungeheuren Schub erzeugt in Richtung auf eine Welt von hochgradig interoperablen Systemen. Die UNIX-Industrie hat dazu beigetragen, den Open-Systems-Markt zu schaffen, und ist damit dessen wesentlicher Bestandteil geworden.

UNIX ist eine Untermenge des Konzeptes Offener Systeme. Die Frage, die sich stellt, ist nicht nur: „Wird Anbieter X UNIX auf all seinen Hardware-Plattformen einsetzen?", sondern vielmehr: „Werden Endanwender ihre Rechner von verschiedenen Händlern kaufen und sie nach Belieben miteinander verbinden können, und erlaubt dies ihre Schulungs- und Anwendungskosten zu minimieren?" Um diesen Zustand zu erreichen, muß man nicht auf allen Plattformen UNIX einsetzen. Die Interoperabilität von Systemen, die oben beschrieben wurde, ist genau der Schlüssel zu Offenen Systemen. Und in der Tat ist es naiv anzunehmen, daß man den anspruchsvollen kommerziellen Bedürfnissen von Endanwendern (z.B. im Bankwesen) mit UNIX bis vor kurzem hätte gerecht werden können. UNIX war eben noch nicht in der Lage, große zentralisierte transaktionsverarbeitende Anwendungen zu unterstützen. Die Anbieter in der Pionierzeit der EDV, in den 60er und 70er Jahren, stillten die Bedürfnisse ihrer Kunden mit anderen Mitteln, die unweigerlich proprietärer Natur waren.

Der Erfolg von IBM, DEC und HP beruhte in der Vergangenheit darauf, „geschlossene Systeme", die auf proprietären Betriebssystemen und Hardware-Konzepten basierten, zu verkaufen. Die Realität der gegenwärtigen Situation – die Tatsache, daß Anwender jetzt auf Offene Systeme erpicht sind – ist diesen Firmen nicht entgangen. Aber ihnen wird anstelle eines revolutionären Wechsels bei den Betriebssystemen jetzt eher ein allmählicher Abwendungsprozeß abverlangt, um ihre installierte Kundenbasis zu schützen. (Es gibt einen weitverbreiteten Witz, der da lautet: Frage: Wie hat Gott die Welt in nur sieben Tagen erschaffen können? Antwort: Das war nicht schwer. Er hatte keine installierte Basis.)

„Unternehmen UNIX" – ein Überblick. Um Ihnen einen Gesamtüberblick über das Wesen und den Aufbau dieser Arbeit zu geben, folgt jetzt eine kurze Zusammenfassung jedes Kapitels. *Unternehmen UNIX* besteht aus den folgenden sieben Kapiteln, einem ausführlichen Glossar und einer Bibliographie.

1. Kapitel – UNIX wird volljährig. Behandelt wird die UNIX-Historie und die Ereignisse bis in die Gegenwart, um ein Verständnis von UNIX in bezug auf allgemeine Fortschritte, die in der Informatik erzielt wurden, zu vermitteln. Unsere Darstellung der UNIX-Geschichte bezieht sich nicht nur auf die Evolution des UNIX-Betriebssystems selbst, sondern auch auf kritische soziologische und kommerzielle Aspekte, die die UNIX-Industrie zu dem gemacht haben, was sie heute ist.

Das Konzept einer mehrschichtigen Systemarchitektur wird vorgestellt und in den späteren Kapiteln wiederholt aufgegriffen, um das UNIX-Betriebssystem, dessen Portierbarkeit und wichtige sich herauskristallisierende Normen und Normengremien zu erklären, die für UNIX und Offene Systeme relevant sind.

2. Kapitel – Konzepte, die UNIX zugrunde liegen. Dieses Kapitel gibt dem Leser eine differenzierte, auf den Anwender zugeschnittene Darstellung von UNIX. Es untersucht die wichtigsten Komponenten des Betriebssystems, und wie sie voneinander abhängen. Diese Vorgehensweise, UNIX zu beschreiben, hilft dem Leser, seine Komponenten zu verstehen beziehungsweise die Art, wie sie funktionieren. Was es nicht bietet, sind genaue Anweisungen, wie man mit den Kommandos umgeht, oder auch den Versuch, eine technische Beschreibung davon zu geben, wie das UNIX-System tatsächlich funktioniert. Es konzentriert sich statt dessen darauf, UNIX-Schlüsselelemente aus der Sicht von mehrschichtigen Systemen und einer Open-Systems-Architektur zu vermitteln. Es werden Hinweise gegeben, welche Nachschlagewerke der Leser, der sich mehr für technische Details in bezug auf Betriebssystemtheorie oder -kommandos interessiert, zu Rate ziehen sollte.

3. Kapitel – Die Angebotsseite des UNIX-Marktes. In diesem Teil wird eine kurze Zusammenfassung aller großen kommerziellen UNIX-Systemlieferanten gegeben. Die Angebotsseite der UNIX-Industrie wird analysiert, indem die Strategien der sieben großen Computersystemanbieter dargestellt werden. Andere führende System- und Software-Anbieter werden ebenfalls erwähnt. Dieses Kapitel beginnt mit einer Auflistung von Systemelementen, die zu betrachten sind, wenn man verschiedene UNIX-Systeme miteinander vergleicht. Wir werden eine Methode der System-Evaluierung vorschlagen, die Überlegungen, die während des Prozesses der Systembewertung und -auswahl angestellt werden sollten, im Detail behandelt.

4. Kapitel – Die Nachfrageseite des UNIX-Marktes. In diesem Kapitel wird eine ausführliche Betrachtung über die wichtigsten Trends und Eigenschaften des UNIX-Marktes angestellt. Der UNIX-Markt wird in Kategorien wie Geographie, Industrie, Anwendung und Verbreitung dargestellt. Die Strategien bestimmter Marktführer werden gesondert behandelt.

5. Kapitel – Neue Methoden in der EDV. Hier wird eine Einführung in sich schnell entwickelnde Gebiete der EDV gegeben, unter anderem vernetztes Rechnen, Client/Server-Architekturen, „Windowing" von grafischen Benutzeroberflächen und Transaktions-Prozesse. Vereinfachte Erklärungen und Beispiele dieser relativ neuen Konzepte im Umgang mit Computern sind enthalten. Dieser Teil untersucht auch, wie neue DV-Methoden zu einer Verlagerung in der Art beitragen, wie Computersysteme angewandt werden.

6. Kapitel – Normen und die UNIX-Industrie. Dieses Kapitel erläutert die Evolution und die Bedeutung von Normen und wie sie speziell auf UNIX zutreffen. Es gibt einen Überblick über verschiedene große Normengremien und beschreibt die Arbeit, die sie leisten. Die Themen, die angesprochen werden, sind unter anderem System V von USL, POSIX von IEEE, FIPS und X/OPEN, wie auch OSF und UNIX International, zwei Konsortien von bedeutenden Computersystem- und Software-Händlern. Der Schlußteil dieses Kapitels beinhaltet eine ausführliche Beschreibung von Software-Portierbarkeit in UNIX-Umgebungen.

7. Kapitel – Orientierungshilfe. Es gibt umfangreiche Quellen, die erhältlich sind, wenn man mehr über UNIX lernen möchte. Dieses Kapitel listet Stellen auf, wo man zusätzlich Information bekommen kann. Beschrieben werden Quellen für UNIX-Marktuntersuchungen, professionelle Organisationen und Anwendergruppen, Messen, Anwendungssoftware und Schulungen. Diese Informationen werden interessierten Lesern insofern eine Stütze sein, als sie ihnen Hinweise geben, wo sich die Ressourcen befinden, die dazu beitragen können, in der sich ständig verändernden UNIX-Industrie auf dem laufenden zu bleiben.

Glossar und Bibliographie. Das Glossar gibt klar verständliche und differenzierte Definitionen, die für den Leser den Umgang mit den Fachbegriffen vereinfachen. Die Bibliographie (Anhang B) listet zahlreiche Bücher auf, die der Leser zu Rate ziehen kann.

Der Umgang mit diesem Buch (eine Orientierungshilfe für verschiedene Leser). Dieses Buch enthält eine erhebliche Menge an Informationen und kann wohl schwerlich in einer Sitzung ganz gelesen werden. Je nachdem, für welches Gebiet Sie sich interessieren, könnte es für Sie von Nutzen sein, die Kapitel nicht chronologisch zu lesen. Dabei könnte man folgendermaßen vorgehen:

Wenn Sie als Manager oder auf Führungsebene im Vertrieb tätig sind, wird Ihnen die Aufeinanderfolge der Kapitel ziemlich logisch erscheinen. Wenn Sie sich auf technischer Ebene mit UNIX auskennen, sollten Sie vielleicht mit den späteren Kapiteln beginnen, die sich mit Aspekten des Bedarfs und Nachfrage im Markt beschäftigen, und die ersten Kapitel zu einem späteren Zeitpunkt lesen. Wenn Sie Anwender sind, sollten Sie vielleicht zuerst das Glossar lesen, um einen Überblick über die Terminologie zu bekommen, und dann mit dem Anfang fortfahren.

1 UNIX wird volljährig

Die Anfänge von UNIX® machen deutlich, warum es seinerzeit entstanden ist, und zeigen, wie sich technisch und kommerziell gesehen sein Fortschritt bis in die heutige Zeit fortsetzt. Dieses Kapitel erforscht auch die Gründe für gegensätzliche Positionen verschiedener Marktführer. Der Leser wird insbesondere auf kritische Bereiche der Entwicklung aufmerksam gemacht, auf die er sich in der Fachpresse und bei Nachrichten im allgemeinen konzentrieren kann.

UNIX wurde zuerst bei den Bell Telephone Laboratories von AT&T entwickelt und sein Konzept war eher mosaikartig ausgelegt. Es hat nie ein Kommittee gegeben, welches beschloß, das Betriebssystem der nächsten Dekade zu entwerfen. UNIX befand sich fünf Jahre lang unter dem Schutz der Forschungsabteilung von Bell Labs, bis sein Konzept der Außenwelt zugänglich gemacht wurde.

Die Evolution von UNIX war auch mit der Evolution von Mikrocomputer-Entwicklungen wie z.B. dem 386 von Intel, dem 68000 von Motorola (auch unter dem Namen „68K" bekannt) und Prozessoren auf RISC-Basis verbunden. Sie profitierte vom Wachstum sowohl im Minicomputer- als auch im Workstation-Markt. Systeme, die auf dem 680x0-Chip mit seinem offenen Adreßbereich basierten, konnten einen Code-Umfang bewältigen, wie ihn auch ein großer VAX-Computer von DEC bewältigen mußte. Damit war die CPU einer 680x0-Workstation so mächtig wie eine VAX-750 von DEC. UNIX erwies sich als das Betriebssystem, das am einfachsten zu portieren war, und das von der Mächtigkeit des 68K's und seines Adreßbereichs Gebrauch machen konnte. Aber die Geschichte von UNIX und der UNIX-Industrie ist eigentlich von Faktoren beeinflußt worden, die mit Technologie nichts zu tun haben.

Seit Jahren kämpft UNIX darum, den Marktanteil und die große Akzeptanz und Achtung zu erlangen, die ihm viele in den späten 70er und den frühen 80er Jahren prognostiziert hatten. UNIX steht auch schon seit längerem im Zentrum des Kampfes um Industriestandards.

UNIX hat in seiner Anwendung und Entwicklung eine schillernde Geschichte durchgemacht, die 20 Jahre zurückreicht. Es ist nie durch massive Marketing-Kampagnen propagiert worden, die mit denen für MVS von IBM oder VMS von DEC vergleichbar gewesen wären. Und während sich UNIX in bestimmten Kreisen von EDV-lern einer großen Beliebtheit erfreut, wird es von einem Großteil von Computeranwendern und anderen Interessierten immer noch nicht voll verstanden. Um UNIX eine größere Anerkennung zuteil werden zu lassen, muß seine zukünftige Entwicklung ein offen ausgetragener Entwicklungsprozeß werden, der den spezifischen Interessen der Firmen Rechnung trägt, die ihre gesamten oder einen Teil ihrer Strategien auf UNIX gründen. Für die Firma AT&T stellt dies eine Veränderung dar, denn bis vor kurzem war sie dafür bekannt, daß sie UNIX und seine Lizenzbedingungen veränderte, ohne auf die Lizenznehmer, die zum Teil die größten Computerfirmen der Welt waren, Rücksicht zu nehmen.

Es gibt eine ganze Reihe von Firmen und Anwendern, die von der zukünftigen UNIX-Evolution betroffen sein werden. Daher wird sich die Art und Weise, wie das UNIX-System in der Vergangenheit entwickelt und gepflegt wurde, erheblich verändern. UNIX hat sich während der letzten 20 Jahre kontinuierlich entwickelt und wird sich, wie später ausführlicher dargestellt werden wird, in Zukunft weiterentwickeln.

Die Anfänge der UNIX-Geschichte gehen auf die labor-mäßige und praktische Nutzung von Computern in der jeweiligen Anwenderumgebung zurück. Diese frühen Anwender waren zum größten Teil Programmierer und Techniker im wissenschaftlichen oder Ingenieur-Bereich. Manch einer hat schon scherzeshalber behauptet, daß es sich bei UNIX um ein 20 Jahre altes wissenschaftliches Experiment (da es vor ungefähr 20 Jahren erfunden wurde), um ein 10 Jahre altes soziologisches Experiment (da es um 1980 anfing, sich allgemeiner Beliebtheit zu erfreuen) und um ein 5 Jahre altes geschäftliches Experiment handle.

Der gegenwärtige kommerzielle Schub, den UNIX erfährt, zeigt in mehrfacher Hinsicht – technisch, sozial und kommerziell – Trendbeschleunigungen an, die ohne Frage eine starke Auswirkung haben werden auf die EDV, wie wir sie kennen (und den Umgang mit ihr).

1.1 Die Frühstadien der UNIX-Geschichte

Abbildung 1.1 zeigt die vier Hauptstadien der UNIX-Evolution. Dieser Abschnitt gibt eine Analyse sowohl von dem Betriebssystem UNIX, als auch von der UNIX-Industrie.

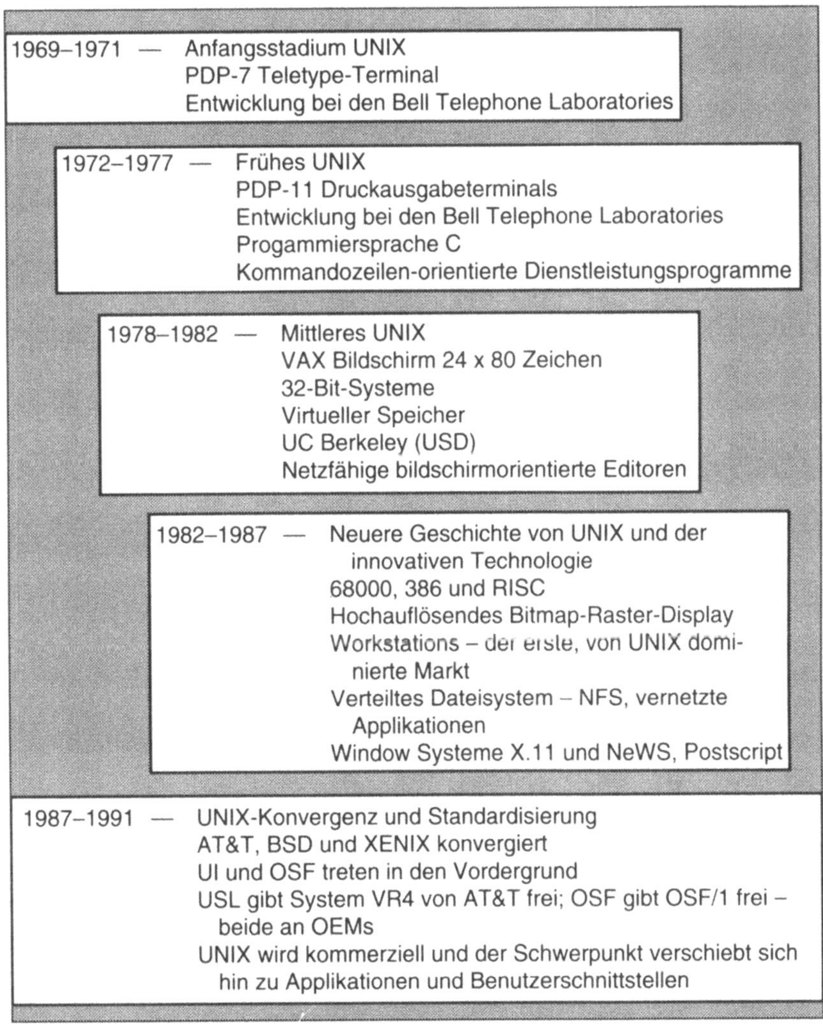

Abbildung 1.1   Die Hauptstadien in der Entwicklung von UNIX.
UNIX hat sich allmählich von seinen frühen Applikationen bei Bell Telephone Laboratories hin zu dem primären Betriebssystem in technischen und wissenschaftlichen Umgebungen entwickelt und ist jetzt eine der Hauptwachstumskomponenten in der Computerindustrie geworden.

Als UNIX konzipiert wurde, hatte die „oppositionelle Bewegung" in Berkeley schon ihren Siegeszug angetreten. 1969 hatte Amerika mit der ersten Mondlandung einen technologischen Höhepunkt erreicht. Die

Auseinandersetzung mit den irdischen Kräften hatte allerdings erst begonnen, als Amerika den Rückzug aus Vietnam antrat. Joe Namath und seine Underdog-Football-Mannschaft, die New York Jets, traten ihren Siegeszug in Miami an, wo sie den Super Bowl III gewannen. Und allgemeinen Prognosen zum Trotz gewannen die sympathischen Baseball-Jungs, die New York Mets, die World Series.

Vor der Ära der Videospiele hackten Programmierer vor sich hin und schrieben ihre eigene Software, wenn ihnen die allgemein erhältliche nicht gefiel. Diese frühen Hacker erweiterten kontinuierlich den Rahmen dessen, was man mit Computern machen konnte.

1.1.1 UNIX bedeutete Abenteuer –
Programmierer wurden dafür bezahlt, zu spielen

Ein Computerspiel, mit dem man Hunderte von Stunden zubringen kann, heißt *Adventure – Abenteuer*. Anfangs war UNIX wie ein Spiel. Populär wurde es bei technologisch versierten Benutzern und Programmierern. Technisch gesehen bot es eine klare Entwicklungsumgebung für Programmierer, besonders für die, die in C programmierten.

UNIX hatte fast Kultstatus und zog viele Programmierer an, die „den Mut hatten, anders zu sein", indem sie mit etwas Neuem arbeiteten, das technisch gesehen eine Herausforderung darstellte, gleichermaßen tiefgründig und doch elegant war, aufgrund seiner Einfachheit im Vergleich zu anderen Betriebssystemen. Diese Schlichtheit beruht zum großen Teil auf der Tatsache, daß UNIX von nur zwei Leuten ins Leben gerufen wurde.

UNIX wurde erstmals 1974 in einem Artikel in *Communications of the ACM* von Ken Thompson und Dennis Ritchie beschrieben. Aber die Arbeit an UNIX hatte viel früher begonnen. 1965 hatten sich General Electric, Bell Telephone und das Project MAC des MIT in den Bell Telephone Laboratories zusammengetan, um das Betriebssystem MULTICS zu entwickeln. MULTICS war die Abkürzung für „Multiplexed Information and Computing Service".

Das Ziel von MULTICS war es, ein Mehrplatzsystem mit interaktivem Rechenbetrieb zu ermöglichen, etwas, das für uns heute auf den meisten Computersystemen selbstverständlich ist, was aber damals einen Riesenfortschritt gegenüber der Stapelverarbeitung bedeutete. Ein Multi-User-Betriebssystem erlaubt einer großen Gruppe von Anwendern gleichzeitig auf den Rechner zuzugreifen und direkt und interaktiv anstatt über Stapelverarbeitung auf ihm zu arbeiten. Schon 1969 lief MUL-

TICS auf dem GE645-Rechner, aber eine allgemein gültige Computerlösung war dies bei weitem noch nicht. Es erfüllte nicht alle Vorgaben, die man festgelegt hatte, und wurde deshalb schließlich von AT&T (Bell), MIT und General Electric – den Firmen, die an diesem Projekt beteiligt waren – fallengelassen. Thompson meinte angeblich dazu: *„Für uns wurde es schließlich zu einem Millionen-Dollar PC."* Als AT&T 1969 das Projekt abbrach, war niemand ernsthaft erschüttert, aber Thompson war immer noch stark an dem Konzept interessiert. Ein Großteil der Arbeit, die man in MULTICS gesteckt hatte, wurde zur Grundlage für UNIX. Thompson hatte schon früher an Betriebssystemen gearbeitet. Innerhalb nur weniger Monate gelang es ihm, zusammen mit Ritchie und seinem Kollegen Rudd Canaday eine neue Art von Dateisystem zu konzipieren, das förmlich danach lechzte, durch die dazugehörige Hardware zum Leben erweckt zu werden. Dieses Problem löste sich dadurch, daß er eine alte PDP-7 von DEC in die Finger bekam, die er und Ritchie entsprechend programmierten.

Die Entwicklung von UNIX lief unbemerkt ab. Ken Thompson und Dennis Ritchie wollten damals ihre Programmierumgebung verbessern und fuhren mit ihrer Arbeit an einem GE645-Rechner fort. Thompson war gerade dabei, ein Spiel namens *Space Travel* in FORTRAN für das GECOS-Betriebssystem zu schreiben, das auf der GE645 lief. *Space Travel* war ein Spiel, bei dem der Spieler das Sonnensystem bis hin zu den zahlreichen Monden der verschiedenen Planeten durchquerte. Auf der GE645 waren die Bewegungen etwas ruckartig. Thompson hatte Schwierigkeiten, sein Raumschiff unter Kontrolle zu halten und es war außerordentlich aufwendig, das Spiel zu spielen. Er wollte ein besseres Medium. Die PDP-7 sollte dieses Medium sein und er entschloß sich, *Space Travel* zu portieren. Aber es erwies sich als schwieriger als ursprünglich angenommen. Also arbeiteten Thompson und Ritchie da weiter, wo MULTICS seine Grenzen gezeigt hatte, und implementierten ein sehr einfaches Betriebssystem für die PDP-7. Anfangs implementierten sie ihr neues Dateisystem-Konzept, das praktisch eine frühe Version des UNIX-Dateisystems darstellt, zusammen mit einer kleinen Reihe von Dienstprogrammen. Somit waren die Grundsteine für *Space Travel* gelegt und man hatte zusätzlich das Grundgerüst für eine Entwicklungsumgebung geschaffen.

Da sie nur eine PDP-7 zum Arbeiten hatten, wollten die Forscher ein weiteres Gerät. Um eine PDP-11/20 bewilligt zu bekommen, mußten sie sich einen guten Grund überlegen. Die Rechtsabteilung der Bell Telephone Laboratories, die sich in unmittelbarer Nähe von Thompsons und Ritchies Büro in Murray Hill befand, war auf der Suche nach einem Textverarbeitungssystem. Den Forschern gelang es, das Interesse der Rechtsabteilung für ein UNIX-basiertes System zu wecken. Das UNIX-Projekt bekam damit die Maschine, die es brauchte, und die Rechtsabteilung bekam das Textverarbeitungssystem, das sie benötigte, zusammen mit der engagierten Unterstützung derer, die das System entwickelt hatten.

Anfangs wollte Thompson einen FORTRAN-Compiler auf dem System implementieren, dann fing er statt dessen an, eine neue Sprache, die er B nannte, zu entwerfen. Ritchie gelang es, B zu verbessern, und die Folge war ein abgeleiteter Compiler und eine Sprache, die er C nannte. UNIX und C entwickelten sich gemeinsam.

1972 wurde das Betriebssystem selbst neugeschrieben, und zwar in C. Zu der Zeit war ein Betriebssystem, welches in einer höheren Sprache geschrieben war, Neuland. Die meisten Betriebssysteme wurden in der Assemblersprache der Zielmaschine entwickelt, um sowohl Effizienz als auch Leistung zu gewährleisten. Die Tatsache, daß das UNIX-System auf C umgeschrieben wurde, erwies sich als bedeutsam, da man nun das UNIX-Betriebssystem relativ leicht auf Rechner, die einen C-Compiler unterstützten, portieren konnte.

1972 wurde die Leistung, die Großrechner boten, in Millionen Anweisungen pro Sekunde gemessen, eine Verarbeitungsleistung, die wir heute von Desktop-Computern erwarten. Betriebssysteme mußten akribisch genau in niederen Assembler-Sprachen entwickelt werden, damit eine angemessene Leistung erzielt werden konnte. Die Hardware selbst wurde schneller und mit der Einführung von höheren Programmiersprachen konnte man zum ersten Mal auch Betriebssysteme darin entwickeln. UNIX war eines der ersten Betriebssysteme, das davon profitierte.

Was beinhaltet ein Name? Es gibt zwei weit verbreitete Anekdoten darüber, wie UNIX seinen Namen erhielt.

Manche behaupten, daß „UNIX" ein Wortspiel auf MULTICS ist und von Brian Kernighan, einem Mitarbeiter des Informatik-Zentrums der Bell Telephone Laboratories, geprägt wurde. Ein Wortspiel war es insofern, als UNIX angeblich eine kastrierte Version von MULTICS war. Andere waren der Ansicht, daß UNIX ein Akronym ähnlich wie MULTICS sei. Brian Kernighan buchstabierte UNIX angeblich „UNICS", was soviel wie „Uniplexed Information and Computing System" heißen sollte, da UNIX viel kleiner und weniger komplex als MULTICS war.

Der Begriff UNIX umfaßt verschiedene Dinge, je nachdem, in welchem Kontext er benutzt wird. Meistens wird er als Sammelbegriff für Systeme benutzt, die eine standardisierte Spezifikation unterstützen. UNIX hat aber auch eine ganz spezielle Bedeutung, was der Grund dafür ist, daß man unweigerlich das Warenzeichen sieht, wenn man das Wort gedruckt findet.

Von dem Moment an, als AT&T seinen potentiellen Wert erkannte und UNIX zu einem seiner eingetragenen Warenzeichen machte, konnten nur Anbieter, die sich formal an die AT&T-Lizenzbedingungen für eine bestimmte Version von UNIX hielten, ihr abgeleitetes Produkt auch „UNIX" nennen.

Wie wir später erläutern werden, gibt es in Wirklichkeit viele UNIX-Versionen und -Varianten.

Wer braucht Wartung und Pflege? Wenn Sie heute Hardware oder Software käuflich erwerben, erwarten Sie automatisch, daß der Anbieter Ihnen in bezug auf Dokumentation, Schulung, Fehlerbehebung, etc. Unterstützung zukommen läßt. Aber anfangs gab es für UNIX keinen Anbieter-Support. Da die Leute bei Bell Telephone Laboratories ihr eigenes System konstruiert hatten, mußten sie es selbst warten und pflegen.

Unabhängig vom Forschungspotential war sich Bell bewußt, daß man für den Geschäftsbereich „Telefon" die Unterstützung von Minicomputern brauchte. Allein die Zahl der Systeme, die in Betracht gezogen wurden, und die damit verbundene Abhängigkeit von verschiedenen Lieferanten (wie z.B. Univac, DEC und IBM) verursachte eine Art Paranoia. Berkey Tague, ein Manager bei Bell Labs, schlug vor, eigene Applikationen auf dem UNIX-Betriebssystem zu entwickeln, anstatt sie für mehrere proprietäre Betriebssysteme zu schreiben. Die Idee gewann 1971 und 1972 Befürworter in der entsprechenden Projektgruppe, und im September 1973 wurde eine „UNIX-Entwicklungs-Support-Gruppe" gegründet, um das erste „Standard-UNIX" zu unterstützen. Die ersten UNIX-Anwendungen wurden 1973 installiert. Dieses System brachte das Telefonverzeichnis auf den neuesten Stand und leitete Anrufe um, deren Telefonnummern sich geändert hatten.

Innerhalb von Bell wuchs die Zahl der UNIX-Installationen sehr schnell, wobei die interne Support-Gruppe immer größer wurde und weiter an der Entwicklung von UNIX arbeitete, während sie ungefähr 25 Installationen wartete und betreute. Einer der Hauptgründe dafür, daß sich UNIX innerhalb von Bell so schnell verbreitete, war der niedrige Preis für Minicomputer im Vergleich zu Großrechnern. Dieselbe Geschichte wiederholte sich Jahre später, als Workstation-Anbieter UNIX-Systeme als Alternative zu Minicomputern und Großrechnern für bestimmte Applikationen anboten.

Da es 1956 einen gerichtlichen Vergleich[1] gegeben hatte, der AT&T daran hinderte, Computer-Erzeugnisse zu vertreiben, wurde UNIX nur Universitäten zugänglich gemacht, die es zu Unterrichtszwecken verwenden wollten. Nichtsdestotrotz wurde der Beliebtheits- und Bekanntheitsgrad von UNIX immer größer, da immer mehr Aufsätze, wie z.B. der von Thompson und Ritchie in *„Communications of the Association for Computing Machinery"*, 1974,[2] erschienen.

Bell wehrte sich mit Händen und Füßen dagegen, UNIX der Welt zur Verfügung zu stellen. In den frühen 70er Jahren stellte Bell Labs, vertreten durch Western Electric, UNIX wissenschaftlichen und akademischen Einrichtung für einen Nominalpreis zur Verfügung. Minicomputer wurden immer beliebter – und UNIX auch. Schon im Jahre 1974 waren Kopien von Version 4 an einigen Universitäten und öffentlichen Einrichtungen zu finden. Wer sich damals mit UNIX abgab, kam auch mit dem fehlenden Support zurecht. Die Devise war im Grunde: *„Hier haben Sie ein Band – nehmen Sie es."* 1975 begann AT&T offiziell damit, Universitäten und gemeinnützigen Bildungseinrichtungen gegen einen Nominalpreis und unter strengen Auflagen die Lizenz für UNIX zu erteilen.

Als 1974 bei Western Electric UNIX Version 4 eingeführt wurde, vermehrten sich die Portierungs-Aktivitäten. In diesem Jahr erhielt auch die University of California in Berkeley die UNIX Version 4 – jene, die die Bell Labs auf die PDP von DEC portiert hatten – und man fing dort an, sie zu erweitern.

---

1) 1949 hatte das amerikanische Justizministerium AT&T mit der Forderung verklagt, das Unternehmen solle sich von dem Produktionszweig von Western Electric trennen. Um dies zu verhindern, stimmte AT&T 1956 einer gütlichen Einigung zu. Damit konnte AT&T die Firmen Western Eletric und Bell System intakt halten, wenn sich AT&T bereit erklärte, sich auf US-regulierte Geschäfte zu beschränken und alle Patente gegeneinander zu lizenzieren. In den 70er Jahren erkannte die Firma AT&T, daß es notwendig geworden war, andere Geschäftsbereiche anzugehen, und sah den Computermarkt als ihre Chance. 1974 verklagte das Justizministerium AT&T wieder und verlangte von AT&T zum zweiten Mal, den Produktionsszweig von Western Electric abzustoßen. In einer zweiten Vereinbarung willigte AT&T 1982 ein, die Bell Operating Companies abzustoßen, um Western Electric zu behalten, da AT&T den Eindruck hatte, daß dieser Firma entscheidende Bedeutung für ihren Eintritt in das Computer- und Bürosystemegeschäft zukomme.

2) Richie, D.M. und Thompson, K. „The Unix Time-Sharing System," Communications of the ACM, VOl. 17, Nr. 7, Juli, 1974, pp. 365–375

Keith Standiford von der Berkeley Universität paßte 1974 die Version 4 an die PDP-11/45 an – für die Fakultäten für Informatik, Mathematik und Statistik. Das System mußte so gesteuert werden, daß zeitweilig UNIX für die Informatiker und ansonsten RSTS von DEC für die Mathematiker und Statistiker lief. Die INGRES-Datenbank war eines der ersten Projekte, welches von den Batch-Maschinen auf die interaktive Umgebung verlagert wurde, wie sie von UNIX zur Verfügung gestellt wurde. Da all diese Aktivitäten sich die Rechenzeit teilen mußten, wurde diese bald zu knapp. Das führte dazu, daß eine PDP-11/40 für die Version 5 angeschafft wurde. Die INGRES-Projektgruppe war die erste Gruppe, die ihre Software verteilte. Mehrere hundert Bänder wurden während der folgenden sechs Jahre bis 1980 versandt, wodurch Berkeley den Ruf erlangte, echte Systeme konzipieren und entwickeln zu können.

UNIX – die wunderbaren Jahre. 1977 lief UNIX schon an über 500 Standorten, davon ungefähr 20% Universitäten. UNIX wurde auf diesen Systemen vorwiegend zur Software-Entwicklung, zu Dienstleistungen für Netzwerktransaktionen (besonders bei Bell) und zur Unterstützung von Fast-Echtzeitdienstleistungen benutzt. Im universitären Bereich erwies sich UNIX für Forschungsgruppen als das beste Mittel, Zugriff zu erlangen auf Public-Domain- oder sehr preisgünstige State-of-the-art-Software, die für Programm-Entwicklung oder für CAD im Bereich der Elektrotechnik eingesetzt werden konnte. Die Anwendung von UNIX bei DARPA-Projekten wurde zu einem starken Anreiz: Wenn man mit Forschungseinrichtungen kompatibel sein wollte, die sich auch mit DARPA befaßten, mußte man UNIX benutzen.

1977 fing AT&T damit an, kommerziellen Unernehmen die Lizenz für UNIX zu erteilen. Es war auch das Jahr, in dem INTERACTIVE Systems Corporations die erste Firma wurde, die UNIX mit Gewinn weiterverkaufte, obwohl sie ursprünglich nur vorhatte, mit UNIX in den Bereich Büroautomatisierung einzudringen. 1977 wurde kommerzielles UNIX erstmalig auf eine nicht-PDP-Maschine portiert, auf die INTERDATA 8/32. 1978 brachte AT&T ihr erstes kommerzielles UNIX-System auf den Markt, welches vor allem für Software-Entwickler gedacht war – UNIX Version 7.

Der Marktanteil von UNIX vergrößert sich durch die Einbeziehung von Mikroprozessoren. In den frühen 70er Jahren benutzten Mikroprozessoren UNIX nicht. CP/M von Digital Research Inc. war das erste verbreitete Betriebssystem für die 8-Bit-Mikroprozessorwelt. 1978 lizenzierte Onyx Systems UNIX für einen 16-Bit-Mikroprozessor, den sie entwickelt hatten.

Da Mikroprozessoren verstärkt eingesetzt wurden, machten sich andere Firmen die Einfachheit von UNIX zunutze und fingen an, es auf ihre Weise zu erweitern. Das Ergebnis waren mehrere Derivate: manche waren modifzierte Versionen des von AT&T lizenzierten UNIX, andere waren UNIX-Klons.

UNIX ist ein mehrschichtiger Satz von Prozeduren, Dienstprogrammen und Anwendungen, die von der bestimmten Hardware, auf der sie implementiert sind, isoliert sind – mit Ausnahme des Kerns. UNIX-Klone sind meistens kompatibel auf der Ebene der Systemaufrufe, wobei der Kern jeweils völlig neu geschrieben sein kann. (Hinweis: Kapitel 2 enthält Erläuterungen, worum es sich beim „Kern" handelt.)

XENIX, einer der erfolgreichsten Klone, wurde 1979 von Microsoft angekündigt, einer Firma, die damals den Ruf ihrer Programmiersprache Basic verdankte. XENIX basiert auf UNIX Version 7 und wurde ursprünglich auf den Mikroprozessor 8086 von Intel portiert und später an den 68000 von Motorola, den 80286 von Intel und den Z8000 von Zilog angepaßt. XENIX basierte auf der proprietären Architektur von Microsoft. Im August 1981 lancierte IBM den PC, der MS-DOS – ebenfalls von Microsoft – unterstützte. XENIX geriet für eine Weile in Vergessenheit.

1982 kombinierte Bell Labs mehrere UNIX-Varianten von AT&T zu einem einzigen System, das man System III nannte. Weitere Leistungsmerkmale wurden später integriert und führten schließlich zum UNIX System V. AT&T gab im Januar 1983 offizell seine Unterstützung für System V bekannt. Unter „System V" versteht man man im allgemeinen entweder das Betriebssystem, das AT&T anbietet, oder die System V Interface Definition (SVID – System-V-Schnittstellendefinition). Ersteres ist ein Software-Produkt, zweiteres eine formell dokumentierte Spezifikation.

1983 stellte AT&T System V Release 1 vor und gab seine Absicht bekannt, bei jedem neuen Release die Aufwärts-Kompatibilität zu erhalten. Aufgrund der vertraglichen Vereinbarung, die AT&T Information Systems gestattete, an den Computer- und Halbleiter-Märkten zu partizipieren, begann AT&T, UNIX und auf UNIX basierende Systeme aggressiver zu vermarkten. AT&T war mit seinen Aktionen maßgeblich daran beteiligt, UNIX zu einem wettbewerbsfähigen Betriebssystem zu machen und etablierte sein UNIX als Standard.

Nach und nach gab Microsoft seine Unterstützung für System III von AT&T und System V.2 bekannt. XENIX wurde weiterhin auf Mikroprozessoren angepaßt, die leistungsfähig genug waren, eine kleine Anzahl von Timesharing-Benutzern zu unterstützen. Diese Versionen enthielten den Editor vi, die C-Shell und andere Erweiterungen. XENIX wurde immer beliebter und seine Kundenbasis wuchs, da es von einigen Firmen, unter anderem Tandy, Altos, Compac und IBM, neu auf den Markt gebracht wurde.

Die Santa Cruz Operation (SCO) kombinierte ihr XENIX-UNIX und UNIX System V von AT&T. UNIX System V/386 Release 3.2 von SCO war das erste Betriebssystem, das von AT&T lizenziert wurde und das UNIX-Warenzeichen im Namen führen durfte.

Im Januar 1987 gaben Microsoft und AT&T ihre Absicht bekannt, zusammen UNIX System V für 386-basierte Computer zu entwickeln. Es sollte auf Maschinencodeebene aufwärtskompatibel mit UNIX System V/386 Release 3 und XENIX System V von Microsoft und SCO werden.

BSD UNIX. Die University of California in Berkeley entwickelte aufgrund eines Vertrages mit amerikanischen Regierungsbehörden eine UNIX-Variante, deren Name später BSD (Berkeley Software Distribution) wurde. BSD wurde ursprünglich für VAX-Maschinen entwickelt. Informatikstudenten an der Berkeley Universität versandten BSD-Releases an verschiedene Universitäten und an von der Regierung beauftragte Forschungsgruppen. Diese „Gras-Wurzel"-Unternehmung setzte sich durch und breitete sich aus wie ein Lauffeuer. Das BSD-Release hatte gegenüber der UNIX-Version von AT&T eine verbesserte Leistungsfähigkeit, und die BSD-Erweiterungen eigneten sich besser für die Software-Entwicklung. BSD-UNIX wurde allgemein akzeptiert und als ein effizientes Mittel angesehen, um beschleunigt Software und neue Entwicklungen auszutauschen. Obwohl das Berkeley-UNIX als Produkt nicht kommerziell gepflegt wurde, verwendeten es einige Computerfirmen oder modifizierten es für ihre Zwecke und warteten es dann selbst. Das Berkeley-UNIX unterstützte einen virtuellen Speicher und beinhaltete einen bildschirmorientierten Texteditors und andere Erweiterungen, wie zum Beispiel Netzwerk-Funktionen, die in der UNIX-Version von AT&T nicht zu finden waren.

Die Werkzeuge, die mit den BSD-UNIX-Versionen mitgeliefert wurden, unter anderem BSD-eigene Compiler und Editoren und „freie" Markt-Software, die von technischen Benutzern entwickelt und freizügig untereinander ausgetauscht worden waren, verhalfen BSD zu rascher Akzeptanz bei den technischen Forschungs- und Entwicklungsabteilungen innerhalb der Universitäten und den amerikanischen Regierungsbehörden. BSD wurde auch auf Grund der zusehends größer werdender Marktakzeptanz der VAX-Rechnerlinie von DEC immer beliebter.

Das Netzwerk der Stanford Universität und Sun Microsystems Inc. Im Jahre 1982 verband eine kleine Firma namens Sun Microsystems Inc.

neue Hardware-Konzeptionen, die innerhalb der Stanford Universität entwickelt worden waren, mit dem BSD-System aus Berkeley. Diese Hardware-Konzeptionen, die unter dem Namen vernetzte Workstations bekannt geworden sind, hatten ein ausgezeichnetes Preis/Leistungs-Verhältnis, insbesondere in Verbindung mit dem leistungsfähigen BSD UNIX-Betriebssystem. Sun Microsystems gründete seine ganze Produktlinie auf UNIX. Der Erfolg und das schnelle Wachstum von Sun, wie auch das Wachstum des gesamten Workstation-Marktes, in dem UNIX zum Standard geworden war, waren mit verantwortlich dafür, daß das Interesse für UNIX so groß wurde. Wie in einem späteren Kapitel ausführlich dargestellt wird, lösten Suns aggressive Unterstützung von UNIX und das Verhältnis zu AT&T die in der Geschichte beispiellose Formierung eines Konsortiums von großen Computer-Händlern aus, nämlich der OSF (Open Software Foundation).

UNIX – meistens preiswerter als proprietäre Alternativen. UNIX ist historisch gesehen schon immer auf Computern im mittleren Leistungsbereich und Mikroprozessor-bestückten Mehrbenutzersystemen im unteren Leistungsbereich eingesetzt worden, aber auch auf Workstations, die im Preis bis etwa 100.000 Dollar reichten. Im Vergleich mit Software für proprietäre Systeme, die mehr als 25.000 Dollar kosten, ist UNIX-Anwendungssoftware meistens weniger teuer als ähnliche Software für Minicomputer und größere Maschinen. Diese Kostenersparnis hat zur schnellen Verbreitung von UNIX beigetragen.

1984 lag die Zahl von UNIX-Systeminstallationen weltweit bei etwa 100.000. Es gab drei wichtige UNIX-Varianten. Die erste war die von AT&T erhältliche Version. Sie wurde an mehrere Computersystem-Anbieter lizenziert. Die zweite war XENIX, von Microsoft entwickelt und von verschiedenen Low-End-Systemhändlern vermarktet, unter anderem IBM. Die dritte war BSD, die in Universitäten und Unternehmen, die in der Rüstungsforschung tätig waren, eine Art Kultstatus erlangt hatte.

AT&T kündigte im Februar 1984 UNIX System V Release 2 an und arbeitete weiterhin daran, System V zu erweitern und seine Definition zu verfeinern. Im Juni 1986 gab AT&T System V Release 3 frei. System V Release 4 (SVR4) wurde im Herbst 1989 angekündigt.

Jedes AT&T und BSD Release hat zu einer Reihe von Varianten oder Klonen von UNIX geführt, die in der Tabelle 1.1 aufgeführt sind.

UNIX-Systeme und -Anbieter, Vergangenheit und Gegenwart. Die Geschichte der UNIX-Industrie ist eigentlich noch viel komplexer. Die (bei weitem nicht vollständige) Liste von Firmen in Tabelle 1.1, die UNIX für

ihre Produkte lizenziert oder angewandt haben, enthält auch eine Reihe
von Produkten und Firmen, die es heute nicht mehr gibt. Sie soll die Zahl
der UNIX-Implementierungen, die irgendwann einmal auf dem Markt
waren, illustrieren.

Im Zuge der weiten Verbreitung der UNIX-Klone und -Varianten erwies sich, daß UNIX ohne weiteres portierbar war. Es bestand jedoch die
Gefahr, daß eine Anwendungssoftware, die auf der einen UNIX-Version
lief, sich nicht unbedingt auf eine andere Version portieren ließ. Als Folge
hiervon schlossen sich UNIX-Anwender in dem Wunsch zusammen,
Spezifikationen für einen UNIX-Standard zu entwickeln, um das größtmögliche Ausmaß an Portierbarkeit und Konsistenz von einer Version
zur anderen zu gewährleisten. Eine weitere Intentition dabei war, AT&T
daran zu hindern, UNIX zu erweitern, ohne die Interessen der Anwender
zu berücksichtigen.

Obwohl die Software- und Systemanbieter daran interessiert waren, die
Lizenzgebühren oder -bestimmungen zu unterlaufen, haben sich auf der
anderen Seite die UNIX-Benutzer ganz klar dafür eingesetzt, daß die
Vorteile, deretwegen sie ursprünglich UNIX ausgewählt hatten, nicht
plötzlich verschwinden.

1.2 Neuere Ereignisse in der UNIX-Industrie

Wie schon erwähnt, wurde UNIX ursprünglich von einer sehr kleinen
Gruppe entwickelt. Das frühe UNIX war zwar nur ein Gerüst, war jedoch
als ein effizientes Time-Sharing-Betriebssystem konzipiert. Ursprünglich
wurde es entwickelt, um die Portierung eines Programms, *Space Travel,*
von einem Rechner zum anderen zu ermöglichen. Die Portierbarkeit von
UNIX selbst erfolgte später, indem man es in die Programmiersprache C
umschrieb. Es wurde und wird gegenwärtig immer noch mit einem C-
Compiler ausgeliefert. Da C-Compiler auf verschiedenen Rechnern implementiert sind, konnte praktisch jeder UNIX von AT&T lizenzieren
und es auf seiner Hardware zum Laufen bringen. Portierbarkeit und effektive Software-Entwicklung waren die Schlüsselfaktoren in der UNIX-
Evolution und sind bis heute die besonderen Stärken, die man ihm zu-
schreibt.

MS-DOS war 1991 ungefähr 9 Jahre und OS/2 ist 3 Jahre alt; UNIX ist
über 20 Jahre alt und im Gegensatz zu diesen anderen „Jugendlichen" sehr
reif. Es hat eine ausgeprägte Evolution hinter sich und ist daher ein wenig
komplex geworden. Es gibt UNIX-Software für druckende Dialogstatio-

nen, für unintelligente ASCII-, ebenso wie für intelligente Terminals – wie z.B. die neuen X-Terminals – , für PCs und Workstations. UNIX unterstützt fünf Generationen von interaktiven Geräten, und das ist nur ein Beispiel für die Art von „Rucksäcklein", die es im Interesse der von seinen Benutzern geforderten Aufwärtskompatibilität mit sich herum-

Tabelle 1.1 UNIX-Varianten.
Es gab in der Vergangenheit eine große Anzahl von UNIX-Ablegern.

AIX—IBM
Auros—Auragen
A/UX—Apple Computer Inc.
Regulus—Alcyon
4.1 BSD und 4.2 BSD — Berkeley
Coherent—Mark Williams
CPIX—IBM
Cromix—Cromemco
DOMAIN/OS—Apollo
Enix System V—Everex Systems Inc.
Eunice—Wollongong
FOR:PRO—Fortune
Genix—National Semiconductor
HP/UX—HP
Idris—Whitesmiths, Ltd.
IS/1, IS/3—INTERACTIVE Systems
MACH—MT XINU Inc.
Merge 386—Locus Computing Corp.
Micronix—Marrow Designs
Microport 286—Microport Systems Inc.
Microport 386—Microport Systems Inc.
Minix—Prentice-Hall Inc.
Personal Mainframe—Opus Systems
Oasis—Phase 1
Onix—Onyx
Opus5—Opus Systems
OS-9—Gimix
OSX—Pyramid
PC/IX—IBM/INTERACTIVE Systems
Perpos—CCI
PNX—Perq Systems

QNX—Quantum Software Systems, Ltd.
RTU—Concurrent Computer Corp.
Serix—CMI Corp.
Sphinx—Data General
SunOS—Sun Microsystems Inc.
Sysb—Plexus
System V/AT—Microport Systems Inc.
TI System V—Texas Instruments Inc.
TI System V for System 1500—Texas Instruments Inc.
TNIX—Tektronix
ULTRIX—Digital Equipment Corporation
Unidos—Unidos
Uni-Dol—DMC
Unisis—Codata
Unity—HCR
UNIX System III—AT&T
UNIX SystemV—AT&T
Unos—Charles River Data Systems
UTS—Amdahl
Venix 386—VenturCom Inc.
UNIX Version VII—AT&T
VM/IX—IBM/INTERACTIVE Systems
Writers Workbench—AT&T
XENIX—Microsoft
XENX 286—Intel Corp.
SCO XENIX 386—The Santa Cruz Operation Inc.
SCO UNIX—The Santa Cruz Operation Inc.
Venix System V—VenturCom Inc.
Zeus—Zilog
386/ix—INTERACTIVE Systems

schleppt. In der jüngeren Vergangenheit hat eine Konvergenz der beliebtesten UNIX-Versionen stattgefunden, hin zu einer einzigen System V Schnittstellen-Definition und einem Release, genannt SVR 4. Der nächste Abschnitt stellt diese Entwicklung kurz dar.

1.2.1 Wieviele UNIX-Varianten gibt es?

Abbildung 1.2 faßt die UNIX-Genealogie zusammen, die die Evolution von mehreren UNIX-Versionen aufzeigt. Es ist unschwer zu erkennen, daß es seit 1973 immer eine Vielzahl von UNIX-Versionen auf dem Markt gegeben hat.

Fast von Anfang an war der Markt mit einer Unmenge von Versionen übersät. Fehlende Konsistenz war ein ständiges Problem, je mehr der Beliebtheitsgrad von UNIX wuchs. Der erste Schub an Erweiterungen und Zusammenschlüssen fand innerhalb von Bell System statt, wo die Versionen 1 bis 7 entwickelt wurden. Aus diesen Forschungsversionen entwickelten sich die UNIX-Versionen, die von der „Programmers Workbench (PWB)" Group, der USC UNIX Support-Gruppe und der CBUNIX-Gruppe bei den Bell Labs in Columbus, Ohio, kontrolliert wurden. Die drei nicht-forschungsorientierten UNIX-Versionen konvergierten und wurden zum USDL System II, genau zu dem Zeitpunkt, als Berkeley aus der Forschungs-Version 7 BSD UNIX abspaltete. AT&T lancierte dann System V, wobei der Werbeslogan dazu war: *System V, betrachten Sie es einfach als Standard.*" Aber System V war nicht leistungsfähig genug, um den damaligen Hardware-Innovationen und Anwenderbedürfnissen gerecht zu werden. Es gab auch viele Anwender im Bereich Forschung und Lehre, die BSD bevorzugten.

Drei wichtige Kategorien von UNIX-Systemen tauchten auf. Die erste Kategorie waren die Systeme, die auf *System V* von AT&T fußten. Anbieter aus diesem Lager sind unter anderem AT&T, DEC (die frühe Versionen des System V Release 3 von AT&T für regionale Bell-Niederlassungen unterstützte), IBM und HP. Auch andere Anbieter befinden sich in dieser Kategorie und stellten einige der Erweiterungen für System V von AT&T zur Verfügung.

Die zweite Kategorie beruhte auf *BSD*. Diese Gruppe benutzte die Berkeley Version von UNIX, die ein Resultat des DARPA-Entwicklungsprojekts war, welches vom Verteidigungsministerium gesponsert wurde. In erster Linie gehören zu dieser Gruppe SunOS von Sun Microsystems und Varianten wie ULTRIX von DEC und HP/UX von HP.

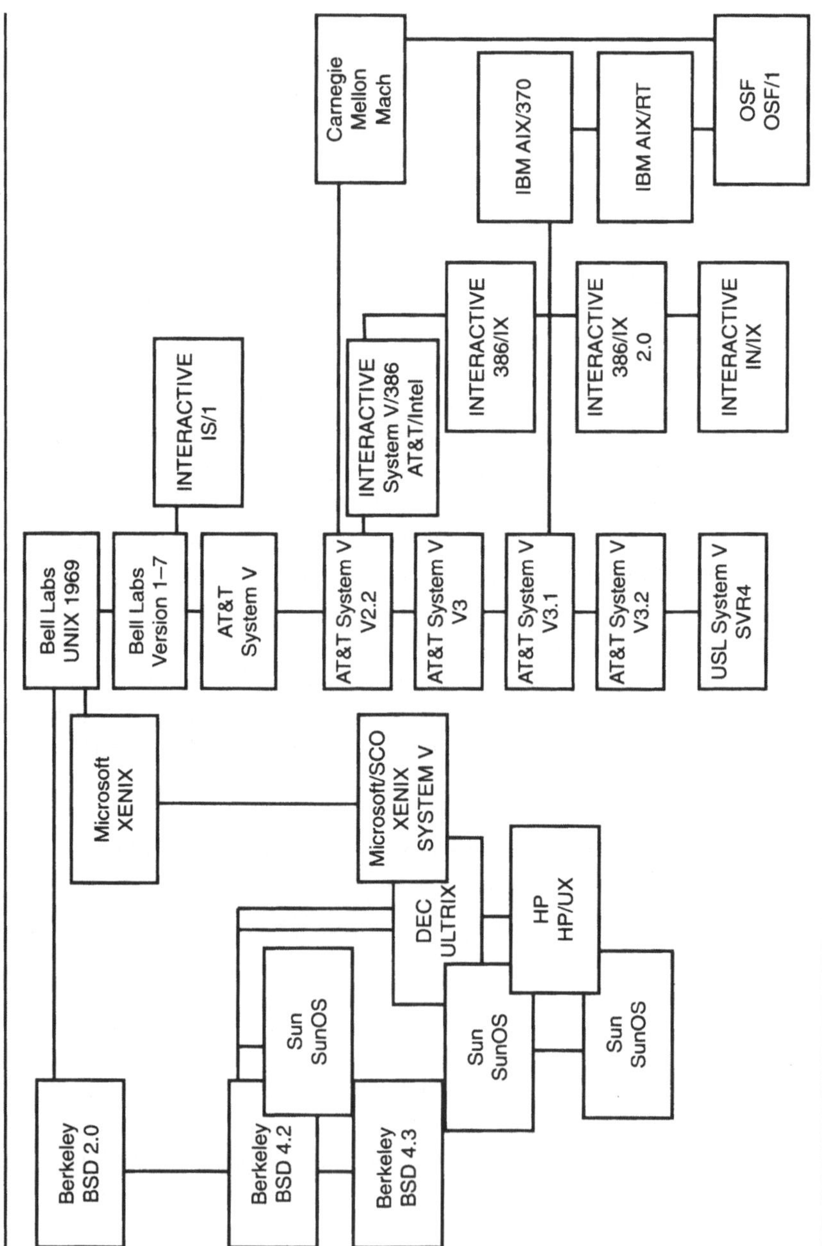

Abbildung 1.2 Die Evolution von UNIX.

Die dritte Kategorie basierte auf *XENIX* und war ursprünglich von Microsoft für Mikroprozessoren von Intel entwickelt worden. Die Santa Cruz Operation (SCO) hat XENIX ebenfalls vermarktet und fällt damit in diese Kategorie.

Es hat zahlreiche andere UNIX-Varianten gegeben, von denen die meisten bis dato nur begrenzt am Markt akzeptiert wurden. Mit Ausnahme von INTERACTIVE Systems (in Abbildung 1.2 „IS UNIX" genannt) sind die meisten relativ neue Varianten, einschließlich AIX, das ursprünglich von INTERACTIVE Systems entwickelt und später an IBM lizenziert wurde. In dieser Kategorie befindet sich auch Mach, eine UNIX-Variante, die bei Carnegie-Mellon entwickelt wird. Mach wurde von NeXT als Betriebssystem für ihre Workstation ausgewählt und neuerdings anstelle des AIX-Kerns von OSF als Kern für das erste Release ihres OSF-Produkts OSF/1 eingesetzt.

Die Bedeutung von Kompatibilität. Während es UNIX-Gurus gefiel, daß sich UNIX mit der Zeit veränderte, wollten UNIX-Benutzer, daß es unverändert blieb und heute so funktioniert wie gestern. Wenn sich UNIX verändert hatte, verloren die Benutzer Zeit damit, ihre Anwendungen auf den neuen Versionen zum Laufen zu bringen. Es sei dabei allerdings vermerkt, daß AT&T sich seiner Benutzer und Anbieter von Applikationen annahm und sicherstellte, daß die meisten Veränderungen in System III und System V aufwärtskompatibel waren, kompatibler als Berkeleys BSD Release. Und obwohl man zu Berkeleys Verteidigung sagen könnte, daß die Inkompatibilitäten daher rührten, daß man auf dem neuesten Stand der Technik sein wollte, waren die BSD-Benutzer an der Basis auf Grund der wiederholten Inkompatibilitäten ziemlich verärgert. Die meisten der großen Systemanbieter machten es sich zur Aufgabe, sowohl UNIX von AT&T als auch das BSD-System zu integrieren.

AT&T kontrollierte die Evolution von System V. Berkeley hatte offiziell beim BSD-Projekt das Sagen, aber viele Leute waren der Ansicht, daß die von Sun und DEC angebotenen UNIX-Systeme synonym mit BSD waren. Es hat Hunderte von anderen Händlern gegeben, die für UNIX von AT&T und für Berkeleys BSD Lizenzen hatten, und viele davon veränderten das UNIX-Betriebssystem, wie es ihnen gerade gefiel.

Die Sorge über die starke Zunahme von UNIX-Varianten. UNIX-Benutzer waren während der 80er Jahre über die starke Zunahme an UNIX-Varianten beunruhigt. /usr/group, eine UNIX-Anwendergruppe, die kürzlich ihren Namen in UniForum geändert hat, formierte ein Standardisierungs-Kommittee, um nach Möglichkeit AT&T und andere Firmen, die mit UNIX arbeiteten, dazu zu bewegen, sich an Standards zu halten. Die User-Gruppe wollte erreichen, daß Software zwischen den Systemen, die von diesen Firmen angeboten wurden, portierbar wäre. Sie entwickelte die Spezifikation für einen UNIX-Standard, um das Chaos einzudämmen, das sich innerhalb der UNIX-Industrie ausbreitete.

AT&T reagierte darauf, indem es mit seiner Definition von UNIX System V fortfuhr. Aber die UNIX-Landschaft erwies sich als sehr verschieden von der MS-DOS-Welt, wo zum Beispiel Software in Vakuum-versiegelten Packungen geliefert wird und so, wie sie auf der Diskette geliefert wird, auf Systemen von verschiedenen Herstellern lauffähig ist. Tabellenkalkulationsprogramme können zum Beispiel auf jedem PC-Klon unter MS-DOS laufen. Obwohl UNIX sich ein ähnliches Ziel gesteckt hat, ist die gegenwärtige Realität bestenfalls die einer bedingten Portierbarkeit, wobei schon Fortschritte gemacht wurden, indem sogenannte Applikations-Programmier-Schnittstellen („APIs" – Application Programming Interface) von den Konsortien definiert und von der Industrie angenommen werden.

Es gibt wichtige Gründe dafür, warum UNIX im Vergleich zu MS-DOS eine mangelnde Interoperabilität aufweist. Der erste besteht darin, daß die Produkte in der PC-Welt weiterentwickelt und die Distributionsmedien besser standardisiert sind. Der zweite Grund ist der, daß es nur ein MS-DOS-Betriebssystem und nicht eine Myriade an Varianten gibt. Außerdem basieren MS-DOS-Systeme nur auf Intel-Prozessoren, wohingegen UNIX-Systeme auf einer Vielzahl von verfügbaren Chip-Technologien laufen, wie zum Beispiel Intel, Motorola, SPARC und so weiter.

Die Unterschiede zwischen den UNIX-Varianten sind teilweise subtil. Manche Anwendungen können zwar von einer UNIX-Variante zur nächsten portiert werden, aber Software-Entwickler und Systemlieferanten haben sich allgemeine Portierbarkeit als Ziel gesetzt und auch propagiert.

Entwickler und Anwender von System V von AT&T und BSD könnten, wenn man so will, mit Evangelisten verglichen werden. Sie halten sich an UNIX und eine bestimmte Variante oder Basis wie an eine Religion. In der Tat ist es bei Treffen von UNIX-Spezialisten so, daß stundenlang bestimmte Leistungsmerkmale von zwei Systemen – wie Streams versus Sockets – diskutiert werden, Feinheiten, die einfachen Benutzern oder Laien überhaupt nicht auffallen würden.

Schon 1985 konvergierten Splittergruppen zunehmend, was das Resultat verschiedener Faktoren war – manchmal die Folge eines natürlichen Selektionsprozesses oder des „Survival-of-the-Fittest", häufiger aber das Resultat von Marktkräften und der Kaufkraft von Anwendern. Viele der kleinen Systemhändler, die UNIX oder UNIX-Klone anboten, mußten ihre Geschäft aufgeben oder waren nicht sehr erfolgreich. So blieb nur eine kleine Zahl von wichtigen Spielern mit ausgeklügelten UNIX-Strategien.

Sun Microsystems war maßgeblich daran beteiligt, UNIX zum Erfolg zu verhelfen, und ihm durch seine Technologielizenzierung und durch andere Entwicklungen, wie zum Beispiel seinem Netzwerk-Dateisystem (Network File System – NFS), auf dem technisch orientierten Workstation-Markt Popularität zu verschaffen. Microsoft, INTERACTIVE und SCO wiederum machten UNIX auf dem Multi-User-Markt für Mikroprozessorsysteme populär. Viele der traditionellen Computersystem-Firmen (vorwiegend IBM und DEC) boten UNIX ihren Kunden an, wenn sie danach verlangten, machten aber den Hauptteil ihrer Geschäft über ihre proprietären Betriebssysteme.

Die Konvergenz stellte für traditionelle System-Anbieter eine starke Bedrohung dar. 1987 einigten sich AT&T, Sun und Microsoft, die vorherrschenden UNIX-Varianten in ein einziges System zusammenzuführen, das von AT&T entwickelt werden sollte. Dieses neue Release hieß offiziell AT&T System V Release 4, meist kurz als AT&T SVR4 bezeichnet. Sun verband diese Strategie mit der Ankündigung, daß es UNIX für sein kurz zuvor angekündigtes SPARC (Scalable Processor Architecture)-CPU-Konzept optimieren werde.

Es kam daraufhin zu Protesten von anderen Systemanbietern, die UNIX unterstützten und die besorgt waren über das Marktpotential, das eine Allianz zwischen AT&T und Sun zur Folge haben könnte und das Sun gegenüber anderen Firmen zu einem Marktvorsprung verhelfen würde.

Als Antwort auf die Ankündigung dieser Allianz zwischen AT&T und Sun verbündete sich eine Gruppe von großen Systemanbietern zu einem „Abwehr"-Konsortium unter dem Namen „Hamilton Group". Sie fanden die Lizenz-Bedingungen von AT&T problematisch und waren besorgt über die Art, in der AT&T UNIX ohne einen klaren und offenen Prozeß weiterentwickelte. Außerdem fühlten sie sich übervorteilt, da sie befürchten mußten, daß Sun früher Zugang zu UNIX-Entwicklungen und damit die Möglichkeit habe, UNIX für ihre SPARC-RISC-Architektur zu optimieren. Nachdem Gespräche mit AT&T nicht zu den erwünschten Ergebnissen führten, gründete die Hamilton Group formell die OSF (Open Software Foundation), mit dem Ziel, direkt mit AT&T und seinen Entwicklungspartnern zu konkurrieren. Geplant wurde, eine eigene „Standard-UNIX-Version" zu entwickeln und den eigenen Mitgliedern zur Verfügung zu stellen. Die OSF wird von den „großen Drei" IBM, DEC und HP, beherrscht. (Die OSF wird in Abschnitt 6.5 ausführlicher beschrieben).

Es gab auch andere Systemanbieter, die der OSF nicht beigetreten waren, die aber genauso besorgt waren über die Richtung, die AT&T eingeschlagen hatte und auch die OSF Sorge darüber teilten, wie AT&T in der Zukunft UNIX entwickeln und lizenzieren würde. Eine Reihe von Firmen, von denen viele System V von AT&T lizenziert hatten, waren gleichermaßen besorgt über die Lizenzierungspraktiken und den Entwicklungsprozeß von AT&T wie über die Formierung der OSF. Sie nannten sich „Archer Group", angeblich nach der Hotelsuite, in der ihre ersten Treffen stattfanden.

Ende 1988 hatten AT&T und die Archer Group schon einige Vereinbarungen getroffen. Die Archer Group gründete unter dem Namen „UNIX International Inc." (UI) einen gemeinnützigen Verein (s. Abschnitt 6.4), um AT&T mit Richtlinien für ihre Lizenz-Politik und mit Marketing-Strategien für UNIX zu versorgen und um sicherzustellen, daß kein Anbieter, einschließlich AT&T's Abteilung Computer Systems und Sun, einen inhärenten Vorteil genießen würde. Bevor diese Anbieter ihre kontinuierliche Unterstützung für die UNIX-Version System V von AT&T als ihr Basissystem bekanntgaben, waren sie in der Lage, AT&T zu überreden, ihre UNIX-Systementwicklung aus der Abteilung Computer Systems auszugliedern. Diese UNIX-Software-Gruppe hat seitdem eine Reihe von Namen bekommen, aber heute wird sie „UNIX Software Laboratory Inc.", kurz USL, genannt. AT&T erklärte sich auch bereit, dem UI-Konsortium für System V eine führende und richtungsweisende Rolle bei Marketing-Kampagnen zukommen zu lassen.

Zusammenfassend läßt sich sagen, daß AT&T in Zusammenarbeit mit USL zwischenzeitlich Schritte unternommen hat, um viele Fragen anzugehen, die ursprünglich zum Zusammschluß von OSF geführt hatten.

Wieviele UNIX-Versionen wird es in Zukunft geben? Ohne Frage wird heute dank SVR4 USL's System-V-Schnittstellenspezifikation (SVID) als *der* De-facto-UNIX-Standard angesehen. AT&T, Sun und Microsoft haben den Zusammenschluß der beliebtesten UNIX-Versionen (d. h. System V, BSD und XENIX) vorangetrieben. Sogar die UNIX-Varianten, die von OSF's Hauptvertretern IBM, DEC und HP angeboten werden, erfüllen die Bedingungen von SVID.

Allerdings kann keine Spezifikation allumfassend sein. SVID setzt das Problem der Schnittstelle zu UNIX softwaremäßig relativ hoch an, überläßt aber dem Entwickler dafür andere wichtige Betriebssystemfragen wie z.B. Sicherheit, Systemverwaltung, Multi-Prozessor-Unterstützung usw. POSIX (s. Abschnitt 6.2) wendet sich dieser Art von Fragen zu in seinem Bemühen um Festlegung von Standards, ist aber in seinem Vorgehen eher konservativ. POSIX setzt einen Konsens voraus, bevor irgendwelche Standarddefinitionen festgelegt werden, und stellt für fortgeschrittene Entwickler den kleinsten gemeinsamen Nenner für die Funktionalität eines Betriebssystems dar, der sogar für proprietäre Betriebssysteme richtungsweisend ist.

Inzwischen wollen Anwender weiterreichende Funktionen, und da für viele benötigte Standards noch kein Zeitplan existiert, hat in der Vergangenheit jeder UNIX-Anbieter bei deren Implementierung seinen eigenen Weg eingeschlagen. Diese proprietären Erweiterungen waren eine Bedrohung für das Fundament, auf dem die Beliebtheit von UNIX ruhte – Interoperabilität und Portierbarkeit von Applikationen – und sie kosten auch jeden Anbieter Zeit und Entwicklungsaufwand. Bessere Funktionalität bedarf ständiger Weiterentwicklung.

Von diesen Erweiterungen werden einige eine geraume Zeit lang proprietär bleiben, da sie für relativ wenige Anbieter von Interesse sind (z.B. Fehlertoleranz). In dem Bemühen jedoch, die wichtigeren von ihnen in einem geordneten und überschaubaren Prozeß konsolidieren zu können und darüberhinaus die Entwicklung von neuen Standards voranzutreiben, waren sowohl UI als auch OSF überhaupt gegründet worden. Intern kooperieren die jeweiligen Gruppenmitglieder, obwohl sie vielleicht heftig miteinander um das Geschäft mit den Kunden konkurrieren. UI hat einen gewissen Vorsprung durch die größere Zahl von Kundeninstallationen gewonnen, und durch die Tatsache, daß System V zweifelsohne als Standard angenommen worden ist, während jedes der OSF-Mitglieder seine eigene UNIX-Variante und eine weit niedrigere Zahl an Kundeninstallationen hat. OSF hat überdies Zeit verloren, als es von IBM's AIX zu Mach von Carnegie Mellon für den Kern von OSF/1 wechselte. Mittlerweile divergierten die UNIX-Varianten der OSF-Mitglieder weiter.

Im Herbst 1990 gab OSF OSF/1 frei und seine Mitglieder gaben unverzüglich ihre Unterstützung dafür bekannt. Seitdem haben die „großen Drei" ihr Vorhaben angekündigt, OSF/1-kompatible Versionen ihrer jeweiligen UNIX-Varianten auf den Markt zu bringen – bis März 1992 hat keine der drei es getan!

Schließlich und endlich hat die Konvergenz das Auseinanderdriften abgelöst und in Zukunft wird es praktisch nur noch zwei UNIX-Versionen geben. UI, USL und OSF distanzieren sich allmählich von Einzelanbieter-Spezifikationen und nähern sich Industriestandards und -spezifikationen, hauptsächlich XPG3 von X/Open. Alle wichtigen kommerziellen UNIX-Produkte werden entweder auf AT&T's System V oder auf OSF basieren. Man erwartet von den traditionellen Anbietern nicht, daß sie ihre Produkte vereinheitlichen, sondern eher, daß sie außer ihren proprietären Betriebssystemen auch UNIX-Varianten anbieten werden.

Die wesentlichen Kundeninstallationen von UNIX-Systemen gehen auf das Konto von System V, BSD, XENIX und SunOS. Interessant dabei ist, daß IBM und DEC nicht über einen größeren Anteil an den UNIX-Installationen verfügen (wenn man das Betriebssystem selbst und nicht nur die System-Hardware in Betracht zieht). Trotzdem betrachten sie UNIX ohne Zweifel als strategisches Produkt. In USL's (AT&T's) SVR 4 findet sich eine Vereinigung von System-V-, BSD-, XENIX- und SunOS-Kommandos – von allen Kommandos außer den rechnerspezifischen. Eine Verschmelzung von System V, BSD und Mach stellt OSF/1 dar.

Es wäre unrealistisch, wenn man von Firmen wie IBM, DEC und HP erwarten würde, daß sie von einem Tag auf den anderen das Betriebssystem wechselten. Diese Anbieter müssen ihre installierte Basis absichern; deshalb muß vor öffentlichen Ankündigungen sorgfältigt überlegt werden, wie eine Umstellung durchgeführt werden kann. DEC scheint einen Vorsprung vor den meisten anderen Anbietern insofern zu haben, als es angekündigt hat, sein nächstes ULTRIX-Release (d.h. 5.0) auf OSF/1 aufzubauen. Andere Anbieter haben öffentlich ihre Intentionen und Strategien kundgetan, haben sich aber in Bezug auf Zeitpläne, bestimmte Plattformen oder Kompatibilitätsfragen nicht festgelegt.

Als AT&T die Lieferfreigabe von SVR4 bekanntgab, berichtete die *New York Times*, daß die Schlacht fast gewonnen wäre und AT&T und seine Partner offenbar die Sieger in dem Rennen, den herausragenden UNIX-Software-Standard am Markt zu etablieren. Trotz der von OSF am Markt verursachten Irritation, gibt es keinen Zweifel, daß UNIX jetzt allgemein anerkannt ist und daß AT&T's System V Release 4 die Führung übernommen hat.

Abbildung 1.3 faßt die wichtigen Meilensteine der Evolution von UNIX zusammen. Die gegenwärtige Zahl an UNIX-Kundeninstallationen konzentriert sich auf XENIX, UNIX System V und BSD (einschließlich ihrer Ableger HP-UX, ULTRIX und SunOS). Die UNIX-Lösung, die diesen Anwendern und UNIX-Entwicklern die attraktivste Möglichkeit für ein Upgrade gibt, wird die größte Zahl an Kundeninstallationen haben, somit die meisten unabhängigen Software-Entwickler (ISVs – independent software developers) anziehen und mit der Zeit den größten Marktanteil gewinnen.

Die Marktstrategien der großen Systemanbieter sind die Hauptursache für die weitverbreitete Verwirrung, die momentan herrscht. Die Verwirrung wird durch die rivalisierenden Marktaktivitäten der Organisationen OSF und UI weiter aufrecht erhalten.

69 Ritchie und Thompson beginnen mit der Entwicklung
72 Erstes UNIX-Produkt – Single-User
73 Multi-User-UNIX-Implementierung auf C-Basis fertiggestellt
74 UNIX Version 4 ohne Wartung an Universitäten verschickt
74 Universität Berkeley startet, gefördert von DARPA, das BSD-Programm
74 Ingres-Datenbankprojekt in Berkeley verwendet UNIX
75 UNIX breitet sich bei Bell Laboratories aus
76 Geht an Universtiäten
76 Verschiedene UNIX-Versionen breiten sich aus
77 An 500 Standorten läuft UNIX, 20% davon an Universitäten
78 AT&T lizenziert UNIX an INTERACTIVE System und andere kommerzielle Institutionen
78 Onyx Systems lizenziert UNIX für 16-Bit-Multi-User-Mikroprozessor
79 Microsoft lizenziert UNIX Version 7 und entwickelt XENIX
80 8-Bit-Mikro-Version
81 Erste 16-Bit-PC-Version
82 AT&T bekennt sich öffentlich zu UNIX und kündigt offizielle Wartung an
82 INTERACTIVE Systems arbeitet zusammen mit IBM an AIX, basierend auf System V.2 und BSD4.3
82 Sun Microsystems Inc. gegründet; verwendet BSD4.2 und BSD4.3
82 SCO lizenziert XENIX von Microsoft
83 Kommerzieller UNIX-Markt beginnt
83 AT&T führt System V Release 1 ein
84 INTERACTIVE entwickelt PC/IX für IBM
84 Mehr als 400 Applikationen unter UNIX
84 Weltweit über 100.000 UNIX-Installationen
84 DEC gibt ULTRIX frei, basierend auf BSD4.2
84 AT&T stellt System V Release 3 vor
85 Mehr als 700 Anwendungen von UNIX
85 Sun und AT&T beginnen Arbeit an SVR4 – vereinheitlichtes UNIX
86 AT&T System V Release 3
86 Mehr als 1100 Anwendungen
87 386 Chip
88 HP gibt HP/UX, basierend auf BSD4.2, frei
88 OSF und UNIX International formieren sich
90 OSF/UI-Zusammenschluß scheitert
89 AT&T gibt System V Release 4 frei
89 Mehr als 3000 Anwendungen
89 Intel liefert das erste in Plastikfolie eingeschweißte UNIX aus: UNIX System V/386R3.2

Abbildung 1.3 Meilensteine in der Evolution von UNIX.

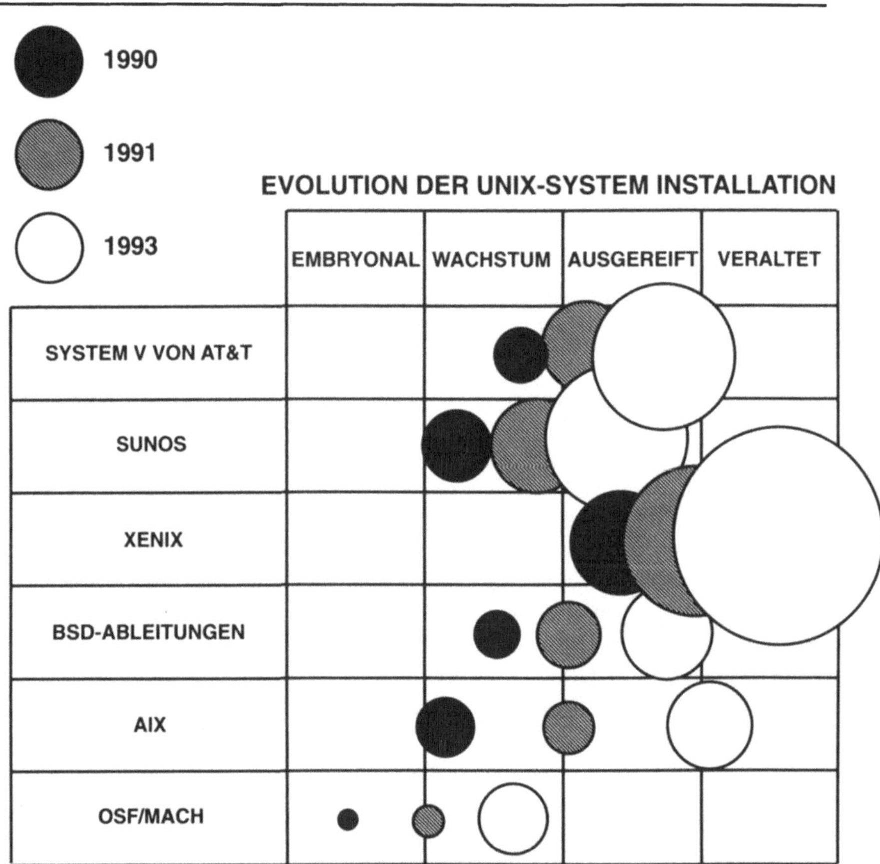

Abbildung 1.4   Akzeptanz verschiedener UNIX-Versionen.
Wenn man die Zahl der Kundeninstallationen in den nächsten Jahren betrachtet,
wird offenkundig, daß auf System V basierende Systeme in der UNIX-Industrie
die höchste Wachstumsrate besitzen werden.

Abbildung 1.4 illustriert Schätzungen der Zahlen von Kundeninstallationen und den relativen Reifegrad der großen UNIX-Produkte. Man be-
achte, daß bei Drucklegung dieses Buches kein einziger Anbieter OSF-
Produkte im Umlauf hatte und daß gegenwärtig die Prognosen der
Marktgröße für Mach vorne liegen.

XENIX gehört definitiv einer veralteten Kategorie an und wird durch
SCO-UNIX ersetzt werden. System V könnte aus der Sicht einer Basistechnologie auch schon als überaltert angesehen werden, wenn man

davon absieht, daß es eine nicht unbeträchtliche Menge an neuen Programmzeilen beinhaltet.

Weder System V noch OSF/1 können technologisch gesehen stehen bleiben. Beide Betriebssysteme haben bislang noch keine Standardisierung für eine symmetrische Multiprozessor-Unterstützung. Mach stellt vollsymmetrische Mehrprozeßfähigkeit zur Verfügung, wie auch verschiedene andere SVR-Versionen von Anbietern wie z.B. International Computers Ltd. und Encore, um nur zwei zu nennen, aber eine volle Unterstützung der Prozeßsynchronisierung steht sowohl in System V als auch in OSF/1 noch aus. Fragen höherer Computer-Sicherheit und der Modularität des UNIX-Kerns bilden derzeit die Grundlage für heftige technische (und Marketing-) Debatten innerhalb der Industrie.

Ob für die meisten Endbenutzer diese neue Technologie überhaupt relevant ist, ist eine ganz andere Frage. Es braucht zum Beispiel nicht jeder das Maximum an Sicherheit im Betriebssystem. Viele der heutigen Computersysteme, insbesondere Arbeitsplatzsysteme und verteilte Computersystemumgebungen, sind keine Multiprozessor-Architekturen. Obwohl Multiprozessorsysteme bei einigen Installationen zu finden sind, kommen auf jeden solchen Multiprozessor-Rechner mehrere Einprozessor-Rechner. Die Netzwerke von heute bestehen zumeist aus Einprozessor-Maschinen, und diese stellen auch die vorherrschende Desktop-Plattform dar – eine Tatsache, die sich auch in den nächsten Jahren nicht ändern wird. Festzuhalten gilt, daß die Spitzentechnologie, obwohl sie von der aktuellen Entwicklung her für Hardware- und Software-Anbieter von Interesse ist, dem Massenmarkt um Jahre voraus ist. Hierbei kann der Endanwender leicht den Überblick verlieren. Puristen könnten zum Beispiel dahingehend argumentieren, daß der System-V-Kern mit unnötiger und schwer zu wartender Funktionalität überfrachtet ist, besonders im Vergleich mit Mach. Aber dieses Argument ist für den heutigen Benutzer, dessen Geschäft nicht in der Portierung von UNIX besteht, von zweifelhafter Bedeutung.

1.2.2 UNIX, Open Systems und Standards

Standards werden formuliert, um Mißverständnisse zu vermeiden und um die unterschiedlichen Interessen innerhalb der Gremien, die diese Standards formulieren, zusammenzubringen. Im Bereich der Computer-Standards hat sich eine enorme Aktivität entwickelt. Einige Standards sind allein zu dem Zweck ins Leben gerufen worden, um dem Wunsch der Benutzer, UNIX zu standardisieren, gerecht werden und um es sowohl den heutigen als auch den zukünftigen Bedürfnissen kompatibel zu machen. Standards bilden die Grundlage für das Konzept Offener Systeme.

Sowohl auf staatlicher als auch auf privat-industrieller Ebene sind DV-Industriestandards für jeden, der zukunftsorientierte Informationssysteme plant, von grundlegender Bedeutung. Es gibt mehrere Normungsgremien und Organisationen, die daran arbeiten, Spezifikationen und Testreihen zu definieren, die nachweisen, ob Produkte den Spezifikationen entsprechen. Testwerkzeuge wie die SVVS (System V Verification Suite – System V Verifikationstest) von AT&T sind Programme, die Übereinstimmung mit den Normbedingungen überprüfen, wenn sie erfolgreich auf einer UNIX-Version laufen – in diesem Fall mit der System-V-Spezifikation.

Bei Rechnerbeschaffungen von amerikanischen und zunehmend auch europäischen Regierungsstellen wird eine strikte Einhaltung der Spezifikationen und der Nachweis der Übereinstimmung damit gefordert. Das FIPS (Federal Information Processing Standards – amerikanische Bundesnormen für die Informationsverarbeitung), ein von der Regierung gebildetes Kommittee, hat erst kürzlich Spezifikationen für UNIX verabschiedet.

Manche Firmen legen intern ihre eigenen Standards fest. Große Unternehmen, wie zum Beispiel General Motors, haben UNIX als einen ihrer eigenen, internen Standards definiert. Sie wollen damit ihre Entwicklungsinvestitionen für Applikationssoftware und ihren Pool an versierten Anwender sichern, insbesondere für den Fall, daß sie Rechner-Plattformen oder -Anbieter wechseln.

Manche Standards werden anerkannt, wenn die Produkttechnologien, die sie spezifizieren, weithin so akzeptiert sind und kommerzielle Anwendung finden, daß sie schon De-facto-Standard darstellen. Damit Standards überhaupt ins Leben gerufen werden können, muß seitens derer, die dafür verantwortlich sind, die Bereitschaft existieren, diese Spezifikation anzunehmen und seitens derer, denen der Standard gilt, die Bereitschaft existieren, den Standard anzunehmen und zu erfüllen. Wenn Spezifikationen jedem frei zugänglich sind, sind sie „offen". Wenn sie geschützt und privat und damit kommerziell eingeschränkt sind, sind sie „proprietär". UNIX ist offen; OS/2, VMS und MVS sind proprietär.

Die Herausforderung der Verifikation. Wenn man den Nachweis der Erfüllung von SVID bringen möchte, muß man die erfolgreiche Zertifizierung jeder Implementierung über die SVVS (System V Verification Suite) erbringen, die gegen einen Aufpreis den Lizenznehmern von System V von AT&T's USL zur Verfügung gestellt wird. Amerikanische Regierungsbehörden fordern diese Erfüllung formal in ihren „Federal Information Processing Standards" für Rechnerbeschaffungsmaßnahmen. Viele europäische Behörden folgen diesem Beispiel. Standardspezifikationen, die ein solches Mittel der Verifizierung nicht bieten, machen es schwierig, das Ausmaß einer x-beliebigen Anbieterimplementierung objektiv zu beurteilen und folglich seine Kompatibilität mit anderen Implementierungen zu ermessen. Ohne die Möglichkeit einer formalen Überprüfung, unterstützt durch eine Reihe von Testprogrammen, können die meisten Benutzer nicht abschätzen, ob Implementierungen wirklich mit den Standards übereinstimmen. Die meisten Normungsgremien haben dieses Problem erkannt, aber es gibt immer noch viele Spezifikationen, die man Standard nennt, ohne sie jedoch formal nachprüfen zu können.

Ursprünglich war es der Zweck von SVID und SVVS, Kompatibilität zu sichern bzw. eine Methode zur Verfügung zu stellen, um Kompatibilität mit und zwischen bestehenden System-V-Implementierungen meßbar zu machen.

Aufwärtskompatibilität ist ein ernstzunehmendes Problem, nicht nur für die bestehenden Kundeninstallationen von System V, XENIX, BSD und SunOS, sondern auch für neue Benutzer. Wirkliche Systemkompatibilität aus der Sicht des Anwenders, besteht nicht nur in der Bereitstellung von Standardschnittstellen für die Anwendungsprogrammierung, sondern auch in der Kompatibilität mit UNIX-Kommandoprozeduren. Wenn ein Anbieter die Art verändert, in der UNIX-Kommandos ihre Ausgabe formatieren, dann besteht die Möglichkeit, daß Kommandoprozeduren zwischen den Systemen inkompatibel werden, obwohl die Softwareprogramme noch kompatibel sind. Das Problem der Kompatibilität und Portierbarkeit ist äußerst wichtig und wird ausführlich in Kapitel 6 behandelt.

Kapitel 6 erläutert u. a. auch in allen Einzelheiten die wichtigen Normungsgremien und Standards, die auf die UNIX-Industrie in den 90er Jahren einen wichtigen Einfluß nehmen werden.

Wer wird in Zukunft den Ton angeben? Historisch gesehen ist das Gebiet der EDV schon immer von proprietärer Technologie beherrscht worden. Aber heute hat UNIX eine beispiellose Offenheit und Zusammenarbeit zwischen vielen Anbietern ausgelöst. Während der Begriff „Open Systems" vielleicht schon abgenützt ist, steht er doch für etwas sehr Wichtiges: 1. Die Tatsache, daß Firmen sich an Standards halten, und 2. daß Anbieter neue Technologie lizenzieren und Schnittstellen offen beschreiben. Man kann davon ausgehen, daß Anbieter weiterhin zusammenarbeiten werden. Der Open-Systems-Ansatz ist von Natur aus darauf ausgerichtet, daß viele Anbieter und Quellen im Wettbewerb stehen, was für den Kunden zu einer wesentlichen Wertsteigerung und -verlängerung führen soll.

UNIX ist als Standardbetriebssystem akzeptiert worden, wobei System V von AT&T insbesondere im kommerziellen Bereich den De-facto-Standard darstellt. Über das „Standard-UNIX" werden auch in Zukunft Diskussionen und heftige Marktkampagnen geführt werden. Jedoch werden Kunden mit ihren schon bestehenden Installationen tonangebend sein und es aller Wahrscheinlichkeit nach vorziehen, sich an UNIX-Versionen zu orientieren, die sich an System V von AT&T halten. Die Gründe dafür liegen in der Anwendungskompatibilität.

1.2.3 Wie verbreitet ist UNIX?

Es gibt heute Hunderte von Computerfirmen, die UNIX-Varianten warten und pflegen. Prognosen besagen, daß der Markt für UNIX-Systeme, -Software und -Dienstleistungen der am schnellsten wachsende des Industriebereichs sein wird, mit jährlichen Wachstumsraten um die 30 Prozent. Einige Experten sind der Meinung, daß der UNIX-Markt schon jetzt mehr als 15% des gesamten Computer-Markts ausmacht.

UNIX war das erste Betriebssystem, das flexibel genug war, sich einer breiten Palette an Hardware anzupassen. UNIX ist auf mehr Computer-Systemen erhältlich als jedes andere Betriebssystem (s. Abbildung 1.5). Es läuft zum Beispiel auf den PS/2-PCs von IBM, auf MAC SE von Apple, auf mehreren PC-kompatiblen Systemen, auf TRS-80 von Radio Shack und auf verschiedenen Laptops, um nur ein paar zu nennen.

UNIX läuft auf Intel-bestückten und auf kleineren Systemen. Es läuft auf den größten Rechnerriesen überhaupt, einschließlich so unterschiedlicher wie IBM und Cray. Es läuft auf neuen vernetzten E/A-Architekturen, Multi-Prozessor CPU-Architekturen und fehlertolerierenden Architekturen. UNIX-Versionen sind für die meisten Standard-Großrechner erhältlich, d.h. als AIX auf IBM 3090er und als UTS auf Amdahl. Fast alle Mini-Supercomputer und Supercomputer-Anbieter, wie zum Beispiel Convex und Alliant, unterstützen UNIX.

UNIX ist automatisch das Betriebssystem erster Wahl, wenn eine neue CPU entworfen wird. Sie werden wahrscheinlich nie erleben, daß VMS auf einer anderen Maschine als einer VAX läuft, und das gleiche gilt für die meisten anderen proprietären Betriebssysteme, obwohl es theoretisch möglich wäre. Wenn VMS portiert würde, käme DEC auf die Idee, es frei zu lizenzieren und auf verschiedene Architekturen zu portieren?

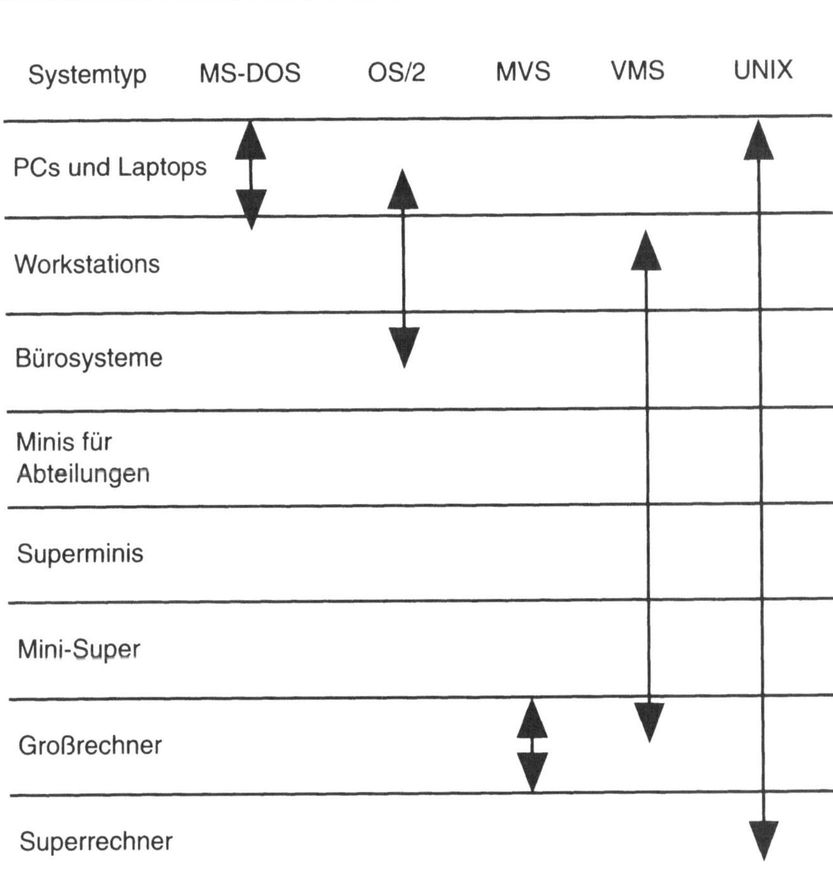

Abbildung 1.5 Technologiepalette des UNIX-Systems.
Die Bandbreite der Computer-Plattformen, auf denen UNIX läuft, ist größer als für jedes andere Betriebssystem.

UNIX wird gegenwärtig als das Standardbetriebssystem für den Work-station-Markt gesehen. Es hat den größten Marktanteil in technisch-orientierten Umgebungen wie z.B. Software-Entwicklung und CAD/CAM/ CAE erobert.

UNIX wird zusehends zum Standardbetriebssystem der Industrie für eine neue Generation an Multi-User-Systemen. Hochentwickelte Anwendungen sind erhältlich und werden für diese Systeme ständig portiert und entwickelt. Entstehen neue Anwendungen im Zusammenhang mit relationalen Datenbanksystemen, werden diese oft zusätzlich auf UNIX angeboten, zusätzlich zu den proprietären Betriebssystemen, auf denen diese Datenbanksoftware meist läuft.

UNIX hat auf dem Minicomputer-Markt große Auswirkungen. Fast alle wichtigen Anbieter von Minicomputern mittlerer Leistungsfähigkeit haben jetzt UNIX entweder als primäres oder als sekundäres Betriebssystem im Angebot.

1.2.4 UNIX-Anwendungen – wieviele gibt es und wie bedeutend sind sie?

Viele Firmen entscheiden sich zuerst für die Anwendungssoftware, die ihre Bedürfnisse erfüllt, und treffen dann die Auswahl der Hardware und des Betriebssystems, auf denen die Applikation laufen soll.

Computeranbieter sind sich der Grenzen bewußt, die Anzahl und Arten der Anwendungen haben, die sie mit Profit verkaufen und unter ihrem eigenen Markenzeichen warten können. Hierauf beruht ihre Motivation, Software von Drittanbietern auf ihren Systemen anzubieten. Wenn sie die Software haben, die der Kunde benötigt, ist die Wahrscheinlichkeit größer, daß dieser ihre Hardware und die System-Software-Produkte ebenfalls kauft. Dies trifft zwingend für jeden neuen Computer zu.

UNIX-Anwendungen als Ganzes gesehen konkurrieren jetzt mit Anwendungen unter MS-DOS und MAC/OS in Bezug auf ihre Verfügbarkeit. Wenn man die Anstrengungen prominenter UNIX-Anbieter (besonders AT&T, Sun, DEC, NCR und Unisys) in Betracht zieht, Software verfügbar zu machen, gibt es auf UNIX mehr Anwendungen als auf jedem anderen Mehrbenutzersystem. Schätzungen belaufen sich auf bis zu 15.000. Wenn man MS-DOS-Anwendungen auch in diese Überlegung miteinbezieht, da MS-DOS als Gast auf vielen UNIX-Systemen läuft, erreicht die Zahl der Anwendungen ungefähr 30.000. Vereinzelte Softwarekataloge der Systemanbieter führen in der Regel einige Hundert bis einige Tausend auf. Im Vergleich dazu laufen etwa 5.000 Anwendungen auf dem VMS-Betriebssystem von DEC.

Es gibt viele Quellen für UNIX-basierte Anwendungen, und Systemanbieter sind unablässig damit beschäftigt, unabhängige Softwareanbieter zu überzeugen, daß es strategisch gesehen in ihrem Interesse ist, Lösungen auf UNIX zu portieren.

Die Entwicklung von Anwendungssoftware war in der Vergangenheit Antriebskraft und Schlüsselfaktor zugleich für den Erfolg von UNIX und wird dies auch in Zukunft bleiben. Nicht alle Anwendungen werden von unabhängigen Softwareanbietern gekauft. Es gibt viele Fälle, wo Anwendungssoftware intern von Anwendern entwickelt wird, entweder als eigenständige Applikation oder zur Unterstützung von gekaufter Anwendungssoftware. Diese UNIX-Anwender sind daran interessiert, die reichhaltige Entwicklungsumgebung von UNIX zu nutzen, um ihre eigenen internen Anwendungslösungen zu konstruieren.

Es ist jedoch nicht zu leugnen, daß UNIX noch nicht das Volumen gängiger und leicht erhältlicher Software für sich beanspruchen kann, wie es sie für MS-DOS gibt. Die Situation verändert sich allerdings , und der Kampf zwischen UNIX und MS-DOS mit Windows, und in geringerem Ausmaß auch OS/2, wird sich unweigerlich intensivieren. Software-Systeme, wie sie zum Beispiel von Hunter Systems in Mountain View, Kalifornien, angeboten werden, erleichtern die Portierung von Anwendungen von MS-DOS auf UNIX.

1.3 Die Zukunft der UNIX-Industrie

UNIX und formelle und De-Facto-Schlüsselstandards werden in Zukunft die Bindeglieder zwischen Hardwareschnittstellen und Anwendungslösungen sein. UNIX wird Portierbarkeit, Interoperabilität und Austauschbarkeit (Offenheit) in einem Ausmaß fördern, wie man es sonst nur im PC-Bereich von MS-DOS kennt.

Bis Mitte der 90er Jahre wird eine noch breitere Palette an Anwendungssoftware auf UNIX zur Verfügung stehen. Als Folge davon werden insbesondere PC-Softwareanbieter in UNIX eine attraktive Möglichkeit sehen, ihre Wachstumsraten zu erhöhen.

UNIX läuft jetzt auf fast jeder Art von Hardware, vom PC bis zum Großrechner und Supercomputer. Auf neuen Hardware-Designs wie hochleistungsfähigen Arbeitsplatzrechnern, Mikroprozessor-gestützten Mehrbenutzer- und Spezialsystemen wird als erstes UNIX erhältlich sein. Ob UNIX allerdings auf den am weitesten fortgeschrittenen Computer-Architekturen der Zukunft, wie etwa massiv-parallelen CPUs (Transputer), anwendbar sein wird, ist heute noch nicht abzusehen.

Bei manchen Systemumgebungen wird UNIX das Betriebssystem „zweiter Wahl" sein. Das Anwachsen seiner Bibliothek an Anwendungs-Software hat jedoch zur Folge, daß es mit den jetzt primären Betriebssystemen konkurrieren kann und daß zukünftig diese primären Betriebssysteme an Bedeutung verlieren und durch UNIX ersetzt werden.

UNIX-Systeme werden weiterhin Preis/Leistungs-Vorteile gegenüber proprietären Alternativen haben. Bis Mitte der 90er Jahre wird es seinen

Marktanteil auf ein erhebliches Ausmaß vergrößert haben und erfolgreich mit MS-DOS, NT und OS/2 konkurrieren.

1.3.1 Die Stärken

Der Einfluß, den UNIX und „Open Systems" auf die Benutzer von Computer-Systemen haben, wird erheblich sein. Die „guten Nachrichten" lauten wie folgt:

1. Fast jeder Rechner- und Softwareanbieter (gegenwärtig mehr als 250 an der Zahl) wird ein UNIX-Angebot unterstützen. UNIX wird für manche Firmen das primäre (oder einzige) Betriebssystem sein, das sie anbieten. Andere Firmen werden UNIX als sekundäres Betriebssystem anbieten, als eine Alternative zu ihrem primären, proprietären Betriebssystem.
2. Das Portieren von Software von einer Maschine zur nächsten wird in Stunden oder Tagen anstatt in Monaten oder Jahren gemessen werden. Je größer die Übereinstimmung mit den akzeptierten Standards ist, desto weniger Zeitaufwand und Komplexität liegt in der Portierung.
3. Mit UNIX als primärem Betriebssystem werden Fortschritte in Hardware- und Kerntechnologien vollständig umgesetzt werden und zwar schnell und in sich konsistent.
4. Der Preis/Leistungs-Wettbewerb zwischen Systemanbietern wird zunehmen, getrieben durch Fortschritte bei Prozessorarchitekturen und Herstellungstechniken, aber auch weil UNIX ein gutes Spielfeld zugunsten von neuen hochleistungsfähigen Prozessor-Architekturen, wie zum Beispiel RISC (Reduced Instruction Set Computer) darstellt.
5. Die Verfügbarkeit von Programmierern wird kein Problem mehr sein. Wenn eine Firma sich erst einmal einer UNIX-Strategie verpflichtet, wird es für sie bei einem Wechsel zu neuen Computer-Systemen und -Lösungen einfacher werden, ihre Investitionen in Hardware, Software, Schulung und Personal besser zu nutzen. Es gibt Schätzungen, wonach es derzeit mehr als 300.000 Programmierer gibt, die UNIX kennen.
6. Die kollektive Rate der UNIX-Entwicklungen und -Erweiterungen sowie der Mehrwert für die Anbieter, wird es UNIX möglich machen, mit Investitionen in Betriebssysteme der größten Computerfirmen zu konkurrieren und sie sogar zu übertreffen. Das Wort „kollektiv" beinhaltet, daß im Gegensatz zu einem proprietären Betriebssystem, das von einer relativ kleinen Gruppe von Software-Technikern entwickelt und gewartet wird, UNIX von vielen Gruppen von Software-Technikern

und akademischen und wissenschaftlichen Mitarbeitern bearbeitet und entwickelt wird.

7. Mehr als je zuvor werden Benutzer die Möglichkeit haben, ein kosteneffizientes Management ihrer Investitionen angesichts rascher technologischer Alterung durchzuführen. Sie werden ihre Datenbanken und Anwendungssoftware besser schützen und erhalten und (falls notwendig) zu neuen Systemen migrieren können.

8. Die Zahl der Kundeninstallationen, die gegenwärtig über 7.2 Millionen Systeme an mehr als 1.2 Millionen Standorten beträgt, wird weiterhin anwachsen.

Es wird allerdings auch unter sehr optimistischen Annahmen nicht nur gute Nachrichten geben. Es gibt noch eine Reihe von entscheidenden Problemen und Nachteilen, die UNIX in bestimmten Umgebungen und Anwendungen beinhaltet.

1.3.2 UNIX-Limitierungen

Dennis Ritchie soll einmal gesagt haben: *„UNIX ist ein einfaches, kohärentes System, das ein paar gute Ideen und Modelle an seine Grenzen treibt."*

Obwohl UNIX ein vergleichsweise einfaches Betriebssystem ist, wird es den Weg eines rapiden technologischen Fortschritts weitergehen. Viele neue Faktoren werden gemeinsam die Fähigkeiten von UNIX steigern, aber der Preis dafür ist ein Zuwachs an Komplexität. Benutzer werden in mehrfacher Hinsicht davon betroffen sein:

1. Obwohl mehrere Schichten von Standardsystemen gut wären, werden die Anbieter gezwungen sein, zwischen ihren Produkten mit proprietären Erweiterungen und ihrer Implementierung des UNIX-Betriebssystems zu differenzieren. Es wird die Aufgabe der Kunden sein, proprietäre Erweiterungen mit Sorgfalt auszuwählen bzw. ganz zu vermeiden, um ihre Software portierbar zu machen. Unabhängige Softwareanbieter unterliegen der gleichen Herausforderung, Software in unterschiedlichen UNIX-Umgebungen zu unterstützen. Die Aufgabe besteht darin, nicht nur einen allgemein akzeptierten Betriebssystemstandard (z.B. POSIX) zu entwickeln, sondern auch eine Standardumgebung (z.B. X/OPEN XPG) oberhalb der UNIX-Betriebssystemebene und eine Standard-Benutzerschnittstelle. (S. die Abschnitte 6.2 und 6.3 und das Glossar für POSIX und X/OPEN-Beschreibungen.)

2. UNIX-Systemverwaltung wird auch in Zukunft ein wichtiges und verantwortungsvolles Aufgabengebiet sein, das viel technisches Knowhow von den jeweiligen Mitarbeitern erfordert, um erfolgreiche UNIX-Implementationen zu gewährleisten. Auf diesem Gebiet wird auch bessere Dokumentation erforderlich sein, was besonders bei EDV-Anwendungen in großen Firmen oder „mission critical"-Anwendungen (Anwendungen, von denen der Unternehmenserfolg abhängt) Fingerspitzengefühl voraussetzt.

3. UNIX wird im Hauptfeld der kommerziellen Datenverarbeitung, dem Kernstück von proprietären Betriebssystem-Produkten von IBM und DEC, erst dann den Markt erobern, wenn traditionellere Software-Anwendungen auf UNIX zur Verfügung stehen. In bestimmten Bereichen, wie zum Beispiel zentralisierten Transaktionsprozessen, wird die Anwendbarkeit von UNIX vielleicht begrenzt sein, wenn nicht Mittel wie Transaktions-Monitore analog zu CISC von IBM erhältlich werden. Da sich jedoch der Computer-Markt weiterentwickelt und die Anwendung von Netzwerken Verbreitung findet, werden neue, dezentralisierte Anwendungen geschaffen werden, um Open-Systems-Standards und moderne EDV-Stilrichtungen (Fenstersysteme und Client/Server) voll zur Geltung zu bringen.

4. Die UNIX-Funktionalität wird aller Wahrscheinlichkeit nach größer werden, wobei es dabei etwas geordneter zugehen wird als in der Vergangenheit. Weitreichende Erleichterungen sind bei der Benutzerführung von UNIX zu erwarten, in der Unterstützung von mehrsprachigen Applikationen, bei der Erhöhung der Schutzmechanismen und auf vielen anderen Gebieten.

1.3.3 UNIX – Pro und Kontra

Die Beliebtheit und der Erfolg von UNIX beruhen auf mehreren Faktoren:

- Es ist in der höheren Programmiersprache C geschrieben, die selbst leicht portierbar ist.
- Es hat eine schlichte (jedoch kryptische) Kommandostruktur.
- Es beinhaltet ein hierarchisches Dateisystem, das relativ einfach in der Implementierung und in der Wartung ist.
- Seine Dateien unterliegen einem konsistenten Format, was die Interaktion mit ihnen für Anwendungen und Programmierer erleichtert.

- Es stellt eine ganze Reihe von einfachen Kommandos und Dienstprogrammen zur Verfügung, mit deren Hilfe man aus einfachen Programmen komplexe konstruieren kann.
- Es hat einfache und konsistente Schnittstellen zu den peripheren Geräten. Ähnliche Konsistenz ist auch auf anderen Gebieten zu finden, wie zum Beispiel bei Software-Entwicklungs-Werkzeugen.
- Es hat Multi-User- und Multi-Tasking-Funktionalität. Damit können mehrere interaktive Benutzer gleichzeitig unterstützt werden.
- Es hat eine Schnittstelle zur Anwendungssoftware, wodurch bestimmte Hardware-Eigenschaften verborgen werden.
- Es läuft auf mehr Hardwareplattformen als jedes andere Betriebssystem.
- Der Umfang an Anwendungssoftware wächst ständig.
- Es ist portierbar und ermöglicht einen hohen Grad von Portierbarkeit der Anwendungssoftware.
- Es bietet hoch entwickelte Leistungsmerkmale für die Anwendung in Netzumgebungen.
- Es ist skalierbar, d.h. es läuft sowohl auf PCs und Laptops wie auf Supercomputern (z.B. Cray).
- Man kann es für Systeme kaufen, die meist weniger kosten und bessere Leistung für Abteilungs- und Firmenanwendungen bieten.
- Es bietet seinen kommerziellen Benutzern eine schon bestehende und ständig anwachsende Anzahl von Fachleuten und Universitätsabsolventen, die sich mit UNIX auskennen.

Was UNIX derzeit noch nicht oder nicht besonders gut schafft, ist diese positiven Attribute in ein Gleichgewicht zu bringen. UNIX ist zum Beispiel längst nicht so einfach zu benutzen wie das MacOS von Apple, aber es ist weitaus mächtiger. Die meisten Anwender benutzen nicht MacOS – sondern die Benutzerschnittstelle des Macintosh. Es wird allgemein angenommen, daß UNIX in der Anwendung wesentlich einfacher wird, wenn grafische Benutzeroberflächen zusammen mit UNIX-Shells eingesetzt werden. Die Funktionalität von UNIX verblaßt gegenüber den Möglichkeiten zur Transaktionsverarbeitung auf Großrechnern, die beispielsweise MVS bietet; allerdings kostet es auch nur einen kleinen Teil von MVS. Es war nie das Ziel, daß UNIX MVS ersetzen sollte oder daß es exakt dieselben Anwendungen unterstützen sollte, die typisch für traditionelle Großrechnerumgebungen sind.

Im folgenden werden Beschwerden, die man oft über UNIX hört, aufgelistet.

- *„UNIX ist vergleichsweise Bediener-unfreundlich; es ist kryptisch und verwendet unnatürliche mnemotechnische Gedächtnishilfen (Kommandonamen)."*

Diese Behauptung stammt meistens von Benutzern, die UNIX nur gelegentlich benutzen, oder solchen, die sich bei anderen Betriebssystemen gut auskennen. Obwohl UNIX-Kommandos knapp sind, sind sie auch nicht auffallend obskurer als die anderer Systeme. Grafische Benutzeroberflächen werden den Umgang mit ihnen erleichtern. Es wird auch UNIX-Shells geben, die UNIX den Benutzeroberflächen auf anderen Betriebssystemen ähnlich machen werden (z.B. die DEC-VMS-Kommandosprache (DCL)-Shell). Schließlich wird bei vielen Anwendungen UNIX dem Benutzer ganz verborgen bleiben.

- *„Mit UNIX hängt man sich auf ... es schützt den Benutzer nicht ausreichend vor eigenen Fehlern."*

In einem bestimmten Ausmaß trifft dies zu, aber das gleiche könnte man von jedem anderen Betriebssystem sagen. Sie können zum Beispiel ein Kommando eingeben, das alle Benutzerdateien löscht, ohne daß das System Sie fragt, ob Sie dies auch wirklich vorhaben. Es gibt Möglichkeiten, die Gefahr von mächtigen Werkzeugen in den Händen von ungeübten Benutzern zu minimieren. Die Kommando-Schnittstelle läßt sich durch Modifizierung der UNIX-Shell steuern (Erklärung folgt im nächsten Kapitel). Die kryptische Kommandoschnittstelle von UNIX wird zusehends durch Window-Systeme, die zukünftige UNIX-Benutzeroberflächen bilden werden, im Verborgenen bleiben. Man kann also erwarten, daß die „rauhen Kanten" zusehends geglättet werden.

- *„UNIX kommt mit Datenbankanwendungen schlecht zurecht. Große Dateien können zum Beispiel exzessiv fragmentiert werden, und die Dateigrößen sind begrenzt."*

Für Datenbank-Software, die das UNIX-Dateisystem anstelle von blockweisem Zugriff (raw I/O) anwendet, trifft dies zu. Die meisten kommerziell erhältlichen Datenbanken wenden jedoch Blockzugriffe an, um nicht nur diese Probleme zu lösen, sondern auch um Leistungssteigerung zu erwirken.

- *„UNIX handhabt Fehlerzuständen unzureichend. Es kann zum Beispiel fehlerhafte Platten-Blöcke nicht reparieren und lesbar machen."*

Bis vor nicht sehr langer Zeit hatte UNIX keine sogenannten „High Availability Features". Frühe UNIX-Varianten waren in dieser Beziehung bei weitem nicht so hochentwickelt wie die Betriebssysteme, die auf Großrechnern und Minicomputern liefen. In den letzten Jahren haben allerdings die meisten Anbieter deutliche Fortschritte gemacht. Inzwischen enthalten viele UNIX-Varianten Leistungsmerkmale, die hohe Verfügbarkeit bedeuten.

- *„UNIX-Dokumentation und Software selbst sind von niedriger und sehr unterschiedlicher Qualität, voller Fehler und für neue Benutzer absolut nicht zu durchschauen."*

In der Vergangenheit traf dies zu, aber seit geraumer Zeit wird der Qualität der UNIX-Dokumentation große Aufmerksamkeit gewidmet.

- *„UNIX ist keine sehr sichere Umgebung. Es setzt einfach voraus, daß alle Benutzer einander wohl gesonnen sind und miteinander kooperieren. UNIX bietet nur ein Mindestmaß an Sicherheitsvorkehrungen."*

Bei UNIX wird Sicherheit zum größten Teil aus persönlicher Sicht implementiert, indem man anderen das Recht gibt, Zugang zu den eigenen Dateien zu haben. Sicherheit war in den Umgebungen, die in der Vergangenheit UNIX benutzt haben, kein wesentliches Bedürfnis. Anders als andere kommerzielle Betriebssysteme, die, wenn man sie aus ihrer Verpackung nimmt, „zugeschraubt" sind, ist UNIX anfangs weit offen und muß vom Systemverwalter „zugeschraubt" werden, d. h. die Sicherheitsmechanismen müssen aktiviert werden. Dies hat in bezug auf Sicherheit zum schlechten Ruf von UNIX beigetragen. Abschnitt 2.9 beschreibt Sicherheitseigenschaften von UNIX und neue, sichere Versionen, die kommerziell erhältlich sind. Eine Abhandlung über den Computer-Virus oder -Wurm, der UNIX-Installationen im Jahre 1989 befiel, wird im Abschnitt 2.9.1 angefügt.

- *„Das Original-UNIX unterstützt Echtzeit nicht."*

Von Anfang an wurde UNIX bei AT&T als Echtzeitbetriebssystem propagiert und benutzt. Traditionsgemäß hatte UNIX schon immer schlechte Karten bei Echtzeitanwendungen. Wenn es nicht speziell dafür modifiziert wird, eignet sich Standard-UNIX wahrscheinlich nicht für diese Art von Anwendungen. Einige Anbieter haben UNIX allerdings so erweitert, daß es in Echtzeitumgebungen funktioniert. Dies wird zusehends der Fall sein, wenn sich die Bemühungen um die Standards auf UNIX-Echtzeit-Unterstützung konzentrieren. Viele Firmen bieten jetzt schon Echtzeitunterstützung in UNIX an.

- *„UNIX bietet nicht den zusätzlichen Komfort, den es für andere Betriebssysteme gibt."*

Dies trifft sicherlich für die „großen" Betriebssysteme zu, die auf hochentwickelten Großrechnern laufen. Umgekehrt trifft es sicherlich nicht zu, wenn man dies vom Standpunkt der viel zahlreicheren, auf allgemeine Zwecke ausgerichtete Multi-User-Systeme aus betrachtet. In diesem Falle besitzt UNIX einen Großteil der wichtigsten Merkmale und Fähigkeiten.

- *„UNIX beschränkt die Interprozeß-Kommunikation."*

Wieder trifft dieses Argument nur im Vergleich zu Großrechnern zu, die viel höher entwickelt und kostspieliger sind.

- *„Die Zahl der im Trend liegenden Anwendungen, die auf UNIX erhältlich sind, ist beschränkt."*

Dies ist nicht zutreffend. Es gibt mehrere tausend Anwendungsprogramme für UNIX. In Wirklichkeit sind viele Schlüsselanwendungen **nur** auf UNIX erhältlich.

- *„Die Kosten für eine Konvertierung auf UNIX sind nicht gerechtfertigt."*

Dies könnte in bestimmten Fällen zutreffen. Man muß allerdings die Langzeitimplikationen in Betracht ziehen. Wenn sie einmal auf UNIX konvertiert haben, werden viele Kunden feststellen, daß sie verglichen mit proprietären Betriebssystemen größere Flexibilität besitzen.

Die folgenden Argumente gegen UNIX verkennen völlig die Tatsachen:

> *Unsere Programmierer kennen UNIX und C überhaupt nicht.*

> *UNIX ist zu komplex.*

Die einzige Art, mit der man solchen Argumenten begegnen kann, ist durch Schulung.

1.4 Warum UNIX?

1989 wurde UNIX das größte installierte Multi-User-Betriebssystem weltweit laut DMR mit einer Zahl von über einer Million Installationen.

Nach einer Umfrage, die über 100 Standorte umfaßte, stellten DMR-Marktforscher fest, daß UNIX öfter aus Wettbewerbsgründen als wegen der Kostenersparnis implementiert wird. Die Umfrage ergab, daß viele Firmen Open-Systems-Strategien, einschließlich UNIX, aus Wettbewerbsgründen einführen, die mit der Verfügbarkeit von Anwendungen zusammenhängen.

In den 90er Jahren sind UNIX und Mikroprozessoren Bestandteil der Welt. In den 90er Jahren wird wahrscheinlich das Arbeiten mit proprietären Minicomputern zugunsten des Arbeitens mit verteilten Anwendungen im Netzwerk verschwinden. Man wird in den 90er Jahren auch eine Verlagerung vom persönlichen Arbeiten weg und hin zu Arbeitsgruppen-orientierten Lösungen in der EDV erleben. UNIX wird in dieser Evolution auch eine Schlüsselstellung einnehmen. Ritchie sagte einmal folgendes zu den Ursprüngen von UNIX: *„... was wir haben wollten, war nicht nur eine Umgebung, in der man gut programmieren kann, sondern ein System, um das herum sich Gemeinschaftsgeist formieren kann. Aus Erfahrung wußten wir, daß das Wesentliche der auf Gemeinschaft beruhenden EDV, die durch vernetzte Time-Sharing-Systeme möglich wird, nicht darin besteht, Programme in das Terminal einzugeben, statt in einen Lochkartenlocher, sondern eine enge Zusammenarbeit zu fördern... Eine gemeinsame Umgebung macht es für viele Leute einfacher, von der Arbeit der anderen Nutzen zu ziehen."*

Vor ungefähr zehn Jahren fand eine qualitative Veränderung im Wachstum von UNIX statt. Es wurde zu einem kommerziellen Produkt, und damit verlor es seine Unschuld. Die beiden Verbände, /User/Group und USENIX (in Kapitel 7 beschrieben), hörten auf, spontane Gruppen zu sein, und wurden echte Benutzervereinigungen. Die Gründung vieler Firmen basierte auf der Verfügbarkeit eines portablen Betriebssystems.

UNIX-Systeme sind jetzt eine glaubwürdige Alternative auf dem Computersystem-Markt. Während UNIX kurzfristig viele Vorteile bietet, einschließlich Kostenersparnisse, kommt man erst auf lange Sicht in den Genuß seines echten Nutzens. Es ist Aufgabe des Managements, die langfristige Richtung vorzugeben. Das Verständnis, welches das Management UNIX entgegenbringt, wird zusehends für die Planung von informationstechnologischen Strategien und die Akquisition von zukünftiger Technologie von Bedeutung sein.

UNIX ist zu einem führenden Mitbewerber nicht nur bei technischen DV-Anwendungen, sondern auch zu einer Plattform für die Unterstützung von typischen Büroaufgaben geworden. Der Grund hierfür liegt in seiner Portierbarkeit und der Flexibilität seiner Kommandos und Dienstprogramme (die im nächsten Kapitel erläutert werden). Der Vorteil, wenn das gleiche Betriebssystem sowohl Büroautomatisierung als auch Software-Entwicklungsfunktionen unterstützt, ist offensichtlich. UNIX-Systeme werden in Zukunft auch immer mehr dazu benutzt werden, elektronische Post und die Textverarbeitung zu übernehmen.

Von Vorteil ist der Einsatz von UNIX in den heutigen Datenverarbeitungsumgebungen in mehrfacher Hinsicht. Benutzer haben in größerem Umfang Zugang zu EDV-Leistungen und erreichen somit größere Kontrolle über ihre eigenen Informationsbedürfnisse. Sogar technisch nicht versierte Benutzer können mit der Zeit so sachkundig werden, daß sie in der Lage sind, ihre eigenen Werkzeuge zur Automatisierung von Routinevorgängen zu entwickeln – Werkzeuge, die sie ansonsten nie hätten entwickeln können. Die meisten Entwicklungsabteilungen finden den Übergang zu UNIX relativ einfach. Entwickler können ohne Mühe Online-Anwendungen unter UNIX erstellen.

UNIX sorgt für größere Flexibilität bei der Konfigurierung von Systemkomponenten, einschließlich der Unterstützung von Terminals. Durch die Kombination von UNIX und kleineren Prozessoren kann die Computer-Leistung in kleineren, kosteneffizienteren Raten erhöht werden.

Man kann in der Informationstechnologie Investitionen nur mit Hilfe von Standards schützen. So wie Regierungsbehörden und Normungsgremien Standards setzen und erwarten, daß die Anbietergemeinde sich nach diesen Standards richtet, sollten auch die Planer von DV-Systemen Standards für Computer-Systeme und Software setzen. Die Einhaltung solcher internen Standards wird den Investitionsgewinn steigern durch:

- Die Reduktion von Kosten (auf kurze und auf lange Sicht)

- Synergieeffekt aufgrund einer einheitlichen Technik

- Verbesserte Integration und Kommunikation zwischen Systemen und Anwendungen

- Schutz gegen veraltete Technologie

- Größeres Gewicht auf strategische Anwendungen Offener Systeme

UNIX von AT&T ist de facto der offene UNIX-Standard. Viele Benutzer sind der Überzeugung, daß UNIX strategisch gesehen eine richtige Entscheidung darstellt. Unter diesen Kunden sind zum Beispiel die „General Services Administration" der amerikanischen Regierungsbehörden (mehr als 70% der bundesweiten RFQs in Amerika [requests for quotation – Kostenvoranschlagsanforderungen] spezifizieren UNIX und System V von AT&T) und große Firmen wie etwa General Motors/EDS. UNIX wird weiterhin dort verkauft werden, wo es gegenwärtig schon zum Einsatz kommt und wird im Zuge der Erweiterungen andere Marktbereiche erobern.

Das Betriebssystem wird **nicht** das Neuland der 90er Jahre werden. UNIX ist als Komponente eines neuen EDV-Modells zur Selbstverständlichkeit geworden, ein Betriebssystem, das auf allen möglichen Standard-Mikrocomputern läuft, die jeder kaufen kann. Aber erwarten Sie nicht, daß UNIX die DV-Welt vollständig erobern wird. Obwohl man ihm voraussagt, daß es bis 1992 weltweit über 20% des Systemmarktes einnehmen wird, erwartet man nicht, daß UNIX die anderen großen Betriebssysteme wie DOS, VMS oder MVS ersetzen oder verdrängen wird. Jedoch kann man davon ausgehen, daß UNIX maßgeblich daran beteiligt sein wird, eine Integration dieser Umgebungen in einem Informationssystem herbeizuführen, das in sich geschlossen und im Ganzen *netzbezogen* ist.

Management überdenkt noch einmal UNIX. 1989 befragte die Zeitschrift *Computerworld* insgesamt 211 DV-Spitzenkräfte, die bereits UNIX, SunOS, ULTRIX oder XENIX einsetzen. Fast zwei Drittel von ihnen waren der Meinung, daß UNIX weiterhin eine wichtige Rolle bei ihren Informationsstrategien spielen würde. Sie betrachten UNIX als eine kosteneffiziente Alternative für die Multi-User-EDV und als Alternative zu zahllosen, miteinander verbundenen und vernetzten PCs.

2 Grundlegende UNIX-Konzepte

Das Hauptanliegen eines Managers sollten die Mitarbeiter sein. Das Hauptanliegen eines DV-Managers sollte sein, wie Computer diese Mitarbeiter unterstützen können. Um das, was die Technologie zu bieten hat, maximal nutzen zu können, müssen Manager und Personen, die in einer Organisation tätig sind, ein grundlegendes Verständnis dafür mitbringen. Sich dieses Wissen über UNIX anzueignen, war bislang nicht einfach.

Wir beginnen dieses Kapitel mit der Darstellung einer typischen Organisationsstruktur und der verschiedenen Ebenen von EDV-Kenntnissen, die darin zum Tragen kommen. Durch die Darstellung mit Hilfe eines Schichtenmodells des Systems wird dieser Ansatz auch dem Neuling helfen, die Grundkomponenten des UNIX-Betriebssystems kennenzulernen und zu verstehen, wie diese miteinander verbunden sind.

Das Problem, mit dem sich der typische Fachmann oder Manager konfrontiert sieht, ist nicht, *ob* er sich UNIX-Kenntnisse aneignen, sondern *wieviel* er über UNIX lernen soll. Bevor wir eine Übersicht über das UNIX-Betriebssystem geben, möchten wir zwei Konzepte vorstellen, die besonders für den weniger technisch orientierten Leser von Nutzen sein sollten.

Das erste Konzept betrifft das *Niveau der EDV-Kenntnisse* der Menschen, die in einer Firma, einer Organisation oder einer Gruppe tätig sind, in der Computer einsetzt werden. Das zweite Konzept führt den Begriff des *Schichtenmodells* ein. Diese Konzepte erlauben eine vereinfachte Betrachtung der Art, wie verschiedene Menschen mit unterschiedlichen EDV-Kenntnissen UNIX wahrnehmen und einsetzen und mit welchen Schichten der Gesamtarchitektur des Systems sie sich jeweils befassen müssen. Das Konzept eines Schichtenmodells ist auch sinnvoll, wenn man die Funktion von Standards bei der Definition von sauberen Schnittstellen verstehen will.

Einen Blick für die Anwender im Betrieb entwickeln. Führen Sie sich einmal den unterschiedlichen Erfahrungsgrad vor Augen, den in einem Betrieb verschiedene Menschen im Umgang mit Computern haben (s. Tabelle 2.1). Betrachtet man den Kenntnisstand von oben nach unten, so kann man beim „Typ A", zum Beispiel Programmierern, den höchsten Erfahrungsgrad ansetzen und beim „Typ E", also denjenigen, die bestenfalls wissen, wie man mit einer Applikation umgeht, den niedrigsten. Der „Typ F" stellt dann einen Menschen dar, der überhaupt nichts mit Computern zu tun hat. Viele Arbeitnehmer müssen gar nicht in der Lage sein, einen Computer zu programmieren oder ihn zu benutzen. Diese Art der Klassifizierung macht deutlich, daß verschiedene Anwender auch graduell unterschiedliche EDV-Kenntnisse benötigen. DV-Manager sollten die Bedürfnisse und Wünsche ihrer jeweiligen Mitarbeiter in Hinblick auf Computer im Auge behalten. Bei jedem einzelnen richten sich die Anforderungen nicht nur nach seinem Aufgabengebiet, sondern auch nach dem Erfahrungsgrad, den er im Umgang mit Computern hat. Die EDV-Manager sollten auch nicht vergessen, daß Computer-Know-How durch Schulungen verbessert werden kann.

Typ-A- und Typ-B-Anwender sind professionelle Anwender. Informationssysteme und -technologien haben direkte Auswirkungen auf ihre Produktivität am Arbeitsplatz. Diese professionellen Anwender sind am produktivsten, wenn ihnen professionelle Werkzeuge zur Verfügung stehen. Ihre Produktivität ist dann am größten, wenn ihr Rechner ihre Effizienz maximieren kann. Meistens arbeiten sie auf jederzeit verfügbaren Rechnersystemen, wie zum Beispiel PCs oder Workstations. Die klassischen Beispiele sind Programmierer und Systemingenieure. Seit kurzem verwenden Manager und Experten diese Art von EDV zur Unterstützung ihrer Datenbankanalysen und zur Entscheidungsfindung.

Tabelle 2.1 Arten der EDV-Kenntnisse.
Die meisten Organisationen haben Benutzer mit sehr unterschiedlichen EDV-Kenntnissen.

A — Akademischer Abschluß in Informatik
B — Universitätsausbildung und Erfahrung mit Rechnern
C — Minimale Arbeitserfahrung mit Rechnern
D — Schulung erhalten in der allgemeinen Anwendung von Software und OS
E — Schulung erhalten in der Anwendung eines bestimmten
    Anwendungsprogramms
F — Einweisung in sehr begrenzten Dateneingabefunktionen oder überhaupt
    keine Erfahrung

Anwender der Art C, D und E können oder wollen Computer nicht programmieren. Sie erwarten von den Programmierern, daß diese es für sie erledigen. Sie müssen im Umgang mit Rechnern geschult werden und lernen, wie man eine oder mehrere Anwendungen benutzt. Beanspruchen Schulungen zu viel ihrer Zeit, bleiben andere Aufgaben liegen und andere Fähigkeiten und Fertigkeiten werden vernachlässigt. Dies kann Probleme nach sich ziehen. In diese Kategorie fallen z. B. Ärzte, Architekten, Manager.

Typ-E-Anwender machen vielleicht von einem System Gebrauch, aber ihr Kenntnisstand in bezug auf das System ist in der Regel darauf beschränkt, die richtigen Knöpfe zu drücken oder Daten einzugeben, ohne

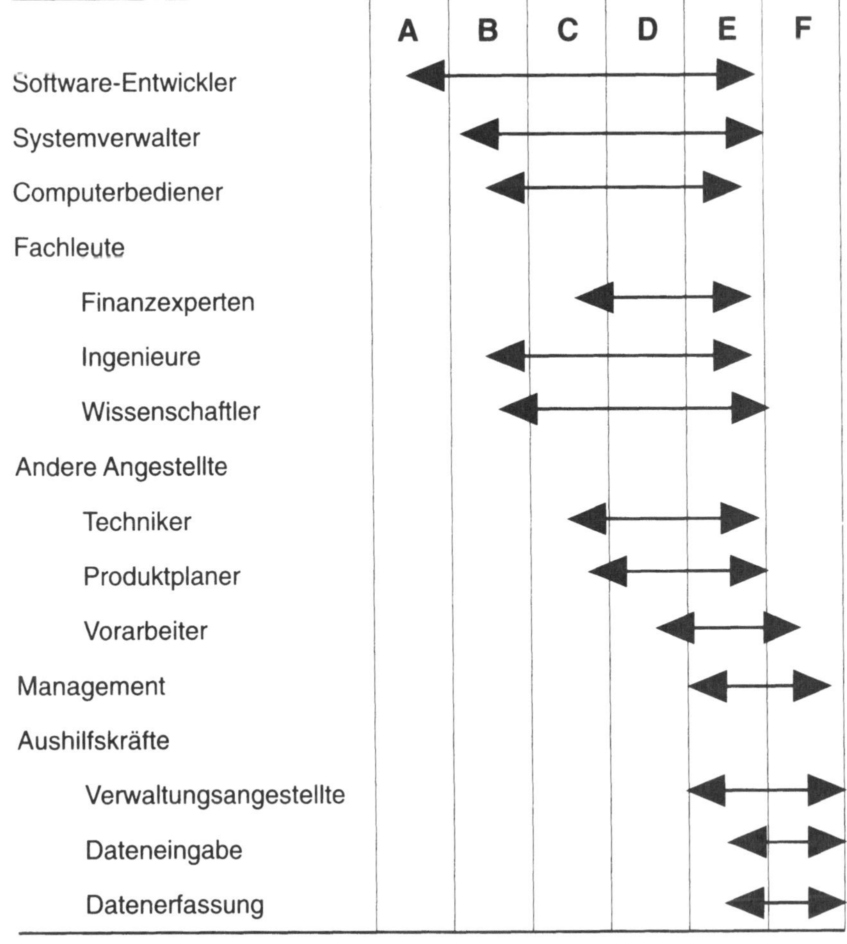

Abbildung 2.1 Ausmaß der EDV-Kenntnisse.

daß sie die zugrundeliegende Anwendung oder das System verstehen müssen. Die Betrachtungsweise dieses Benutzertyps nennt man bisweilen „Terminal View", da der für sie erforderliche Kenntnisstand bildschirmorientiert ist und sich auf die Interaktion mit Menüs auf einem Terminal oder auf grafischen Bildschirmen beschränkt.

Abbildung 2.1 illustriert beispielhaft die unterschiedlichen Stufen der EDV-Kenntnisse, die in verschieden Funktionen in einer Firma erforderlich sind. Wenn ein Manager die verschiedenen Arten von Computer-Anwendern in der Organisation analysiert, wird er besser in der Lage sein, die Fähigkeiten des Systems den Anwenderbedürfnissen anzupassen und zu verstehen, welche möglichen Auswirkungen UNIX auf die verschiedenen Anwendertypen haben kann.

So wie Menschen in einer Gruppe oder einer Abteilung zusammenarbeiten, werden auch die Rechner, die die Menschen unterstützen, mit Hilfe von Netzen immer enger miteinander verbunden. Mit Hilfe von Netzen können die Benutzer elektronische Nachrichten austauschen oder verschiedene Datentypen zwischen Rechnern und anderen Gerätearten, die am Netz angeschlossen sind, hin- und herschicken.

Der große Vorteil von UNIX besteht nicht darin, daß es jede nur erdenkliche Eigenschaft besitzt. Es schafft vielmehr eine Umgebung, in welcher der Anwender die richtigen Anwendungen mit einem Maximum an Flexibilität selbst zusammenstellen kann. Zusätzlich bietet es die Möglichkeit, daß diese Anwendungen, wenn sie unter Berücksichtigung der Portierbarkeit geschrieben wurden, in den unterschiedlichsten bestehenden oder zukünftigen Technologien eingesetzt werden können.

Der nächste Abschnitt baut dieses Konzept weiter aus, indem er die allgemeine Umgebung ausführlicher behandelt.

2.1 Schichten-spezifische Betrachtung der Umgebungen von Computersystemen

Ein Schichtenmodell ist eine Form von Systemarchitektur, in der verschiedene Hardware- und Softwaretechnologien übereinandergeschichtet sind und ein komplettes System ergeben. Ein solches Architekturmodell kann nützlich sein, um die wesentlichen Elemente eines Informationssystems aufzuzeigen. Es werden im folgenden zwei Schichtenmodelle beschrieben, die sich im Detaillierungsrad unterscheiden. Das erste ist die *Makrosicht* einer generischen Systemarchitektur. Diese Makrosicht illustriert wichtige Teile des Gesamtsystems, angefangen bei der Hardware und dem Betriebssystem bis hin zur universellen oder *horizontalen* Anwendungssoftware (zum Beispiel Büroautomatisierung) und der industriespezifischen Software, oftmals als *vertikal* bezeichnet (zum Beispiel CAD/CAM-Pakete oder technische Analyseprogramme).

Das zweite Schichtenmodell zeigt die Wechselbeziehung zwischen wichtigen Teilen des UNIX-Betriebssystems auf einer detaillierteren Ebene und wird *Mikrosicht* genannt.

Die Untersuchung der Systemschichten macht leichter verständlich, inwiefern jede Kategorie von Anwendern eine eigene „Sicht" bezüglich des Systems hat. Es wird ebenfalls deutlich, daß sich Standards in der Regel auf die Schnittstellen zwischen spezifischen Schichten in der Architektur beziehen. Sie spezifizieren die Schnittstellen der Anwendungsprogrammierung zu den darunterliegenden Schichten. Dies ermöglicht – sofern diese Schnittstellen eingehalten und nicht umgangen werden –, Komponenten darunterliegender Schichten auszutauschen, ohne daß davon die höheren Schichten oder die Applikationen betroffen werden.

Die Makrosicht von Schichtenmodellen. In Abbildung 2.2 wird die Makrosicht gezeigt, d.h. die Sicht von der höchsten Ebene auf das System. Die niedrigste Schicht ist das Netz und die System-Hardware. Darüber befindet sich das Betriebssystem.

Oberhalb des Betriebssystems liegen die verschiedenen Werkzeuge und Funktionen, wie zum Beispiel Datenbanken, Windowsysteme, Softwareentwicklungswerkzeuge (Compiler und Bibliotheken) und Komponenten, die das Netz unterstützen.

Die nächste Schicht, die Anwendungsebene, besteht aus verschiedenen Arten von Applikationen, je nachdem für welchen Zweck ein bestimmtes System eingesetzt wird. Vertikale Anwendungssoftware umfaßt auch Universalsoftware für Applikationen, die industrie- oder funktionsspezifisch sind. Zum Beispiel wäre in einer Produktionsumgebung Software für die Planung der Produktionsbetriebsmittel oder für die Betriebskostenrechnung ein Beispiel für vertikale Software. Diese Software kann meistens von unabhängigen Softwareanbietern bezogen werden, obwohl sie in der Vergangenheit firmenintern entwickelt und/oder den betriebsinternen Anforderungen angepaßt werden mußte.

Zur horizontalen Anwendungssoftware gehören zum einen allgemein einsetzbare Applikationen, wie beispielsweise Kalkulationsprogramme, Textverarbeitungsprogramme oder DTP-Pakete, und zum anderen kundenspezifische Anwendungen, die nicht allgemein erhältlich sind und

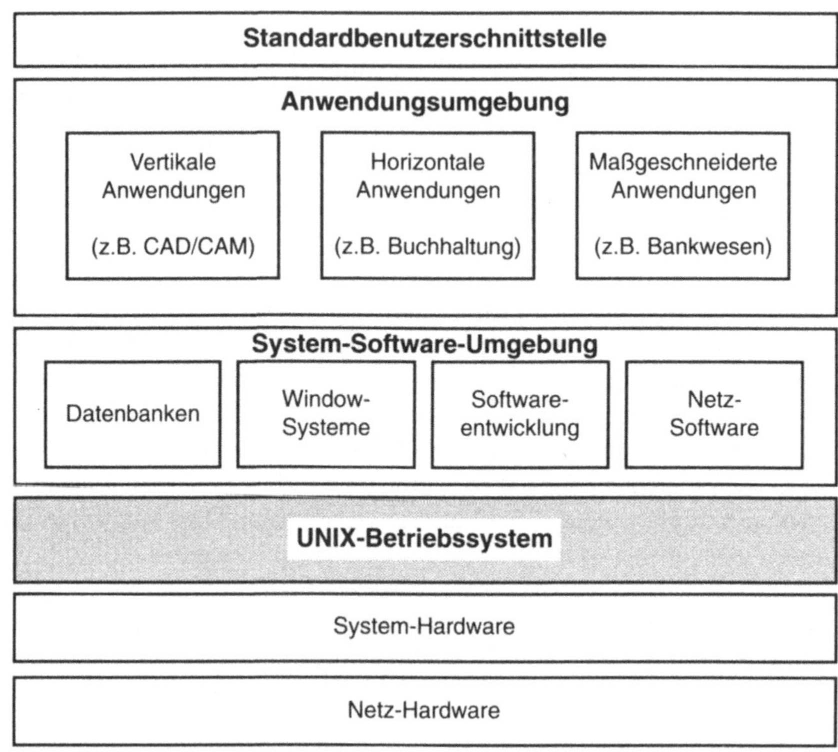

Abbildung 2.2 Makro-Ansicht eines mehrschichtigen Systems.

entweder vom Anwender selbst geschrieben oder von ihm in Auftrag gegeben wurden.

Die Benutzeroberfläche ist die oberste Schicht innerhalb der Architektur. Gut integrierte Anwendungen haben eine gemeinsame, konsistente Benutzeroberfläche insofern, als sie sich im Aussehen und in der Handhabung ähneln („look-and-feel"). Wie später beschrieben wird, stellen Fenstersysteme ein leistungsstarkes Mittel für die Standardisierung der Benutzeroberfläche zur Verfügung. Die *Orthogonalität* der verschiedenen Schichten macht die UNIX-Umgebung hoch modular, so daß verschiedene Teile der Umgebung ein- oder ausgelagert werden können, ohne daß andere Teile davon betroffen werden.

Die Orthogonalität von UNIX, d.h. die Durchgängigkeit von Konzepten, wird durch Softwareschnittstellen verstärkt. Es gibt zum Beispiel für das Dateisystem nur ein paar sehr einfache Schnittstellen: öffnen, schließen, lesen, schreiben und so weiter. Dies erzwingt eine Modularität der Software, die oberhalb des Dateisystems ansetzt. Es gibt keine „Schleichpfade" in das Dateisystem. Dies ermöglicht eine große Flexibilität, Schichten ohne größere Programmanpassungen zu ersetzen. Auf diese Weise läßt sich beispielsweise ein neues Dateisystem einführen, ohne daß die meisten Programme davon betroffen werden. Diese Möglichkeit ist besonders wichtig, wenn man den derzeit hohen Innovationsgrad bei der UNIX-Software in Betracht zieht.

Von einer technischen Warte aus gesehen erreicht UNIX aufgrund von sauberen Schnittstellen eine klare Trennung von Ideen und Konzepten. Dies ermöglicht sowohl Einfachheit als auch Veränderungsmöglichkeiten und ist darauf zurückzuführen, daß das Grundsystem von nur zwei Personen mit sehr ähnlichen Vorstellungen konzipiert wurde. UNIX hat eine lange und reichhaltige Geschichte, wie schon in Kapitel 1 beschrieben. Diese intensive Weiterentwicklung erforderte interne Veränderungen an der UNIX-Funktionalität, die immer dadurch erleichtert wurden, daß seine Schnittstellen klar definiert waren.

Die Mikrosicht des Schichtenmodells. Bei der Mikrosicht der Systemarchitektur wenden wir uns eingehender den Komponenten einer jeden Schicht und deren jeweiligen Schnittstellen zu (s. Abbildung 2.3). Die dunkel schraffierten Bereiche umgeben die UNIX-Grundelemente.

Ebene I. Auf der untersten Ebene befinden sich ein oder mehrere physikalische Netze, vorausgesetzt, daß der Rechner in ein Netz eingebunden ist. Am Netz hängen meistens Geräte wie Drucker, Terminals und Gateways. Gateways sind spezielle Rechner, die die Aufgabe haben, Nachrichten zwischen unterschiedlichen Rechnersystemen zu übermitteln.

Ebene II. Die Hardware des Rechners auf der nächsten Ebene besteht aus einer Kombination von Subsystemen und Optionen.

Ebene III. Die unterste Schnittstelle (Ebene) für die Betriebssystemsoftware besteht aus der Schnittstelle zur Hardware des Rechners. Diese Schnittstelle ist natürlich rechnerspezifisch. Sie ist bei UNIX so konzipiert, daß man ohne Schwierigkeiten die „Teile" auswechseln bzw. das Betriebssystem auf anderen Hardwarekonfigurationen oder Architekturen neu implementieren kann. Diese rechnerabhängigen Schnittstellen verbinden die rechnerunabhängige Software der darüberliegenden Schicht mit den spezifischen architektonischen Eigenheiten der vorliegenden Maschine. Diese Trennung erst erlaubt den Einsatz der rechnerunabhängigen UNIX-Elemente auf verschiedenen Computern mit völlig unterschiedlichen Konfigurationen und Architekturen.

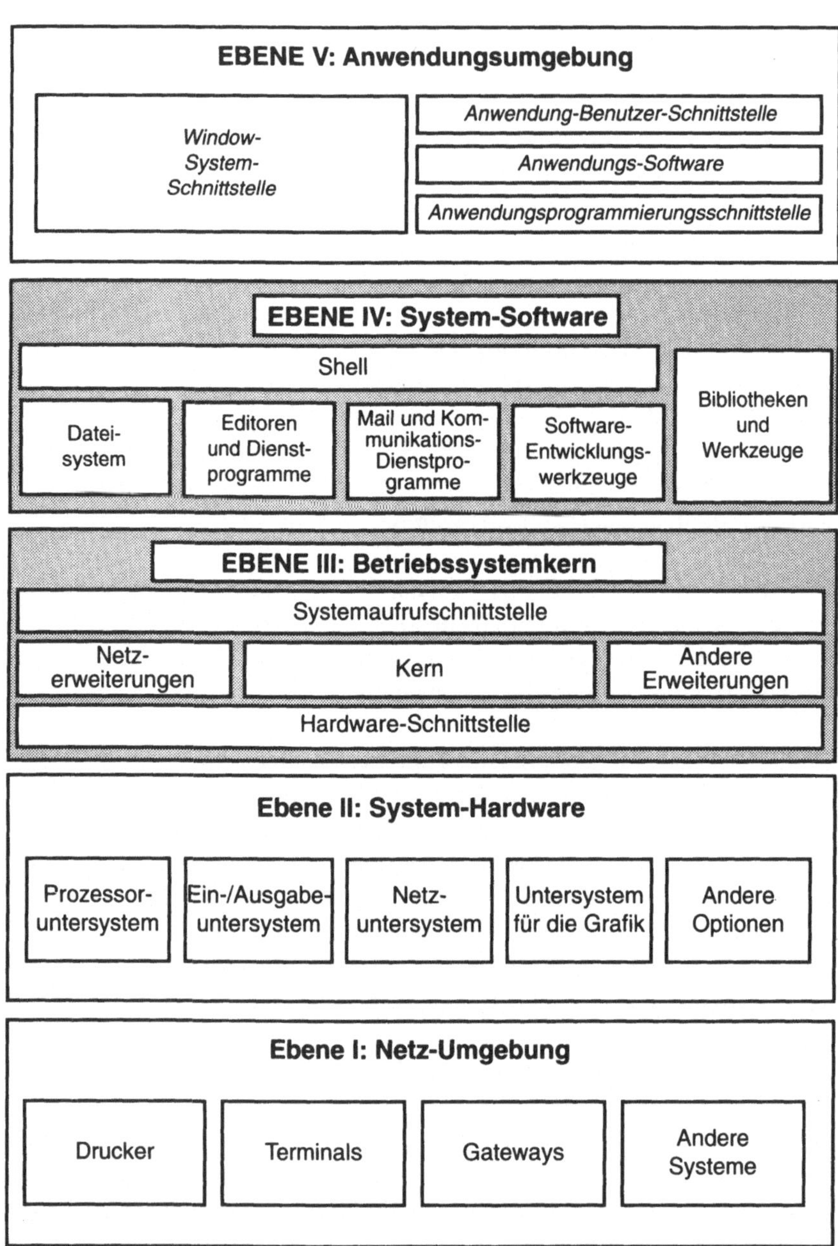

Abbildung 2.3   Mikroansicht eines Schichtenmodells.

Das Herz des Betriebssystems – sozusagen der Motor – wird „Kern"
oder „Kernel" genannt. Der Kernel ist damit der Teil, das laufen muß,
wenn überhaupt etwas funktionieren soll.

Der Kernel hat in der Regel Zusatzmodule, die das Netz, die Grafik,
alle angeschlossenen Geräte oder andere Hardwareoptionen unterstützen. Oberhalb des Kerns befindet sich die Ebene der Systemaufrufe. Ähnlich wie die Hardwareschnittstelle hat diese Schnittstelle die Aufgabe, die
höheren Softwarebenen vom Kern des Betriebssystems zu trennen.

Ebene IV. In der nächsten Schicht befindet sich zumeist eine Reihe weiterer Funktionen und Werkzeuge. Unter UNIX greift man auf sie über die
Shell zu. Diese zum System gehörige Software umfaßt Hunderte von Befehlen und Dienstprogrammen. Man stelle sie sich am besten als die Umgebung vor, die mit dem Betriebssystem mitgeliefert wird. Unterschiedliche Systeme haben hier auch unterschiedliche Softwareoptionen und
-funktionen.

Ebene V. Auf der Anwendungsebene hat jede Software meistens eine Benutzerschnittstelle, obwohl dies nicht zwingend ist. Die eigentliche Anwendungssoftware sollte zwischen den verschiedenen Systemumgebungen leicht portierbar sein, wenn sie gemäß der Spezifikation der Schnittstellen für Anwendungssoftware (kurz **API** – Application Software Interface) geschrieben wurde.

Verwenden Anwendungssoftwarepakete eine gemeinsame Benutzerschnittstelle, beispielsweise das gleiche Windowsystem, so sind Benutzer
sehr viel schneller in der Lage, mit ihnen umzugehen. Das Spektrum des
technischen Know-Hows von Anwendern ist äußerst breit, angefangen
bei Systemprogrammierern bis hin zu den Personen, die sich nur für ihre
ganz spezielle Anwendung, wie beispielsweise Textverarbeitung, interessieren. Diese verschiedenen Arten von Benutzern haben typischerweise
eine völlig unterschiedliche Sicht des Schichtenmodells.

Ebene V: Anwendungsumgebung
Die meisten UNIX-Systeme unterstützen mehrere unterschiedliche Benutzerschnittstellen. Die modernsten sind Fenstersysteme, die auf hochauflösenden Bitmap-Bildschirmen laufen.

Ein Großteil der modernen Anwendungssoftware wird so geschrieben,
daß mehrere Benutzerschnittstellen unterstützt werden. Die Anwendungssoftware ruft Bibliotheksfunktionen auf, die über die meisten Systeme hinweg standardisiert sind. Diese Ebene der Anwendungssoftware

bedient sich einer oder mehrerer sogenannter APIs, also wohldefinierter Schnittstellen für Anwendungsprogramme. Eine Anwendung kann zum Beispiel eine Kombination von SQL-Anweisungen für Datenbankzugriffe verwenden oder Aufrufe an den UNIX-Betriebssystemkern durch die Systemaufrufschnittstelle schicken.

Ebene IV: Systemsoftware
Der Begriff Systemsoftware, so wie er hier gebraucht wird, umfaßt die Standarddienstprogramme und Kommandos, die normalerweise zusammen mit dem UNIX-Betriebssystem ausgeliefert werden, ebenso wie Dateisystemfunktionen, Editoren und Dienstprogramme für die Aufbereitung von Texten. Dazu gehören auch Programme für elektronische Post, Softwareentwicklungswerkzeuge und -Dienstprogramme sowie eine große Anzahl von weiteren spezialisierten Dienstprogrammen und Hilfsmitteln. Im Zuge der unzähligen Erweiterungen von UNIX und bei der Entwicklung für die zahlreichen Varianten wurde hier viel unternommen, um die Portierbarkeit von Anwendungssoftware zu unterstützen. Bezüglich der Komplexität wirkt sich das natürlich nachteilig aus. UNIX trägt der Portierbarkeit zuliebe mehrere Generationen von Dienstprogrammen mit sich herum.

Ebene III: Das Betriebssystem
Ein Großteil der UNIX-Systemsoftware ist für die Systemaufruf-Schnittstelle geschrieben. Somit sind Dienstprogramme und andere Softwareschichten geschützt, wenn in den niedriger liegenden Ebenen Veränderungen vorgenommen werden. Je nach UNIX-Variante kann der Kern bestimmte Funktionalitäten enthalten, wie zum Beispiel die Unterstützung von Netzdiensten auf einer niedrigeren Ebene oder von Graphikperipherie. Diese Funktionen können auch alternativ auf der nächst höheren Ebene der Systemsoftware implementiert werden.

Ebene II: Systemhardware
Die Systemhardware umfaßt das Hardware-Grundsystem sowie Hardwareoptionen und Erweiterungen wie Beschleuniger für Gleitkommaoperationen, Massenspeichersubsysteme, Grafikbeschleuniger. Diese Komponenten sind in starkem Maße davon abhängig, ob es sich bei dem System um einen Arbeitsplatzrechner, einen Netzknoten oder um ein Mehrbenutzersystem handelt.

Ebene I: Netzumgebung

Die meisten UNIX-Systeme sind heute Teil eines lokalen und/oder überregionalen Netzes. Die Knoten in diesen Netzen können der Systemhardware, auf der UNIX läuft, Dienstleistungen zur Verfügung stellen. Auf diesen Knoten selbst können auch UNIX-Versionen oder andere Betriebssysteme laufen.

Beziehung zwischen Schichtenarchitektur und Organisation. Ihr Standort innerhalb der Organisation wird Ihre Sichtweise vom System beeinflussen. Abbildung 2.4 illustriert die Beziehungen zwischen den verschiedenen Arten von Anwendern und der Makrosicht der Systemarchitektur, die im letzten Teil vorgestellt wurde.

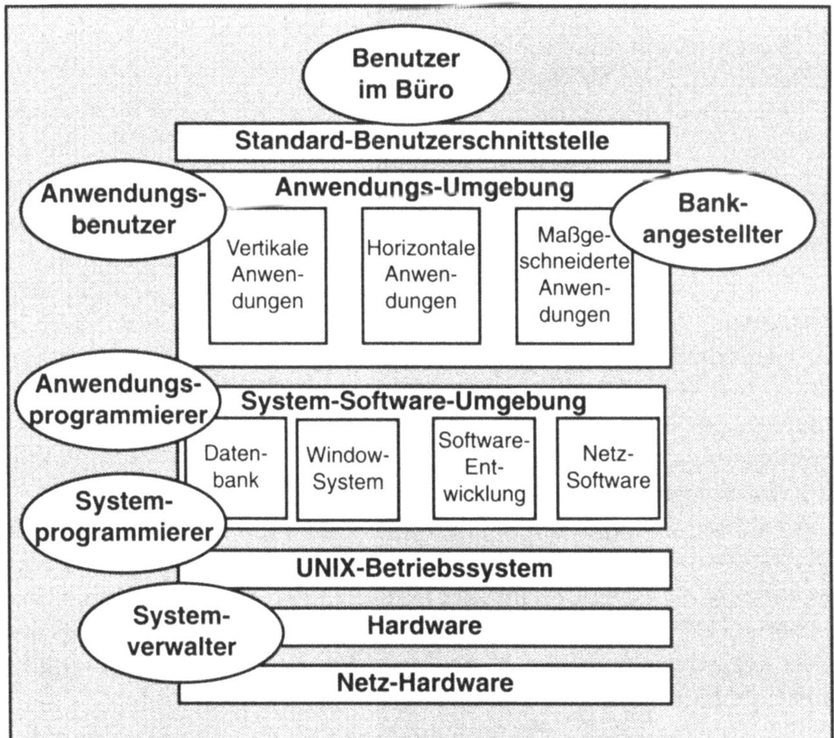

Abbildung 2.4 Makroansicht von Benutzern, die unterschiedlich viel Erfahrung im Umgang mit Computern haben.
Verschiedene Benutzerklassen haben meistens verschiedene Ansichten von der Gesamtsystemumgebung. Anwendungen neigen dazu, den typischen Benutzer vor einer direkten Interaktion mit den tiefer liegenden Ebenen zu schützen.

Abbildung 2.4 beschreibt eine interessante und wichtige Tatsache. Die meisten Leute arbeiten mit irgendeiner Form von Anwendungssoftware, wobei ihr Wissen über das Betriebssystem selbst nicht sehr groß sein muß. Mit Hilfe der Windowsysteme sind sowohl Anwendung als auch Betriebssystem einfacher in der Bedienung geworden. Der Anwender muß sich nicht mehr lange Kommandozeilen und -sequenzen merken.

Das hat zur Folge, daß von vielen UNIX-Anwendern heute kaum noch Kenntnisse des Betriebssystems UNIX verlangt werden.

Eine Übersicht über Computersysteme und Netze. Wie zuvor beschrieben, wird UNIX auf einer breiten Palette von Computersystemen unterstützt, angefangen vom Laptop bis hin zu Großrechnern. Diese Computersysteme lassen sich in drei große Kategorien aufteilen:

1. Desktopsysteme (Single-User)
2. Server (Single- oder Multi-User)
3. Hostrechner (Multi-User)

Dieser Teil befaßt sich zunächst mit einer typischen Hostrechner-Multi-User-Konfiguration. Andere Hardwarekonfigurationen, die in vernetzten EDV-Umgebungen oft vertreten sind, werden später besprochen.

Ein typischer Mehrbenutzer-UNIX-Rechner hat große Ähnlichkeiten mit einem traditionellen Minicomputer oder einem System mittlerer Größenordnung. Die Hauptunterschiede liegen darin, daß auf dem traditionellen Minicomputer erstens typischerweise ein proprietäres Betriebssystem läuft mit mehreren Terminal-Benutzern und daß das System zweitens bisher in der Regel mit keinem Netz verbunden ist, insbesondere mit keinem lokalen LAN-Netz (Local Area Network).

Abbildung 2.5 zeigt eine moderne Konfiguration für einen gängigen UNIX-Abteilungsrechner. Diese Art von System unterstützt typischerweise mehrere Anwender, arbeitet insofern im autarken Betrieb, als kein weiterer Rechner zur Unterstützung benötigt wird, und ist an ein lokales Netz angeschlossen, in dem es als Server für die PCs oder Workstations dient, die unter Umständen auch am LAN angeschlossen sind.

UNIX-Server

Unter einem Server versteht man einen Knotenrechner im Netz, der andere Knoten mit Datei-, Rechen-, Datenbankdienstleistungen, oder einer Kombination dieser Dienste im lokalen Netz versorgt. Der Server kann auch Optionen wie Beschleuniger für Gleitkommaoperationen unterstützen.

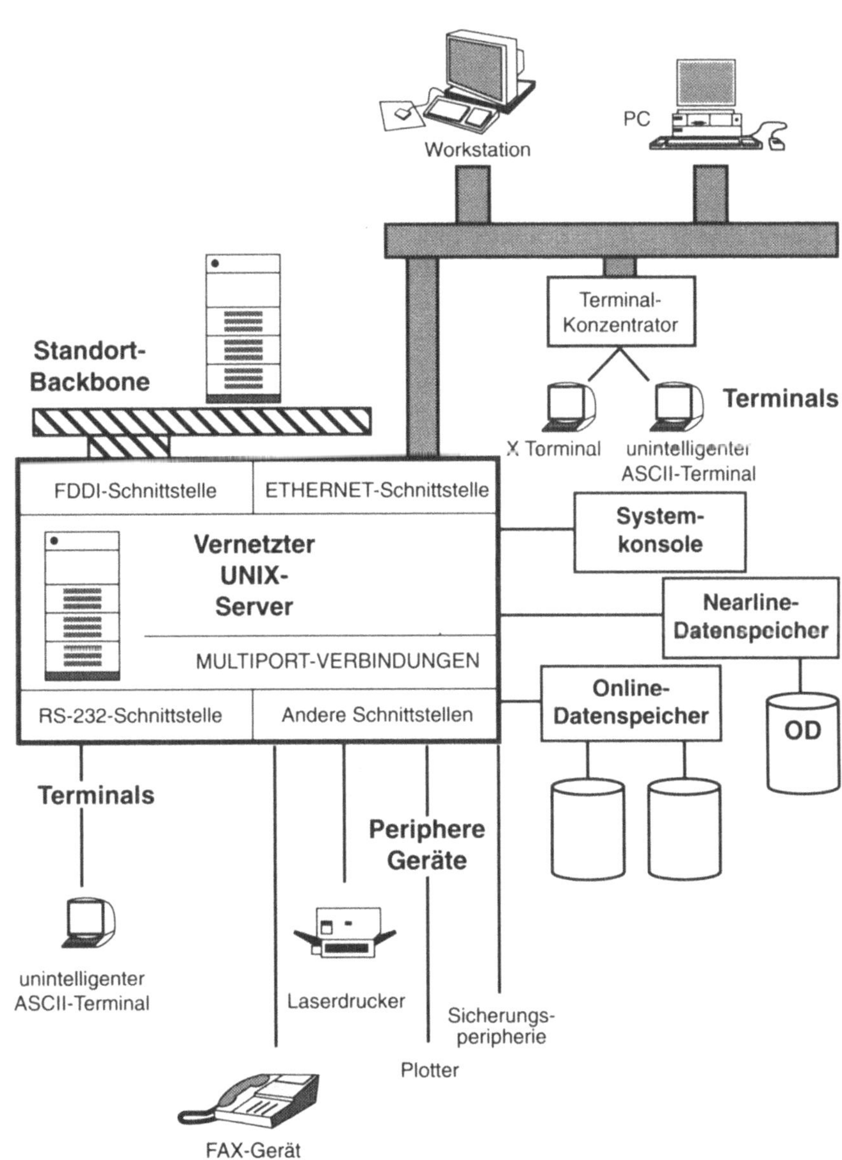

Abbildung 2.5   Typische, vernetzte UNIX-Systemumgebung.
UNIX stellt die Brücke zwischen Desktop- und Server-Rechner-Umgebungen her.
(Sinnbilder in dieser Abbildung © 1990; Benutzung mit der freundlichen Genehmigung von Sun Microsystems Inc.)

Multiport-Verbindungen

Multiport oder Multiplexer sind Rechnerboards, die mehrere serielle Leitungen (Anschlüsse) unterstützen. Intelligente Adapter benutzen dabei lokale Prozessoren und benötigen zusätzliche Software, entlasten den Hauptprozessor jedoch deutlich beim Anschluß asynchroner Geräte wie Terminals, Modems oder Drucker.

Systemkonsole

Die Systemkonsole ist ein Terminal, das vom Bediener oder Systemverwalter benutzt wird, um das Hoch- und Herunterfahren des Systems zu kontrollieren sowie Diagnosen und andere privilegierte Anwenderfunktionen auszuführen.

Ausgabegeräte

Hierzu gehören Schnelldrucker, Laserducker, Matrixdrucker und Plotter.

Plattenspeicher

Die Magnetplatte ist der Speicher, der das Dateisystem enthält. Die Magnetplatte ist die derzeit am meisten eingesetzte Art von Massenspeicher. Medien mit höherer Speicherdichte und Speicherkapazität, wie zum Beispiel optische Platten, werden zusehends mehr bei bestimmten Anwendungen benutzt.

Terminals

Die Dialogstationen sind heute entweder Zeichen- oder Window-orientierte Bildschirme mit Tastatur. Druckende Dialogstationen werden an UNIX-Systemen kaum noch eingesetzt.

Lokales Netz (LAN)

Das lokale Netz besteht aus Hardware und Software, um Systeme miteinander zu verbinden. Diese lokalen Netze erlauben schnelle Datenübertragung zwischen Netzknoten (s. Kapitel 5).

Lokaler Backbone

Hierunter versteht man ein Hochgeschwindigkeitsnetz, für das neuerdings oft Glasfasertechnik eingesetzt wird und welches meistens für den Datenaustausch zwischen Servern benutzt wird.

Datenfernverarbeitung (Wide Area Network – WAN)
Dem lokalen Netz nicht unähnlich, außer daß die Datenfernübertragung
per Telefon oder über ein anderes Medium stattfindet, das weit ausein-
anderliegende Systeme verbindet.

PC
Personal Computer, zum Beispiel ein IBM-PC oder ein dazu kompatibles
System oder ein Laptop.

Workstation
Ein Arbeitsplatzrechner mit hoher Leistungsfähigkeit und Multitasking.
Als Beispiele können die Produkte von Sun, IBM, DEC, HP/Apollo, SGI,
MIPS usw. dienen.

Online-/Nearline-Speicher
Platten oder andere Massenspeichergeräte (OD steht für Optical Disk
bzw. Optische Platte).

Modem
Ein Modem ist ein Gerät, das Signale, die vom Computer ausgehen, für
die Telefonleitung moduliert. Diese Signale werden von einem Modem
demoduliert, das sich am anderen Ende befindet.

Netz
Untersystem, das Signale zwischen den Knoten hin- und herbefördert
sowie Nachrichtenverschlüsselung, Datentransport und die physikalische Verbindung bewerkstelligt.

Periphere Geräte
Drucker, Plotter oder andere Ein- und Ausgabegeräte wie Scanner oder
Digitalisierungstableaus.

UNIX-Systemkonfigurationen. Im folgenden werden für UNIX typische
PC-, Workstation-, Server- und Multi-User-Systemkonfigurationen erläutert.

PC-Konfiguration, auf der UNIX laufen kann

Hardware
1 Prozessor (16- oder 32-Bit)
Bis zu 640 kB Speicherkapazität (maximal) ohne Erweiterungsplatine
4 – 6 MB zusätzlicher Speicher
1 EGA-/VGA-Grafikkarte und Monitor
40-MB-Festplatte
1 oder 2 Multiport-Boards mit je 8 seriellen Leitungen (für Multi-User-
    Unterstützung)
Band-Backup-Einheit mit Kontroller
2 bis 12 unintelligente ASCII-Terminals (als Terminal-Server)
1 Paralleler Druckeranschluß

Software
Typische UNIX-Software – Microsoft oder SCO XENIX,
    INTERACTIVE Systems
Spreadsheet-Software – Lotus, 20/20 usw.
Datenbank – z.B. Foxbase, Oracle, Sybase
Windowsystem

Konfiguration einer UNIX-Workstation

Hardware
1 Prozessor (32-Bit)
Mathematischer Koprozessor (Option)
8 bis 96 MB Speicher
Gigabyte-Festplatte
Mehrere Multiport-Boards (für Multi-User-Betrieb)
2 bis 40 unintelligente ASCII-Terminals (als Terminal-Server)

Software
Typische UNIX-Software – SunOS, ULTRIX, AIX usw.
Datenbank-Software – Oracle, Sybase, INGRES
Windowsystem

Konfiguration eines Mehrbenutzersystems für UNIX

1 CPU mit einem oder mehreren Prozessoren (32-Bit)
Mathematischer Koprozessor
16 MB Hauptspeicher und 2 bis 4 MB für jeden Anwender
1 bis 10 Gigabyte-Festplatte
Mehrere Multiport-Karten
Sicherungsmedium (Bandgerät oder Streamer)

UNIX Mehrbenutzersysteme besitzen in der Regel mehrere serielle Leitungen und intelligente Multiport-Adapter, die auf der Karte lokale Prozessoren und Software einsetzen, die wiederum dem Hauptprozessor viele zur Ansteuerung asynchroner Terminals nötige Aufgaben abnehmen.

Server-Konfigurationen besitzen eine viel größere Erweiterbarkeit hinsichtlich Speicher, Ein-/Ausgabe-Subsystemen und Steckplätzen für Erweiterungskarten als Desktop- oder Deskside-Konfigurationen von PCs oder Workstations.

UNIX und Rechnerarchitekturen. UNIX wird auf einem Großteil der heute entstehenden Rechnerarchitekturen, einschließlich Multiprozessor- und RISC-Rechnern, implementiert. Der Grund dafür liegt darin, daß UNIX relativ billig zu portieren ist, daß es dafür eine Menge leicht erhältlicher Anwendungssoftware gibt und daß viele Benutzer UNIX einem eigenen Betriebssystem vorziehen.

Das Konzept für das UNIX-System basiert auf einer zentralen (Ein-) Prozessorarchitektur. Ein Multiprozessor hat zwei oder mehr CPUs, die Speicher und Peripherie gemeinsam haben. Das UNIX-System kann in einem Multiprozessor-System nicht unverändert laufen und dennoch von den Hardware-Fähigkeiten voll Gebrauch machen. Anbieter von Mehrprozessorsystemen (MP) müssen Teile des UNIX-Betriebssystems neu schreiben, um eine effektive Nutzung ihrer Hardware zu gewährleisten.

Um MP-Architekturen voll unterstützen zu können, benötigt man einen Systemkern, der „preemtiv" ist, und ein Design für Datenstrukturen und -algorithmen, die Sperrprotokolle realisieren, um Blockierungen und Verklemmungen zwischen Prozessen zu vermeiden. MP-Unterstützung bei UNIX ist eines der aktivsten Forschungs- und Entwicklungsthemen und harrt noch der Standardisierung. Es gibt zwei Methoden, um MP bei UNIX zu implementieren: asymmetrisches MP (ASMP) und

symmetrisches MP (SMP). Bei einer ASMP-Implementierung läuft der
Kern auf nur einem Prozessor, während die Benutzerprozesse auf mehreren Prozessoren parallel laufen können. Dies bedeutet, daß Prozesse, die
auf anderen Prozessoren laufen, auf diesen „Master-Prozessor" warten
müssen, um zum Beispiel Ein- und Ausgabe zu tätigen. Bei einer SMP-
Implementierung ist der Kern selbst vielfach vorhanden und kann deshalb auf mehreren CPUs ausgeführt werden. Um die Hardware bis ins
letzte ausnutzen zu können, muß das Betriebssystem selbst als symmetri-
scher Multiprozessor (SMP) implementiert werden.

RISC-Prozessortechnologie ist zu einem Synonym für Hochleistungs-
EDV geworden. RISC (Reduced Instruction Set Computer) ist eine Prozessorarchitektur, die eine relativ kleine Anzahl von Anweisungen besitzt im Vergleich zu CISC (Complex Instruction Set Computer)-Prozes-
soren, die man bei traditionellen Mikrocomputern, Minicomputern und
Großrechnern finden kann. In den letzten Jahren haben RISC-Architekturen in der EDV-Welt bessere Preis/Leistungs-Niveaus erreicht. Einige
Beispiele für RISC-Prozessoren seien im folgenden erwähnt: SPARC von
Sun Microsystems, Spectrum von Hewlett Packard, RS/6000 von IBM sowie die RISC-Chips der Firma MIPS. UNIX läßt sich ohne weitere Probleme auf alle möglichen RISC-Architekturen portieren.

Der nächste Abschnitt gibt eine Übersicht über UNIX. Er beginnt mit
einer allgemeinen Beschreibung des UNIX-Betriebssystems. Jede wichtige Komponente wird definiert, auch die typischen Hardware-Konfigurationen, der UNIX-Systemkern, UNIX-Befehle und -Dienstprogramme sowie die UNIX-Shells.

Die darauf folgenden Abschnitte erläutern diese Komponenten detail-
lierter und erklären, wann und für wen die verschiedenen Systemkomponenten wichtig sind.

2.2 Grundkonzepte von UNIX

Dieser Abschnitt stellt die wichtigen UNIX-Betriebssystemkomponenten
vor, unter anderem den Kern, die Shells und Shellprozeduren, die Befehle und die Dienstprogramme.

Die Umgebung, die der typische Anwender normalerweise zu Gesicht
bekommt, ist in Wirklichkeit eine Shell, die das Betriebssystem umgibt,
wie in Abbildung 2.6 dargestellt. Windowsysteme waren früher nicht Bestandteil von UNIX. Sie werden jedoch heute unweigerlich zusammen
mit der UNIX-Software geliefert, entweder mit dem Betriebssystem zu-

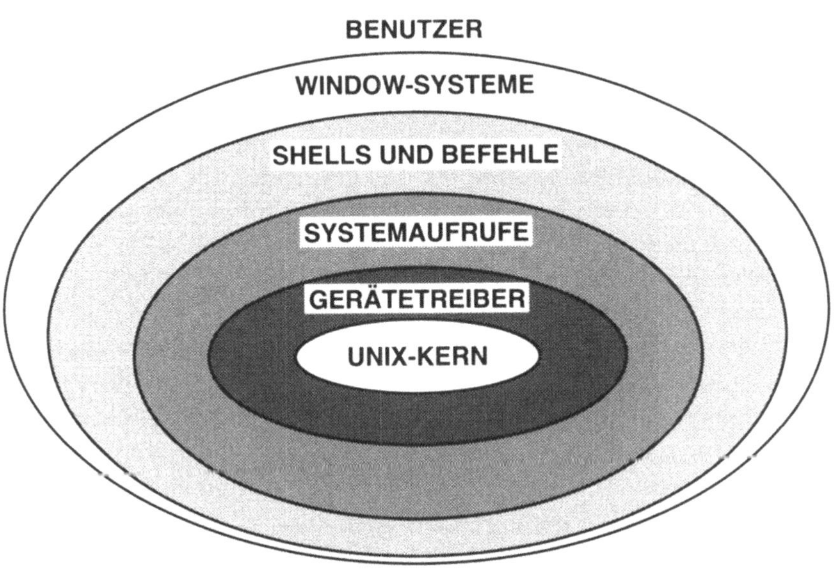

Abbildung 2.6 UNIX-Systemumgebung.
Der UNIX-Benutzer kommuniziert entweder mit dem Kommando-Interpreter
(der Shell) oder einem Window.

sammen oder als getrenntes Paket. Es können gleichzeitig mehrere Windowsysteme unterstützt werden. Die Shell interpretiert alle Befehle und
läßt den Benutzer sich frei im Dateisystem bewegen. Sie erlaubt ihm, Dateien mit Hilfe von Editoren zu verändern; und er kann mit ihrer Hilfe
Programme starten, wie zum Beispiel elektronische Post (e-mail), Software für Technische Dokumentation, Terminplaner, Spreadsheets und
ähnliches .

Der typische UNIX-Programmierer findet die UNIX-Umgebung meistens gut ausgestattet, besonders wenn er in der Sprache C programmiert. Da C ursprünglich entwickelt wurde, um UNIX zu schreiben, finden Programmierer in der C-Entwicklungsumgebung unter UNIX mächtige und robuste Entwicklungswerkzeuge vor. Diese sind in der Regel
Teil der Standard-UNIX-Auslieferung und stellen hochentwickelte
Funktionen zur Verfügung, wie zum Beispiel Programme zur Syntaxprü-
fung, Ausgabe von Programm-Laufzeitprofilen, Testwerkzeuge sowie
komplexe Textsuch- und -substitutionsmethoden.

Der UNIX-Programmierer wird oft Programme schreiben, welche die
umfangreichen Bibliotheken verwenden, die unter UNIX erhältlich sind.

Außerdem gibt es leistungsstarke Mechanismen, wie zum Beispiel die „pipe", die Befehle miteinander verbinden kann, um Aufgaben zu bewerkstelligen, die auf den meisten Betriebssystemen traditionelles Programmieren erforderlich machen würden.

Die UNIX-Umgebung des Systemverwalters ist relativ klar, obwohl in der Vergangenheit ein Großteil der Dokumentation für die Systemverwaltung nicht gerade benutzerfreundlich war. Inzwischen sind einige Bücher erschienen, die sich dieses Themas annehmen. Viele Anbieter sind sich dieses Problems bewußt und arbeiten daran, die UNIX-Systemverwaltung zu vereinfachen (das DME-Projekt der OSF ist nur ein Beispiel hierfür). Der Systemverwalter muß sowohl die Hardware- als auch die Softwareumgebungen für andere Benutzer einrichten und verwalten. Festplattenverwaltung, Magnetbänder, Terminalschnittstellen und serielle Ausgänge, Benutzerprotokolle und Sicherheit sind Funktionen, die meistens mit Hilfe von Shellprozeduren bewältigt werden, die entweder zusammen mit dem System geliefert oder – was wahrscheinlicher ist – vom Systemverwalter geschrieben werden, um den Bedürfnissen der spezifischen Installation nachzukommen.

2.3 Des Pudels Kern – der „Kern"

Der UNIX-Kern ist das Herz des UNIX-Systems. Streng genommen *besteht* das UNIX-Betriebssystem nur aus dem Kern. Die Dienstprogramme und die Shell sind eigentlich nur einfache Programme, obwohl sie aus Anwendersicht für die Vollständigkeit der UNIX-Umgebung von tragender Bedeutung sind. Der Kern verbirgt die zugrundeliegende Hardware. Er stellt eine Reihe von Diensten zu Verfügung, die unabhängig sind von der spezifischen Hardware, auf der er implementiert ist. Der Kern wird von einem Massenspeichermedium geladen und bleibt im Hauptspeicher resident. Die Größe des Hauptspeichers, der benötigt wird, um eine UNIX-Version zu unterstützen, ist deshalb sehr wichtig. Typische UNIX-Kerne benötigen in der Regel ein Megabyte oder mehr RAM-Speicher (RAM – Random Access Memory). Wenn nicht genügend Speicher vorhanden ist, verbringt das System einen Großteil seiner Rechenzeit mit dem Auslagern von Prozessen (Swapping), anstatt sinnvolle Arbeit zu leisten.

Der Kern führt niedere Funktionen aus, die die UNIX-Umgebung unterstützen, indem sie direkt mit der System-Hardware zusammenarbeiten. Der Kern implementiert das UNIX-Dateisystem, verwaltet die Massenspeichermedien des Systems und teilt all die Aufgaben, die im System laufen, zeitlich ein und führt sie aus.

Der Kern verwaltet den Multi-User-Betrieb des Systems. Er steuert den zentralen Prozessor und die Arbeit eines jeden Benutzers. Der UNIX-Job-Scheduler steuert die Ausführungsumgebung und entscheidet, wie die CPU zu belegen und die Resourcen des Systems einzusetzen sind.

Prozesse befinden sich in verschiedenen (Ausführungs-) Zuständen, d.h. sie sind entweder aktiv oder sie warten darauf, aktiv werden zu können. Wenn der Prozeß nur die CPU benötigt, kommt er in eine Warteschlange der rechenbereiten Prozesse; wartet er auf eine andere Ressource, wird er suspendiert und kommt in die Warteschlange der „schlafenden Prozesse".

Jeder Prozeß erhält nur eine begrenzte Menge an CPU-Zeit. Am Ende des Zeitabschnitts muß der Prozeß seine Kontrolle über die CPU an den Prozeß mit der nächsthöheren Priorität abgeben, der darauf wartet, aktiv zu werden (d. h. den nächsten in der Warteschlange der rechenbereiten Prozesse).

Prozesse können entweder freiwillig oder unfreiwillig eine Statusumschaltung vornehmen. Ein Beispiel einer freiwilligen Statusumschaltung wäre dann gegeben, wenn ein Prozeß auf eine Systemressource, wie zum Beispiel die Festplatte, wartet. Wenn ein Prozeß sein Quantum an CPU erschöpft hat, dann ist er dazu gezwungen, eine unfreiwillige Statusumschaltung vorzunehmen. Der Prozeß mit der nächsthöheren Priorität in der Warteschlange wird dann ausgeführt. Prioritäten werden dauernd neu berechnet, abhängig von benötigter CPU-Zeit, vom Speicherbedarf und Wartezeit. Die Priorität ist einer der Faktoren, die bestimmen, an welcher Stelle ein Prozeß in die Warteschlange kommt. Es gibt UNIX-Befehle, mit denen der Benutzer Aufgaben in den Hintergrund schicken kann; diese Prozesse erhalten die niedrigste Priorität. Andere UNIX-Befehle erlauben, die Priorität feines Prozesses vorzugeben.

Diese Steuerung der Prozeßprioritäten – genannt Scheduling-Algorithmus – kann von UNIX-Implementierung zu UNIX-Implementierung verschieden sein. Andere Unterschiede in der Kernimplementierung liegen oft in der Hauptspeicherverwaltung, bei den Gerätetreibern (wie zum Beispiel für Festplatten) und beim Zugriff auf die Systemuhr. Diese Schnittstellen sind schematisch in Abbildung 2.7 als Maschinencode-Schnittstelle unterhalb des UNIX-Kerns dargestellt. Da diese Software-ebene speziell für eine bestimmte Hardware geschrieben werden muß, ist sie relativ hardwarespezifisch. Die Schnittstelle für Maschinencodeaufrufe macht es möglich, daß diese Ebene trotzdem relativ leicht verändert

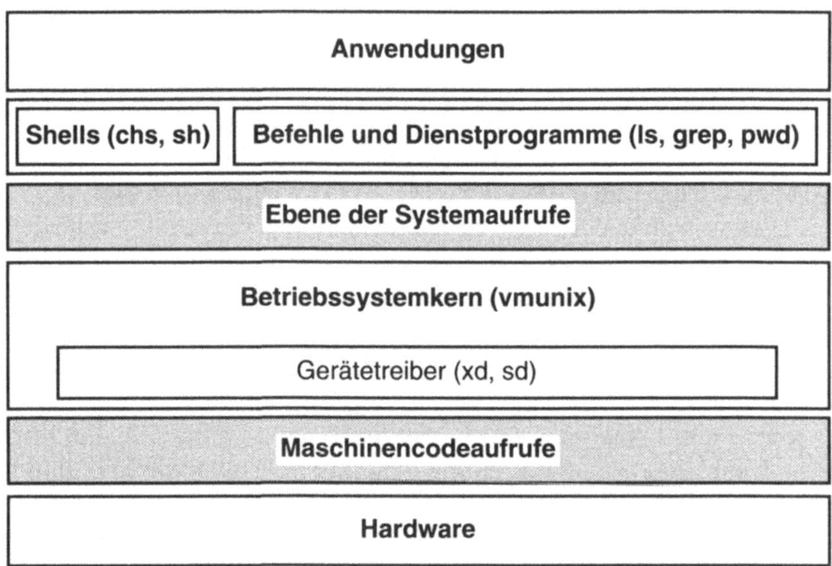

Abbildung 2.7 Die Schnittstellen der System- und Maschinencodeaufrufe.
Die Ebene der Systemaufrufe schützt die Funktion oberhalb von ihr vor Veränderungen, die am Betriebssystemkern selbst vorgenommen werden. Die Beispiele dafür sind in Klammern angegeben.

werden kann, ohne daß die Ebenen oberhalb davon beeinträchtigt werden.

UNIX ist ein Betriebssystem mit „Demand Paging" und virtuellem Speicher. Ein virtueller Speicher mit Demand Paging ist eine Technik, bei der die Größe der ein- und auszulagernden Speicherbereiche davon abhängt, wieviel Code für eine bestimmte Rechenoperation benötigt wird. Die meisten UNIX-Implementierungen benötigen virtuellen Speicher, damit Programm- und Datenblöcke im physischen Speicher verarbeitet werden können. Programme und Daten, die dort keinen Platz haben, werden mit Hilfe eines Prozesses, der sich „Pager" nennt, von der Platte ein- und auf sie ausgelagert. Ein Teil der Platte, der „Swap" heißt, wird für diesen Paging-Prozeß reserviert. Eine Speicherverwaltungseinheit (MMU = Memory Management Unit) dient der Erstellung einer Belegungsliste der Speicheradressen für die Seiten, die im physischen Speicher liegen.

PC- und Ein-/Ausgabe-Busse sind insofern langsam, als Zeit verschwendet wird, wenn der Code zwischen der Platte und dem E/A-Bus hin- und herbewegt wird. Wenn auf der nächsten Codeseite auch nur eine Zeile Code benötigt wird, macht es die PC-Speicherverwaltung nötig, die gesamte 64-KByte-Seite einzulagern. UNIX wird normalerweise mit viel kleineren Seitengrößen (4 oder 8 kB) implementiert und ist daher effizienter und erzielt eine höhere Leistungsfähigkeit, besonders bei der Handhabung großer Anwendungen.

Ein Vorteil von UNIX besteht darin, daß der Kern in weiten Bereichen konfigurierbar ist und man ihn so auf die besonderen Bedürfnisse einer Konfiguration einstellen kann.

Dieser Abschnitt war eine Erläuterung des traditionellen UNIX-Kerns. Der SVR4-Kern kann (je nach Konfiguration) erheblich größer sein als das zuvor erwähnte Megabyte. Fundamentale Veränderungen an der Kernstruktur sind bei Mach und OSF/1 und bei kommerziell erhältlichen Versionen von SVR4 zu finden. Diese werden hier nicht im einzelnen beschrieben. Interessierte Leser sollten sich an ihren Systemanbieter wenden, wenn sie mehr Informationen benötigen oder wenn der UNIX-Systemkern für sie, aus welchen Gründen auch immer, von besonderer Bedeutung ist. Der Kern stellt einen Bereich dar, wo der State-of-the-Art der Technologie weit fortgeschritten ist. Der OSF/1-Kern benutzt immer noch Code, der eine System-V-Release-2- oder -3-Lizenz voraussetzt. Die Befehlsmenge, die AIX 3.1 entnommen ist, enthält ebenfalls Code von System V Release 2. Der OSF/1-Kern wird ungefähr die gleiche Größe haben wie der ULTRIX-Kern auf einer DEC-Station 3100.

Obwohl der Nukleus des OSF/1-Kerns von Mach Version 2.5 stammt, besteht der Rest von OSF/1 (auch der größte Teil des Kerns), das alte UNIX-System mit seinen zugehörigen Diensten, die bei OSF/1 mit Mach verglichen nicht kleiner, sondern gewachsen sind.

Der UNIX-Kern erhält seine Aufträge, indem er Systemaufrufe abarbeitet. UNIX-Systemaufrufe bilden die Schnittstelle zwischen dem Kern und allen Anwendungsprogrammen, Utilities und Shells, die in den darüberliegenden Schichten laufen, die anfangs beschrieben wurden. Je nach Implementierung unterstützt der Kern zwischen 80 und 160 Systemaufrufe. Diese Systemaufrufe sind auf allen UNIX-Systemen weitgehend identisch. Eine Grundmenge von Systemaufrufen bildet einen entscheidenden Schnittstellenstandard, der Interoperabilität zwischen den UNIX-Anwendungen erlaubt. Diese Aufrufe sollten so herstellerneutral wie nur möglich sein. Somit kann ein Anbieter die Interna des Kerns nach Bedarf ändern, während die Softwareebenen oberhalb der Systemaufruf-Schnittstelle davon unberührt bleiben.

Die Zukunft des UNIX-Kerns. Um den Anforderungen, die an ihn gestellt werden, gerecht zu werden, ist der UNIX-Kern allmählich immer modularer geworden. Zukünftige Erweiterungen mit neuen Funktionen können integriert werden , ohne daß dies die Software betrifft, die oberhalb der Ebene der Systemaufrufe liegt. Somit ist der Rahmen für USL (AT&T UNIX Software Laboratories) oder andere Organisationen wie beispielsweise OSF geschaffen, Hardware- oder Softwarefirmen ein Basis-UNIX-Betriebssystem zur Verfügung zu stellen, das ihnen erlaubt, ihre eigenen Erweiterungen innerhalb des Standardrahmens zu integrieren. Diese Erweiterungen können auf einer oder beiden Schnittstellen, nämlich a) den Systembibliotheken und b) den Systemaufrufen (Binary Call Interface), direkt aufsetzen.

Der AT&T-Kern wurde geschrieben, bevor moderne Software-Entwicklungsmethoden weit entwickelt waren; er ist dennoch gut strukturiert. In den letzten Jahren hat jedes neue UNIX-Release von AT&T zusätzliche Funktionen und verbesserte Modularität mit sich gebracht. Die gut definierten Schnittstellen dienen jetzt dazu, verschiedene Software-Komponenten, wie zum Beispiel das Dateisystem, Gerätetreiber, Kommunikation, Netze und Speicherverwaltung, effektiv zu isolieren. Die Orthogonalität der verschiedenen Ebenen oder Funktionen macht UNIX hochgradig modular. Das virtuelle Speichersystem kann zum Beispiel mit verschiedenen Dateisystemen auch über Netze hinweg arbeiten, unabhängig vom dabei verwendeten Netzprotokoll.

Wo liegen die Unterschiede bei den UNIX-Varianten? Portiert wird der Kern meistens von einer lizenzierten UNIX-Version aus, die von verschiedenen Quellen erhältlich ist, einschließlich AT&T und seinen Lizenznehmern und insbesondere von Softwareanbietern wie Sun, Microsoft, SCO, The Wollongong Group, INTERACTIVE Systems, OSF und einigen weiteren.

Zwischen 10 und 20 Prozent des traditionellen UNIX-Kerns muß spezifisch für eine bestimmte Hardware-Plattform angepaßt werden. Gibt es in Zukunft noch modularere Versionen des UNIX-Kerns, werden Systemanbieter noch weniger Kernmodifikationen implementieren müssen, als mit dem traditionellen UNIX-Kern nötig war, da immer mehr Funktionalität aus dem Kern heraus nach außen verlagert wird.

Einige Algorithmen und Datenstrukturen des Kerns sind systemspezifisch und unterscheiden sich von Implementierung zu Implementierung. Obwohl jeder UNIX-Kern theoretisch den gleichen Satz an Systemaufrufen unterstützt, gibt es in der Regel einige wenige Aufrufe, die diese Unterschiede im Kern widerspiegeln. Ein Beispiel dafür sind die Aufrufe der Systemzeit. Tabelle 2.2 zeigt die Bereiche, die sich von System zu System unterscheiden können.

Tabelle 2.2 Kerneigenschaften, die verschieden sein können.

Prozeßsteuerung	Kann unter Umständen von der Anwendungs-Software benötigt werden.
Aufgabensteuerung	
Semaphoren	Könnte für Zwecke der Software-Entwicklung von Bedeutung sein.
zentrale Bibliotheken	
Interprozeß-Kommunikation	
Dateisystem	
Dateisystem auf niedrigerer Ebene	Leistungs-Implikationen
Max. Dateigröße	limitiert die Größe von Datcien oder Datenbanken.
Serielle E/A	Fähigkeit, unintelligente Terminals zu unterstützen.
Systemaufrufe und Struktur	
System-V-Aufrufe	
XENIX-Aufrufe	Anwendungs-Software oder Software-Entwicklungsimplikationen.
BSD-Aufrufe	
Gemeinsame-Speicher-Implementierung	Bessere Leistung.
Gerätetreiber	Normierte Unterstützung von Peripheriegeräten.
Multiprozessor-Unterstützung	Unterstützt Multiprozessor-Systemhardware

---

Die Personen mit dem größten Interesse am UNIX-Kern sind:

Systemanbieter – da Unterschiede im Kern die Portierbarkeit von UNIX auf eine bestimmte Computer-Architektur beeinflussen.

Softwareentwickler – weil systemnahe Software von bestimmten Kernstrukturen und Algorithmen abhängig ist; Entwickler müssen oft zusätzliche E/A-Treiber schreiben.

Systemverwalter – die zuweilen den Kern durch eine Operation namens MAKE neu erstellen müssen.

Programmierer – die in ihren Programmen zuweilen Systemaufrufe auf niedriger Ebene benutzen müssen. Einige dieser Aufrufe können, wie oben beschrieben, Systemabhängigkeiten enthalten.

2.4 Shells und Shellprozeduren

In UNIX heißt ein Befehlsinterpreter *Shell*. Eine oder mehrere Shells werden meistens mit dem Betriebssystem zur Verfügung gestellt. Die UNIX-Shell ähnelt dem DCL-Interpreter in der DEC-VAX-Umgebung oder den CISC-Ausführungsbefehlen in der IBM-Umgebung.

Eine Shell nimmt Befehle von Anwendern entgegen und setzt sie in die entsprechenden Systemaufrufe an den Kern um. Shellprozeduren sind nichts anderes als Dateien, die eine Kombination von Befehlen und besonderen Programmkonstrukten enthalten, die die Shell unterstützt (zum Beispiel Verzweigungen und bedingte Anweisungen).

Es gibt eine Reihe von beliebten Shells, die zumeist mit dem UNIX-Betriebssystem mitgeliefert werden. Die bekanntesten Shells sind die Bourne-Shell, die ursprünglich für System V entwickelt wurde, und die C-Shell, die ursprünglich dafür entwickelt wurde, die Programmierumgebungen in Berkeley zu unterstützen. Es gibt andere Shells, wie zum Beispiel die Korn-Shell, die Möglichkeiten ähnlich denen einer höheren Programmiersprache bietet. Man findet aber auch weniger bekannte Shells, wie zum Beispiel die *Tshell*. Eine Reihe von Anbietern hat damit begonnen, außer den reinen UNIX-Shells noch andere Shells zu vermarkten, die die Umgebung bzw. die Kommandoschnittstelle anderer Systeme emulieren. Ein gutes Beispiel dafür ist die DCL-Shell der VAX, die von der Boston Consulting Group auf UNIX angeboten wird.

Eine Shell ist für gewöhnlich ein C-Programm. Verschiedene Shells bieten unterschiedliche Funktionalität. Die C-Shell ist mit am beliebtesten. Sie arbeitet mit einer Initialisierungsdatei, die Ersatznamen („alias" genannt) für verschiedene Befehle enthalten kann, außerdem Umgebungsvariablen und Programmaufrufen, um die Arbeitsumgebung aufzusetzen, und in der Pfadnamen zur Angabe der Lage verschiedener Dateien innerhalb des UNIX-Dateibaums angegeben werden können. Diese Initialisierungsdateien benutzt man dazu, die Shell den jeweiligen Benutzerbedürfnissen anzupassen. Somit kann der Anwender die Umgebung an seine eigenen Bedürfnisse adaptieren. Als Beispiel kann er damit Befehle verkürzt oder unter einem anderen Namen eingeben, und die Shell setzt diese in die korrekten Kommandos oder Kommandofolgen um.

UNIX-Shells weichen in ihrer spezifischen Syntax in der Regel etwas voneinander ab. Alle haben jedoch die gleiche Aufgabe: Sie interpretieren Befehle, die vom Benutzer eingegeben werden, und sie setzen sie um in Aufrufe von UNIX-Anweisungen und Dienstprogrammen.

Shells sind ausgezeichnete Hilfsmittel für den Benutzer bei Routinearbeiten. Sie gewährleisten, daß der *ls*-Befehl auf jedem UNIX-System das gleiche bewirkt (*ls* listet im Directory des Benutzers die Dateien auf). Sie sind die wichtigsten „Eselsbrücken", die es dem Anwender ermöglichen, ohne Schwierigkeit von einem System zum anderen zu wechseln, ohne eine neue Befehlssyntax lernen zu müssen.

Wie oben erwähnt, kann man mit Shellprozeduren UNIX-Befehle programmartig miteinander kombinieren. Dienstprogramme für die Systemverwaltung oder sich oft wiederholende Befehlssequenzen werden deshalb häufig als Shellprozeduren realisiert, um eine höhere Bedienerfreundlichkeit zu erreichen. Shells müssen portabel sein, damit Shellprozeduren portabel sind.

Die beliebtesten Shells
Bourne Shell (sh). Ursprünglich bei Bell Telephone Laboratories entwickelt, ist die Bourne Shell eine der verbreitetesten Shells und auf praktisch jedem UNIX-System zu finden. Sie stellt einfache Algol-ähnliche Programmkonstruktionen zur Verfügung. Viele UNIX-Anwender benutzten für den Dialog zwar eine andere Shell, schreiben ihre Shellprozeduren jedoch für die Bourne-Shell. Sie wurde nach ihrem Programmierer Steve Bourne benannt.

C-Shell (csh). Ursprünglich für Entwicklungsumgebungen der Programmiersprache C in Berkeley und bei der NASA entwickelt, wird csh mit den meisten Berkeley- und AT&T-abgeleiteten UNIX-Systemen geliefert. Die csh hat C-ähnliche Programmkonstrukte. Sie bietet auch die Möglichkeit, eine Historie der ausgeführten Kommandos aufzuzeichnen. Sie erlaubt die Steuerung mehrerer Prozesse, die im Vorder- und im Hintergrund laufen können, und stellt einen Alias-Mechanismus für Befehle und Befehlsfolgen zur Verfügung. Dieser Mechanismus erlaubt es, einem Befehl oder einer Befehlsfolge einen Namen zu geben, der, wenn die Shell ihn sieht, von ihr durch die entsprechende Befehlsfolge ersetzt wird. Folglich muß der Benutzer weit weniger eingeben. Man schreibt Bill Joy von Sun Microsystems, vorher an der Universität von Berkeley, die Entwicklung der C-Shell zu.

Korn-Shell (ksh). Die Korn-Shell wurde als Nachfolgerin der Bourne- und C-Shell entwickelt und versucht, die besten Eigenschaften beider Shells zu vereinen. Meistens ist sie als separat vertriebenes Produkt erhältlich.

Neue Shells. Die Boston Consulting Group stellte Ende 1989 eine DCL-Shell zur Verfügung. Die Chancen sind gut, daß es 1991 eine REXX-SAA-Shell geben wird. Diese Shells werden den Übergang von anderen Betriebssystemen zu UNIX erleichtern, indem sie den Befehlsinterpretierer einer Nicht-UNIX-Systemumgebung nachahmen.

Beispiele von Shellprozeduren lassen sich auf jedem UNIX-System finden. Man verwendet sie, um Stapelaufträge laufen zu lassen, um wiederkehrende Aufgaben wie Übersetzen, Linken und Ausführen bei der Softwareentwicklung auszuführen, um Systemverwaltungsfunktionen zu erledigen, wie zum Beispiel das Archivieren von alten Plattendateien auf Band, und um Systemsicherungen und Systeminstallationen zu erleichtern. In UNIX kann man mit Hilfe von Shellprozeduren häufig schneller neue Software-Anwendungen oder Utilities implementieren, als es mit einer höheren Programmiersprache möglich wäre.

Shells sind von besonderem Interesse für Systemprogrammierer, denn gerade sie nutzen Shellprozeduren im Rahmen ihren Software-Entwicklungsaktivitäten intensiv. Das Interesse der meisten anderen Anwender beschränkt sich darauf, eine oder zwei Shells zu benutzen und ihre eigenen kleinen Shellprozeduren zu schreiben, sie wollen aber nicht entwikkeln.

Shellprozeduren sind für eine große Gruppe von Anwendern interessant, nicht nur für Programmierer oder Systemverwalter. Auch nichtspezialisierte Anwender sollten die Shell und ihre Arbeitsweise verstehen, auch wenn sie in der Regel keine eigenen Shellprozeduren schreiben werden. Der einfache Benutzer könnte es hilfreich finden, zusammen mit dem UNIX-Systemverwalter seine Initialisierungsdatei seinen Bedürfnissen anzupassen. Mit dieser Möglichkeit kann man die Befehle, die das System akzeptiert und verarbeitet, ohne Software-Veränderung auf die eigenen Anforderungen zuschneiden. In UNIX ist es das Ziel von Shellprozeduren, Dinge durchzuführen, die mit den Standard-UNIX-Befehlen nicht vollbracht werden können, und damit das Befehlsrepertoire auf einfache Weise zu erweitern.

Shells und Windowsysteme. Heute können Anwender anstatt über Shells durch Windowsysteme mit UNIX kommunizieren. Beide Möglichkeiten können auch zusammen benutzt werden, da unterschiedliche Shells in verschiedenen Fenstern laufen können. Windowsysteme, die in

Kapitel 5 behandelt werden, sind wichtige Hilfsmittel, die – korrekt eingesetzt – die Bedienerfreundlichkeit der UNIX-Oberfläche steigern können. Es ist sogar möglich, mit Hilfe von graphischen Oberflächen die UNIX-Kommandoschnittstelle vollständig vor dem Benutzer zu verbergen!

Eigenschaften der Bourne- und C-Shell. Wie oben beschrieben, ist die Shell ein Befehlsinterpreter. Die Bourne-Shell hat den Default-Prompt „$", das Bereit-Zeichen der C-Shell ist „%".

C-Shell-Befehle werden wie folgt eingegeben:

% {Befehls-Name} {Optionen} {Argumente}

Um eine Datei z.B. mittels fgrep nach einer vorgegebenen Zeichenfolge „intro" zu durchsuchen, benutzt man folgenden Befehl:

% fgrep -i intro /usr/edd/buch/Kapitel2

Die Kommandozeile setzt sich wie folgt zusammen:

Befehl **fgrep** (durchsucht Dateien nach einer Zeichenfolge oder einem vorgegebenen Ausdruck)

Option **-i** (Groß- und Kleinbuchstaben werden nicht unterschieden, d.h. bei Vergleichen identisch behandelt.)

Argumente **intro /usr/edd/buch/Kapitel2**

Dieser Befehl bewirkt, daß die erste Zeile der Datei „Kapitel2" (die sich in einem Directory namens „buch" befindet), in der die Zeichenkette „intro" vorkommt, ausgedruckt wird. In diesem Beispiel ist **/usr/edd/buch** der Pfadname der Datei „Kapitel2".

Hintergrund und Vordergrund. Wie schon erwähnt, werden Befehle, die man in der Kommandozeile eingibt, von der Shell interpretiert und laufen als gesonderte Prozesse. Befehlsoptionen und -parameter werden an das entsprechende Kommando weitergereicht. Kommandos laufen meistens im *Vordergrund* ab. Das heißt, daß der Benutzer in der Regel darauf wartet, daß der aktuell laufende Befehl abgearbeitet wird, bevor er einen neuen Befehl eingibt. Der Benutzer kann aber der Shell angeben, daß der

Befehl im *Hintergrund* ablaufen soll. Wenn Befehle im Hintergrund ablaufen, muß die Shell nicht darauf warten, daß der Befehl ausgeführt wird. Das Bereitzeichen der Shell erscheint gleich nach dem Start des Kommandos, und die Shell ist bereit die nächste Anweisung entgegenzunehmen.

Umleitung. Die Standardeingabe- und -ausgabe für Kommandos sind Tastatur und Bildschirm (oder das entsprechende Fenster). Der Benutzer kann die Standardeingabe oder -ausgabe eines jeden Shell-Kommandos umleiten. Die Umleitung wird erreicht, indem man die folgenden Symbole in einer Befehlszeile eingibt:

<   Es soll von der angegebenen Datei oder dem Gerät eingelesen werden

>   Ausgabe auf angegebene Datei oder angegebenes Gerät leiten

<<   Statt von der Dialogstation oder einer Datei wird der nachfolgende Text als Eingabe benutzt, solange bis dessen Ende durch ein spezielles Zeichen oder Wort markiert ist

>>   Ausgabe an angegebene Datei anhängen

Pipelines. Pipes erlauben, durch die Verkettung der Ausgabe eines Programms mit der Eingabe des nachfolgenden Programms neue Kommandos zusammenzubauen:

| Umlenken der Standardausgabe eines Kommandos auf die Standardeingabe des dahinterstehenden Kommandos.

Das folgende Beispiel zeigt die Anwendung von Pipes. Der Befehl ist „**ls**"; „**-c**" ist die Option. Um die Dateien des Directorys namens Edward in der Reihenfolge, in der sie zuletzt bearbeitet wurden, aufzulisten, lautet der Befehl wie folgt:

ls -c edward

Um einen Text seitenweise auszugeben (und genau das bewirkt der *more*-Befehl), wird der folgende Befehl eingegeben:

ls -c edward | more

Eine Folge von Befehlen kann so mit Hilfe einer Pipe-Folge verkettet werden.

Dateinamenerweiterung. Um die notwendige Tiparbeit zu minimieren und den Suchaufwand zu reduzieren, bietet die Shell Metazeichen an, die für ein einzelnes oder mehrere andere Zeichen stehen. Sie werden auch als „Wild Card"-Zeichen bezeichnet. Um beim früheren Beispiel zu bleiben:

$$\text{fgrep -i intro /usr/edd/buch/Kapitel2}$$

hätte auch mit dem „*" Wild Card-Zeichen wie folgt eingegeben werden können:

$$\text{fgrep -i intro /usr/edd/buch/*2}$$

Die Shell hätte dann den Stern durch „Kapitel" ersetzt bzw. durch alle Dateinamen des Directorys /usr/edd/buch, welches mit „2" endet.

Suchpfade und Umgebungsvariable. Die Shell muß wissen, wo sie in der hierarchischen Verzeichnisstruktur suchen muß, um einen bestimmten Befehl zu finden. Ein vom Benutzer definierter Suchpfad bestimmt die Stelle für die Initialisierungsdatei der Shell. Hat der Benutzer keinen Suchpfad, muß er bei jedem Befehl den absoluten Pfadnamen eingeben.

Die meisten Shells haben Umgebungsvariablen. Umgebungsvariablen der C-Shell werden mit Hilfe des *set*-Befehls gesetzt; Variablen der Bourne-Shell weist man mit dem *setenv*-Befehl, gesetzt durch eine Anweisung wie *Variable=Wert*, einen neuen Wert zu.

2.5 Kommandos und Dienstprogramme

Es gibt über 200 Programme, die in der Regel mit dem UNIX-System standardmäßig mitgeliefert werden; manche UNIX-Systeme haben mehr als 400. Diese UNIX-Befehle und -Programme werden mit Hilfe einer Shell aufgerufen. UNIX-Programme – im Jargon „Utilities" genannt – können wie Befehle ausgerufen und als Shellprozeduren oder als echte Programme implementiert sein.

Tabelle 2.3 zeigt die wichtigsten Gruppen von UNIX-Befehlen.

Theoretisch sollten Befehle und Utilities bei den verschiedenen UNIX-Varianten sehr ähnlich sein und und so Portabilität zwischen den verschiedenen Systemen garantieren. In der Praxis weisen die verschiedenen UNIX-Varianten jedoch teilweise fundamentale Unterschiede auf, die meistens auf die Eigenschaften des UNIX-Kerns zurückzuführen sind. Während also die Varianten – aus Sicht der Kommandoebene – gleich aussehen mögen, können sie in Wirklichkeit intern sehr verschieden sein.

UNIX-Befehle und Programme können zu sehr leistungsfähigen Sequenzen bzw. *Scripts* zusammengesetzt werden. Dies ist oft schneller und wartungsfreundlicher als eine entsprechende fehleranfällige Pro-

Tabelle 2.3 Wichtige Kategorien von Befehlen.

Kategorie	Typische Befehle	ausgeführte Funktion
Dateisystem	mkdir	Datei erzeugen
	rm	Datei löschen
	cp	Datei kopieren
	mv	Datei verschieben
Systemsicherheit	chmod	Dateizugriffsrechte setzen
	passwd	Login-Paßwort setzen
Positionierung innerhalb des Dateibaumes	cd (name)	Nach Directory (Name) gehen
	pwd	Arbeitsdirectory ausgeben
Textdateibefehle	cat	Verketten und auf Bildschirm ausgeben
	sort	Dateien sortieren/mischen
Shells	csh	C-Shell starten
	sh	Bourne-Shell starten
Text-Editoren	vi	Bildschirmorientierten Editor starten
	ex	Zeileneditor starten
Textverarbeitung	nroff	Text-Formatierer für normale Drucker
	troff	Formatierer für Laserdrucker
Prozeßablaufsteuerung	kill	Prozeß abbrechen
	nice	Prozeß auf einer niedrigen Prioritätsstufe laufen lassen
	bg	Auftrag im Hintergrund laufen lassen
	fg	Auftrag im Vordergrund laufen lassen
Netzwerke	ftp	Dateienübertragung im Netz
	rcp	Übers Netz kopieren
	uucp	Intersystem-Kommunikation
Programmierung	make	Programmgenerierung anstoßen
	prof	Profile-Datei erzeugen
	lex / yacc	Programm-Parser und Generator
Andere Funktionen	sort	Dienstprogramm zum Sortieren
	spell	Rechtschreibprüfung
	bc und dc	Taschenrechnerfunktionen
	bas	Basic Interpreter
	ac, sa	Systemprotokolle

grammierung in einer höheren Programmiersprache. Die Möglichkeit, UNIX-Befehle und Programme zu kombinieren, ist so ausgeprägt in kaum einem anderen Betriebssystem anzutreffen. UNIX-Kommandos sind in der Regel so aufgebaut, daß sie eine Standard-Ein- und -Ausgabe sowie eine standardisierte Fehlerdatei verwenden. Damit kann man mit wenig Aufwand Befehle zu Konstrukten verketten, bei denen die Standardausgabe eines Befehls als Standardeingabe in den nächsten Befehl „umgeleitet" wird.

Es gibt eine ganze Reihe von guten Handbüchern zu den UNIX-Kommandos, sowohl von Systemanbietern selbst als auch im freien Buchhandel. In vielen Systemen stehen auch auch Online-Hilfen in Form von sogenannten *man*-Seiten zur Verfügung. *man* ist ein Kommando, das als Parameter den Namen eines UNIX-Kommandos nimmt und dann die Seiten des Handbuchs auf dem Bildschirm anzeigt, die den Befehl und seine Anwendung erläutern.

Ein UNIX-Experte benötigt unter Umständen 80 bis 90 Prozent der UNIX-Befehle und -Programme. Ein Durchschnittsbenutzer sollte 50 bis 100 Befehle kennen. Der Gelegenheitsbenutzer oder der Anwender, der seine meiste Zeit mit einem Anwendungsprogramm verbringt, benötigt nur eine Handvoll von Befehlen. Im Zuge des zunehmenden Einsatzes von graphischen Oberflächen wird man zukünftig immer weniger UNIX-Befehle beherrschen müssen. Dies gilt besonders für den gelegentlichen Benutzer; ihm wird UNIX im wesentlichen verborgen bleiben.

Der nächste Abschnitt faßt die wichtigsten Kategorien von UNIX-Befehlen zusammen und weist darauf hin, wo bei verschiedenen Anbietern Unterschiede oder Erweiterungen in den UNIX-Varianten liegen.

2.5.1 Grundlegende Dienstprogramme und Befehle

Die UNIX-Grundbefehle arbeiten im allgemeinen gleich, unabhängig davon, welche UNIX-Version man benutzt. Von den grundlegenden Befehlen wurden im letzten Abschnitt einige Beispiele aufgeführt. Die UNIX-Syntax ist ziemlich umfangreich und leistungsstark. Die meisten Funktionen und Eigenschaften, die Sie von einem Betriebssystem erwarten, sind hier anzutreffen. Der folgende und letzte Teil dieses Abschnitts erläutert einige der wichtigsten Dienstprogramme und Befehle.

2.5.2 Editoren

Einige Editoren sind grundsätzlich auf allen UNIX-Systemen erhältlich.
Sie sind bezüglich der Kompatibilität das, was man unter einem kleinsten
gemeinsamen Nenner versteht. Die UNIX-Editoren „ed", „ex", und „vi"
haben ein gemeinsames Fundament.

Der einfachste zeilenorientierte Editor im UNIX-System ist der „ed".
Obwohl „ex" und „vi" sehr viel funktionaler sind, wird „ed" von Dienstprogrammen, wie zum Beispiel „SCCS", immer noch genutzt. (SCCS
steht für „Source Code Control System" und ist ein Paket von Programmen zur Verwaltung von Quelltext-Versionen).

Der „ex"-Editor ist ein gängiger, zeilenorientierter Texteditor, der die
Basis von einer ganzen Familie von Editoren bildet, einschließlich des
„vi" (bildschirmorientierter Editor). Der Editor „ex" beschränkt sich auf
das Wesentliche und ist bekannt für seine sehr karge Benutzer-Oberflä-
che. Meistens wird er bei langsamen Wählleitungen und alpahanumeri-
schen Bildschirmen eingesetzt.

Ein weiterer gängiger Editor ist der „vi". Er stammt aus dem Berkeley-
UNIX -System und ist bildschirmorientiert. Er eignet sich für schnellere
Terminalverbindungen (über 1200 Baud).

Obwohl diese Editoren vielleicht nicht die bedienerfreundlichsten oder
mächtigsten sind, die es zur Zeit gibt, stellen sie allgemeine und etwas
rudimentäre Fähigkeiten zur Verfügung, die, wenn man sie einmal beherrscht, in allen UNIX-Umgebungen anwendbar und vorhanden sind.
Oft sind sie Teil der Shell-Prozeduren und, wie andere Basis-Dienstprogramme, ein wichtiger Faktor für die Aufwärtskompatibilität der schon
bestehenden Software. Es gibt auf UNIX höher entwickelte Texteditoren,
Textverarbeitung und Desktop-Publishing-Pakete. Einige von ihnen bieten WYSIWYG (What You See Is What You Get), wo das, was Sie auf Ihrem Bildschirm sehen (meistens einem graphischen Bitmap-Terminal),
weitgehend mit dem übereinstimmt, was später auf Ihrem Ausgabegerät
erscheinen wird.

2.5.3 Programmierhilfen

Eine Reihe von Compilern, ein Assembler, ein Binder (Linker) und ein
Testprogramm (Debugger) sind unter UNIX standardisiert. Abbildung
2.8 stellt den Durchlauf einer Quelltextdatei durch verschiedene Pro-
grammwerkzeuge und Programmierhilfen in der UNIX-Programmier-
umgebung dar.

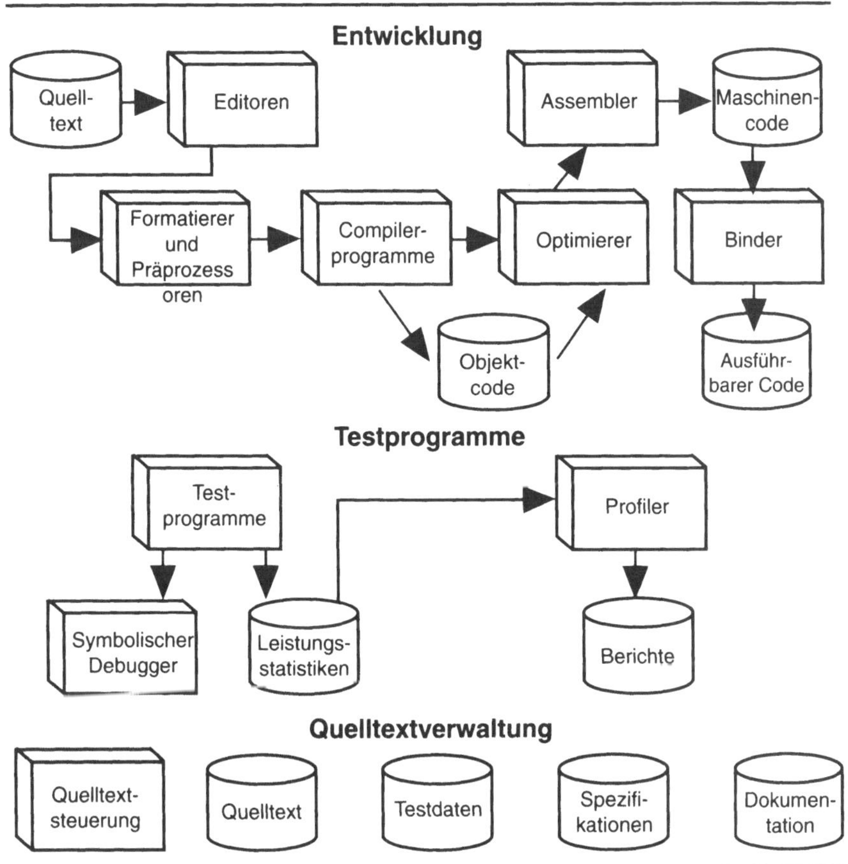

Abbildung 2.8   Software-Entwicklungs-Prozeß.

Präprozessoren. Auf allgemeine Aufgaben ausgerichtete Makro-Präprozessoren bearbeiten Argumente, bedingte Ausdrücke, Arithmetik, Zeichenketten und führen Dateioperationen aus. Sie werden im allgemeinen von einer Shell-Prozedur aufgerufen, die ein Compilerprogramm startet, und führen Makrosubstitutionen durch.

Compiler. Je nach Anbieter werden verschiedene Compiler mit UNIX zusammen ausgeliefert. Der C-Compiler ist fast immer Bestandteil des UNIX-Pakets, häufig auch der FORTRAN-Compiler. Andere Compiler wie COBOL, Ada, Lisp oder PL/I werden meistens nicht mit dem Betriebssystem zur Verfügung gestellt, können aber gegen einen Aufpreis hinzugekauft werden. Ein Compiler nimmt eine Quelltextdatei eines in

einer höheren Programmiersprache geschriebenen Programmstücks als
Eingabe an und übersetzt dies in entsprechend niedrigere Assembleran-
weisungen für einen Zielprozessor oder direkt in Maschinencode.

Assembler. Assemblers wird man zumeist nur im UNIX-Kern selbst einsetzen und dort nur an Stellen, an denen spezielle Maschinenbefehle
benötigt werden (beispielsweise um E/A-Register anzusprechen). Der
Assembler nimmt eine in Assemblersprache geschriebene Quelldatei und
generiert ein Programm im Maschinencode des Zielprozessors.

Optimierer. Optimierer sind meistens Nachbearbeitungsphasen des Compilers oder Assemblers, die überflüssige Anweisungen eliminieren und
eine Anweisungssequenz neu anordnen, ohne ihre Funktion zu verändern. Ziel dabei ist es, unnötige Verzweigungen oder Anweisungen zu
eliminieren, wobei meistens die Programme kleiner und möglicherweise
schneller werden.

Linker. Der Linker (bzw. Binder) bindet übersetzte Module, löst Verweise
auf Systemaufrufe oder Bibliotheksfunktionen auf und erzeugt das binäre Anwendungsprogramm, das dann ausgeführt werden kann.

Testprogramme (Debugger). Ein Testprogramm ist ein Werkzeug, das man
einsetzt, um die Ausführung eines kompilierten Programms zu beob-
achten und zu überwachen. Der Programmierer kann mit ihm das Programm schrittweise ausführen und sich während der Ausführung zei-
lenweise den entsprechenden Quelltext ansehen. Solche Testprogramme
helfen bei der Fehlersuche.

Profiler. Wenn ein Programm kompiliert wird, kann über eine Profile-
Option erreicht werden, daß der Programmablauf protokolliert wird, so
daß man daraus ein Laufzeitprofil erstellen kann. Verschiedene Werkzeuge können dann dazu benutzt werden, dieses Ausgabe zu reduzieren
und zu analysieren. Dies wird häufig dazu benutzt, um Programm-
schwachstellen (hinsichtlich der Leistung) zu identifizieren.

Quelltextverwaltung. Im UNIX-System befinden sich spezielle Dienstpro-
gramme für die Software-Verwaltung. Große Programme können aus
Hunderten von unabhängigen Modulen bestehen, die zusammen das
Programm ausmachen. SCCS ist ein Quelltext-Verwaltungssystem, das
mit von BSD abgeleiteten UNIX-Versionen ausgeliefert wird, während
System-V basierende Systeme inzwischen das etwas modernere RCS-Pa-

ket benutzen. Mit diesen Dienstprogrammen lassen sich Programmversionen (bzw. deren Quellen) verfolgen und pflegen. Ein anderes Dienstprogramm namens MAKE sucht nach Änderungen automatisch die Module heraus, die neu übersetzt werden müssen.

Softwareformen auf einem Rechner Es gibt drei Formen, in denen Software auf einem Rechner vorliegen kann:

> als Quelltext (Quellprogramm),
> als Objektmodule,
> als Binärprogramm.

Quelltext (in einer höheren Programmiersprache wie zum Beispiel C oder FORTRAN) wird benutzt, um ein Programm durch eine Neuübersetzung über Hardware- und Betriebssystemunterschiede hinweg portieren zu können. Quelltext ist die flexibelste Art, Anwendungen von einem System auf ein anderes zu bringen; dies hat jedoch eine Reihe von Nachteilen. Programme, die auf eine bestimmte Maschine hin optimiert sind, laufen in der Regel schneller; hingegen schränken solche Optimierungen die Kompatibilität zwischen Systemen häufig ein. Somit wird die Wartung der Software und die zukünftige Entwicklung komplizierter. Quelltext ist auch immer der Gefahr unerlaubten Kopierens ausgesetzt, ein für die meisten Softwarefirmen nicht akzeptabler Zustand, da sie ihre Quellen als proprietär und vertraulich handhaben.

Objektcode ist eine Zwischenform zwischen Quell- und Maschinencode. Um laufen zu können, sind weitere Arbeitsschritte notwendig, aber ein Neukompilieren kann entfallen. Auch hier liegen die Probleme in den Bereichen der Laufzeiteffizienz, bei der Kompatibilität und im Kopierschutz.

Binär- oder Maschinencode wird direkt in den Speicher geladen und läuft, ohne daß er zusätzlich bearbeitet oder neu kompiliert werden muß. Binärcode bietet das höchste Maß an Effizienz, Kompatibilität und Kopierschutz. Der Nachteil besteht darin, daß der Code meistens auf den Befehlsvorrat einer bestimmten Maschine abgestimmt ist und damit der Softwareanbieter unterschiedliche Versionen für jede unterstütze Maschine und jedes Betriebssystem zur Verfügung stellen und warten muß.

Kommerzielle Software wird meistens im Binär- oder Objektcodeformat ausgeliefert. Programmierer arbeiten mit Quelltext – sofern er zur Verfügung steht. Der Quelltext des UNIX-Betriebssystems ist meistens nicht erforderlich, aber Systemverwalter müssen unter Umständen das Betriebssystem neu konfigurieren, um neue Funktionen, wie zum Beispiel besondere Gerätetreiber, einzubinden oder nicht benötigte Funktionen zu löschen.

Es wird momentan ein erheblicher Arbeitsaufwand betrieben für sogenannte ABIs (Application Binary Interfaces – eine binäre Sytemschnittstelle) und Architektur-unabhängige Austauschformate. ABIs sorgen dafür, daß Software, die für eine Prozessorarchitektur entwickelt wird, auf allen anderen Rechnern dieser Architektur laufen. Als Folge könnten unabhängige Softwareanbieter ihre Software für UNIX in einer Art abpacken, die vergleichbar ist mit der für PC-Software, – man nennt diese Art auch „Shrinked Wrap Software", da im PC-Bereich Software in der Regel fertig in Folie eingeschweißt ausgeliefert wird und auf praktisch allen IBM-PC-kompatiblen Systemen ablaufen kann. Unter einem Architekturneutralen Auslieferungsformat versteht man ein Format, bei dem die Software fertiggemacht und vertrieben werden kann, ohne daß auf bestimmte Anbieter oder eine bestimmte Architektur Rücksicht genommen werden muß. Die OSF arbeitet an einem solchen Format.

2.5.4 Filter

Der UNIX-Befehlssatz ist ein gut integriertes Werkzeug, um mit normalen Textdateien zu arbeiten. Filter und Pipes bieten große Flexibilität beim Umgang mit Dateien, die ASCII-Text enthalten.

Viele UNIX-Dienstprogramme sind Filter. Filter lesen ihre Daten von der Standardeingabe, bearbeiten sie und schreiben das Ergebnis auf die Standardausgabe. Diese Filter führen zumeist relativ einfache Arbeitsgänge aus und können einzeln benutzt oder kombiniert werden, um komplexe Funktionen auszuführen.

Die bekanntesten UNIX-Filter sind *grep, sed, awk* und *sort*. Während diese Namen, bis auf den letzten, etwas eigenartig klingen, führen sie Funktionen aus, wie man sie auch von anderen System her kennt.

Der *grep*-Filter wird zum Suchen von Zeichenmustern angewandt. Er wird in der Regel dazu benutzt, in einer oder in mehren Dateien nach einem Textstück oder Zeichenmuster zu suchen. So läßt sich damit die Datei (oder die Dateien) herausfinden, die einen vorgegebenen Begriff enthält.

sed (von **Stream Editor**) ist ein Filter, der Editorbefehle auf die Zeilen in einer oder mehreren Dateien ausführt. Damit läßt sich die Funktionalität der UNIX-Editoren zur Bearbeitung von Textdateien einsetzen, ohne daß man dafür spezielle Anwendungsprogramme erstellen muß. sed spart dann viel Zeit, wenn ähnliche Editieroperationen auf eine ganze Anzahl von Dateien auszuführen sind

awk wurde für die schnelle Erledigung einfacher Textaufgaben konzipiert. Die awk-Sprache bezieht ihren Namen von den Nachnamen ihrer Erfinder, Al **Aho**, Peter **Weinberger** und Brian **Kernighan**. awk ist, wie grep, ein Filter, der für Textvergleiche und Textersetzungen benutzt werden kann; zusätzlich auch als Reportgenerator. awk-Anweisungen legen fest, in welchen Zeilen Änderungen erfolgen sollen, auf welche Felder bzw. Teile der Zeile sie sich erstrecken sollen und welche Operation ausgeführt werden soll. Wenn Texttransformationen in Dateien vorgenommen werden müssen, wird meist awk dazu benutzt, anstatt dafür Programme zu schreiben und zu kompilieren. Nur wenige UNIX-Anwender benutzen Hilfsprogramme wie awk und sed in ihrem vollen Umfang. Der Grund hierfür liegt meistens in der unzureichenden Dokumentation. Diese Hilfsprogramme werden von nicht-professionellen Anwendern meist nur in der einfachsten Weise benutzt.

Sort ist ein Filter, der, wie der Name schon andeutet, zum Sortieren der Zeilen einer Datei eingesetzt wird. Optionen erlauben, die Felder oder Zeichenpositionen anzugeben, die zum Sortieren herangezogen werden. Mit sort kann man auch bereits sortierte Dateien verschmelzen und dabei mehrfach vorkommende Zeilen löschen.

2.5.5 Formatierer

Formatierer sind Programme, die einen Text mit eingefügten Formatanweisungen in ein formatiertes Dokument umwandeln. Zwei Standard-UNIX-Formatierer sind *nroff* und *troff*. nroff wird mit Zeilendruckern, Terminals und Typenraddruckern benutzt; troff benutzt man mit Photosatzgeräten und Laserdruckern.

Während die Standard-UNIX-Formatierer weitverbreitet sind, gibt es eine Reihe ausgezeichneter DTP-Pakete, die kommerziell für UNIX erhältlich sind. Beispiel e hierfür sind das Interleaf-Paket TPS oder das FrameMaker-Paket der Firma FRAME Technologies. Diese Software-Produkte werden zusehends beliebter, da sie WYSIWYG-Fähigkeiten bieten (What You See Is What You Get). Der Anwender kann also Dokumente mit anspruchsvoller Text- und Graphikgestaltung erzeugen und bekommt auf seinem Bildschirm genau das zu sehen, was später auf dem Papier oder auf dem Film erscheint.

2.5.6 Kommunikation und elektronische Post

UNIX war schon immer gleichbedeutend mit Kommunikation, und Programme für die UNIX-zu-UNIX-Kommunikation sind Teil des Grundsystems. Obwohl UNIX meistens Teil eines kleinen Netzwerks ist, will kaum jemand die Gelegenheit verpassen, an „das Netz", also das USENET zu gehen. Elektronische Post und NetNews sind weitverbreitet und werden sowohl vom nicht-professionellen als auch vom professionellen Anwender genutzt. NetNews ist die größte Organisation für elektronische Nachrichtenübermittlung in der Welt und stellt die UNIX-Variante zu Bulletin-Board-Systemen (BBS) dar.

UNIX enthält Dienstprogramme, mit denen man elektronische Nachrichten an Anwender in einem UNIX-Netz schicken kann. Es gibt verschiedene UNIX-Netze. Sie können privat oder auf UNIX-Systeme in einer bestimmten Firma beschränkt oder auch öffentlich, also jedem zugänglich sein.

Das UNIX-Netz heißt USENET, öffentliche Netze sind unter anderem CSNET und ARPANET. USENET ist eine informelle Organisation, die das größte weltweite Netz von Computern umfaßt. Tausende von Rechner verbinden darin über eine Million Anwender. USENET ist ein Verbundnetz, im Gegensatz zu anderen Netzen wie BIX oder CompuServe. Das USENET-Netz besteht aus Backbone-Standorten, die Nachrichten sammeln und an andere Regionen weiterleiten. Verteilerknoten leiten kaskadenartig Informationen an andere Verteiler oder deren untergeordnete Systeme weiter. NetNews und USENET werden von Bell Telephone Laboratories, HP, DEC, IBM, NCR, Motorola, Unisys, Sun und vielen anderen Firmen, industriellen und Forschungs- und Ausbildungseinrichtungen weltweit genutzt.

1987 förderte die Organisation USENIX den ersten öffentlichen UUNET-Standort. Neue UNIX-Systeme können jetzt gegen einen bestimmten monatlichen Betrag Netzdienste von diesem Standort in Anspruch nehmen. (Wenn Sie sich dafür interessieren, wie man Mitglied von USENET und UUNET wird, ist für Sie Abschnitt 7.9 relevant).

Das Dienstprogramm *UNIX mail* enthält einen einfachen Mechanismus, mit dem Benutzer in einem UNIX-Netz Post verschicken und empfangen können. Jeder Benutzer hat dabei einen eigenen „Briefkasten", in dem Nachrichten gespeichert werden können.

USENET ist ein Netzwerk auf freiwilliger, kooperativer Basis, das über Telefonleitungen arbeitet. Ein Übertragungsprogramm namens UUCP (UNIX to UNIX Copy) wird dazu benutzt, Daten mittels Datenfernübertragungen (zumeist über Telefon- bzw. Modemstrecken) zu übermitteln.

Jeder Knoten im USENET-Netz unterhält eine Liste von benachbarten Standorten, an die er in regelmäßigen Abständen Daten überträgt.

Das Netz UUCP und sein Sub-Netz USENET bestehen aus einem großen, losen Verbund an Rechnern, die auf freiwilliger Basis sich gegenseitig anrufen und Daten ad hoc übertragen. Das UUCP-Netz wird zum größten Teil dazu benutzt, elektronische Post (e-mail) Nachrichten hin- und herzuschicken. USENET besteht aus „Nachrichtengruppen", die im wesentlichen einen elektronischen Aushang darstellen, der von Rechner zu Rechner weitergereicht wird. Dieser Informationstyp heißt NEWS und wird mittels USENET übertragen. NEWS ähnelt einem elektronischen Informationsblatt und überträgt zum Beispiel Artikel, die jeweils einer von über 200 Themengruppen zugeordnet werden. NEWS wird mit dem gleichen Mechanismus wie elektronische Post im Netz verschickt.

UUNET wurde von der Anwendergruppe USENIX gegründet. Das ihm zugrundeliegende Konzept ist das eines gemeinnützigen Kommunikationsdienstes, das entworfen wurde, um den Zugang zu USENET news, UUCP mail, ARPANET mail und zu verschiedenen Quelltextarchiven durch einen Mengenrabatt preiswert anbieten zu können.

Dateiübertragung von Maschine zu Maschine wird durch die UNIX-Funktion „ftp" möglich gemacht, ein Programm, das die Übertragung von Dateien zwischen Systemen erleichtert, indem der Computer, auf dem das Programm ausgeführt wird, ein Terminal emuliert und so für andere Computer wie ein Terminal aussieht. Das Programm „tip" bietet unter UNIX eine Terminalemulation.

2.5.7 Andere UNIX-Dienstprogramme

Je nach UNIX-Version oder -Variante, wird das System zusammen mit verschiedenen Dienstprogrammen ausgeliefert. Systemanbieter und unabhängige Softwarelieferanten bieten darüber hinaus viele weitere optionale Softwarepakete gegen einen Aufpreis an.

Es ist zu erwarten, daß mehrere der großen Softwarefirmen den UNIX-Markt angehen, sobald die Zahl von UNIX-Varianten abnimmt. Diese Firmen werden dann Software-Anwendungen anbieten, die typische Systemdienstprogramme bereits enthalten. Zum Beispiel enthalten viele Datenbanken eigene Funktionen für die Datensicherung.

2.5.8 Die UNIX-Entwicklungsumgebung für Software

Aus der Geschichte wissen wir, daß UNIX ursprünglich von und für Softwareentwickler konzipiert wurde. In Universitäten und wissenschaftlichen Einrichtungen konnte es sich voll entfalten, weil es eine umfangreiche, aber dennoch einfache Umgebung für die Softwareentwicklung unterstützte. Einer der Hauptvorteile von UNIX ist die Portabilität der Software. Diese Portabilität wird zum größten Teil durch die Entwicklungsumgebung möglich gemacht. Frühe UNIX-Versionen enthielten kostenlos Compiler für damals neue Programmiersprachen wie C und PASCAL. Die Softwareumgebung ist damit ein tragendes Element des UNIX-Erfolgs und wird es in Zukunft wohl weiterhin sein. Schwierige Probleme gibt es auf jedem System. UNIX bietet hier mehr Werkzeuge, um sie zu bewältigen, als die meisten anderen Systeme.

Die Software-Entwicklungsumgebung – eine der Stärken von UNIX. In den letzten zehn Jahren hat der Prozeß des Softwareengineering ziemliches Interesse erregt. Es gibt einen großen, ständig anwachsenden Markt für Entwicklungswerkzeuge und Produktivitätshilfen. Dem Programmierer stehen heute sogar sogenannte Power-Tools zur Verfügung. Hierzu gehören Werkzeuge wie die Sprachen der dritten Generation (FORTRAN, COBOL, C, usw.), die Sprachen der vierten Generation (FOCUS, NOMAD, usw.), Konzeptions-, Analyse- und Spezifizierungswerkzeuge für die Softwareentwicklung, Hilfsprogramme für die Quelltextverwaltung und das Projektmanagement und vieles mehr. Hierunter fallen auch ganze Entwicklungssysteme, die man „Software Development Workbenches" („Software-Entwicklungs-Werkstätten") nennt. Diese besitzen Mechanismen, die es einzelnen Werkzeugen erlauben, miteinander zu kooperieren, Informationen auszutauschen und die Steuerung weiterzureichen. Oft sind diese Toolkits auf eine besondere Methodik ausgerichtet, mit der Software auf einer höheren Abstraktionsebene modelliert werden kann, z.B. mit Hilfe von Entity-Relation- oder Prozeßflußdiagrammen. Werkzeuge zur Softwareentwicklung, ob diskret oder integriert, adressieren in der Regel nur einen Teil der Probleme des Software- oder Systemlebenszyklusess. Abbildung 2.9 zeigt verschiedene Phasen im Software-Entwicklungszyklus. Gezeigt werden auch Werkzeuge, die in der Regel im Standardumfang der UNIX-Systeme enthalten sind. Weitere Werkzeuge werden von unabhängigen Softwarefirmen angeboten. Sie sind jeweils in der Phase dargestellt, in der sie zur Anwendung kommen.

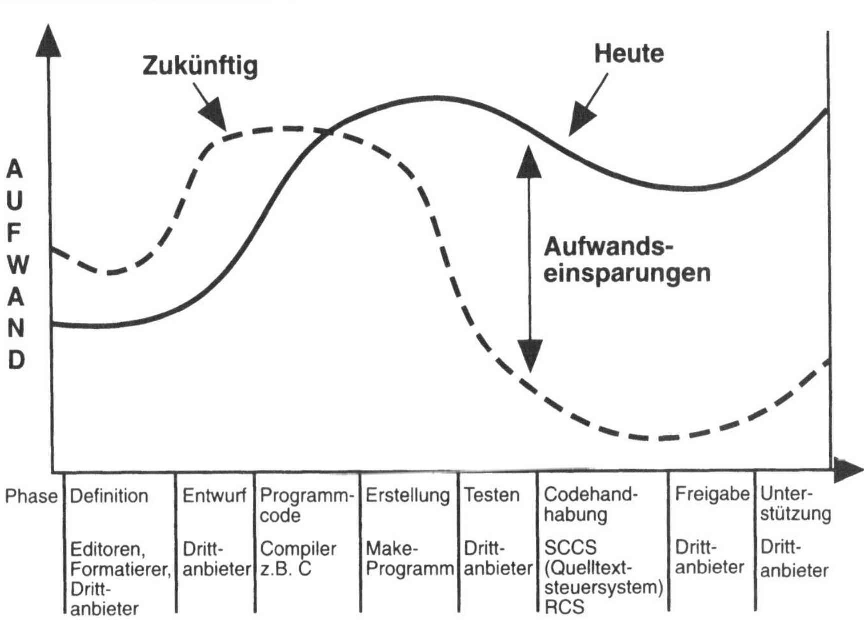

Phase	Definition	Entwurf	Programm-code	Erstellung	Testen	Codehand-habung	Freigabe	Unter-stützung
	Editoren, Formatierer, Dritt-anbieter	Dritt-anbieter	Compiler z.B. C	Make-Programm	Dritt-anbieter	SCCS (Quelltext-steuersystem) RCS	Dritt-anbieter	Dritt-anbieter

Abbildung 2.9 Der Lebenszyklus der Software-Entwicklung.
Moderne Entwicklungswerkzeuge werden zusätzliche Arbeit bei der Definitions-
und Entwurfsphase bedingen, dafür hinterher große Kostenersparnisse mit sich
bringen.

Viele Experten sind der Ansicht, daß sich der Trend von den traditionellen Sprachen wegbewegt. Neue Technologien, die auf die einmaligen,
konzeptionellen Bedürfnisse bei der Erstellung des Programmprototyps
am Anfang des Zyklus und die Wartung und Neuentwicklung des Codes
am Ende des Zyklus abheben, werden entwickelt werden. Mächtige Ent-
wicklungs- und Analysewerkzeuge werden für den strukturierten Entwurf sowohl von Datenbanken als auch von Prozeßsteuerung folgen. De-
sign-Information wird zusammen mit normierten Codesequenzen angewandt werden, um große Teile des Programmcodes automatisch zu generieren. Gleichzeitig kommen Werkzeuge auf den Markt, mit denen
man alte Codes neu aufbereiten kann. Sie sind in erster Linie für Programmierer gedacht, die ihre meiste Zeit damit verbringen, Programme
zu warten, denn sie sind Hilfsmittel bei der Analyse von Quelltext und
können daraus höhere Programmstrukturen abstrahieren. Diese höhere
Informationsebene kann dann verändert und neuer Code automatisch
daraus generiert werden.

Shellprozeduren, Basis-Programme und andere Dienstprogramme unter UNIX stellen Werkzeuge und eine Umgebung zur Verfügung, die eine schnelle Entwicklung von Prototypen möglich macht. Dies trifft heute besonders für technische und systemnahe Entwicklung zu und wird in naher Zukunft wahrscheinlich auch für andere, kommerziell orientierte Softwareentwicklungen gelten.

Ein wesentlicher Teil der Grunddefinition des UNIX-Standards bezieht sich auf die Systembibliotheken. Sie sind unerläßlich, um die Portabilität zwischen UNIX-Varianten zu erleichtern. Diese Systembibliotheken können als Teil des Betriebssystems betrachtet werden. Die UNIX-Shell, wie an früherer Stelle beschrieben, übersetzt Befehle, die vom Anwender eingegeben werden oder aus einer Shell-Prozedurdatei stammen, und ruft die entsprechenden (System-) Bibliotheksfunktionen auf. Der Anwender arbeitet mit der UNIX-Shell, und diese wiederum mit dem Betriebssystem.

Ein Programmierer bzw. sein Programm kann wie die Shell Systembibliotheksfunktionen aufrufen. Systembibliotheken bestehen aus mehren einzelnen Bibliotheken, für jeweils unterschiedliche Aufgabenbereiche wie mathematische Berechnungen, Datei- und Geräte-Ein-/Ausgabe oder für die Terminalsteuerung.

2.6 Das UNIX-Dateisystem

Das Dateisystem von UNIX ist ein einfaches, hierarchisches Dateisystem. Es unterscheidet sich von anderen Dateisystemen dadurch, daß es alle Dateien als Zeichen- bzw. Bytefolge betrachtet. Es verwaltet dynamisch das Anwachsen von Dateien und unterstützt einfache Schutzmechanismen, um die Möglichkeiten eines Benutzers auf Dateien zuzugreifen oder sie zu verändern zu kontrollieren. Peripheriegeräte werden vom UNIX-Betriebssystem weitgehend wie Dateien behandelt. Andere Betriebssysteme benutzen meistens eine Vielzahl von Dateitypen, die zu ihrer Komplexität beitragen. UNIX-Befehle und -Dienstprogramme können in der Regel elegant, flexibel und trotzdem vielseitig auf Peripheriegeräte zugreifen, ohne daß dazu spezielle Software benötigt wird.

Viele Eigenschaften des UNIX-Dateisystems waren einzigartig, als UNIX-Entwicklung begann. Viele dieser Eigenschaften wurden inzwischen von anderen Betriebssystemen übernommen. Wenn Ihnen große Teile dieser Erläuterungen bekannt vorkommen, so ist dies deshalb kein Zufall.

Mit dem UNIX-Dateisystem läßt sich eine hierarchische Dateistruktur organisieren. UNIX-Dateien werden dynamisch zugeordnet. Als Folge davon muß der Anwender nicht mehr planen, wie groß seine Dateien werden könnten und wieviel Platz auf der Platte dafür benötigt werden könnte. UNIX-Dateien haben keine festgelegte interne Struktur. Sie sind schlicht und einfach eine Folge von Bytes. UNIX strukturiert die Dateien nicht mit besonderen Formaten, außer bei den Verzeichnissen. Somit können alle dateiorientierten Dienstprogramme auf alle Dateien angewendet werden.

Unter UNIX können Daten von Peripheriegeräten genauso gelesen oder an sie ausgegeben werden wie bei normalen Plattendateien. Folglich kann die Ein- oder Ausgabe von und zu jedem Gerät umgeleitet werden, als ob es eine Plattendatei wäre.

UNIX-Dateien sind in Verzeichnissen, sogenannten Directories, zusammengefaßt. Directories enthalten eine Liste der Dateien und Verzeichnisse, die im Verzeichnis enthalten sind, zusammen mit einem Verweis auf den Dateikopf der Dateien. Im Dateikopf wiederum – unter UNIX wird er i-node genannt – liegen die Daten, die zur Verwaltung einer Datei gebraucht werden. Hierzu gehören der Name des Dateibesitzers, die Zugriffsrechte verschiedener Benutzergruppen auf die Datei, das Datum der Dateierzeugung, das Datum der letzten Veränderung, das Datum des letzten Zugriffes sowie ein Verweis auf den eigentlichen Dateirumpf.

Die folgende Liste enthält charakteristische Merkmale oder Limitierungen, die bei verschiedenen Versionen von UNIX-Dateisystem-Implementierungen vorkommen:

- Maximale Größe einer Datei
- Maximale Größe eines Dateisystems oder eines Verzeichnisses
- Fähigkeiten der Dateien, über physikalische Plattengrenzen hinwegzugehen
- Maximale Länge des Dateinamens
- Maximale Zahl von Dateien, die ein Dateisystem enthalten kann
- Maximale Tiefe von verschachtelten Verzeichnissen

2.7 Betrieb von Ein- und Mehrbenutzersystemen

Von Anfang an wurde UNIX dafür entworfen, als Betriebssystem Programmierergruppen zu unterstützen. Es ist folglich seinem Wesen nach ein Mehrbenutzersystem. UNIX kann abhängig von der Hardware, auf der es läuft, einen oder mehrere hundert Benutzer gleichzeitig unterstützen. Eine ganze Anzahl von Multi-User-Eigenschaften sind bei UNIX bereits im Grundkonzept vorhanden.

Ein Anwender kann unter UNIX mehrere Programme gleichzeitig ausführen. Da mehrere Programme gleichzeitig laufen dürfen, können damit auch mehrere Benutzer gleichzeitig arbeiten. Wenn eine Gruppe von Anwendern vorhat, ein System gemeinsam zu nutzen, stellt das UNIX-System einen Paßwort-Mechanismus zur Verfügung, um den Dateizugriff zu überwachen. Benutzerpaßwörter können eingesetzt werden, um beim Anmelden eines Benutzers beim System den Systemzugang zu kontrollieren.

Systemnahe Dienstprogramme verwalten den Zugriff auf gemeinsam genutzte Geräte wie Drucker, Magnetbandlaufwerke oder Plotter. UNIX bietet natürlich wie andere Systeme auch Systemverwaltungsprogramme für die Wartung, Verwaltung des Systems, für die Datensicherung und -Datenwiederherstellung ebenso wie zur Erstellung von Systemprotokollen und für Abrechnungszwecke.

Weitere Programme ermitteln und zeigen den Systemzustand und lassen erkennen, wer auf dem System arbeitet und was er tut.

2.8 Systemverwaltung

Die Systemverwaltung ist ein Thema, das für das Management von besonderem Interesse sein dürfte. Dieser Abschnitt erklärt Ihnen, warum Sie einen UNIX-Systemverwalter benötigen, und beschreibt die besonderen Verantwortlichkeiten und Tätigkeiten eines Systemverwalters auf einem UNIX-Rechner.

Ein UNIX-Superuser ist ein Anwender, der bestimmte Privilegien für sich beanspruchen kann, wenn er sich am System entsprechend anmeldet. Der Superuser ist der Herr und Meister des Systems und kann Funktionen ausführen, die normalen Benutzern nicht zur Verfügung stehen. Der Superuser ist unter UNIX der einzige Anwender, der die folgenden Funktionen ausführen darf:

- Datensicherung und Wiedereinlesen der Systemdateien.
- Das Editieren sensibler Dateien wie zum Beispiel der Kernkonfigurationsdatei oder Paßwortdateien.
- Verändern von Zugriffsberechtigungen für Verzeichnisse oder Dateien.
- Hinzufügen, Ändern oder Löschen von Benutzern im System.

Ein Systemverwalter wird von Zeit zu Zeit als Superuser arbeiten, aber es können natürlich auch andere, beispielsweise Systemprogrammierer, Superuser-Zugriff zum System haben.

Die Verantwortung des Systemverwalters besteht einfach darin, das System (und die dazugehörige Gerätschaft) reibungslos am Laufen zu halten. Der Systemverwalter ist auch oft der „Guru", der alle UNIX-Befehle und Dienstprogramme und deren Interaktion kennt. Wenn etwas schiefgeht, ist es meistens der Systemverwalter, der die Situation durchdenkt und das Problem genau lokalisiert – mit anderen Worten, er ist ein Tausendsassa: Er ist Bediener, Guru, Beratung, Ansprechpartner für den Systemanbieter und Herr „Wird's-schon-richten".

Der Systemverwalter (oder die damit beauftragten Personen) hat für alle Systembenutzer eine direkten Einfluß auf die Systemqualität. Er hat eine wichtige Funktion, und ein gutes Management wird dafür sorgen, daß die Verantwortlichen die notwendigen Qualifikationen besitzen.

Tabelle 2.4 führt die wichtigsten Aufgaben des Systemverwalters unter UNIX auf und gibt an, wie oft diese auszuführen sind. Die Aufgaben und ihre Häufigkeit sind dabei natürlich auch von der Art und dem Umfang des Rechnereinsatzes abhängig.

Die nachfolgende Tätigkeitsbeschreibung zeigt Verantwortlichkeiten und Aufgaben eines Systemverwalters:

1. Bestellung und Installation neuer Hardware- und Software-Releases, einschließlich der Abnahmeprüfungen für Funktionalität und Betriebssicherheit.
2. Bereitstellung von Schulungen und Support für Benutzer für grundlegende System- und Anwendungssoftware .
3. Planung und Koordinierung laufender Systempflege, einschließlich der Durchführung von Routinearbeiten und vorbeugender Wartung.
4. Einrichten von neuen Benutzer-Konten und das Aktualisieren von Systemdateien für elektronische Post und Netz.
5. Planung von Kapitalausgaben für Anschaffungen, die dem Wachstum der Organisation Rechnung tragen.
6. Hilfestellung bei kritischen Systemsoftware-Projekten.
7. Anleitung und Hilfe für jüngere Mitarbeiter, die die alltägliche Arbeit eines Operators vornehmen.
8. Er erhält in der Regel nur allgemeine Richtlinien und muß in der Lage sein, die eigene Arbeit selbständig innerhalb der Gruppe zu koordinieren. Er bedarf nur minimaler Unterstützung durch das Management.
9. Organisation des Rechnerbetriebs. Dazu gehört, daß die Benutzer wissen, wie sie Dienstleistungen abrufen können und wer dabei die An-

Tabelle 2.4 UNIX-Systemverwalteraufgaben.

Aufgabe	**Häufigkeit**
Betriebssystem oder wichtige Software-Anwendungen installieren	Ein- oder zweimal im Jahr
Fehlerbehebungs-Software, neue Releases und andere wichtige Software installieren	Vierteljährlich
Neue Hardware installieren	
Wichtige Systeme	Nicht oft, meist mit Hilfe des Anbieters
Zusatzkarten, Drucker, etc.	Monatlich
Neue Terminals, Modems, etc.	Wöchentlich
Diagnose und Behebung von Problemen	Wie sie auftreten
Instandhaltung und Datei-system-Überprüfungen	Täglich / wöchentlich
Schaffung neuer Benutzer-umgebungen	Nach Bedarf
Zuordnung von Plattenbereichen	Nach Bedarf
Instandhaltung der Drucker, Modems, etc.	Monatlich oder nach Bedarf
Systemsicherung	Täglich (inkrementell), wöchentlich (voll)
Programmierung (und SHELL-Prozeduren)	Täglich (je nachdem)
Schaffung neuer Anwenderumgebungen	
Wiederherstellung alter Dateien von Sicherungskopien	Nach Bedarf
Netzverwaltung	
Schaffung von UUCP/Anwähl-umgebungen	Nach Bedarf
Einrichten und Verlagern von Client Partitions zwischen Servern	Nach Bedarf
Andere Dienste für Anwender organisieren	Nach Bedarf
Installation von Ethernet oder TTY-Drops	
Einfache Hardware-Reparaturen	Könnte notwendig sein

laufstelle ist. Diese Dienste sind unter anderem: Einrichten von neuen Benutzerumgebungen, Planung neuer Maschineninstallationen, Software-Installation, Wiederherstellung von Dateien nach Systemzusammenbrüchen, schnellstmögliche Ausführung von Hardwarereparaturen, die Lösung von UNIX-Problemen, Softwarelizensierung, Bereitstellung von Geräten und Anschlüssen, um außerhalb der Firma arbeiten zu können und die Bereitstellung von kommerzieller Software.

Die erforderlichen Qualifikationen eines erfahrenen UNIX-Systemverwalters beinhalten typischerweise folgendes:

- Informatikstudium oder eine vergleichbare Ausbildung und Erfahrung als UNIX-Systemverwalter.
- Ein Minimum von zwei Jahren Erfahrung bei der UNIX-Systemverwaltung.
- Kenntnisse der Software, der Dokumentation und der Dienstprogramme des UNIX-Betriebssystems.
- Beherrschung der Programmiersprache C und die (nachgewiesene) Fähigkeit, Shell-Prozeduren schreiben und Aufgaben manuell durchführen zu können, die normalerweise anhand einer Shell-Prozedur durchgeführt werden.
- Im Umgang mit Benutzer und Rechneranbieter ist gute Kommunikationsfähigkeit notwendig, sowohl schriftlich als auch mündlich. Darüber hinaus sollte die Person sehr belastbar sein.

Der Systemverwalter muß, wenn man so will, das Wissen und die Kreativität eines „Hackers" besitzen – mit einem wichtigen Unterschied. Er muß sicherstellen, daß das System in hohem Maße zuverlässig und mit der notwendigen Datenintegrität läuft; der Hacker hat normalerweise für diese „profanen" Probleme kein Interesse. Die Kreativität eines Systemverwalters ist stets darauf gerichtet, daß das System ständig den Anforderungen seiner Anwender gerecht wird.

Aus der UNIX-Geschichte läßt sich eine wichtige Lehre ziehen. UNIX fördert technische Innovation. Es kann der Traum eines jeden Hackers oder Programmierers sein, da es die schnelle Prototypenentwicklung einer Anwendung leicht macht. Aber der Systemverwalter muß von den anderen, technisch orientierten Systemanwendern als eine Bereicherung angesehen werden, als einer, der ein legitimes Interesse daran hat, zu wissen, was sonst in der Umgebung vor sich geht.

Es gibt inzwischen eine Reihe von guten Büchern, die sich mit der UNIX-Systemverwaltung befassen. Im Zuge der Erweiterung Ihrer Installation sollte sich Ihr Systemverwalter diese Nachschlagewerke beschaffen und sich bei Ihren Anbietern schulen lassen.

Zum Schluß noch eine Anmerkung zur Motivation Ihres Systemverwalters. Ein kompetenter Verwalter stellt für die Firma eine große Bereicherung dar, und Sie werden mit anderen, sowohl innerhalb als auch außerhalb der Firma, um diese Person kämpfen müssen. Was noch schlimmer ist, Sie werden Mitarbeiter, die Sie eingestellt und geschult haben, häufig dann verlieren, wenn sie ihre Sache wirklich beherrschen (nach ein oder zwei Jahren). Obwohl es ein ausreichendes Reservoir an qualifizierten Systemverwaltern gibt, sollten Sie denjenigen einstellen, der die meiste Erfahrung aufweisen kann, damit er wiederum in der Lage ist, neue Mitarbeiter einzuarbeiten. Abgesehen von dieser „Führungs"-Position können Systemverwalter „on-the-job" eingearbeitet werden, nur sollten sie in dieser Trainingsphase Ihr System nicht unnötigen Risiken aussetzen. Sie sollten im voraus für diesen Systemverwalter weitere Karrierestufen planen, weil früher oder später dieser lebensnotwendige Angestellte wahrscheinlich seine Stellung wechseln wird, um Systemprogrammierer, Anwendungsprogrammierer oder Manager zu werden.

Die folgende Liste zeigt die typischen Jahreseinkommen für Computer-Bediener, Systemverwalter und Programmierer. Natürlich können sie je nach Lage der Firma stark abweichen.

Gehälter in US-Dollar für 1991

Operator	$ 18.000 bis 24.000
Systemverwalter (Anfangsgehalt)	$ 24.000 bis 28.000
Systemverwalter (erfahren)	$ 30.000 bis 45.000 und mehr
C-Programmierer (Anfangsgehalt)	$ 28.000 bis 40.000
C-Programmierer (erfahren)	$ 40.000 bis 60.000 und mehr

Diese Zahlen lassen sich etwa mit dem Faktor 1,6 bis 1,8 auf deutsche Verhältnisse und DM übertragen.

2.9 Computersystem- und Netzsicherheit

Auf einen einfachen Nenner gebracht, besteht die Sicherheit von Rechnersystemen aus Prozessen, Prozeduren oder Hilfsprogrammen, die gewährleisten, daß Daten, die in einen Computer eingegeben werden, zu einem
späteren Zeitpunkt wieder abgerufen werden können, und zwar grundsätzlich nur von denjenigen, die dazu autorisiert sind. Zusätzlich sollten
die Sicherheitmechnismen den Systemmanager warnen, wenn Versuche
gemacht werden, diese Sicherheitseinrichtungen zu unterlaufen. Ein solcher Verstoß liegt beispielsweise vor, wenn eine Person oder eine Gruppe
von Personen auf Daten unerlaubt zugreifen. Gegen die Sicherheit ist ver-
stoßen worden, wenn der Übeltäter fremde Daten zerstört oder verändert
und so das Auffinden der ursprünglichen Information unmöglich macht.

Obwohl in akademischen und wissenschaftlichen Forschungseinrichtungen ein erheblicher Aufwand betrieben wurde, die Probleme der
Computersicherheit zu untersuchen, wurde bisher wenig davon auch
wirklich in nennenswertem Maßstab in die Praxis umgesetzt. Computer
sind für sich genommen nicht unsicher, aber die Versuchung ist groß,
Computer mit laxen Sicherheitsvorkehrungen zu bauen und zu betreiben, da die Bedienung ohne Sicherheitsvorkehrungen oft einfacher,
schneller und benutzerfreundlicher wird.

Ist ein Computersystem für eine größere Gruppe von Benutzern vorgesehen, muß das Betriebssystem zwischen den Benutzern unterscheiden
können, damit es in der Lage ist, einen gegenseitigen Konflikt zu vermeiden. Mehrbenutzerbetriebssysteme sollten einem Benutzer nicht die
Möglichkeit geben, die Dateien eines anderen zu löschen, außer in Fällen,
in denen der Besitzer dieser Dateien die ausdrückliche Genehmigung
dazu erteilt. Die meisten Betriebssysteme verlangen vom Benutzer
sowohl einen Benutzernamen (genauer den Namen für einen Account)
als auch ein Paßwort, bevor der Zugang zu einer Benutzersitzung möglich ist. Benutzernamen sind meistens allgemein bekannt, Paßwörter sind
in der Regel geheim.

Die meisten mittleren und großen Rechner unterstützen einen Multi-
User-Betrieb und ermöglichen Zugriff auf private oder öffentliche Datennetze. Daten, die auf diesen Rechnern und Rechnernetzen gespeichert
sind, werden damit für jeden zugänglich, der auf diese Netze Zugriff hat.

UNIX besitzt von Anfang an Sicherheitmechnismen, und der UNIX-Systemverwalter kann somit bestimmen, wie sicher einerseits oder wie offen andererseits das System sein soll. Das Problem besteht darin, den
richtigen Mittelweg zu finden zwischen einer völlig sicheren Rech-

nerumgebung und einer Umgebung, die es Anwendern erlaubt – sie sogar dazu ermuntert –, Daten miteinander zu teilen. Mit der Einführung von vernetzter EDV wird die UNIX-Systemsicherheit am besten in Form einer hierarchischen Anordnung dargestellt:

Netzmanagement

Systemmanagement/-verwaltung

Systembedienung

Systemprogrammierer

Anwendungsprogrammierer

Benutzer

Amerikanische Regierungsbehörden gehören zu den treibenden Kräften, was Computersicherheit angeht, und auf Grund ihrer Vergabepolitik von DV-Aufträgen sind sie ausschlaggebend dafür, daß der Stand der Technik im Bereich Sicherheit bei UNIX-Implementierungen immer höher geschraubt wird. Eine weitere treibende Kraft ist die Sorge um den Verlust von Daten, Datenintegrität und Rechenzeit, die durch Sicherheitsverstöße verursacht wird.

Die historische Schwäche von UNIX auf dem Gebiet der Computersicherheit ist ein ernstzunehmendes Problem. Der nächste Abschnitt erläutert die berüchtigte Invasion eines jungen Programmierers bzw. des von ihm verschickten Wurmprogramms in das Internet-Netz. UNIX ist nicht das einzige Betriebssystem, das solchen Angriffen ausgesetzt ist. Alle Rechnersysteme sind in einem gewissen Umfang dafür anfällig. Was die Geschichte mit dem „Computerwurm" so interessant macht, ist die Tatsache, daß das Problem gleichzeitig von einer großen Anzahl von Spezialisten untersucht wurde, die sich alle darum rissen, als erster die Ursache zu finden. Als das Problem einmal isoliert war, konnte es schnell behoben werden, und Korrekturen wurden in die Grundsoftware integriert, um einen ähnlichen Vorfall in der Zukunft zu vermeiden. UNIX-Systemverwalter implementierten die Nachbesserungen, die über die gleichen Netzwerke veröffentlicht wurden, in denen sich vorher der Wurm verbreitet hatte.

„UNIX-Sicherheit" wurde bis vor kurzem als Oxymoron betrachtet. Weil Sicherheit nicht ein primäres Anliegen der frühen UNIX-Entwickler war, erfordern zusätzliche Sicherheitsvorkehrungen, die über die grundlegenden Dateischutzmaßnahmen hinausgehen, weitreichende Änderungen am Betriebssystem.

Es ist bekannt, daß gut ausgebildete und beharrliche Anwender den Schutz der meisten sorgfältig konzipierten Systeme durchbrechen können. Frühe UNIX-Versionen hatten größere Sicherheitslücken, als die Entwickler generell zugaben. Jedoch wurden im Laufe der Jahre viele, aber nicht alle, geschlossen. Da Anbieter auf verschiedene Weise Sicherheit in ihre Systeme eingebaut haben, bestehen Unterschiede hinsichtlich der Sicherheitsgrade und –eigenschaften bei verschiedenen UNIX-Versionen.

Der berühmte Internet-Wurm, der Ende 1989 für Wirbel sorgte, machte sich Fehler im Mail-System und in einer C-Bibliothek zunutze. Diese Probleme waren schon seit Jahren bekannt, aber erst nach der Internet-Erfahrung wurden die bis dahin laxen Sicherheits- und Verwaltungsmaßnahmen für Systeme auf dem Internet verschärft.

In den letzten Jahren haben UNIX-Installationen dramatisch zugenommen und mit ihnen das Bewußtsein für die Schwächen des Systems. Bei den meisten UNIX-Produkten wurden wesentliche Verbesserungen an den Sicherheitsvorkehrungen getroffen. Abgesehen von den Fehlernachbesserungen und sicherheitsrelevanten Erweiterungen sind jetzt UNIX-Versionen von Anbietern erhältlich, die den C2- oder sogar B2-Anforderungen des sogenannten „Red Books" entsprechen. Das Red Book ist eine vom NCSC (National Computer Security Council – der amerikanische Rat für Computersicherheit) erarbeiteter Kriterienkatalog für Systeme mit besonderen Sicherheitsanforderungen.

In Deutschland steht inzwischen ein europäisches Pendant zum Red Book in Form des „Nationalen Kriterienkatalogs zur Evaluation von vertrauenswürdigen IT-Systemen" zur Verfügung. Er wurde von der ZSI (Zentralstelle für Sicherheit in der Informationstechnik) erarbeitet.

Die weiterentwickelten Sicherheitseigenschaften, die angeboten werden, beinhalten:

Diskrete Zugangskontrolle – gibt Anwendern die Möglichkeit, zu bestimmen, wer Zugang zu Datendateien hat und was für eine Art Zugang den Anwendern gewährt wird.

Identifikation und Authentifizierung – gibt allen Anwendern eindeutige Login-Namen und Paßwörter. Die Tätigkeiten der Anwender werden vom System verfolgt und aufgezeichnet.

Administrative Kontrollen – stellt an Systemverwalter die Anforderung, sich durch verschiedene Ebenen zu bewegen, wobei der Zugang immer privilegierter wird und auch auf festgelegte Systemkonsolen beschränkt werden kann.

Protokollierung des Rechernutzung – zeichnet jeden Befehl, der von einem Benutzer initiiert wird, für eine spätere Überprüfung auf.

Beschränkte Umgebung – stellt nur eine Untermenge von Befehlen und Kommandos zur Verfügung und enthält andere Einschränkungen für Situationen, in denen der Benutzer nicht Zugang zu allen Systemeinrichtungen benötigt.

Es gibt darüber hinaus zahlreiche weitere Aktivitäten, die das wachsende Engagement bezüglich Sicherheit widerspiegeln.

2.9.1 Die Geschichte des Computerwurms

Am Mittwochabend, dem 2. November 1988, wurde das Internet-Netz von einem Programm angegriffen, das sich Schwächen im UNIX-BSD- (und davon abgeleiteten) Systemen zunutze machte. Das Internet-Netz ist ein großes öffentliches Netz für Forschungs- und Verteidigungszwecke und umfaßt weitere Unternetze wie ARPANET, MILNET und NSFnet. Es ist ein von der Regierung gesponsertes Netz, das es verschiedenen militärischen, staatlichen, Ausbildungs- und Forschungseinrichtungen möglich macht, miteinander zu kommunizieren und Informationen auszutauschen.

Sicherheitslücken in der UNIX-Betriebssystemumgebung gaben dem Wurmprogramm die Möglichkeit, sich Zutritt in fremde Systeme zu verschaffen und sich zu vervielfältigen, wobei das Programm die Kontrolle über das System bekam, indem es das Dateisystem „überflutete" und sich fortwährend kopierte, so daß der Prozessor nicht in der Lage war, irgend etwas anderes zu tun.

In der Presse machte diese Geschichte Furore. Ein Computer-Virus hatte diese Netze angegriffen und die Rechner blockiert. Technisch gesehen war es kein Virus, sondern ein Wurm. Der Unterschied ist folgender: Ein „Virus" ist ein Programm, das sich repliziert, indem es sich die Schwächen des Betriebssystems zunutze macht und sich an andere Programme anhängt, einschließlich des Betriebssystems selbst. Es benötigt einen „Wirt", von dem es lebt. Wenn der Wirt aktiviert wird, wird auch das Virus aktiviert, in Analogie zu einem biologischen Virus. Das Virus dringt in die Wirtszellen (-programme) ein, übernimmt die Kontrolle und zwingt diese Programme, weitere Viren zu generieren.

Ein „Wurm" hingegen zerstört keine Daten oder Programme. Statt dessen beeinträchtigt er die Leistung des Rechners, den er angegriffen hat, indem er eine sehr große Zahl an Aufträgen laufen läßt oder indem er alle irgendwie zur Verfügung stehenden Ressourcen aufbraucht. Ein Wurm kann allein laufen und eine voll arbeitsfähige Version von sich auf andere Rechner schicken. Typischerweise veranlaßt ein Wurm ein System, so viele Prozesse zu starten, daß die gesamte Plattenkapazität, alle Prozeßzyklen, Speicher oder welche Ressource auch immer er angreift, aufgefressen werden.

Während der Episode vom November 1988 wurden Hunderte von Maschinen in großen Universitäten und Laboratorien vom Internet-Wurm befallen, unter anderem Lawrence Livermore National Labs, Digital Equipment Corporation und zahlreiche Universitäten.

Als man den Wurm endlich isoliert hatte, untersuchte ein „Killerkommando", bestehend aus Teams aus Berkeley, dem MIT und der Purdue University, das Problem, um mehr über den Wurmcode zu erfahren. Sie nahmen ihn schnell auseinander und waren in der Lage, zu bestimmen, wie er funktionierte bzw. eine Fehlerbehebung zu entwerfen, der ihn zerstören und eine neue Plage unmöglich machte.

Der Internet-Wurm wurde von einem 23jährigen Doktoranden der Cornell-Universität entworfen, einem gewissen Robert Tappan Morris. Es ist eine Ironie des Schicksals, daß sein Vater der Vorsitzende des National Computer Security Center ist, das öffentliche Forum der NSA für Computersicherheit. Sein Vater hat in der Vergangenheit oft Vorträge über die Aspekte der Sicherheit bei UNIX gehalten, und sicherlich wird er in Zukunft nicht sehr weit vor die Türe gehen müssen, um das Thema zu behandeln. Kommilitonen seines Sohnes behaupteten, daß der Wurm eine „Panne" gewesen sei – daß ihr Mitstudent vorgehabt habe, den Wurm loszulassen, daß er aber nicht mit einer so schnellen und weiten Ausbreitung gerechnet habe. Der Wurm erwies sich jedoch als unglaublich virulent und machte den Versuch, sich bei jedem System, das er nur finden konnte, einzuschleichen. Er konnte jedoch nur VAX- und Sun-Rechner befallen, auf denen Berkeley-UNIX lief, da er nur für diese beiden programmiert war.

Man wußte, daß das eigene System befallen war, wenn man feststellte, daß Hunderte von Aufträgen auf diesem System liefen und das System nicht mehr richtig reagierte. Der Wurm breitete sich rapide über das MILNET aus und hatte in nur drei bis vier Stunden in den USA landesweit über zehn Standorte erreicht.

Der Wurm machte sich eine Sicherheitslücke in dem UNIX-Dienstprogramm „sendmail" zunutze. Von einem entfernten Host-Rechner wurde eine Nachricht geschickt, um einen Editor zu starten. Ein 99zeiliges C-Programm wurde über das Netz geschickt. Der ferne Host schickte dann einen Befehl, dieses C-Programm zu kompilieren. Das Programm wurde gestartet und versuchte sich zu duplizieren, wenn es Adressen anderer Systeme fand. Hatte es einen anderen Host gefunden, duplizierte es sich erneut, und der Vorgang begann von vorne. Der Wurm stieß zum Kopieren und zum Verbreiten neue Prozesse an. Dadurch ging die Belastung der infizierten Maschinen schlagartig in die Höhe.

Der Weg in andere Systeme gelang dem Wurm, indem er fundierte Vermutungen über die Paßwörter anstellte. Leider wählen die meisten Leute ihre Paßwörter nicht sehr gut aus. Wenn der Wurm einmal Eingang in einen Benutzereintrag gefunden hatte, wiederholte sich der ganze Prozeß.

Innerhalb von Tagen hatte man den Wurm vollständig verstanden und ausgemerzt. Die Fehlerbehebung wurde per elektronischer Post verbreitet. Dadurch, daß man sich bei den meisten Installationen und Anbietern der Sicherheitslücken bewußt wurde, die dem Wurm den Zugang ins System ermöglichten, konnte man Vorsichtsmaßnahmen ergreifen, um einen Wiederbefall zu vermeiden. Die Anbieter, die Betriebssysteme liefern, konnten Maßnahmen ergreifen, um diese Lücken bei der nächsten Version ihres Betriebssystems endgültig zu schließen.

Nicht alle UNIX-Maschinen wurden von diesem Wurm angegriffen. Systeme, die auf Berkeley-UNIX 4.2 und 4.3 beruhten, waren die einzigen, die der Wurm infizierte. Fast alle Betriebssysteme haben Schwachstellen und sind angreifbar. Sichere UNIX-Betriebssystemversionen wurden nicht infiziert, aber die meisten nicht-militärischen Systeme verlangen nicht die von B1 bereitgestellte Sicherheitsstufe gemäß der NSA-Definition.

Im Sommer 1990 wurde Robert Tappan Morris angeklagt und verurteilt wegen schweren Hausfriedensbruchs – unerlaubten Eindringens in ein Rechnersystem. Im Mai erhielt er drei Jahre auf Bewährung, mußte 400 Stunden gemeinnütziger Arbeit leisten und 10.000 Dollar Strafe zahlen. Zu seiner Verteidigung brachte Morris vor, daß er, nachdem er den Wurm einmal freigesetzt hatte, keinen Kontakt mehr mit ihm hatte und nicht mehr in der Lage war, ihn zu kontrollieren. Wie am 8. Juli 1990 in der *MIS World* berichtet, wurde der Prozeß gegen Morris zum Prozeß gegen eine ganze Generation und Philosophie im Computer- und Informationszeitalter. Eine Reihe von Sicherheitsexperten, Freunde und Mitarbeiter von Roberts Vater, waren der Meinung, daß das Experiment seines Sohnes eine harmlose und lange überfällige Warnung in Hinblick auf krasse Lücken in der Computersicherheit darstellte, und sie argumentierten, daß der Sohn gefeiert, und nicht verurteilt werden sollte. *„Wenn Morris wirklich Schaden hätte anrichten wollen, wäre nichts übrig geblieben ...*

*die Computer hätten sich alle in Rauch bzw. ihre Daten in Wohlgefallen aufge-
löst"*, befanden manche.

Historisch gesehen, hat UNIX seinen Ursprung in Einrichtungen, die
der Forschung und Entwicklung dienen, Organisationen mit Sicherheitsvorkehrungen, die von der administrativen Ebene aus lax gehandhabt
werden. Leider hat sich auch im Zuge der wachsenden Popularität von
UNIX diese Gewohnheit nicht geändert. UNIX ist im Grunde nicht weniger sicher als andere Betriebssysteme, wenn es richtig verwaltet wird. Die
meisten Betriebssysteme werden vom Anbieter mit Sicherheitsvorkehrungen versehen, und der Systemverwalter oder der Anwender muß
diese Sicherheit nach eigenem Ermessen lockern. UNIX wird andererseits
„weit offen" geliefert und muß administrativ gestrafft werden.

Internet (und Netze im allgemeinen) haben neue Lücken in der System-
und der Netzsicherheit geöffnet. Jedes Netz ist nur so sicher wie sein
schwächstes Glied. Ein Knotenpunkt mit einem Sicherheitsproblem in einem Netz setzt das gesamte Netz diesem Problem aus.

Software, die für UNIX geschrieben wird, ist manchmal für sich genommen nicht sicher. In Zukunft werden wir erleben, daß das Angebot
an Werkzeugen und Anwendungen ausgebaut wird, mit denen sich die
Sicherheit und Systemverwaltung von UNIX-Systemen und -Netzen verbessern lassen.

2.10 Anwendungen

*Der Mythos der Pioniere in den USA ist sehr stark. In gewisser Hinsicht ha-
ben wir eine Abfolge von Betriebssystemen erlebt, und mit jedem neuen Betriebssystem konnte wieder Neuland erschlossen werden. Die „weißen Flek-
ken" unerschlossenen Landes für ein neues Betriebssystem sind jetzt allerdings geschwunden. Wenn wir die Cowboys sind, dann ist es jetzt Zeit für
die Farmer und die Rancher, Einzug zu halten — die Leute, welche die Anwendungen anbauen.*

Bill Joy, UNIX EXPO 1990

Mit Anwendung ist hier ein Programm gemeint, das eine besondere
Funktion bereitstellt, die über die Fähigkeiten des Betriebssystems hinausgeht und für Anwender ein Problem lösen hilft.

Anwendungen sind von mehreren Quellen erhältlich. Sie können vom
Systemanbieter zur Verfügung gestellt, von unabhängigen Softwarelie-

feranten angeboten oder von Anwendern selbst entwickelt werden. Unter einer Anwendung versteht man zumeist ein Programm, daß aus der UNIX-Shell aufgerufen wird, aber dann unabhängig von dieser arbeiten kann. Beispiele für Anwendungssoftware sind Tabellenkalkulation (sogenannte Spreadsheets), Desktop-Publishing-Software, Buchhaltungsprogramme und ähnliches. UNIX-Anwendungen sind von UNIX ziemlich unabhängig, und verschiedene Systemanbieter können verschiedene Anwendungen mit ihren Systemen verkaufen.

UNIX-Systeme werden oft aufgrund der für sie erhältlichen Anwendungen ausgewählt. Daher ist eine Bewertung der auf einer UNIX-Systemplattform verfügbaren Anwendungen für den Anwender oder Systemmanager ein wichtiges Kriterium. Sie hängt davon ab, ob der Anwender die Anwendungen schreibt, sie kauft oder beides tut.

Abschnitt 4.3.5 beschreibt die Entwicklung der unter UNIX laufenden Anwendungen. Die späteren Abschnitte in Kapitel 4 beschreiben Anwendungen für den technischen Markt, den kommerziellen Markt und für andere Märkte. Kapitel 5 beschreibt State-of-the-Art-Anwendungen, einschließlich verteilter Datenbanken und Bildverarbeitungsprogramme. Kapitel 6 zeigt Überlegungen zur Anwendungsportabilität Und schießlich finden Sie in Abschnitt 7.4 Hinweise auf Informationsquellen, die Ihnen bei der Suche nach speziellen Anwendungen helfen.

2.11 Die weitere Entwicklung von UNIX-Betriebssystemen

UNIX ist ein Betriebssystem, dessen Entwicklung auf der Basis einer besonderen Philosophie stattfand, was dazu führte, das es sich von anderen Betriebssystemen grundsätzlich unterscheidet. Konzipiert wurde es in Hinblick auf die Portabilität des Betriebssystems und der darauf laufenden Anwendungssoftware. Dies steht im Gegensatz zu proprietären Betriebssystemen, die nur auf bestimmten Rechnern laufen, wie das auf dem Intel-bestückten PS/2 von IBM laufende OS/2.

Das hierarchische Dateisystem und das Fehlen fester Dateistrukturen und -größen bedeuten, daß es keine besonderen Werkzeuge zum Lesen von speziellen Dateitypen mit besonderen Strukturen gibt – UNIX bietet nur einfache, sequentielle Dateien. Dies ist für die von UNIX unterstützte Vereinheitlichung der Ein-/Ausgabe bei Dateien, Geräten und zwischen Prozessen von grundlegender Bedeutung. Der vorherrschende Dateityp ist Text. Haben Sie erst einmal einen Editor, können Sie (fast) alles editieren!

Die Shell als UNIX-Oberfläche kann durch ihre Flexibilität ein mächtiges Instrument sein, kann aber vom Anwender in weitem Rahmen verändert oder ganz ersetzt werden. Die Shell bietet einfache Kontrollstrukturen und Parameterübergaben und läßt sich vielfach vom Anwender anstelle einer höheren Programmiersprache einsetzen.

UNIX-Befehle und -Dienstprogramme sind einfach und konsistent, da ihre ursprüngliche Programmierung davon ausging, daß die Ausgabe eines Programms als Eingabe für ein anderes benutzt werden kann. UNIX war in seinem Entwurf anfangs so schlicht und so klein, daß sogar der Kern von einem einzigen Programmierer gänzlich gelesen und verstanden werden konnte. Während andere Betriebssysteme ähnliche Funktionalitätsebenen bieten, ist UNIX einzigartig hinsichtlich seiner Einfachheit, der ihm zugrundeliegenden Philosophie, seiner Offenheit und Verfügbarkeit auf einem so breiten Spektrum an Rechnern und Rechnerarchitekturen.

UNIX wird sich auch in Zukunft weiterentwickeln. In drei bis fünf Jahren werden die Kerne der meisten UNIX-Systeme völlig neu strukturiert sein. Viele der heute im Kern realisierten Funktionen werden nach außerhalb des Kerns verlagert. Erweiterungen in Richtung Parallelisierung und Mehrprozessorbetrieb werden hinzukommen, und das Betriebssystem selbst wird in einer objektorientierten Form in C++ implementiert. Insbesondere werden UNIX-Entwicklungen sich den Problemen der Zusammenarbeit in Netzumgebungen stellen und ein bessere Unterstützung für verteilte Programme bieten.

Jenseits von UNIX. Während der 1990 in London stattfindenden Sommerkonferenz der britischen UNIX-User Group gaben Dennis Ritchie, Ken Thomspon, Rob Pike und Brian Kernighan die Entwicklung eines neuen Systems namens „Plan 9 from Bell Telephone Laboratories" bekannt. Der Name stammt von einem während der 50er Jahre gedrehten Science-Fiction-Film, der Kultstatus errang und *„Plan 9 from Outer Space"* hieß. Plan 9, von dem behauptet wird, er sei mit UNIX zwar „kulturell kompatibel", würde sich jedoch in keiner Weise an Standards halten, ist ein verteiltes System, das sich auf File-Server und intelligente Terminals, statt auf Workstations in lokalen Netzen konzentriert. Obwohl das System hochgradig portierbar ist, hat AT&T zum gegenwärtigen Zeitpunkt offenbar nicht vor, das System auszuliefern.

Diese UNIX-Pioniere ließen sich auf der Konferenz nicht gerade positiv über eine Reihe von Trends aus, die sich derzeit in der kommerziellen Welt der UNIX-Industrie bemerkbar machen. Vom natürlichen Wunsch der Systemprogrammierer nach freiem Zugang zum Quellcode zum

Zwecke der „Hackerei" einmal abgesehen, machte Pike in seiner programmatischen Rede auf den X-Windows-Standard aufmerksam, den man unter Druck von kommerzieller Seite zu schnell entwickelt hatte, was wiederum die Möglichkeit einer technisch eleganteren Lösung verhinderte.

Aufgrund seiner konsequenten Mißachtung von Standards wird das Plan-9-System zumindest in naher Zukunft wahrscheinlich kein kommerzielles Projekt werden, und wie UNIX wird es vielleicht erst in akademischen Kreisen auf Unterstützung stoßen müssen, bevor es auch außerhalb Anerkennung findet. Aufsätze, die sich mit Plan 9 beschäftigen, wurden anläßlich der „UK UNIX User Group Conference Proceedings" publiziert und sind zu beziehen von: UKUUG Secretariat, Owles Hall, Buntingford, Herts, SG9 9LP, United Kingdom.

3 Die Angebotsseite des UNIX-Marktes

Ein Buch, das eine Zusammenfassung aller auf dem Markt erhältlichen UNIX-Produkte enthält, wäre bei Drucklegung zum größten Teil schon überholt. Es ist im Grunde sogar für Branchenkenner unmöglich, auf der Angebotsseite des UNIX-Marktes mit allen technischen Errungenschaften Schritt zu halten.

Nichtsdestotrotz enthält dieses Kapitel Informationen über die wichtigsten Firmen, die Produkte im UNIX-Marktes anbieten. Der Schwerpunkt liegt bei dieser Darstellung bei Anbietern, die integrierte Computer-Hardware und UNIX-Betriebssystemsoftware offrieren. Innerhalb dieser Gruppe ist das Augenmerk wiederum auf die wichtigen Anbieter von Computersystemen mittlerer Größe gerichtet, wie zum Beispiel IBM, DEC, HP und Sun.

Um diese Übersicht über die Angebotsseite der UNIX-Industrie verständlich zu machen, werden wir jetzt die Hauptbeteiligten innerhalb der Industrie, deren Produkte und Strategien beschreiben. Diese Firmen haben am meisten zu gewinnen oder zu verlieren, wenn der UNIX-Markt sein volles Potential erreicht, und sie sind auch diejenigen, die aller Wahrscheinlichkeit nach die größte Wirkung auf den UNIX-Markt haben werden. Die hier vorgestellten Daten beruhen auf Informationen, die öffentlich zugänglich sind.

Wir stellen auch eine detaillierte Materialsammlung für einen UNIX-Produktvergleich vor sowie eine Methodik für die Systembewertung und -auswahl.

3.1 Bewertung und Vergleich von UNIX-Lösungen

Es gibt auf dem UNIX-Markt eine verwirrende Fülle von Produkten. Es ist deshalb kein leichtes Unterfangen, eine Systemlösung zu bewerten und auszuwählen, die aus einer Anwendungssoftware, einer Betriebssystemumgebung, Basis- und Erweiterungs-Hardware usw. besteht. Auch ist es nicht leicht, verschiedenen Typen von Verbrauchern mit Informationen zur Seite zu stehen. Es besteht ein großer Unterschied zwischen den Bedürfnissen eines Home-Computer-Käufers und denen des Einkäufers eines Unternehmens, der ein komplexes System benötigt, das Hunderttausende von Dollar kostet und sehr viele Anwender unterstützt.

Deshalb gehen wir für den Leser dieses Kapitels von einigen Annahmen aus. Zum Beispiel, daß der Leser:

- in Erwägung gezogen hat, von einem Nicht-UNIX-System herüberzuwechseln,
- sich für Anbieter namhafter Marken interessiert, die große Teile des Marktes beherrschen und ihr professionelles Know-How sowohl vor als auch nach dem Kauf anbieten,
- gerne eine einfache Methodik zur Verfügung hat, anhand derer er das Dickicht von Anbietern und Produkten bewältigen kann,
- UNIX wahrscheinlich in Bereichen einsetzen möchte, in denen derzeit MS-DOS oder traditionelle Minicomputer eingesetzt werden.

Auch wenn Sie der Ansicht sind, daß wir Sie damit nicht erfaßt haben, sollten Sie sich Abschnitt 3.6 anschauen, der eine detaillierte Vergleichsmatrix enthält, die wir für den Überblick über konkurrierende Systemangebote empfehlen.

Es scheint bei UNIX-Anbietern und -Kunden Einigkeit darüber zu herrschen, daß bei der immensen Auswahl an Systemen der Kundenservice eine Schlüsselrolle spielt. Alle UNIX-Systeme haben relativ ähnliche Eigenschaften, aber die Komplexität von UNIX und die riesige Anzahl von unterstützten Hardware-Konfigurationen bzw. der damit verbundene Trend, mächtige Systeme mit einer großen Anzahl von peripheren Geräten zu konfigurieren, macht einen schnellen und effizienten Anbieter-Support zu einem extrem wichtigen Aspekt bei der Kaufentscheidung.

3.2 Systembewertung und -Auswahl

Zu diesem Thema wurden schon zahlreiche Bücher geschrieben. Folglich kann es nicht unser Ziel sein, allzu tief in diese Materie einzusteigen. Vielmehr werden wir uns kurz den Problemen zuwenden, mit denen sich Anwender oft konfrontiert sehen, wenn sie sich in Organisationen befinden, die unwiderruflich an bestimmte Computersysteme und/oder durch Verträge an bestimmte Anbieter gebunden sind.

Auf dem Markt ist einfach zu viel Bewegung, als daß sogar gut informierte Käufer wie bisher weitermachen könnten. UNIX eröffnet Firmen, die dieses Betriebssystem richtig in ihre informationstechnologischen Strategien einbauen, wichtige neue Möglichkeiten.

Nicht alle Vergleichsmöglichkeiten, die in Abschnitt 3.6 vorgestellt werden, sind notwendigerweise für jeden Anwender von Interesse. Abgesehen vom Betriebssystem gibt es eine Vielzahl von Überlegungen, die man bei der Systemauswahl anstellen kann, wie zum Beispiel:

- Verarbeitungsleistung und -geschwindigkeit
- Verfügbarkeit der Anwendungs- und der System-Software
- Leistung (z.B. Gesamtdurchsatz)
- System- und Datenintegrität und -sicherheit
- Preis
- Benutzerfreundlichkeit
- Netzwerkfähigkeiten
- Support und Wartung
- Das Ansehen, das der Anbieter genießt
- Erweiterungsmöglichkeiten
- Betriebseffizienz und Speicherauslastung
- Raumbedarf, Geräuschpegel und andere umweltbezogene Faktoren
- Die Möglichkeiten, neue Systeme und Software mit vorhandener Hardware und Software zu integrieren

Der erste Teil dieses Kapitels untersucht die am weitesten verbreiteten Hindernisse für Veränderungen und skizziert dann eine Methodik, anhand der Sie Ihre Erfordernisse analysieren können. Der zweite Teil beschreibt die Strategien der wichtigsten Anbieter von UNIX-Systemen.

3.2.1 Stehen Sie unter „Hausarrest"?

Es gibt zahllose Gründe, warum bestimmte Personengruppen Alternativen nicht in Betracht ziehen und bei ihren installierten Systemen und deren Anbietern bleiben. Manche wissen einfach nicht, was sich auf dem Markt tut. Für andere ist es einfach der Weg des geringsten Widerstands.

Jahrelanger Umgang mit dem Lieferanten und die persönliche Vertrautheit zwischen dem Personal und den Anbietern haben bei vielen

Firmen zur Folge, daß deren informationstechnologischen Strategien für sie von ihren Lieferanten bestimmt werden. Diese Firmen könnten genausogut unter „Hausarrest" sein. Andere Firmen wiederum haben mit ihren wichtigsten Anbietern Kaufverträge ausgehandelt, die dem Einkäufer größere Einflußnahme zugesteht als denjenigen, die von den eigentlichen Kaufentscheidungen am meisten profitieren oder unter ihnen leiden.

Nicht zu vergessen sind die ausgesprochen „glücklichen Strafgefangenen", die hinsichtlich ihrer Bedürfnisse auf fast irrationale Weise von nur einem Anbieter abhängig sind. Diese Leute sind typischerweise sehr risikoscheu und bedürfen der Aufklärung. Es sind Leute, die mit dem zufrieden sind, was sie am besten beherrschen oder was sie zuerst gelernt haben. Wenn dies der Fall ist, wird man ihnen mit Hilfe von Kursen die Augen öffnen müssen, um sie auf die Vorzüge von UNIX und einer Strategie Offener Systeme aufmerksam zu machen.

Es lohnt sich, einige der rationalen Erklärungen zu untersuchen, die UNIX-Kritiker zur Verteidigung ihrer Anti-UNIX-Position oft anbringen.

Host-dominiertes Denken. Manche Firmen sind der Ansicht, daß sie keinen Grund haben, UNIX in Erwägung zu ziehen, weil sie zum Beispiel so hoch in MVS von IBM investiert haben. In solchen Fällen laufen möglicherweise Tausende von Programmen auf einem IBM-Großrechner, was eine Veränderung unerschwinglich machen würde. Auf UNIX umzusteigen, bedeutet sehr viel Arbeit. Jüngste qualvolle Umstiege auf DECs VMS dürften noch frisch in ihrer Erinnerung sein.

Solche Beispiele stellen ohne Frage einen Hinderungsgrund dar. Es erfordert auf Seiten des oberen Managements viel Voraussicht und Engagement, um Veränderungen an informationstechnologischen Strategien durchzusetzen, die bisher von proprietären Betriebssystemen von IBM oder DEC beherrscht werden. Aber dennoch können selbst in dieser Situation die UNIX-Vorteile bei der Portabilität und Hardwareunabhängigkeit schlagkräftige Argumente abgeben. Alternativ könnte man mit UNIX erweitern anstatt ersetzen.

Viele machen den Fehler anzunehmen, UNIX sei immer gleichbedeutend mit einem Austausch von schon bestehenden Systemen. Oft kann es auf kompatible, koexistente Weise eingesetzt werden und dadurch den nutzbringenden Einsatz von einer schon bestehenden Rechnerinstallation verlängern.

Das Warten auf den echten Standard. Oft wird ein Aufschieben der Entscheidung damit begründet, daß es so viele verschiedene UNIX-Versionen gäbe. Konservative glauben, daß man besser warte, bis eine endgültige Standardisierung erreicht sei. Obwohl es zutrifft, daß auf dem Markt viele UNIX-Versionen existieren, ist dies ein ziemlich schwaches Argument dafür, keine von ihnen in Betracht zu ziehen. Genausogut könnte man Pferd und Kutsche nicht aufgeben wollen, weil es auf dem Markt so viele Automarken gibt.

Der Vorteil in der Konkurrenz zwischen UNIX International und OSF (s. Kapitel 6) liegt darin, daß sich die System-V-Schnittstellenspezifikation von AT&T in kürzester Zeit als der De-facto-Standard herauskristallisiert hat. Sogar OSF-Anwender werden sich um eine Lizenz von AT&T bemühen müssen! In einer heilen Welt gäbe es einen reinen, gut definierten Standard, aber dieser Zustand ist in der kommerziellen EDV-Welt, wo der Konkurrenzkampf groß ist, sehr unwahrscheinlich. Was sich bei einer bestimmten Implementierung „unter der Haube" verbirgt, sollte für den Benutzer der Anwendung von nur sekundärem Interesse sein. Solange Systemanbieter sich bei der Implementierung ihrer UNIX-Varianten an die Standards halten, solange bestehen auch die Vorteile der Portabilität. Die Tatsache, daß UNIX auf vielen Systemplattformen zu haben ist und daß System- und Softwareanbieter UNIX oft mit besonderen Erweiterungen versehen, läßt darauf schließen, daß eine sorgfältige Systembewertung notwendig ist, wenn Sie Ihr UNIX-Produkt so auswählen wollen, daß seine Eigenschaften auch ihren speziellen Anforderungen genügen.

3.2.2 Eine Methode zur Systembewertung in 10 Schritten

Der nachfolgende Abschnitt skizziert ein 10-Schritte-Programm zur Systembewertung und -auswahl. Angestrebt wird bei diesem Vorgehen eine Auswahl, die auf Ihren Anforderungen und Überlegungen beruht, die beim Abstecken Ihrer zukünftigen informationstechnologischen Strategie relevant sein werden.

1. Definieren Sie Ihre informationstechnologische Gesamtstrategie:
    - Die Bedeutung in Hinblick auf den Gesamterfolg der Firma
    - Die kritischen Bereiche von gegenwärtigen und zukünftig geplanten Investitionen
    - Wie wichtig sind Industrie-, De-facto- und firmeninternen Standards für Ihren zukünftigen Rechnersysteme?

- Erstellen Sie eine Übersicht über vorhandene Ausrüstung, Netze und andere Betriebsmittel und halten Sie fest, wie wichtig Kompatibilität zu diesen ist

2. Definieren Sie für jedes wichtige Untersystem oder jeden Anwendungsbereich unverzichtbare Anforderungen:
   - Anforderungen an Anwendungslösungen (z.B. benötigte Software)
   - Die Anzahl und Art der zu unterstützenden Benutzer
   - Die erwartete Lebensdauer des Systems
   - Systemeigenschaften und Anforderungskatalog, geordnet nach der Priorität der Eigenschaften
   - Kompatibilitätsforderungen mit installierten Systemen

3. Erarbeiten von Lösungsalternativen
   - Welche Anbieter könnten in Betracht gezogen werden?
   - Was sind die Stärken und Schwächen der Anbieter?

4. Arbeiten Sie eine kurze Liste von Alternativvorschlägen aus:
   - Stellen Sie eine Liste von Anbietern und Produkten zusammen (höchstens fünf), die näher betrachtet werden sollten.
   - Holen Sie Angebote oder Kostenvoranschläge von verschiedenen Anbietern ein.

5. Werten Sie diese Alternativen unter folgenden Gesichtspunkten aus:
   - Grobe Schätzung der „Gesamtbetriebskosten", nicht nur des Einstiegspreises
   - Übereinstimmung mit den Anforderungen und Punktevergabe nach Gewichtung oder Ranglisten, wie unter Punkt 2 aufgeführt

6. Verkleinern Sie die Liste:
   - Engen Sie, ausgehend von den Antworten der Anbietern, die Auswahl auf höchstens drei Alternativen ein.

7. Treten Sie in Anfangsverhandlungen mit den Anbietern auf der gekürzten Liste:
   - Analysieren Sie die Gesamtkosten bei Betrieb über einen Zeitraum von drei bis fünf Jahren (s. nächsten Abschnitt 3.2.3).

8. Produktvorführung und Leistungstest:
   - Lassen Sie sich eine Referenzliste von Kunden geben – überprüfen Sie diese Referenzen.

- Statten Sie dem Anbieter einen Besuch ab, und zwar sowohl bei der Technik als auch in der Produktion.

9. Handeln Sie, ausgehend vom Angebot des Anbieters, die Vertragsbedingungen aus:
   - Art des Rabatts
   - Upgrade-Optionen und Kosten
   - Einzelheiten der Abnahmeprüfung
   - Art und Umfang der Schulung

10. Wählen Sie einen Anbieter aus und führen Sie den vorher vereinbarten Abnahmetest bei der Installation aus.

3.2.3 Wie man die Gesamtbetriebskosten analysiert

Das Bild im Überblick – Gesamtbetriebskosten. Industrieanbieter werben ständig für ihre neuesten Produkte, indem sie behaupten, sie seien führend beim Preis/Leistungs-Verhältnis oder hätten die niedrigsten Arbeitsplatzkosten. Diese Angebote basieren bisweilen auf Systemen, die nach Ansicht des Anbieters eine typische Minimalkonfiguration darstellen. Bei diesen „typischen" Konfigurationen vergessen Anbieter oft, versteckte Kosten anzugeben, als da sind Hardware- und Softwarewartung, Kosten für notwendige Systemsoftware und für andere Bereiche, die mit der Zeit einen Einfluß auf die tatsächlichen Betriebskosten haben.

Setzen Sie zuerst Standards. Sie sollten Standards entwickeln, welche die voraussichtlichen Systemanforderungen für die Arbeitsumgebung abdecken. Hierzu zählen folgende Punkte:

Anforderungen bei Arbeitsplatzrechnern:
- Anzahl und Art der benötigten Arbeitsplätze
- Gewünschte/erforderliche Antwortzeit
- Speicheranforderungen pro Benutzer und Anwendung
- Plattenspeicher pro Benutzer
- Die für jeweils n PCs oder Arbeitsplätze erforderliche Anzahl von Druckern
- Anwendungssoftware, z.B. Texteditoren, Textverarbeitung, DTP-Pakete, elektronische Post, Spreadsheet-Programme, CAD- und Zeichenprogramme

- Grafik-Software oder Beschleunigungsoptionen, die von der Anwendungssoftware benötigt werden
- Kompatibilität mit bestehendem Netz

Server-/Systemanforderungen:
- System (z.B. Modellnummer)
- Die realistische Möglichkeit, eine bestimmte Anzahl von Terminals, PCs und/oder Workstations zu unterstützen
- Speicheranforderungen
- Benötigte Plattenspeicherkapazitäten
- Zentrale Drucker, Plotter oder andere periphere Geräte
- Notwendige Peripherie zur Daten- und Systemsicherung
- Anwendungssoftware
- Verträglichkeit mit bestehendem Netz
- Anforderungen an Systemzuverlässigkeit und Systemverfügbarkeit

Verschiedene Konfigurationen sollten von einzelnen Benutzern, Abteilungen und/oder Geschäftsbereichen unter die Lupe genommen werden. Die Anbieter sollten, nachdem sie Informationen über Anwendungen und Anzahl der zu unterstützenden Benutzer erhalten haben, Angaben zu den dafür notwendigen Hauptspeicher- und Plattenspeicherkapazitäten machen und weitere Konfigurationsdaten nennen, die dem Betrachter ihrer Prospekte nicht ohne weiteres zugänglich sind. Mit Hilfe dieser Analyse sollten folgende Fragen klarer werden:

- Wie verändern sich die Kosten pro Benutzer, wenn zusätzliche Benutzer hinzukommen (z.B. für 8, 16, 32, 64, und 128 Benutzer)?
- Speicherkapazität und -empfehlungen hierzu können von Anbieter zu Anbieter sehr unterschiedlich sein. Dies wird sowohl auf die Systemleistung wie die Systemkosten wesentliche Auswirkungen haben. Anwender sollten nicht von der Annahme ausgehen, daß sich die Speicheranforderungen aller Anbieter gleichen.

Bewertungen, die auf Hardwarekosten basieren, können irreführend sein. Die Systembewertung sollte die Kosten in Betracht ziehen, die entstehen, wenn man das System drei bis fünf Jahre lang betreibt, und von vornherein eine Systemerweiterung mitberücksichtigen. Andere Faktoren, die nicht vergessen werden sollten, sind:

- Installierungsaufwand, Unterstützung vom Anbieter und Kosten
- Schulungsmöglichkeiten, -qualität und -kosten

- Hardware- und Systemsoftware-Wartungskosten
- Weitere Kosten, die bei der Kundenbetreuung entstehen
- Softwarekosten
- Kosten für Hardware, Software und Wartung bei Vernetzung
- Upgrade-Kosten
- Kosten für Systemintegration, -portierung oder Beratung
- Qualität und Vollständigkeit der Dokumentation
- Größe und Einfluß einer Anwendervereinigung (gibt es überhaupt eine?)

Auch Überlegungen hinsichtlich des Supports sind unbedingt zu berücksichtigen. Die folgende Checkliste kann zur Bewertung der in die engere Wahl kommenden Anbieter bezüglich Verfügbarkeit und Kosten dienen:

- Gibt es eine Hotline-Nummer (evtl. gebührenfrei), unter der Sie Hardware- und Software-Fragen beantwortet bekommen?
- Software (besondere Kundendienstleistungen)
- Installationshilfe, die über das Minimum hinausgeht
- Katastrophenhilfe (wenn zum Beispiel Ihr Dateisystem zerstört wurde)
- Vor-Ort-Kundendienst
- Rückgabevereinbarung (z.B. Garantie)
- Garantiedauer
- Update-Vereinbarungen und -Kosten
- Zusätzliche Dienstleistungsoptionen (z.B. Vernetzungskonzept, Beratungsdienste und Programmierung)
- Informationsangebot (z.B. publizierte Fehlerlisten)
- Dokumentation (z.B. Kosten für zusätzliche Kopien)

Kein Anbieter kann in allen Kategorien mit einem gleich attraktiven Preisniveau aufwarten. Wenn man einen Anbieter aufgrund seines Hardware-Preises auswählt, wird man aller Wahrscheinlichkeit nach auf anderen Gebieten ein Aufgeld zahlen. Es ist unerläßlich, das Preis/Leistungs-Verhältnis gegen die Funktionalität abzuwägen.

Einer der wichtigsten Punkte wird durch die Kostenfrage überhaupt nicht angegangen – und zwar, inwieweit die Anwendungssoftware funktional den Bedürfnissen des Anwenders nachkommt. Hinter den Preisen und Kosten für das Grundsystem verbirgt sich eine Unzahl von Anwendungspaketen, die von Anbieter zu Anbieter in ihrer Funktionalität sehr verschieden sein können. Unterschiedliche periphere Geräte und EDV-Stilrichtungen können ernstzunehmende Funktionalitätsprobleme auf-

werfen. Sind zum Beispiel nicht-intelligente Terminals wirklich eine adäquate Lösung? Solche Entscheidungen können nur getroffen werden,
wenn die Bedürfnisse der Anwender genau unter die Lupe genommen
wurden.

Wenn man sicherstellen möchte, daß Kaufentscheidungen firmenpoli-
tisch wertvoll sind, müssen Gewichtungen für systembeeinflussende
Faktoren entwickelt werden. Nur wenn man jeder Lösungskomponente
einen Wert beimißt und die Summe gegen den Preis aufrechnet, werden
Anwender wirklich bestimmen können, wie die tatsächlichen Betriebskosten aussehen.

**Unangenehme Fragen, die Sie UNIX-Anbietern
zu ihren UNIX-Systemen stellen sollten:**

- Wieviel Kompatibilität wird es geben:
  - Zwischen früheren/derzeitigen Versionen und der nächsten?
  - Zwischen ihrer Version und anderen, gegenwärtig wichtigen Versio-
    nen, wie zum Beispiel SVR4 von AT&T, XENIX, BSD und SunOS?
- Können Sie binäre Aufwärtskompatibilität gewährleisten?
- Wie sieht es aus mit der Kompatibilität und Übereinstimmung mit
  Standards:
  - X/Open XPG2 und XPG3?
  - SVID? Welche Ausgabe?
- Ist Ihr UNIX-Produkt offen?
  - Auf welchen anderen Anbieterplattformen läuft es?
  - Warum ist es offen?
- Geben Sie eine Fehlerliste heraus?
  - Kann ich sie bekommen?
- Wieviele Anwendungen werden unterstützt, und sind diese zum Lie-
  ferzeitpunkt wirklich verfügbar?
- Wenn der Anbieter auch ein proprietäres Betriebssystem unterstützt:
  - Inwieweit fühlen Sie sich UNIX verpflichtet?
  - Können Sie für das angebotene System einen Vergleich anstellen über
    die Betriebsmittel, die Sie (der Anbieter) für Entwicklung, Wartung,
    Kundendienst usw. ausgeben?
- Wie sieht Ihre Strategie aus?
  - Bieten Sie UNIX mehrfach an? Wenn ja, haben Sie vor, diese zusam-
    menzuführen? Wenn nicht, warum nicht?
  - Wie sieht der Entwicklungsweg aus, den Sie in den nächsten zwei
    Jahren einschlagen werden?

- Wie sehen die allerneuesten Eigenschaften aus, die Sie anbieten?
  - Shared Libraries?
  - Konfigurierbarer Kern?
  - Sicherheitsvorkehrungen?
  - Unterstützt das Remote File System ein Automounting?
  - Werden mehrere Landessprachen unterstützt?

3.3 Die Strategien der wichtigsten Anbieter von UNIX-Systemen

Dieser Abschnitt befaßt sich mit der Analyse wichtiger UNIX-Anbieter und deren Strategien. Diese Informationen beruhen auf öffentlich zugänglichem Material und repräsentieren unsere Analyse der jeweiligen Anbieterstrategie. Dabei gibt es zahlreiche weitere Anbieter, wie die Abbildung 3.1 zeigt.

Unter *Mikrosystemen* versteht man kleine Multi-User-Systeme (5 bis 10 Benutzer), kleine UNIX-Server und Arbeitsplatzrechner. Normalerweise laufen auf ihnen eine oder mehrere handelsübliche Mikroprozessor-Versionen von UNIX, die bei SCO, INTERACTIVE Systems oder einer Vielzahl von anderen Anbietern erhältlich sind.

Anbieter von *Systemen mittlerer Größe* verkaufen größere Multi-User-Systeme (32 Benutzer und mehr). Mit Ausnahme des AS/400 und dem 7370 von IBM unterstützt fast jeder Systemanbieter der mittleren Größenordnung seit 1988 eine UNIX-Version auf seiner Plattform (s. Abbildung 3.2).

Workstations und Server beherrschen den UNIX-Markt. Dies rührt daher, daß UNIX das De-facto-Standardbetriebssystem für Workstation-Plattformen darstellt und der Workstationmarkt wiederum das größte Wachstum aufweist. Dabei zeigt sich, daß UNIX hervorragend zur RISC-Architektur paßt.

Hochleistungs-UNIX-Systeme werden wie Mainframes für Datenbank- oder transaktionsverarbeitende Anwendungen verkauft. Manche werden auch für technische und wissenschaftliche Anwendungen eingesetzt, wie zum Beispiel Super-Computer bei rechenintensiven Programmen.

Selbstredend sind die Übergänge zwischen diesen Kategorien fließend. Sun Microsystems bietet zum Beispiel eine Produktpalette an, die mit einer plattenlosen Workstation wie der SPARCstation SLC unter 10.000 DM beginnt und sich bis hin zu Multi-User-Servern erstreckt, die voll ausgebaut mehrere Hunderttauschend DM kosten können. Die Grenze

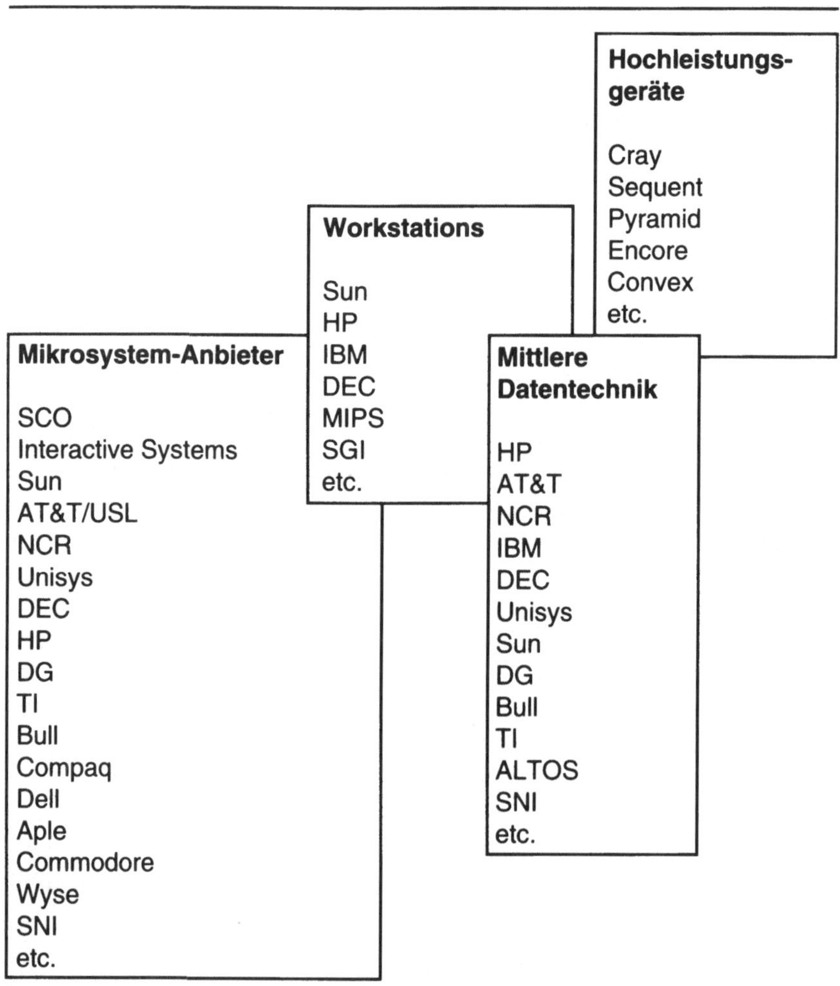

Abbildung 3.1 UNIX-Anbieter und -Systeme.
Systemanbieter lassen sich in vier Gruppen einteilen.

zwischen Multi-User-Systemen und Personal Computern ist ebensowenig eindeutig. Es gibt technisch gesehen keinen Grund, warum ein UNIX-
Desktop-System nicht gleichzeitig als Server innerhalb seines lokalen
Netzes funktionieren sollte oder nicht auch unintelligente Terminals unterstützen kann.

Sogar der Ausdruck „Mikrocomputer-Anbieter" kann irreführend sein,
da fast alle genannten Plattformen Mikroprozessortechnologie einsetzen.

Diese Kategorie umfaßt sowohl Plattformen, die als PC eingesetzt werden, und daraus abgeleitete Server als auch Multi-User-Plattformen, die vielleicht anders zusammengestellt sind, aber ansonsten die gleiche Prozessortechnologie benutzen wie der Arbeitsplatzrechner ohne Bildschirm.

Die nächsten Abschnitte fassen in alphabetischer Reihenfolge die Strategien der sieben großen Systemanbieter zusammen. Zu diesen gehören: AT&T, Digital Equipment Corporation, Hewlett-Packard, IBM, NCR, Sun Microsystems Inc. und Unisys.

Um weitere Informationen zu erhalten, sollte man nicht zögern, sich an Anbieter zu wenden oder die in Kapitel 7 angegeben Quellen zu Rate zu ziehen.

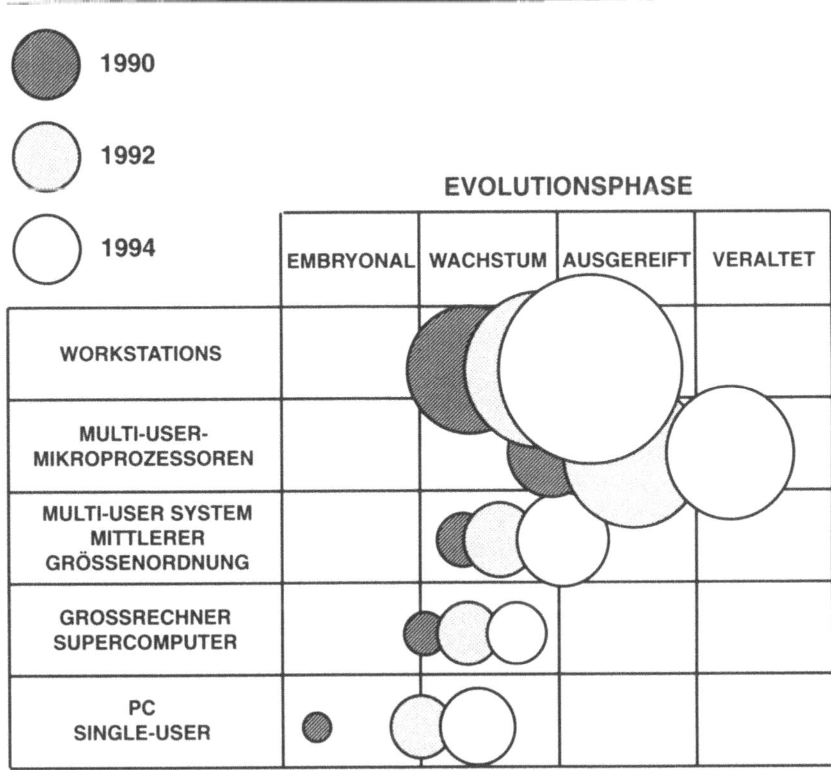

Abbildung 3.2 Evolution und Marktanteile der Plattformen. Workstations und an vernetzter EDV orientierte Plattformen werden auch in Zukunft den Markt beherrschen.

3.3.1 AT&T

Ursprünglich lizenzierte die Firma AT&T nur den Quellcode für UNIX-Software, bevor sie selbst zum Softwareanbieter wurde. Sie entwickelte und unterstützte UNIX für den Einsatz im eigenen Hause, bis die im Jahre 1984 unterzeichnete Vereinbarung den Einstieg in das Computergeschäft ermöglichte.

Obwohl AT&T als Firma in dem Ruf steht, kräftemäßig mit IBM mithalten zu können, war sie bei der Vermarktung von UNIX bisher nicht sehr erfolgreich. Die inzwischen erfolgte Übernahme von NCR könnte dies in Zukunft ändern. Was zu den Problemen in der Vergangenheit beitrug (z.B. einem Milliarden-Dollar-Verlust im EDV-Bereich für das Jahr 1986), war das Verlassen des PC-Marktes und die Einstellung der Unterstützung von UNIX auf DEC-Geräten, um dadurch einen besseren Absatz der hauseigenen Hardware zu erzielen.

AT&T hat die Patentrechte, Copyrights und Warenzeichen für UNIX, die Software, die Konzepte und den Namen. Der größte Entwickler von UNIX ist heute AT&T's UNIX Software Laboratories oder kurz USL. Daneben gibt es weitere wichtige Entwicklergruppen, wie zum Beispiel bei OSF, IBM, Sun Microsystems Inc., Microsoft und viele Forschungseinrichtungen, unter anderem die University of California in Berkeley und die Carnegie-Mellon-Universität.

Bei kommerziellen Anwendungen ist AT&T einer der größten Systemlieferanten in der mittleren Datenverarbeitung im amerikanischen Markt. Zusehends scheint sich ihre Strategie an der Büro-EDV zu orientieren, wo sie auch Unterstützung im Telekommunikations-Bereich anbietet.

Bisher ist es AT&T nicht gelungen, einen signifikanten Teils des Computermarkts zu erobern, obwohl die Firma inzwischen eine deutliche Präsenz bei großen öffentlichen Aufträgen vorweist.

Die Firma AT&T ist jetzt sowohl ein Lieferant von Rechnersystemen als auch der Besitzer und Entwickler von UNIX System V. Im Jahre 1989 gründete AT&T eine neue Abteilung, die UNIX Software Organization (USO) genannt wurde, und 1990 wurde eine neue Tochtergesellschaft – UNIX Software Laboratory Inc. (USL) – in das Unternehmen integriert.

AT&T bietet die MIPS-basierte Serie FT für „mission-critical" Anwendungen an, außerdem die i486-basierte Mehrprozessorserie E und das System StarServer S mit einem I486-Einprozessorsystem. Auf den Serien StarServer FT E und S läuft UNIX System V Release 4.0. AT&T bietet auch die Systemserie 7000 an, die neu zusammengestellte MIS-Server von Pyramid Technology sind. Auf der 7000-er Serie läuft auch UNIX System V; die Zielgruppe sind kommerzielle Multi-User-Umgebungen.

Hier sind wir an der AT&T-Strategie hauptsächlich interessiert, soweit
sie USL und die Entwicklung von UNIX betrifft, obwohl AT&T ganz offensichtlich noch sehr viel weitergehende Schritte unternimmt, um seinen
Anteil am Rechnermarkt zu vergrößern. Im folgenden Abschnitt werden
sowohl die bisherige Entwicklung als auch die von AT&T angekündigten
Zukunftspläne von System V dargestellt.

System V Release 3 wurde 1986 zum ersten Mal vorgestellt. Es gab drei
Subreleases, 3.0, 3.1 und 3.2. System V Release 3 ist die derzeit am weitesten verbreitete Version und unterstützt Streams, RFS und Shared Libraries.

System V Release 3.2, 1988 freigegeben, verband System V und XENIX
SV/386 für 386-bestückte PC-Maschinen. Der Quellcode wurde nur für
diese 386er Maschinen zur Verfügung gestellt. Dieses UNIX-Release
wurde in Verbindung mit INTERACTIVE Systems entwickelt und gab
den 386ern eine Maschinencode-Schnittstelle.

System V Release 4 verbindet System V mit SunOS, das auf der Berkeley 4.2BSD basierte. Es wurde in der zweiten Hälfte des Jahres 1989 freigegeben.

Wie verlautet, arbeitet die UNIX Software Laboratory Inc. (USL) derzeit
in Zusammenarbeit mit verschiedenen anderen Rechnerhersteller an einer standardisierten Version, die symmetrische Multiprozessorsysteme
unterstützt. Verschiedene Systemlieferanten, wie beispielsweise ICL und
Encore, unterstützen schon jetzt System-V-Versionen mit ihrer eigenen
Version für Multiprozessorsysteme.

USL und UNIX International verfolgen offensichtlich eine gemeinsame
Strategie, um einen Standard für marktübliche Mikroprozessoren mit
Hilfe einer binären Systemsschnittstelle, kurz ABI genannt („Application
Binary Interface"), zu implementieren. Dies wird letztlich erlauben, Software auf verschiedenen Systemen zu nutzen, kompatible Datenträger für
die Softwaredistribution einzusetzen und Software und Daten auf unterschiedlichen Systemen ohne Änderungen einzulesen bzw. benutzen. Die
dann erzielte Software-Kompatibilität hätte große Ähnlichkeit mit der
„Shrink Wrap Software" auf dem MS-DOS- und PC-Markt. Diese Entwicklung hat eine große Attraktivität für die Softwareentwickler und
wird zur Folge haben, daß viele neue Anwendungen auf UNIX-System
verfügbar werden.

Um verstärkt als UNIX-Hardware-Lieferant auftreten zu können, hat
AT&T die Firma NCR erworben. Die Fusion macht insofern Sinn, als
beide Firmen sich UNIX verpflichtet fühlen und Interesse an „transak-
tionsintensiven" Anwendungen haben, wie beispielsweise an Buchhaltung im Bankwesen und Einzelhandel.

Im Mai 1991 gaben AT&T und NCR gemeinsam die Unterzeichnung einer Fusionsvereinbarung bekannt, nach der AT&T durch Aktienaufkauf NCR übernimmt. Der Wert dieser Transaktion beläuft sich auf ungefähr 7,4 Milliarden Dollar. Industrieexperten gehen unter Berücksichtigung der Erträge für 1990 davon aus, daß die zwei Firmen einen Gesamtumsatz von 43,6 Millarden Dollar haben werden.

Im April 1991 gaben AT&T und USL bekannt, daß 11 Lieferanten, unter anderem Sun, Amdahl, Motorola, Novell, ICL, Olivetti, Fujitsu, NEC, OKI Electric, Institute of Information Industry (Taiwan) und Toshiba, Anteile von UNIX Systems Laboratories erworben haben.

Branchenkenner glauben, daß AT&Ts Entscheidung, USL-Anteile freizugeben, das Konzept eines offenen Ideenaustauschs zwischen Firmen, die den Industriestandard SVR4 UNIX unterstützen, noch verstärkt.

Bei AT&T und USL steht weiterhin die internationale Geschäftsstrategie im Mittelpunkt. AT&T UNIX Software Operation Pacific berichtet, daß eine Projektgruppe namens UNIX International Inc. Betrachtungen anstellt über die graphische Oberfläche „Open Look", die japanischen und internationalen Anforderungen gerecht werden kann. Die Open-Look-Spezifikation wird seit September 1990 von 50 japanischen Firmen analysiert, wobei der Rohentwurf für die Internationalisierung und Lokalisierung von AT&T, Fujitsu Ltd., Fuji Xerox Corporation, Nippon Sun Microsystems und Toshiba aufbereitet wurde. Die Entwurfsspezifikation wird von einer Projektgruppe, die aus 20 Firmen besteht, unter anderem NEC Corp. und Oki Electric Industrial Company, vorgenommen. Diese Anforderungen betreffen die Unterstützung japanischer Zeichensätze und Ikonen, die Möglichkeit von oben nach unten (statt von links nach rechts) zu schreiben, japanische Eingabemethoden, japanische Systemmeldungen und Mechanismen zur vereinfachten Installation von Applikationen.

3.3.2 Digital Equipment Corporation

In den letzten Jahren hat sich Digitals Strategie weg von abteilungsorientierten Systemen hin zu Rechnernetzen für ganze Unternehmen gewandelt. DEC ist derzeit kraft seiner über die gesamte Produktpalette hinweg kompatiblen Software und Hardware der zweitgrößte Computerhersteller. Digital konkurriert beim Verkauf von großen integrierten Systemen direkt mit IBM. DEC bietet ein breites Spektrum von auf UNIX basierenden Systemen, von Workstations bis hin zu großen Multi-User-Plattformen.

DEC-Maschinen wurden ursprünglich zur Entwicklung von UNIX eingesetzt. DECs Ausgangslage war in der Vergangenheit wie dafür geschaffen, den UNIX-Markt zu erobern, wovon die Firma allerdings bislang nicht profitierte. Der Digital-Vorsitzende Ken Olsen äußerte einmal, daß UNIX *„ungefähr so aufregend wie ein russischer Lastwagen"* sei. Diese Einstellung hat sich in den letzten Jahren geändert.

DEC bietet seit 1982 UNIX-Implementierungen an. Im Jahre 1989 bot DEC seine erste „nur"-UNIX-Workstation an. In der Vergangenheit hat sich DEC vorwiegend auf seine VAX/VMS-Produktlinie konzentriert. Vertreter der Firma behaupten, daß sich die Wende hin zu UNIX in dramatischer Weise vollzogen hat.

DECs wichtigste UNIX-Implementierung ist ULTRIX, die auf Workstations angeboten wird. Außerdem wird System V auf einigen VAX-Modellen für die Telekommunikationsindustrie erhältlich und SCO UNIX für die von DEC angebotenen Intel-80x86-bestückten Desktopmaschinen.

DEC hat Kunden gegenüber eine „betriebssystemneutrale" Haltung eingenommen, die sich dadurch auszeichnet, daß von Fall zu Fall entschieden wird, ob sich ULTRIX oder das traditionelle VMS-Betriebssystem besser eignet. Allerdings ist VMS tief in das Bewußtsein der DEC-Angestellten eingegraben – besonders beim Verkaufspersonal, so daß das wirkliche Erreichen einer neutralen Einstellung für DEC eine Herausforderung für die Zukunft darstellt.

Nach Aussage von Digital tragen UNIX-Systeme fast 10% zum Gesamtumsatz bei. ULTRIX hat hieran den größten Anteil, wobei andere UNIX-Software-Lieferanten, wie zum Beispiel die Wollongong Group, auch an DEC-Systemanwender verkaufen und so zu einem großen Teil an diesem Geschäft teilhaben.

Man geht davon aus, daß VMS/VAX auch weiterhin eine abgeschlossene Technologie bleiben wird, auch wenn darin POSIX-Konformität angestrebt wird.

Öffentliche Äußerungen der Firma DEC gehen dahin, daß die Hälfte ihrer Entwicklungsinvestitionen in ihre UNIX-Produkte gesteckt werden. Im Jahre 1989 gab DEC seine ersten Workstations frei, auf denen nur UNIX läuft, die DECstation-5000-Serie mit RISC-CPU.

ULTRIX ist nur auf DEC-Plattformen verfügbar. Es ist eine der ausgereiftesten UNIX-Versionen.

Historisch gesehen hat DEC von UNIX profitiert und erfreut sich einer der größten installierten Basen von Multi-User-UNIX-Systemen. Vergessen Sie nicht, daß UNIX 1969 zuerst auf einer PDP-7 entwickelt wurde. Die erste allgemein beliebte UNIX-Version war bereits seine sechste Ausgabe, die im Jahre 1975 auf der PDP-11 ausgeliefert wurde. Es war das Jahr 1976, als Bill Joy, damals noch Mitarbeiter der University of California in Berkeley, Bänder an Programmierer in der Industrie, an Universitäten und Forschungseinrichtungen, die PDPs einsetzten, verschickte.

Das erste UNIX-Produkt von DEC war ein BSD-4.2-Abkömmling und wurde 1984 freigegeben. ULTRIX war eine Kombination aus System V und BSD und wurde erstmals 1985 ausgeliefert.

Bei DEC ist man der Ansicht, daß ein großer Teil des UNIX-Marktes von der Beschaffungspolitik von Großkunden wie der US-Regierung oder großen Firmen wie General Motors angetrieben wird. Man ist bei DEC auch der Meinung, daß ein erheblicher Teil des Bedarfs bei technologisch orientierten Firmen besteht, besonders bei jenen im Maschinenbau- und Ingenieurbereich. DEC hat schon immer ein „Nebengeschäft" als Zulieferer für die Telephonindustrie gehabt, was wiederum deren enger Allianz mit AT&T wegen die Unterstützung eines reinrassigen SVR4 bedingt.

Die UNIX-Strategie von DEC besteht darin, die Basistechnologie von OSF zu integrieren und massiv zusätzliche Funktionalitäten hinzuzufügen, während gleichzeitig an dem Bemühen um Standards festgehalten wird. Dies heißt allerdings nicht, daß DEC VMS vernachlässigen wird. Vielmehr wird sich das Unternehmen nicht mehr ausschließlich auf seine VAX/VMS-Architektur konzentrieren.

Man geht davon aus, daß DEC die erste Firma sein wird, die eine auf OSF/1 basierende ULTRIX-Version anbietet, zumindest aber eine Version, die mit den OSF/1-Spezifikationen kompatibel ist. DEC plante, bis Ende 1991 ULTRIX und OSF/1 zur Erschaffung einer neuen ULTRIX-Version zu vereinen. Mit Bekanntgabe der Hardware-Unterstützung für System V Release 4 von AT&T hat DEC seine Strategie ausgeweitet. Somit wäre der Beweis erbracht, daß sogar die größten Systemlieferanten sich durch den „Krieg OSF gegen AT&T/USL" keine Strategien aufdrängen lassen.

Der Firma Digital geht es offensichtlich darum, UNIX in den Märkten zu plazieren, in denen sie bereits Marktanteil besitzt und in denen eine Nachfrage nach UNIX besteht. Dies wird wohl bei der Kleinserienproduktion, bei medizinischen-, Forschungs- und Ausbildungseinrichtungen, bei der Verwaltung und anderen öffentlichen Stellen sowie im Transport- und Versorgungswesen der Fall sein. Ansonsten ist VMS das Flaggschiff, wobei ULTRIX mehr eingesetzt wird, um keine Märkte zu verlieren.

Man schätzt, daß ULTRIX nur ein Prozent der 11/7XX und MicroVAX-Verkäufe ausmacht, während andere UNIX-Versionen, die auf DEC laufen (z.B. Wollongong und System V von AT&T) ungefähr 9% betragen. Bei Verkäufen der 8000er-Serie hat ULTRIX den gleichen Anteil wie UNIX, nämlich ungefähr 2,5%. In der jüngeren Vergangenheit hat der Großteil der DEC-UNIX-Systemverkäufe in der DECStation-Produktlinie stattgefunden, die ausschließlich mit UNIX an die Kunden geht.

DECSystems und DECStations unterstützen die graphische Oberfläche OSF/Motif und DECWindows, die beide auf dem X-Window-System Version 11 von MIT basieren. ULTRIX Version 4 unterstützt auch mit ULTRIX/SQL eingebettete Datenbankanwendungen, eine Variante der INGRES-Datenbank von INGRES.

3.3.3 Hewlett-Packard Corporation

Hewlett-Packard (HP) ist als großer amerikanischer Computersystemanbieter gut genug plaziert, um gleichzeitig Kapital aus UNIX schlagen zu können und dabei nicht seine installierte Kundenbasis zu verlieren. Nachdem die Firma 1989 Apollo erwarb, wurde sie, nach Sun, der zweitgrößte Anbieter von Workstations auf UNIX-Basis. Dataquest ermittelte, daß sich 1990 der UNIX-Systemmarkt auf fast 18 Milliarden Dollar belief. Nach ihrer Einschätzung hatte HP Sun die Führungsposition abgerungen, wobei DEC, AT&T und IBM die anderen Spitzenpositionen einnahmen. Ihrer Ansicht nach machten diese fünf Spitzenreiter 40% des gesamten Marktes aus. IDC-Schätzungen zufolge war Sun immer noch die Nummer Eins. IDC war der Ansicht, daß Sun, HP und IBM für fast 60% des Wachstums im UNIX-Systemmarkt im Jahre 1990 verantwortlich sind. Wie dem auch sei, die Anwesenheit von HP auf dem UNIX-Markt steht jedenfalls nicht zur Debatte, strittig ist höchstens seine Position.

Die Firma Hewlett-Packard hat HP-UX traditionsgemäß im technischen und Ingenieurbereich plaziert, während sie weiterhin in die Ausweitung des proprietären MPE-Betriebssystems investiert.

In der Vergangenheit hat sich HP mehr als jeder andere US-Anbieter
für Standards eingesetzt und verkauft UNIX seit über acht Jahren. HP
war der erste große Computeranbieter, der 1983 die RISC-Technologie
übernahm. Dies könnte in den nächsten Jahren zu einem entscheidenden
Wettbewerbsvorteil für HP werden. HP-UX ist seit 10 Jahren im Einsatz
und hat über 3000 Anwendungen, die zum größten Teil auf die älteren
Motorola-bestückten Architekturen portiert sind.

Mit der Übernahme von Apollo im April 1989 stand HP vor der Aufgabe, nicht nur die Unterschiede in ihren miteinander konkurrierenden
Hardware-Produktlinien anzugleichen, sondern auch die unterschiedlichen Betriebssysteme, wie zum Beispiel Aegis, Domain, MPE, HP-UX,
SVR4 und in Zukunft OSF/1 möglichst zu einem System konvergieren zu
lassen.

Die UNIX-Strategie von HP umfaßt im unteren Leistungsbereich vier
Hardware-Architekturen (Intel, Motorola und zwei RISC-Typen) und
drei Betriebssysteme (Domain, HP-UX und zukünftig OSF/1). HP-UX ist
nur auf HP-Plattformen erhältlich.

Das UNIX-Produkt von HP – HP-UX – basiert auf System V Release 2
von AT&T. HP hat dem V.2-Produkt von AT&T einige Erweiterungen
hinzugefügt, wobei nicht alle Erweiterungen auf jeder HP-Prozessorkon-
figuration unterstützt werden. Hardware-Konfigurationen für eine gleiche Anzahl von Nutzern können unter MPE bzw. HP-UX enorm voneinander abweichen.

HP positioniert HP-UX als ein erweitertes System V Release 2, wobei
als Erweiterungen die Integration von wichtigen Berkeley 4.2 Funktionen, Funktionen zur Echtzeitverarbeitung und „native mode"-Unter-
stützung genannt werden. HP vermarktet HP-UX gezielt dort, wo ein
Bedarf an UNIX besteht, vorwiegend zum Einsatz in Entwicklungsumgebungen für technische Software. HP bietet weiterhin MPE als sein primäres Betriebssystem für kommerzielle Anwendungen an. Sein Vertrieb
ist angewiesen, HP-UX an Kunden zu verkaufen, die bei ihrem System-
kauf eine auf lange Sicht abzielende Strategie verfolgen und die notwendige Erfahrung haben, um mit Hilfe der HP-UX-Werkzeuge eigene Be-
nutzeranwendungen zu erstellen, oder die am besten mit besonderen,
von HP-UX unterstützten Funktionen bedient sind.

HP-UX hat eine Reihe von Eigenschaften, mit denen Echtzeitverarbeitung möglich wird, wie zum Beispiel einen für Realzeit verbesserten
Kern, eine überarbeiteten Scheduler (Modul zur Prozeßsteuerung) und
Möglichkeiten, Speicherbereiche zu sperren. HP-UX unterstützt 22 verschiedene Landessprachen und sein „National Language Support"
wurde von X/Open als Industriestandard übernommen. HP hat lange

gebraucht, um die umfangreicheren und flexibleren BSD-Befehle und -Hilfsprogramme, von denen viele zum „De-facto-Standard" gehören, zu integrieren. Das System enthält auch graphische Oberflächen, wie beispielsweise X-Windows und Motif. Der HP-VUE, eine graphische Benutzeroberfläche, ist allerdings proprietär (bisher nur von HP erhältlich) – ebenso das noch jüngere New Wave.

HP unterstützt derzeit eine Reihe von Betriebssystemen, unter anderem Domain (die RISC-Version von Apollo und die Motorola-Version von Apollo), HP-UX (eine Motorola-Version und eine HP-PA-Version). Eine OSF/1-Version ist für den Motorola-bestückten HP 400 und die derzeit verfügbare 700er Workstation-Produktlinie auf PA-Basis angekündigt. Daneben gibt es noch DOS und MPE/XL. HP unterstützt damit vier Architekturen: Prism, Precision (PA), Motorola und Intel mit fünf verschiedenen ABIs: Domain, Domain/Prism, HP-UX, OSF und SVR4 für die Telekommunikationsindustrie.

1990 stellte HP eine Serie von Minicomputern und Servern vor, die 3000er und die 9000er Serie. Diese Geräte benutzen die HP-eigene Precision Architecture (PA) RISC-Chips. Die gleiche Hardware unterstützt sowohl das proprietäre Betriebssystem MPE von HP als auch UNIX.

Auf der HP-3000-900 läuft MPE-XL und zielt auf Multi-User-OLTP-Anwendungen ab. Auf der HP-9000-800 auf PA-Basis läuft HP-UX und ist als Multi-User- oder UNIX-Server im mittleren Leistungsbereich bzw. als Workstation vorgesehen. HP bietet weiterhin den Apollo DN10000 auf PRISM-Basis an, auf dem das Betriebssystem Domain läuft und der als Server und Workstation gedacht ist. Die neueste Workstation- und Server-Produktlinie von HP ist der HP-9000-700 auf PA-Basis, auf dem HP-UX läuft. Schließlich gibt es noch den mit Motorola 68040-bestückten HP-9000-400 und den DN4500 von Apollo.

Der größte Teil der HP-Kunden, die HP mit Apollo übernommen hat, benutzen noch das Domain-Betriebssystem. HP muß ihren Übergang leiten, da auf den neuen Workstation von HP nur HP-UX laufen wird. Bestehende Kunden und ISVs müssen sich entscheiden, ob sie jetzt auf HP-UX umstellen oder die OSF/1-Version von HP abwarten wollen, die auf ihren neueren, strategischen Plattformen verfügbar sein wird. Dies ist jedoch nicht der einzige Wechsel, der ihnen bevorsteht. Während HP von HP-UX auf OSF/1 umstellt, findet auch ein Übergang von NCS nach OSF/DCE statt. Mit anderen Worten, es findet eine Umstellung von NFS nach AFS und von NLB nach DNS statt, wobei auch andere Probleme im Bereich der Netzwerkdienste gelöst werden müssen.

Hewlett-Packard und Sun haben kürzlich gemeinsam ein Software Entwicklungsabkommen bekanntgegeben, mit dem Ziel, in den 90er Jahren auf Rechnern mit hohem Durchsatz eine einfache Anwendungs-Interoperabilität zu ermöglichen. Anwender werden damit nahtlos Daten integrieren können, zum Beispiel aus einem Spreadsheet Graphiken und Textblöcke, – und zwar von Systemen verschiedener Hersteller, die sich auf einem oder mehreren Netzwerken befinden. Aufgrund dieser Allianz bewegt sich die Computerindustrie näher in Richtung wirklich offener Systeme und überwindet dabei die Unverträglichkeiten, die bislang zwischen verschiedenen Software-Technologien bestanden und die Anwender oft zur Verzweiflung getrieben haben. Das vielleicht wichtigste Ergebnis der HP/Sun-Allianz war der Anreiz, verteilte Anwendungen zu schaffen. Diese Anwendungen sind so konzipiert, daß Teile auf verschiedenen Systemen in einem Netz laufen können. Ein Sprecher von Hewlett-Packard äußerte hierzu folgendes: *„Es stimmen alle darin überein, daß verteilte Anwendungen das volle Potential von UNIX realisieren werden, aber Software-Firmen haben wichtige Entwicklungen zurückgehalten, da sie das Problem unterschiedlicher Standards gelöst sehen wollen. Indem Entwicklern die Möglichkeit gegeben wird, für eine Schnittstelle anstatt für viele zu schreiben, erwarten wir, daß der Ära der verteilten Anwendungen endlich die Tore geöffnet werden."* Was sich hier abzuzeichnen scheint, ist die Tatsache, daß die viel zitierte Debatte über „OSF/1 versus SVR4" Firmen, die Geschäfte machen wollen, nicht im Wege steht. Es zeigt sich aber auch, daß die größer gewordene Verpflichtung gegenüber UNIX in der Industrie, unabhängig von einer bestimmten Version, das Potential für Zusammenarbeit verbessert, was letztendlich dem Anwender zugute kommt.

Sun und HP haben wissen lassen, daß sie ihre offene Software-Technologie an andere UNIX-Software- und Hardware-Plattformanbieter lizenzieren, und damit die Vorteile dieser Technologie einer größeren Anzahl von Computern und Anwendungen zukommen lassen werden.

3.3.4 IBM

IBM buchstabiert UNIX als A-I-X. Dies steht für „Advanced Interactive eXecutive" (fortgeschrittene interaktive Ausführung[soberfläche]).

IBM beabsichtigt keinesfalls, SAA und UNIX zu vereinigen, hat sich aber verpflichtet, beide zu unterstützen und besitzt folglich zwei „strategische Architekturen", die sie unterstützen muß.

IBM hat eine globale UNIX-Strategie bekanntgegeben, die sich vom Arbeitsplatzrechner bis hin zum Großrechnern erstreckt, wobei aber AIX nicht auf allen Plattformen unterstützt wird. Was interessanterweise fehlt, sind zum Beispiel AS/400-Systeme. AIX ist allerdings von grundlegender Bedeutung für die System-6000-Workstation-Linie auf RISC-Basis, die IBM jetzt auf dem Markt hat.

Wenn man die Behauptung aufstellen wollte, daß IBM vor dem RS/6000 einer bestimmten Religion anhing, dann sieht es jetzt so aus, als sei IBM „konvertiert". IBM war ein Gründungsmitglied von OSF und nimmt auch an Standardkonsortien, wie zum Beispiel X/Open teil.

IBM hat gemäß eigener Verlautbarungen vor, eine AIX-Version freizugeben, die kompatibel mit OSF/1 ist. IBM zufolge wird diese Version zuerst für den PS/2 auf den Markt kommen, gefolgt RS/6000- und 3090-Versionen.

AIX ist nur auf IBM-Plattformen erhältlich, obwohl ein Teil der Technologie, insbesondere viele Kommandos und Bibliotheken, an OSF lizenziert wurden.

1988 entschied sich IBM, in den UNIX-Markt einzutreten. Es wird jedem auffallen, der sich mit IBM schon auseinandergesetzt hat, daß diese Firma sich immer an Wachstumsmärkten orientiert hat. Es ist daher klar, daß IBM hier groß einsteigt, weil man erkannte, daß der Markt eine ausreichende Größe und Dynamik gewonnen hat.

In der Vergangenheit hatte IBM eine ganze Reihe von UNIX-Versionen im Angebot, wobei überhaupt nicht ersichtlich war, welche strategisch gesehen am interessantesten war. Keine dieser Versionen war Teil von SAA. SAA (Systems Application Architecture) war IBMs groß angelegter Entwurf, um die Anwendungsumgebungen über die gesamte Bandbreite seiner eigenen Produktlinie zu vereinen. IBM ließ verlauten, daß AIX nicht Teil von SAA sein wird. SAA ist sozusagen ein von IBM unternommener Versuch, die Umgebungen seiner eigenen Produktlinie zu standardisieren und ist als solches für IBM proprietär. Interessanterweise unterstützt RS/6000 SAA nicht. IBM hat vor, so viel Konnektivität wie möglich zwischen SAA und AIX herzustellen, indem UNIX-Netzstandards, einschließlich TCP/IP oder OSI-Protokolle, wie auch SNA LU6.2 von IBM eingesetzt werden.

Es gibt eine Reihe von Funktionen, die in AIX enthalten sind, nicht aber in SAA. Hierzu gehören beispielsweise 3270-„Data Streams", ein Datenbank-Kommunikationsprotokoll, Funktionen wie RPC-, XDR- oder NFS oder einige UNIX-Komponenten wie beispielsweise OSI, TCP/IP und ähnliches. IBM hat in letzter Zeit begonnen, einen Teil dieser Funktionalität in SAA zu integrieren. Es gibt Experten, die der Meinung sind, daß SAA zu einem übergreifenden „Marketing"-Schirm, „Markitecture" genannt, geworden ist und einfach alles umfaßt, was IBM hineinwirft. Neu und interessant dabei ist, daß IBM in der Öffentlichkeit behauptet, daß AIX strategisch den gleichen Status einnimmt wie SAA!

Bis 1986 hatte IBM mit UNIX relativ wenig Erfahrung. IBM wählte IN-TERACTIVE Systems, um für den RT-PC die UNIX-Entwicklung voran-zutreiben. INTERACTIVE Systems hatte eine UNIX-Version zur Verfü-gung gestellt, die in den frühen 80er Jahren auf IBMs PC-XT lief. AIX wurde ursprünglich für den RT-Personal-Computer geschaffen und ba-sierte auf BSD4.3 und System V.2. Es ist ein lizenziertes System-V-Pro-dukt. Zu der Zeit unterstützte System V noch keine virtuelle Speicher-verwaltung, die IBM wichtig war. Allerdings hatte IBM intern nicht den Kenntnisstand, den Kern neu zu schreiben. Man beschloß, einen Stan-dard-UNIX-Kern beizubehalten, dem aber ein Code aufgepfropft wurde, der virtuelle Speichermodul-Funktionalität unterstützte (VRM – virtual memory module). INTERACTIVE und IBM haben zusammen AIX ent-wickelt, wobei IBM den VRM schrieb und INTERACTIVE darauf UNIX konstruierte.

AIX ist jetzt IBMs einziges UNIX-Produkt. PC/IX war IBMs taktische, kurzfristige Antwort auf den Markt. Das gleiche kann man über die 370er Version des PC/IX sagen, die 1988 eingeführt wurde. PC/IX gehört jetzt der Vergangenheit an.

AIX basierte anfangs auf dem System V Release 3 von AT&T. Ein wichtiges Thema ist, daß AIX nicht einen klaren oder einfachen Über-gang von BSD, XENIX oder System V Release 3 bietet. Anwender wer-den, um auf AIX zu wechseln, wesentliche Teile neu schreiben und por-tieren müssen, was einige ISVs von diesem Schritt abhalten kann (Der Begriff ISV steht für „Independant Software Vendors" und ist gleich-zusetzen mit Unabhängigen Softwarehäusern). Während man das gleiche von anderen UNIX-Implementierungen sagen könnte, hat sich IBM inso-fern einen Namen gemacht, als es angeblich jetzt über 40 Millionen Dol-lar in Portierungskosten investiert und sich bei einer Reihe von Software-Firmen finanziell beteiligt, um zu gewährleisten, daß Anwendungen auf AIX portiert werden. IBM behauptet, daß jetzt über 2000 Anbieter ihre Produkte auf AIX unterstützen.

Ein Problem für AIX (und auch einige andere UNIX-Implementierun-gen) liegt darin, daß außerhalb von IBM die Zahl derer sehr gering ist, die mit AIX-Implementierung Erfahrung haben. Bei System V/BSD sieht die Sache ganz anders aus, da dort außerhalb von AT&T ein großes Um-feld mit entsprechendem Know-How vorhanden ist.

IBM hat AIX auf einer Reihe von Plattformen implementiert, ein-schließlich des Großrechners 3090, des 9370 im mittleren Leistungsbe-reich, des RT-PC und des PS/2 Modell 80. 1990 kam AIX auf dem RISC-System 6000 auf den Markt. Auf der 9370 und der 3090 läuft AIX/370 als Gast unter VM/SP. AIX/370 läuft nicht im „native mode", also als das primäre Betriebssystem. Vielmehr läuft es unter dem „Schirm" des VP/SP-Betriebssystems von IBM und benötigt somit bis zu 25% zusätzlichen Overhead.

AIX/370 folgt der System-V-Schnittstellendefinition von AT&T, und IBM lizenziert dieses Release von AT&T. Enthalten sind auch eine Reihe von Erweiterungen aus BSD 4.2. AIX/370 wurde ursprünglich aus dem System V entwickelt.

IBMs Strategie wird die sein, sein RISC-System 6000 (Nachfolger der RT-PC-Linie) zu erweitern zu einem allgemein einsetzbarem System mittlerer Größenordnung, vergleichbar mit dem 9370er oder System 36 oder 38. Verkaufszahlen von IBM-Großrechnern mit AIX machen insgesamt knapp die Hälfte des Neugeschäfts bei seinem neuen Großrechner aus, wenn man Ersatz- und Upgrade-Lieferungen herausläßt. Diese AIX-Großrechner funktionieren als riesige Server für große Netzwerke von Workstations und PCs. Allerdings hält IBM seine Kunden nicht davon ab, sogar diese AIX-betriebenen Großrechner durch RS6000-Server zu ersetzen.

IBM hat als Teil dieser Strategie eine Reihe von CAD-Anwendungen auf AIX portiert. Hier sind CADAM, CIEDS, CAEDS und CATIA zu nennen. IBM richtet derzeit Trainingszentren ein, in denen UNIX-Kurse und Unternehmensberatung auf AIX-Basis angeboten werden, insbesondere für Großanwender.

Die Firma IBM hat durch ihren Eintritt in den Markt UNIX einen ungeheuren Zuwachs an Glaubwürdigkeit verschafft. Vor dem RS/6000 hatte sie historisch eine kleine und fragmentierte Zahl von Kundeninstallationen auf der 370, PS/2- und RT-PC-Plattformen. Das RISC-System 6000 steht jetzt für die Mehrheit der AIX-Installationen. IBMs Umsatz mit dem RS/6000-Systemen belief sich für das Jahr 1990 auf fast eine Milliarde Dollar.

3.3.5 NCR

Im Mai 1991 gaben AT&T und NCR gemeinsam bekannt, daß sie eine Fusionsvereinbarung für die Übernahme von NCR durch AT&T unterschrieben hatten.

Das NCR Hauptquartier bleibt weiterhin in Dayton. AT&T behält NCRs Unternehmensstruktur, die Führungsmannschaft und den Namen bei.

NCR hat derzeit 55.000 Angestellte und ist die fünftgrößte amerikanische Computerfirma, bekannt für ihre Minicomputerprodukte. NCR ver-

kauft seit über zehn Jahren UNIX und Multiprozessorsysteme. NCR war
eine der ersten Firmen, die UNIX für allgemeinen Anwendungen im Bu-
siness-Bereich anbot. NCR hat auch schon proprietäre Minicomputer und
Großrechnersysteme verkauft, die UNIX-, PICK-, RM-COS- und TMX-
Betriebssysteme unterstützen, und muß jetzt ihren Kunden beim Übergang auf UNIX und das System 3000 behilflich sein.

Die Zielmärkte der NCR-Produkte sind hauptsächlich das Bankenwesen und der automatisierte Einzelhandel (automatische Kassen und
Point-of-Sale-Systeme). Das Wachstum der NCR-Umsätze Mitte der 80er
Jahre basierte auf der starken Stellung, die die Firma in diesen Märkten
innehatte, und auf der Tower-Produktlinie.

Das gesamte anfängliche UNIX-Geschäft von NCR wurde über „VAR"-
Kanäle betrieben, denn der eigene Vertrieb durfte UNIX nicht verkaufen.
VARs oder „Value Added Reseller" sind Unternehmen, die das Produkt
von NCR kaufen, eigene Komponenten oder Software hinzufügen und es
an den Endkunden weitervertreiben. Erhebliche Investitionen in Software und Drittanbieter waren erforderlich, bis sich das Geschäft bezahlt
machte. Für den direkten Vertrieb war UNIX nun auch interessant geworden, was zur Folge hatte, daß Konflikte zwischen den unterschiedlichen Verkaufskanälen entstanden. Gelöst wurden diese Konflikte zum
größten Teil durch Kommissionierung.

Im März 1990 stellte NCR die „Open Cooperative Computing Architecture" (OCCA) vor, NCRs Konzept für Offene Systeme, da man sich
damit weg von Minicomputern auf Abteilungsebene und hin zu Systemen auf Unternehmungsebene bewegt.

NCR ist ein 6-Milliarden-Dollar-starker, multinationaler Computerkon-
zern, der für seine Marktstärke bekannt ist. Die Firma NCR plant die Umstellung ihrer Kunden, die Motorola-bestückte Tower-Systeme verwenden, auf Systeme auf der Basis der Intel 386, I486 und später I586-Archi-
tektur.

Bei ihren Bemühungen, einen Anteil im Markt der Offenen Systeme zu
erlangen, kündigte NCR die System-3000-Serie mit Intel-bestückten Computersystemen an. UNIX System V Release 4, SCO UNIX, OS/2 und MS-
DOS werden bei der 3000er-Serie unterstützt, die mit der Zeit die ältere
Tower-Produktlinie ersetzen soll, indem leistungsfähigere Maschinen in
den nächsten Jahren eingeführt werden. Die ambitionierte System-3000-
Produktlinie umfaßt alle Computerkategorien, angefangen mit Laptops
und PCs, Workstations, Systeme in der mittleren Datentechnik und Großrechner, bis hin zu großangelegten, unternehmensorientierten, transaktionsverarbeitenden Systemen.

NCR ist der Meinung, daß das System 3000 mit der Zeit nicht nur die Tower-Linie, sondern auch frühere, proprietäre Produkte wie die NCR-9800- und -9500-Maschinen ersetzen wird.

NCR setzt damit alle Karten auf die Intel CISC-Chip-Architektur, ein sicher sehr mutiger Schritt.

Die NCR-System-3000-Serie unterstützt UNIX V.4 von NCR, eine Multiprozessor-Version des System V Release 4 von AT&T. NCR zufolge ist UNIX V.4 die leistungsfähigste und funktionsreichste UNIX-Version, die jemals in der Geschichte von NCR angeboten wurde. Unterstützt werden Fähigkeiten wie ein erweitertes NCR-Dateisystem, Transaktionsfähigkeit für allgemeine Zwecke, gespiegelte Plattenverwaltung, Wiederanlauf nach Stromausfall und andere Merkmale, die den anspruchsvollen kommerziellen Anwendungen, für die es konzipiert ist, gerecht werden sollen.

Die Betriebssystemstrategie von NCR umfaßt neben anderen Systemen als wesentliche Basis UNIX. Auf Intel-bestückten Plattformen von NCR wird eine Kombination aus DOS, OS/2, SCO UNIX und UNIX SVR4 von AT&T laufen.

NCR bietet das Produkt TOP END als OLTP-Lösungen an, sowohl für kleine Firmen als auch bis hin zu den High-End-Systemen der 3000-Serie-Produktlinie, die auf einer massiven Parallelarchitektur mit der Bezeichnung Y-Net-Bus beruht. Diese Architektur hat NCR eingekauft und entwickelt sie in Zusammenarbeit mit Teradata weiter. Die gemeinsame Entwicklungsvereinbarung zwischen NCR und Teradata sieht vor, daß beide Parteien gleichermaßen Zugang haben zu der Technologie, die entwickelt wird und die auf den NCR-3000-Systemen des Modells 3700 erscheinen wird.

Die NCR-Strategie zielt darauf ab, ein sehr breites Leistungsspektrum an OLTP-Systemen auf UNIX-Basis anzubieten. Manche Industrieexperten sind der Ansicht, daß NCR TOP END auf mehreren UNIX-Systemumgebungen anbieten wird, um die Akzeptanz von OLTP, basierend auf den ANSI-C- und UNIX-SVR4-Standards, zu verstärken.

NCR ist möglicherweise einer der ersten Anbieter, der ein proprietäres, mächtiges, transaktionsverarbeitendes System nimmt und es auf UNIX und Open-Systems-Standards, einschließlich der X/Open API, überträgt.

Industrieexperten prophezeien, daß NCR bis zum Jahre 1993 als erster Anbieter UNIX-Systeme auf den Markt bringen wird, auf denen anspruchsvolle und sehr umfangreiche OLTP-Anwendungen laufen. Die Kombination aus TOP END und SVR4 auf der zukünftigen, „feinkörnigen" Parallelarchitektur von NCR könnte das bisher leistungsfähigste

OLTP-System im Markt werden, nicht nur unter UNIX-, sondern sogar unter Nicht-UNIX-Systemen.

3.3.6 Sun Microsystems Inc.

Sun ist einer der Marktführer bei UNIX-Produkten auf RISC-Basis im Workstationbereich und hat einen Marktanteil von ca. 38% im UNIX-Workstation-Markt. SPARC-Systeme machen mehr als 66% des RISC-Marktes aus.

Sun ist anerkanntermaßen bei UNIX und LANs auf Ethernet-Basis führend, und sein NFS-Produkt ist zum De-facto-Standard geworden, der heute auf fast allen Plattformen unterstützt wird.

Sun wird auch weithin als Vorreiter auf den UNIX- und Workstation-Märkten angesehen.

Zwischen den Jahren 1987 bis 1990 hatte Sun eine Wachstumsrate von 80% jährlich. Im Jahre 1991 erreichte Sun die 3-Milliarden-Dollar-Grenze.

Sun war die erste nur auf UNIX spezialisierte Firma, die beim Jahresumsatz eine Milliarde Dollar erzielte.

Sun hat anderen Firmen, wie beispielsweise INTERACTIVE Systems und einigen SPARC-Klonen, die Lizenz erteilt, SunOS neu zu vermarkten und zu unterstützen.

Sun hat nach Microsoft/SCO die größte Zahl an UNIX-Kundeninstallationen. SunOS ist ein hochentwickeltes Produkt und wird durch eine große Anzahl von Anwendungspaketen von Drittanbietern unterstützt.

Sun war der erste und ist immer noch der einzige größere Workstation-Anbieter, der als Betriebssystem nur UNIX anbietet.

Es ist das Ziel von Sun, mit Hilfe von UNIX Arbeitsgruppen zu unterstützen, ähnlich wie die Personal-Computer in den 80er Jahren den einzelnen Anwender unterstützten. Mit der Zeit werden Anwender in der Wirtschaft die Kosteneinsparungen und die erhöhte Produktivität, die aus diesem neuen Ansatz folgen, verstehen, und die Firma Sun glaubt, daß ihre Workstations und Server bald vernetzte PCs und proprietäre Timesharing-Minicomputer in noch größerem Tempo ersetzen werden.

Im Gegensatz zu den meisten anderen Firmen auf diesem Sektor, bietet Sun nur Workstations und UNIX-Server an und vermeidet so die problematische Situation, daß ein Workstation-Auftrag mit Verkäufen von anderen Minicomputern oder Großrechnern desselben Hauses konkurriert.

Seit der Gründung im Jahre 1982 ist Sun Microsystems der anerkannte Marktführer auf dem Workstation-Markt. Sun ist auch ausgesprochen aggressiv und direkt, wenn es darum geht, Veränderungen auf dem UNIX-Markt durchzusetzen.

SunOS, ursprünglich ein Derivat von Berkeley UNIX BSD 4.2. und 4.3., in jüngerer Zeit integriert mit System V und XENIX, ist Suns einziges Betriebssystem.

Sun erweitert seinen Fokus und wird mit wachsender Größe allmählich zu einer Firma für verteilte Computersysteme für alle Bereiche eines Unternehmens. Sun bietet zur Zeit Workstations, Server und Netze an für professionelle Arbeitsgruppen, deren Anforderungen von PCs nicht erfüllt werden können und denen auch ein EDV-Betrieb nicht genügt, der durch viele langsame, alphanumerische Terminals charakterisiert ist, welche von einem zentralen Prozessor versorgten werden. Sun prägte einen Spruch, der die Bedeutung von Computernetzen hervorhob: *„Das Netz ist der Computer."*

Sun hat sich auch intensiv an Normungsaktivitäten beteiligt und etablierte „Ad-hoc-Industriestandards", wie beispielsweise NFS (s. Abschnitt 5.5. für eine Beschreibung von NFS). Was Sun von anderen Computerfirmen unterscheidet, sind seine aggressiven Lizenzpraktiken. Dies liegt voll auf einer Linie mit dem Firmenschwerpunkt heterogener, verteilter EDV. Standards, die von Sun unterstützt werden, unterstützen alle die Interoperabilität von Produkten, sowohl von Sun als auch von anderen Anbietern.

Sun weitete diese Philosophie auch auf seine SPARC-RISC-Systemarchitektur aus. So wurden mehreren Halbleiterfirmen Lizenzen für die Herstellung und den Weiterverkauf von SPARC-Chips erteilt. Dieser Vorgang ist Teil einer umfassenderen Strategie von Sun, mit Hilfe von UNIX eine Kompatibilität auf Maschinencode-Ebene zwischen allen Anbietern zu erzielen, und der Versuch, den SPARC-Prozessor zum Industriestandard zu machen. Dies würde das Ausmaß der Interoperabilität von Anwendungen für gängige Mikroprozessor, wie zum Beispiel den 386 von Intel und den 68K von Motorola, aber auch für SPARC, fördern. Software-Entwickler könnten dann eine Maschinencodeversion für jede einzelne Prozessorarchitektur entwickeln, die dann auf jedem Systemprodukt lauffähig wäre, das eine vereinheitlichte UNIX-Version einsetzt, und von einem dieser weitverbreiteten Mikroprozessoren Gebrauch machen.

UNIX ist die einzige Architektur, die die drei Systemarchitekturen, auf denen Sun seine Produkte aufbaut, vereint. Sun hat Motorolas 68K-Chip auf der Sun-3-Linie von Workstations und Servern eingesetzt, den 386-Chip von Intel auf seinen 386i-Workstations und SPARC-Chips von verschiedenen Halbleiterherstellern auf seiner Sun-4-Linie von Workstations und Servern. Relativ unproblematisch hat Sun den Übergang von seiner Motorola- und Intel-Mikroprozessor-bestückten Produktlinie auf eine Produktpalette geschafft, die auf dem SPARC-Mikroprozessor beruht. Im Jahr 1990 hat SPARC International, ein unabhängiges Firmenkonsortium, welches die SPARC-Architektur an andere Firmen lizenziert, die SPARC Compliance Definition (SCD) Spezifikation freigegeben. Sie definiert die Anforderungen an die SPARC-Hardware- und -Software-Kompatibilität, die bei Suns Kompatibilitätsstrategie eine zentrale Stelle einnimmt.

Suns Strategie Offener Systeme hat sich ständig weiterentwickelt. In den frühen achtziger Jahren setzte Sun Standard-Markenkomponenten ein, wie beispielsweise UNIX, Multibus/VME, Ethernet und die 68K-Mikroprozessoren von Motorola.

Sun entwickelte dann NFS, RPC und XDR, mit deren Hilfe man heterogene Netze erschließen wollte. Sun lizenzierte NFS an über 200 Firmen (eine ganze Reihe davon waren miteinander konkurrierende Systemanbieter), was zur Folge hatte, daß es auf Grund seiner Verfügbarkeit und seines Einsatzes in der Industrie ein De-facto-Standard wurde.

Im Jahre 1985 gab Sun zum ersten Mal sein Vorhaben bekannt, gemeinsam mit AT&T und Microsoft das System V von AT&T, Berkeley BSD 4.2 und XENIX in ein einziges UNIX zusammenzuführen. Das Ergebnis war eine saubere System-V-Schnittstellendefinition, die die Interprozeß-Kommunikation von System V, BSDs Netzfunktionen und Erweiterungen für Programmierwerkzeuge, Suns Erweiterungen für Windowing, offene Netzkommunikationen, NFS und andere architektonische Erweiterungen unterstützte.

Während man bei Sun das Verhältnis zu AT&T ausbaute, fing man zugleich an mit einer intensiven Marketingkampagne und Lizenzierung der SPARC-RISC-Systemarchitekturen. Eine Reihe von Sun-Konkurrenten und auch einige Industriebeobachter sahen hierin einen erheblichen Vorteil für Sun insofern, als Sun und AT&T jetzt in einer Position waren, UNIX für SPARC zu optimieren. Es machte sich bei Systemanbietern auch eine Art Frustration breit, da AT&T begann, bei neuen UNIX-Versionen seine Lizenzbedingungen straffer zu gestalten. Man kann sich darüber streiten, ob diese Ängste berechtigt waren oder nicht, eins ist jedenfalls klar: Die Zusammenarbeit von Sun mit AT&T hatte zur Folge, daß sich das Spielfeld veränderte und traditionelle Beziehungen sich radikal verschoben.

Sun verändert zum zweiten Mal seine Unternehmensform. Im Februar 1991 gab Sun Microsystems Inc. die Gründung zweier neuer Firmen bekannt, nämlich SunSoft Inc. und Sun Technology Enterprises Inc. Diese

Gründungen hatten zum Zweck, die Investitionen in UNIX-gestützte Software-Plattformen und kommerziell vertriebene Hardware- und Software-Produkte zu entwickeln, zu vermarkten und zu verwalten. Dieses Vorgehen scheint eine Verpflichtung Suns gegenüber anderen Herstellern von SPARC Compliance Definition (SCD)-Produkten zu demonstrieren, Herstellern, die problemlos Zugriff auf Betriebssystem- und allgemeine Systemebene-Produkte haben müssen.

SunSoft bietet eine Umgebung zur Anwendungsentwicklung und -erstellung für Client/Server-Systeme an, die sich an SCD-Richtlinien hält. Der SCD-treuen Gemeinde steht diese Software-Umgebung auch problemlos zur Verfügung, da SunSoft seinen Verkauf, sein Marketing und seine Lizenzen für sie einsetzt und irgendwann in der Zukunft auch Anbieter anderer Plattformen im oberen Leistungsbereich miteinbeziehen wird. Die SunSoft-Plattform besteht aus der RISC/UNIX-Plattform im höchsten Leistungsbereich, SunOS 4.1., dem ONC-Netzwerkstandard, dem X11/ NeWS Window System und der Open-Windows-Umgebung, einschließlich der grafischen Benutzeroberfläche OPEN LOOK.

Die Firma SunSoft arbeitet mit unabhängigen Normungsgremien wie X/Open, IEEE und NIST zusammen, um die Übereinstimmung ihrer Produkte mit Standards wie XPG3, POSIX, GOSIP und SVID3 zu gewährleisten. Die Firma kooperiert ebenso mit Industriegremien wie SPARC International, UNIX System Laboratories und UNIX International, um die SCD-Definition weiterzuentwickeln.

Mit dem Produkt „Solaris" vermarktet SunSoft seit Anfang 1992 das SUN-UNIX-Betriebssystem (mit den entsprechenden Baisisprogrammen, Netzwerkprodukten und graphischen Oberflächen) nicht nur auf Sun-SPARC-Rechnern und entsprechenden Klonen, sondern auch auf Intel-386 und I486-PC-Systemen. Sun versucht damit, sein SunOS über die eigenen Rechner hinaus zum Marktstandard zu machen.

Mit der Übernahme eines großen Teils der Firma INTERACTIVE Systems (Ende 1991) erhielt Sun zahlreiche Entwickler und Marketing-Leute, die den UNIX-PC-Markt und seine Probleme kennen.

SunTech Enterprises baut und vermarktet universelle Hilfsprogramme und Produkte für Anwender SCD-kompatibler Systeme, einschließlich robuster Werkzeuge für Sprachen und Entwickler, Drucktechnologie, Personal-Computer und kommerzielle Kommunikationssoftware, Ergänzungen und Zusatzprodukte für den Systemverwalter, Software-Entwickler und Endanwender.

Sun hat auch eine Tochtergesellschaft namens Sun Laboratories gegründet. Ihre Charta sieht die Untersuchung und Entwicklung neuer

Technologien vor, um die Client/Server-Lösungen von Sun langfristig vorausplanen zu können.

3.3.7 Unisys

Unisys ging 1986 aus der Verschmelzung der Burroughs Corporation und Sperry Corporation hervor und war in der Vergangenheit vom Absatz des proprietären Großrechners und der proprietären CTOS- und OS/1100-Betriebssysteme als Teil ihrer Computersystemreihe abhängig.

Die wachsende Anerkennung der Bedeutung von UNIX ging einher mit Bemühungen, Verbesserungen bei Systemprodukten des unteren und mittleren Leistungsbereichs anzubieten. UNIX-Workstations und -Systeme auf Abteilungsebene machten über ein Fünftel (zwei Milliarden Dollar) des Unisys-Gesamtumsatzes für das Jahr 1990 aus, der insgesamt auf 10 Milliarden Dollar geschätzt wird. Weitere zwei Milliarden Dollar an Umsatz geht auf das Konto von Software und Dienstleistungen. Unisys positioniert sich als Anbieter von kommerziellen Systemen, die besondere Industriebedürfnisse aufgreifen. Diese Produkte umfassen Software, Entwicklungswerkzeuge und Datenbankprodukte. Unisys-Produkte wie LINC und MAPPER stehen sowohl auf UNIX als auch auf von Unisys angebotenen proprietären Betriebssystemen zur Verfügung.

Die Chancen für Unisys sind günstig, aus neuen Produkten und UNIX bei seinen eigenen Kundeninstallationen Kapital zu schlagen. Drei Viertel der Unisys-Umsätze wurden von der Firma als kommerzielle Informationssysteme klassifiziert, ein Viertel als Systeme für die Rüstungsindustrie.

Das Wachstum von UNIX-Verkäufen bei Unisys hat die der gesamten Computerindustrie und die von UNIX selbst übertroffen, was zur Folge hat, daß UNIX für Unisys der Geschäftsbereich mit dem schnellsten Wachstum ist. Unisys-Systemplattformen umfassen jetzt Großrechner, Systeme für die Abteilungsebene, Workstations und Personal-Computer.

Die U-5000-Serie umfaßt Systeme, die auf dem 68020er von Motorola basieren. Die business-orientierte Systemserie U 6000 bietet Open/OLTP, welches das X/Open DTP Client/Server-Transaktionsverarbeitungsmodell implementiert. Das U-6000-System basiert auf den 80386- und 80486-Prozessoren von Intel. Das U-7000er baut auf dem Power 6/32 von Computer Console Inc auf. All diese Plattformen unterstützen System-V-Versionen von AT&T. Bei Drucklegung dieses Buches unterstützte Unisys System V Release 3.2 von AT&T und war gerade dabei, auf System V Release 4 überzuwechseln.

Unisys hat eine Multi-User-Strategie, bei der unter anderem an der Open/OLTP (Online-Transaktionsverarbeitungssoftware) gearbeitet wird, die auf einer erweiterten Version des Tuxedo-System/T-Transaktionsmonitors von AT&T aufbaut.

Unisys System V basiert auf der System-V-Schnittstellendefinition von AT&T und auf Schnittstellenstandards von X/OPEN, die darauf abzielen, eine totale Portabilität über die gesamte Unisys-Produktlinie hinweg und bei anderen SVID-zugelassenen Hardwaresystemen zu erzielen.

Unisys ist UNIX International beigetreten, aber steht angeblich noch im Dialog mit OSF. Unisys übt Druck auf AT&T aus, da Unisys der Meinung ist, es bestünde ein Konflikt zwischen der Quellcodeverfügbarkeit und dem Ausmaß, in dem UNIX den Anbietern offensteht, die es unterstützen. Unisys ist Mitglied bei einer Reihe von Organisationen wie Uni-Forum, dem Transaction Processing Council, X/Open, X/Consortium und ist Gründungsmitglied von UNIX International und Corporation for Open Systems (COS).

Die Unisys-Strategie erfordert aggressives Marketing und Pflege von UNIX auf der gesamten Hardwarepalette, den Einsatz seiner Erfahrung bei kommerziellen und Echtzeitumgebungen, solchen für Transaktionsverarbeitung und Sprachen der vierten Generation, während man an seiner Differenzierung von einer allgemeinen UNIX-Betriebssystembasis arbeitet.

Unisys konnte zwar in der letzten Zeit seine Verkäufe steigern, der Gewinn je verkaufter Einheit ist jedoch wie bei anderen Firmen auch aufgrund der schnellen Entwicklung in Richtung kleinerer, aber leistungsfähigerer Computer auf Basis von Industriestandards und insbesondere UNIX dramatisch gesunken.

Die Firma Unisys zielt beim Verkauf ihrer UNIX-gestützten Systeme auf kommerzielle Anwendungen, wie zum Beispiel Dokumentation, Bankwesen, Büroautomation und Vertrieb. Das Ziel, das sie dabei im Auge hat, ist, es dem Kunden alles aus einer Hand zu bieten. Das Spektrum umfaßt deshalb UNIX-gestützte System-Hard- und Software sowie Anwendungssoftware ebenso wie den Kundendienst.

Unisys ist immer noch daran interessiert, eine Verbesserung in der Interoperabilität zwischen dem Convergent-CTOS-Betriebssystem und Systemen auf UNIX- und MS-DOS-Basis herbeizuführen. CTOS soll das Network File System von Sun Microsystems unterstützen. Dies hätte zur Folge , daß Anwendungen mit Systemen, die unter MS-DOS und UNIX laufen, von allen genutzt werden könnten, ebenso wie Anwendungen, die für die grafische Umgebung von Microsoft Windows 3.0 entwickelt wurden. Es wird Unisys nachgesagt, daß sie ein verteiltes Systemverwaltungsprodukt planen, das die zentrale Verwaltung von vernetzten CTOS-Workstations ermöglichen würde.

Unisys ist in Spanien der größte UNIX-Anbieter. Unisys España SA will seine Anlagen in Katalonien erweitern und mit der Herstellung von UNIX-basierten Multi-User-Systemen beginnen. Somit ist Unisys in Spanien die erste Firma, die eine Produktionsanlage ausschließlich für die Herstellung von UNIX-Systemen errichtet. Man erwartet, daß die neue Fabrik den europäischen Markt versorgen und daß sie die gleiche Produktionsausrüstung wie ihr Gegenpart in den USA anwenden wird. Mit anderen Worten, die Firma wird auch hohe Produktionslasten tragen können.

3.4 Andere UNIX-Anbieter

Eine kurze Zusammenfassung von anderen UNIX-Anbietern, die nicht in den vorherigen Abschnitten besprochen wurden, wird im folgenden in vier großen Kategorien angeschnitten:

1. Andere Workstationanbieter
2. Anbieter von Personal-Computern und Mikrocomputer-gestützten Multi-User-Systemen
3. Reine Softwareanbieter
4. Anbieter von Multi-User-Systemen im mittleren und oberen Bereich

Andere Workstation-Anbieter. Fast alle anderen Workstation-Anbieter, wie zum Beispiel Silicon Graphics Incorporated, Stardent, Evans & Sutherland, MIPS und andere, bieten UNIX-Varianten an.

Personal-Computer- und Mikrocomputer-gestützte Multi-User-Systemanbieter. Es folgt eine kurze Beschreibung von einigen UNIX-Mikrosystemlieferanten.

Altos. Altos hat in der Vergangenheit Mikroprozessor-basierte Systeme im unteren Leistungsbereich über ein VAR-Vertriebsnetz verkauft. In den letzten Jahren hat sie UNIX-Systeme in ihre traditionellen, kommerziellen Märkten eingeführt.

Apple. Apple hat A/UX lanciert. Es basiert auf System VR2.2 von AT&T. Es ist nicht klar, wie strategisch UNIX für Apple wirklich ist, da ein

Großteil des Absatzes immer noch auf ihrem proprietären Betriebssystem, MacOS, basiert. A/UX ist ein Stiefkind von MacOS. Für Apple ist die graphische Oberfläche am wichtigsten, und vielleicht ist Apples Vorstellung vom idealen UNIX dergestalt, daß der Anwender UNIX weder sehen noch von seiner Existenz wissen muß.

Diese Betrachtungsweise scheint jedoch auch für andere Anbieter von Intresse zu sein. So sieht beispielsweise ein Entwicklungsabkommen zwischen Apple und IBM vor, daß die Macintosh-Oberfläche künftig auf RS6000-System unter UNIX zur Verfügung gestellt werden soll. Die 1991 vorgestellte, gemeinsam von Apple und IBM getragene Entwicklung eines neuen objekt-orientierten Betriebssystems (Arbeitsname Pink) für eine neue Generation von Personal Computern (auf Basis der IBM-RISC-Chips) geht in die gleiche Richtung.

A/UX ist UNIX für Macintosh-Kunden, ein typischer und intuitiver Macintosh-Computer-Desktop, der mit den bekannten, serienmäßigen Macintosh-Anwendungen arbeitet. Ein hervorstechendes Merkmal von A/UX besteht darin, daß unter A/UX alle (sauber nach den Apple-Richtlinien geschriebenen) Macintosh-Applikationen laufen können. Hiermit steht dem A/UX-Benuzter ein sehr großes Repertoir von Applikationen mit einer sehr benutzerfreundlichen Oberfläche zur Verfügung.

Compaq. Als einer der größten Vertreiber von Intel-basierten Systemen verkauft Compaq sowohl PCs als auch Mikroprozessor-basierte Multi-User-Systeme im unteren Leistungsbereich mit SCO XENIX und SCO UNIX. Compaq vermarktet auch eine MP-Maschine namens SYSTEM-PRO, auf dem SCO-Open-Desktop und SCO-MPX (SCO UNIX-mit MP-Erweiterungen) läuft.

Mit dem Beitritt zur ACE-Gruppe möchte Compaq nun auch in den PC-RISC-Markt einsteigen.

Commodore. UNIX System Release 4 Amiga feierte seinen Einstand bei UniForum im Jahre 1991. Commodore Business Machines, Inc., West Chester, Pennsylvania, führte die 68030-Maschine vor, die mit X Windows, der Open Look Implementation von Sun Microsystems und AmigaDOS ausgeliefert wird. Commodore hat Open Look wegen seiner Programmierkonsistenz und höheren Anzahl von Anwendungen übernommen. Die Firma hat vor, einen Teil ihrer Kundeninstallationen, deren Zahl sich auf ungefähr zwei Millionen beläuft, auf UNIX aufzurüsten.

Intel. Intel begann im Jahre 1989 für den OEM-Markt mit der serienmäßigen Auslieferung ihres ersten UNIX Systems V/386 Release 3.2. Bereits

Ende 1989 gab Intel die UNIX System V Release 4-Version bekannt, die dann im Frühjahr 1990 zur Verfügung stand. Diese Version von UNIX System V für die Intel-Prozessoren 80386 und 80486 signalisierte Intels Vorhaben, aktiv die Vermarktung der Software gegen die Konkurrenz von SCO- und Interactive Systems-Produkten voranzutreiben.

Intel hat nur begrenzte Erfahrung in der Softwareentwicklung und bietet für SVR4 von AT&T keine wesentlichen neuen Funktionen und Verbesserungen. Ihr Beitrag beschränkt sich auf die Kommerzialisierung ihrer ABI UNIX für den 386 und 486. Während die Firma Intel schon lange als Lieferant von Hardwarekomponenten einen Namen hat, ist sie beim UNIX-Betriebssystem relativ unerfahren. Intel verläßt sich bei der Wartung und Pflege ihrer Produkte, die vorwiegend von OEMs verkauft werden, stark auf Drittanbieter.

Wyse. Wyse kennen die meisten wahrscheinlich von ihrer Terminal-Produktlinie. Wyse bietet aber auch PCs und Mikroprozessor-basierte Multi-User- und Multiprozessor-Systeme mit SCO XENIX im unteren Leistungsbereich an.

Reine Softwareanbieter

Microsoft. Obwohl sich die Firma Microsoft in der Vergangenheit vorwiegend auf MS-DOS und OS/2 konzentriert hatte, beteiligte sie sich seit 1989 in erheblichem Umfang an der Santa Cruz Operation (SCO). Microsoft hat ausgezeichnete Dienste geleistet, UNIX (XENIX) im Small-Systems-Markt zu propagieren. Microsoft lizenzierte UNIX Version 7 von AT&T, und XENIX wurde im Jahre 1980 lanciert. XENIX wurde für den Einsatz auf 80286- und 80386-basierten Maschinen von Microsoft mit Erweiterungen versehen. XENIX ist das Multi-User-, Multi-Tasking-Betriebssystem von Microsoft. Vorgesehen ist seine Anwendung für kleinere Systeme in Geschäften, wo hauptsächlich für die Buchhaltung Multi-Terminal-Zugang geboten sein muß, Datenbanken im unteren Leistungsbereich oder andere Arten von Softwarelösungen mit UNIX-PCs vonnöten sind. Seit 1982 ist SCO ein lizenzierter Zweitlieferant für XENIX.

INTERACTIVE Systems Corporation. INTERACTIVE Systems war der erste kommerzielle Lizenznehmer von UNIX von AT&T. Die erste Implementierung war 1977 auf DEC-Hardware. 1978 führte INTERACTIVE eine Host-Version von UNIX auf VAX/VMS ein, 1981 eine der ersten Versionen, die ohne Gastbetriebssystem direkt auf S/370-Systemen von IBM laufen kann. INTERACTIVE implementierte 1982 die erste, symmetrische Multiprozessor-Schnittstelle für S/370-Systeme und entwickelte PC/IX für System V für den Intel 386. Im Jahre 1986 kündigte INTERACTIVE AIX für den PC RT mit IBM an. Schon bald danach, 1988, wurde die Firma von Kodak aufgekauft. Im Juli 1989 erwarb INTERACTIVE Lachman Associates, einen führenden Anbieter von Netzwerk- und Telekommunikations-Produkten und -Dienstleistungen. Interactive ist einer der führenden Entwickler und Lieferanten von UNIX-Softwareprodukten, Technologie und Dienstleistungen. Die Betonung liegt auf OEMs, VARs und Systemintegratoren, einschließlich Firmen wie IBM, AT&T, Fujitsu und Teradyne.

INTERACTIVE Systems ist auch auf vertraglicher Ebene Microsoft verpflichtet, wobei festgelegt ist, daß die Firma ein OEM-Zweitlieferant für XENIX System V/386 ist.

1991 wurde der UNIX-Bereich von INTERACTIVE von SunSoft übernommen.

SCO (The Santa Cruz Operation, INC.). SCO lizenziert seit 1982 XENIX von Microsoft. Im Einzelhandel bietet SCO ein vollständiges Paket „von der Stange" an. Für OEMs stellt die Firma entweder ein zusammengestelltes Produkt oder eine Lizenz zur Verfügung, mit der das Produkt an die eigene Hardware angepaßt werden kann. SCO unterstützt auch OEMs, Distributoren, VARs, Endanwender und Händler.

Santa Cruz Operation ist ein unabhängiger Softwareanbieter, der größenordnungsmäßig bei mehr als 100 Millionen Dollar liegt. Die Firma hat weltweit über 435.000 SCO UNIX- und SCO XENIX-Systeme installiert. Einigen Branchenbeobachtern zufolge macht das mehr als zwei Drittel der Intel-basierten-PC-Basis aus. Bis zu 95% der Kundeninstallationen von SCO setzen sich aus älteren XENIX-Systemen zusammen, die kleine, kommerzielle Multi-User-Systeme auf PC ATs einsetzen. SCO UNIX, wie es oft genannt wird, ist in Wirklichkeit SCO UNIX System V/386 Release 3.2. Es entspricht AT&T SVID, POSIX 1003.1, X/Open XPG3 und dem C2-Sicherheitsstandard der amerikanischen Behörden. .

SCO hat mehr als 2500 VARs und vertreibt seine Produkte auch durch MicroD und Merisel, DEC, HP, NCR, Unisys, Siemens/Nixdorf und andere Computerfirmen über OEM-Verträge. SCO arbeitet für UNIX/Intel an einer Infrastruktur, die große Ähnlichkeit mit DOS/Intel von Microsoft hat.

Die Firma SCO ist derzeit mit einem Marktanteil von über 85% am UNIX-PC-Markt führend, wobei die Konkurrenz der anderen Anbieter ständig wächst.

In der 1991 gegründeten ACE-Initiative einiger großen Hersteller wie DEC, Compaq, MIPS und SNI (Siemens/Nixdorf), spielt SCO neben Microsoft eine zentrale Rolle. Während Microsoft seine MS-DOS-Nachfolgeentwicklung NT auf die ACE-Plattformen bringen wird, fällt SCO die Rolle zu, UNIX-Systeme für die ACE-Systeme zu entwickeln. Diese sollen die heutige SCO-Version von UNIX mit ULTRIX und OSF/1 verschmelzen und unter Umständen auch die SVR4-Schnittstellen integrieren – eine sicher nicht einfache Aufgabe, insbesondere, da sie recht kurzfristig erfolgen soll. Die Hardware-Plattformen für ACE-Systeme werden einerseits Intel I386- und I486-basierende PCs (mit einer festgelegten Minimalkonfiguration) sein und andererseits eine neue Generation von Systemen mit R3000A und R4000 RISC-Chips von MIPS.

The Wollongong Group. Die Wollongong Group stellt auf Vertragsbasis Anforderungsanalysen und Entwicklungsdienste für den Entwurf, die Integration und die Implementierung komplexer Netzwerk-Informationssysteme, zur Verfügung. Wollongong vertreibt eine UNIX-Variante namens EUNICE und integrierte Netzwerksoftware. EUNICE ist vorwiegend für VMS-Anwender von DEC gedacht, die UNIX benutzen möchten. Wollongong verkauft Computersysteme auch an OEMs.

UNIX-Datenbanklösungen

Neben den UNIX-Softwareanbietern sind Datenbankanbieter die größten Softwarefirmen auf dem UNIX-Markt. Der folgende Abschnitt enthält eine kurze Zusammenfassung der vier größten Datenbankanbieter für UNIX.

ORACLE Corporation. Mit Erträgen im Softwaregeschäft von über einer Milliarde Dollar und einem UNIX-Anteil von über $250 Millionen für das Jahr 1990, ist *ORACLE* die auf dem UNIX-Markt größte Softwarefirma. *ORACLE* Corporation hat ihren Sitz in Redwood Shores, Kalifornien, und bietet eine Produktpalette an, die relationale Datenbanken und auch eine ganze Reihe Ergänzungspodukte dazu umfaßt. *ORACLE* unterstützt Softwareprodukte auf mehr als 40 UNIX-Plattformen. UNIX ist der Markt von *ORACLE*, der für das Jahr 1990 mit 50% die größte Wachstumsrate hatte, wobei Europa dabei den ersten Platz einnahm. 1991 wurden eine ganze Anzahl neuer Produkte angekündigt. Man kann also davon ausgehen, daß *ORACLE* weiterhin auf dem UNIX-Markt der größte Softwareanbieter bleiben wird.

Informix Corporation. Eine der Firmen, die 1991 vielleicht am meisten von Oracles Problemen profitierte, ist Informix Software Inc. aus Menlo Park, Kalifornien. Der Firma zufolge betrug das Wachstum bei UNIX-Erträgen 77% gegenüber dem Vorjahr. Informix bezieht ihre größten Erträge aus dem UNIX-Markt.

Informix führte eine Reihe neuer UNIX-orientierter Produkte ein, einschließlich des Spreadsheet-Programms WINGZ, das unter Open Desktop von SCO, unter Motif und Open Look läuft und eine starke 3D-Graphik für Bussiness-Graphiken besitzt. Diese Produkte unterstützen auch Schnittstellen, mit denen Anbieter Daten von einem Informix-Backend-Datenbankserver in das Spreadsheet importieren können.

INGRES Corporation. ASK Computer Systems in Mountain View, Kalifornien, kauften INGRES Corporation 1990 auf. Die ASK-Verbindung könnte beiden Firmen zugute kommen. Die Firma ASK hatte schon bei der Entwicklung ihrer eigenen Produkte INGRES-Software eingesetzt.

1990 stellte INGRES Windows 4GL für Software-Entwickler oder Endanwender vor, die damit eine grafische Benutzeroberfläche für ihre Datenbankanwendungen schaffen wollten. Die jüngste Datenbankversion erlaubt, mehrere INGRES Datenbank-Backends zu unterstützen und gewährleistet Integrität bei Datenbank-Updates.

Sybase Inc. Sybase, die ihren Sitz in Emeryville, Kalifornien hat, ist die erste für UNIX entworfene Datenbank für verteilte Hardware-Umgebungen, die das Client/Server-Modell unterstützt. Sybase ist auch die erste relationale Datenbank, die spezifisch für hochleistungsfähige, transaktionsorientierte Anwendungen entwickelt wurde. Im Jahre 1990 kaufte Sybase die Firma SQL Solutions, Burlington, Massachusetts auf, die auf professionelle Dienstleistungen und Hilfsprogramme für die Entwicklung von Anwendungen für Relationale Datenbanken spezialisiert ist. Sie führte auch eine Produktfamilie ein, die den MVS-Großrechner von IBM in eine expandierte Client/Server-Umgebung integriert.

Sybase erweiterte 1990 seinen Umsatz um 80% auf 103 Millionen Dollar. Die Erträge von Sybase in den Anfangsjahren stammen zum großen Teil aus den VMS-Plattformen von Sun und VAX. Um das Wachstum für die Gegenwart und die Zukunft zu sichern, wird Sybase weitere wichtige UNIX-Plattformen unterstützen. Vorgesehen sind unter anderem HP, AT&T und AIX von IBM.

Anbieter von Multi-User-Systemen im mittleren und oberen Leistungsbereich. Es gibt eine große und weiterhin zunehmende Zahl von

Systemanbietern, die Minicomputer im mittleren Leistungsbereich und Super-Minicomputer für UNIX im Programm haben. Diese umfaßt sowohl Supercomputeranbieter, wie Cray, als auch Multiprozessor-UNIX-Compute-Server-Anbieter, wie Arix, Encore, Convex, FPS, ICL, Pyramid und Sequent – um nur ein paar zu nennen.

Anbieter von UNIX-Großrechnern und Hochleistungssystemen. UNIX macht bis zur Hälfte der neuen Großrechner-Verkäufe aus, wenn man Ersatz- und Upgrade-Verkäufe nicht mitrechnet. Großrechner werden bei speziellen wissenschaftlichen und technischen Anwendungen eingesetzt, praktisch als Server, die im höchsten Leistungsbereich zentralisierte Datenbanken verwalten. In den nächsten Jahren und mit der Einführung einer neuen Technologie, die die Anforderungen von anspruchsvollen und großangelegten transaktionsverarbeitenden Anwendungen berücksichtigt, können zusätzliche, unter UNIX laufende Großrechner mit einem Markt rechnen, der gegenüber proprietären Großrechnern ein besseres Preis/Leistungsverhältnis bieten.

Amdahl. Die Firma Amdahl hat eine weit zurückreichende Geschichte von Großrechner-basierten UNIX-Implementierungen und ist somit wesentlich dafür verantwortlich, die Vorteile Offener Systeme bei EDV-Installationen auf Unternehmensebene vorangebracht zu haben. UTS und UTS-Multilevel-Sicherheits-UNIX-Systeme von Amdahl sind so konzipiert, daß sie den Anforderungen eines großen Rechenzentrums hinsichtlich Zuverlässigkeit, Kapazität, Leistung und Sicherheit genügen.

Andere Anbieter von Rechnern in der obersten Leistungsklasse, die sich auf UNIX spezialisieren, sind unter anderem Encore, Sequent und Pyramid. Diese Firmen bieten eine Multiprozessor-Server-Technologie, die auf dem neuesten Stand der Technik ist, wobei sie sich auf Datenbanken und transaktionsverarbeitende Anwendungslösungen spezialisiert haben.

3.5 UNIX im Vergleich mit MS-DOS und OS/2

MS-DOS ist das gängigste Betriebssystem bei PCs. Die MS-DOS-Lizenzen gehen in die Millionen, aber jede ist ein einzelner Anwender. Während die Zahl von UNIX-Lizenzen (jede davon ein UNIX-System) weit geringer ist, muß man im Auge behalten, daß viele von diesen UNIX-Lizenzen

Multi-User sind, d.h. daß das UNIX-System mehrere Anwender mittels Terminals oder Workstations unterstützt.

Heutzutage basiert ein großer Prozentsatz von Desktop-Computern auf 16-Bit-Mikroprozessoren. Unter anderem auch Motorola 68000 und Intel 80286. Diese Geräte haben keinen großen Adreßraum, sind in der Grafik langsam und haben nur limitierte Auflösung. Ebenso besitzt der 16-Bit-Macintosh kein Memory-Management-Unit, eine langsame Ein-/Ausgabe und kann keine großen Anwendungen unterstützen, da es keinen direkten Speicherzugang bietet.

Die PC-Industrie hat UNIX um zehn Jahre zurückgeworfen. Es sieht allerdings so aus, als ob UNIX in den 90er Jahren das Tief überwunden hat und für den Massenmarkt vorbereitet ist. Anders ausgedrückt, wird UNIX bei vielen Anwendungen eingesetzt werden, weit über die bisher typischen Einsatzgebiete wie CAD/CAM und Software-Entwicklung hinaus. Zu den neuen Anwendungen werden elektronische Post gehören, ebenso wie Netzwerkdienste, Applikationen für den Endanwender- und die allgemeinen, geschäftsorientierten Anwendungen wie Textverarbeitung, Buchhaltung, und so fort.

In den frühen 90er Jahren wird es auf dem PC-Markt große Umwälzungen geben, da neue Anbieter ihren Blick auf UNIX gerichtet haben. Die Firma Commodore ist nur ein Beispiel. Sie fing Ende 1989 mit der Auslieferung von UNIX System V Release 4 an und hatte bis 1990 über tausend UNIX-Installationen auf dem Markt (zusammen mit dem früheren SVR3-Release).

PC-orientierte UNIX-Produkte werden von immer mehr Firmen angeboten. Die unten angegebenen sind nur eine kleine Auswahl:

SCO (SCO UNIX und SCO XENIX, Open Desktop, usw.)

Interactive Systems (Architect Applications Plattform, UNIX System V/386 Betriebssysteme, UNIX OS/Multi-User)

Multiport (UNIX System V/AT, System V/386)

Everex (ESIX)

UHC (System V Release 4)

SNI-PC-Produkte unter SCO-UNIX

PC-basierte UNIX-Maschinen haben eine Wachstumsrate von fast 60% im Jahr und stellen im Jahre 1990 einen Markt mit etwa 1 Million installierter Einheiten dar. Der Grund für die wachsende Beliebtheit von UNIX liegt in seiner Vielseitigkeit, also der Gewährleistung einer Single- und Multi-User-Unterstützung, Multitasking und eine Fülle an Netzwerk- und Kommunikations-Fähigkeiten. Die Zahl der UNIX-Auslieferungen auf PCs sind auf Grund der Kompatibilität mit DOS-Anwendungen erheblich gestiegen.

Ursprünglich sah es so aus, als ob OS/2 der rechtmäßige Erbe von MS-DOS werden würde, aber bislang hat OS/2 einfach nicht den Impetus von MS-DOS/Windows. Es findet auch eine ernste Herausforderung seitens UNIX statt.

Viele MS-DOS-Anwender finden ihre PC-Lösung einfach zu langsam und/oder zu begrenzt. MS-DOS Anwender, die auf UNIX aufrüsten wollen, haben mindestens drei Optionen:

1. UNIX auf ihrer PC-Hardware laufen zu lassen.
2. Von MS-DOS auf DOS unter UNIX auf einem UNIX-System hochzurüsten.
3. Auf einer neuen Hardware direkt auf UNIX überzugehen.

UNIX auf MS-DOS-basierten PCs. PCs, die auf Chips wie dem 80386 32-Bit Prozessor basieren, sind inzwischen ausreichend leistungsfähig für eine Plattformen, auf der UNIX laufen kann. Mit UNIX auf DOS-Produkten kann der DOS-Anwender UNIX-Befehle auf einem MS-DOS-basierten PC benutzen. MKS-Toolkit von Mortice Kern Systems aus Waterloo, Ontario, ist für diesen Produkttyp ein gutes Beispiel.

Von MS-DOS nach OS/2 oder nach UNIX? UNIX wird mit OS/2 um den Marktanteil kämpfen, weil Anwender OS/2 mit UNIX vergleichen. OS/2 hat MS-DOS gegenüber mehrere Vorteile. Es eliminiert zum Beispiel die 640K-Byte-Speicherbegrenzung, unterstützt Multitasking, Mehrprossortechnik und stellt ein erweitertes API mit dynamischem Linking und Presentation Manager für eine Window-Benutzerschnittstelle zur Verfügung. Sowohl MS-DOS als auch OS/2 haben eine Reihe von UNIX-Merkmalen integriert. Zum Beispiel hat mit der Einführung von MS-DOS 2.0 Microsoft ein hierarchisches Dateisystem, Eingabe/Ausgabe-Umleitung, Pipes und UNIX-ähnliche Systemaufruferweiterungen hinzugefügt.

Es ist wichtig, festzuhalten, daß OS/2 nicht eine einfache Produktlinie darstellt. Es gibt 16-Bit-Versionen, die „Extended Edition", Versionen mit und ohne Presentation Manager und 32-Bit-Versionen. Die Anzahl wird mit der 1992 einzuführenden Version 2 von OS/2 durch IBM noch steigen.

Ob UNIX oder OS/2, der Wechsel von MS-DOS wird für die meisten Anwender traumatisch sein, da neue Hardware gekauft oder bestehende Hardware erheblich modifiziert werden muß.

UNIX unterscheidet sich stark von MS-DOS und ist über die traditionellen Vertriebskanäle der PC-Anbieter noch nicht erhältlich.

Inwieweit unterscheidet sich UNIX von MS-DOS und OS/2? MS-DOS hat bis zu 50 oder 60 Befehle und Dienstprogramme. UNIX hat mehr als 200, obwohl der Anwender nicht alle kennen muß. UNIX hat auch eine Reihe von Bibliotheken mit Unterroutinen, Dienstprogrammen und sogar eine eingebaute Sprachenunterstützung. MS-DOS und OS/2 sind Single-User-Umgebungen, während UNIX ein Multi-User-System ist.

Viele Grundbefehle von UNIX, MS-DOS und OS/2 sind sehr ähnlich, aber UNIX-Befehle führen zu anderen Resultaten und haben Optionen für Kommandos, die größere Leistungsfähigkeit und Vielseitigkeit auf Kosten zusätzlicher Komplexität zur Verfügung stellen. Die UNIX-Syntax unterscheidet zwischen Groß- und Kleinschreibung.

Tabelle 3.1 faßt die wichtigen Unterschiede zwischen MS-DOS, OS/2 und UNIX zusammen.

Die Zahl der UNIX-Anwendungen wird rapide größer. Seit MS-DOS optional als Gast unter vielen UNIX-Systemen läuft, können UNIX-Systeme potentiell einen Großteil der vorhandenen MS-DOS-Anwendungen unterstützen. Das Gegenteil trifft nicht zu. Während Microsoft MS-DOS eisern in der Hand behält, gibt es leicht zugängliche UNIX-Varianten für alle neuen Technologie-Typen.

Streitfrage: Systemwechsel. Um MS-DOS-Anwendern den Übergang leichter zu machen, wird MS-DOS oft unter UNIX unterstützt. MS-DOS kann in der Software emuliert werden, oder PC-kompatible Boards können als Koprozessoren in UNIX-Systeme gesteckt werden. Wofür man sich auch entscheidet, MS-DOS unter UNIX wird zunehmend als Umstellungshilfe für MS-DOS-Anwender eingesetzt, bzw. um Anwendern die Möglichkeit zu geben, ihre schon in MS-DOS getätigten Software-Investitionen zu bewahren.

DOS unter UNIX wird von mehreren Anbietern angeboten: VP/ix von Interactive Systems und DOS-Merge-386 von Microport, um nur zwei zu nennen. Nicht jede DOS-Software wird allerdings in DOS unter UNIX-Umgebungen ablaufen können. Limitierungen gibt es dort, wo die Anwendungssoftware PC-Hardware der unteren Leistungsebene benutzt, wo Zeitabhängigkeiten existieren oder wo „low-level"-Routinen zum

Tabelle 3.1 Unterschiede zwischen den drei Betriebssystemen.

OS	MS-DOS	OS/2	UNIX
Graphische Benutzeroberfläche	Windows 3.0	PM	X.11 Open Look Motif Open Desktop
Netzwerk	MS/NETworks Novell	LAN Manager	TCP/IP und ISO OSI Novell LAN Manager
Architekturen	nur 386/486	nur 386/486	Viele (CISC und RISC)
Anwendungen	24000	Hunderte	15000 bis 30000 (alles Anbieter)
Multi-User	nicht inhärent	nicht inhärent	ja-inhärent
Interoperabilität	schlecht, inhärent	sehr gut	sehr gut
Standards	De-facto-eingeschränkt	De-facto-eingeschränkt	De-facto- offen von Regierung vorgegeben
Neue Technologie	eingeschränkt	eingeschränkt	Viele Quellen
Einstecken und sofort einsatzbereit	Hoch aber nur Architektur	Hoch aber nur Architektur	Hoch entwickelt-ABI für jede Architektur
Support	Weitangelegt	IBM, DEC, Microsoft	Nach MS-DOS an zweiter Stelle
Anwender pro System	1	1	Viele
Konfiguration	640K Speicher 2 Disketten	2.5 MB Speicher 30MB Festplatte	4-8 MB Speicher 40 MB + Festplatte

Tabelle 3.1 *(Fortsetzung)*

OS	MS-DOS	OS/2	UNIX
Systemsicherheit	Keine	Geschützter Modus	Anwender-Paßwortschutz auf Gruppenebene
Interprozess Kommunikation	Keine	Gemeinsamer Speicher Semaphoren Pipes Nachricht Warteschlangen	Gemeinsamer Speicher Semaphoren Pipes Nachricht Warteschlangen
Größte Stärke	Große Anwendungsbasis	IBM-Unterstützung	Portabilität Anwendungsbasis
Größte Schwäche	Speicher limitiert Kein Multitasking	Keine Akzeptanz und keine Anwendungen Keine eingebaute Multi-User-Fähigkeit	Komplexität (m/o GUI)

DOS-Dateisystem benutzt wurden. Wenn MS-DOS in der Software emuliert wird, kann auch die Leistung zum Problem werden.

Anders sieht es bei Hardware-gestützten Emulationen aus. PC-kompatible Boards, die in Erweiterungssteckplätze von UNIX-Systemen eingeschoben werden, stellen in der Regel fast fehlerfreie MS-DOS-Umgebungen zur Verfügung und sind so schnell wie echte DOS-Systeme.

Einige der beliebtesten MS-DOS Softwarepakete, wie Word Perfect und Lotus 1-2-3, sind inzwischen auf den ersten UNIX-Systemen verfügbar.

Zu DOS und UNIX. Es gibt verschiedene Möglichkeiten, DOS unter UNIX verfügbar zu machen. Einige UNIX-Umgebungen unterstützen DOS-Windows, und einige Firmen bieten UNIX unter DOS an. Einer der wesentlichen Unterschiede zwischen DOS und UNIX besteht in den Hilfsprogrammen, die mit dem Betriebssystem geliefert werden. Mit DOS-Tools wissen Sie gar nicht, daß Sie DOS anwenden. Sie machen vom darunterliegenden Betriebssystem gar keinen Gebrauch. UNIX-Entwicklungssysteme sind viel standardisierter als DOS-Entwicklungssysteme, da die Auswahl an Hilfsprogrammen viel größer ist.

Tabelle 3.2 Merkmale alternativer UNIX-Systeme.

Merkmal	Vorteile
UNIX Name und Version	
Kompatibilität	Kompatibilität mit anderen Systemen und Software, früheren Releases und anderen Systemen
Art der Kompatibilität	Quelle oder Binär
Anzahl von installierten Standorten	Sie möchten ein bewährtes Produkt
Schnittstellen-Definition	Übereinstimmung mit Standards
SVID Rel 2	
SVID Rel 3	
SVID Ausgabe 2 Auflage 3	
POSIX Compliance	
X/OPEN (XPG3)	
ABI und Testsequenzen	System V Nachweis-Test
SVVS	
Kern	
VM Support	Um große Programme ablaufen zu lassen
Quellcode-Verfügbarkeit	Systemprogrammierung
ladbare Module	Wie schwer ist es, eine linkbare Software-Installation durchzuführen
dynamisches Linken-zentrale Bibliotheken	Effizienter Einsatz von System-Ressourcen
Asynchrones I/O	Effiziente Datenbankverarbeitung
Verfügbarkeit der Shell	Kompatibilität
BOURNE, KORN, C, ADMIN	Benutzerfreundlichkeit, einfache Systemverwaltung

Streams Unterstützung   Software-Entwicklung
    Kompatibilität

Sprachen unterstützt   Kompatibilität und Software-Entwicklung
    C
    C++
    FORTRAN
    PASCAL
    ASSEMBLER
    COBOL
    LISP
    PROLOG
    BASIC
    andere

Netzwerk-Dateisysteme   Möglichkeitt, auf entfernte Dateisysteme zuzugreifen
    NFS   Kompatibilität und transparenter Zugriff
    RFS   Kompatibilität mit SVR3
    Unterstützung von plattenlosen-Clients   Niedrige Kosten/Platz, zusätzliche Clients ohne Betriebsunterbrechung

Netzwerke und Kommunikation   Mit anderen Systemen kommunizieren
    DECNET
    X.25
    SNA 3270
    SNA RJE
    LU6.2
    PU2.1
    Verteidigungsdaten-Netzwerk   DARPA-Protokoll-Sequenz
    ETHERNET TCP/IP
    Buchsen
    Streams
    TCP/IP-Netzwerk-Konfigurationskontrolle

Tabelle 3.2   *(Fortsetzung)*

Merkmal	Vorteile
HONEY DanBer	TCP/IP-Netzwerk kann problemlos eingerichtet werden
Andere	
DBMS Support	Datenbank-orientierte Anwendungen
INFORMIX	
ORACLE	
INGRES	
SYBASE	
UNIFY	
Andere	
Window-Systeme	Einfache Benutzerschnittstelle und S/W Entwicklung
X WINDOWS	
NEWS	Effiziente, netzwerkfähige Schnittstelle
MOTIF	
OPEN LOOK	
WINDOW Toolkits	Programmierer sind nicht mehr von einem bestimmten Window- System abhängig
POSTSCRIPT Unterstützung	Effiziente Laserdrucker-Schnittstelle
Grafische Bibliotheken	
UNIX Erweiterungen	Kompatibilität mit erhältlicher Anwendungssoftware
BSD 4.2	
XENIX	
YP	Kompatibilität mit NIS von Sun
Andere	

Merkmal	**Vorteile**
Begrenzungen durch Software	
Max. Anzahl von Dateien/Prozessen	Für Server-256 oder mehr
Max. Prozeß-Größe	Für Server-256 oder mehr
Max. Dateisystemgröße	oder Unterstützung "logischer Volumes"
Max. Anzahl von lokalen Mount-Dateisystemen	
Min./Max. Plattenplatz für Einzelanwender	
Hardware Begrenzungen	
Min./Max. Speicherkonfiguration und	
Inkremente von min/max. Plattenkonfiguration	
und leistungsbeurteilender Prozessor	
Upgrade Optionen	
MS-DOS Unterstützung	
DOS Arbeitsspeicherbereich	Wenn Sie in eine MS-DOS-basierte Software investiert
DOS Dateitransfer	haben
DOS als UNIX Task	
DOS Cross-Entwicklung	
Kaufpreis	
Einkaufspreis	Einschätzung der Gesamtkosten
Zusatzpreis	Minimum um anzufangen
Runtime (1-2 Anwender, Multi-User)	Zusätzlich benötigte Hardware
Quellcode	Kosten der Laufzeitlizenz
Wartungskosten	Quellizenz
Aufrüstungsoptionen	Hardware und Software

Tabelle 3.2 *(Fortsetzung)*

Mermale	Vorteile
Eigenschaften der Tätigkeiten	
Systeminstallation (SCRIPTS) Kompatibilität mit anderen Systemen	Schnellerer Start-Up Einheitliche Systemverwaltung
Systemverwaltung (SCRIPTS) Kompatibilität mit anderen Systemen	Niedrigere Betriebskosten Einheitliche Systemverwaltung

Unterstützung verschiedener Landessprachen
    8-BIT Handling
    Code-Satz und Zeichenverarbeitung
    Anpassung auf Landeskonventionen
    (Datum, Zeit, Währung)
    Umgang mit Nachrichten	

Dienstprogramme
    Mehrfachsicherung
    System V - Dienstprogramme
    Editoren (vi, EMACS)
	Sicherung von großen Dateisystemen
	Kompatible Systemverwaltung

System-Benutzereinträge	
Dokumentation	

Besondere Merkmale
    Echtzeit
 	
    Sicherheit
	Datenakquisitions-Anwendungen
	Anwender-kontrollierte Prozessablaufplanung
	Klassifizierte Arbeit oder ein Äquivalent dazu

3.6 Vergleichsmatrix für UNIX-Lösungen

Die Merkmale und Attribute der verschiedenen, in Abbildung 3.2 gezeigten UNIX-Systeme sollten für jedes Produkt, das auf Ihrer Kurzliste
steht, gegeneinander abgewägt werden. Nicht alle Merkmale, die hier
aufgelistet werden, sind für Ihre Anwendung von Bedeutung. Sie sind
nur Vorschläge, die Sie bei der Aufstellung Ihrer Liste von wünschens-
werten und notwendigen Merkmalen mitberücksichtigen können.

3.7 Zusammenfassung

Die großen Anbieter von Rechnersystmen haben in der Vergangenheit
stehts versucht dem Kunden Gesamtlösungen zu bieten. Dies war nicht
nur ein Trick, um den Kunden zu fangen, sondern bei proprietären Systemen auch ein Muß. In den heutigen EDV-Umgebungen ist es allerdings praktisch schon unmöglich, daß ein Anbieter alles liefert. Dies wiederum wird eine Umstrukturierung in der Computerindustrie zur Folge
haben.

Zu Anfang der EDV-Geschichte war die Basis-Hardware für Systemanbieter ein ausreichendes Unterscheidungsmerkmal. Heute – und zukünftig in noch größerem Ausmaß – liegen die Unterschiede in der Software
und dem Dienstleistungsangebot Es wird zukünftig zu schärferer Ab-
grenzung in der UNIX-Industrie kommen zwischen System- und Softwareanbietern. Hardwareanbieter werden sich auf die Systemhardware-
und -Grundsoftware und weniger auf die „Lösung" konzentrieren müssen, während sich die Softwareanbieter zunehmend auf persönliche, Pro-
jektgruppen- und vertikale, industrieorientierte Softwarelösungen konzentrieren.

Der Trend, der sich in einer Integration von Computersystemen durch
Netze manifestiert, wird sich in Zukunft fortsetzen und zu einer Informationsverarbeitung durch Integration von Anwendungslösungen führen. Die Umgebung, in der diese Anwendungen entwickelt werden, wird
sich auf die Umgebung ausbreiten, in der sie angewandt werden. UNIX
als Betriebssystem wird voraussichtlich eine Schlüsselrolle als Grundsoft-
wareplattform spielen, auf der diese Umgebung aufsetzt.

Für Systemintegratoren bieten sich neue Chancen. Diese Integratoren
werden ihr Know-How dazu nutzen, die richtigen Komponenten, die auf
der System- und Anwendungsseite des Marktes vorhanden sind, zu-

sammenzubringen. Am unteren Ende werden VARs (Value Added Resellers) spezielle Anwendungen oder Märkte in anderen Bereichen erschließen. Im oberen Leistungsbereich werden wichtige Systemintegratoren wie Arthur Anderson, Litton und EDS große Projekte einleiten, die State-of-the-Art-Systeme, wie PPS-Systeme oder automatisierten Branchenaustausch für das Bankenwesen usw. implementieren.

Die Angebotsseite des UNIX-Marktes wird eine Neudefinition der Grenze von miteinander konkurrierenden Interessen erleben. UNIX-Systemanbieter werden partnerschaftlich mit den Vertreibern ihrer Systeme arbeiten müssen, ohne mit ihnen zu konkurrieren und ohne in die „Value-Added"-Features ihrer Partner einzudringen.

In einem Markt, in dem die meisten Produkte sich kaum noch unterscheiden, haben Kunden große Schwierigkeiten, eine Auswahl zu treffen. Anbietern fällt es dabei noch schwerer, Kunden dazu zu bewegen, ihre Produkte zu wählen. Ähnlich wie in anderen durch Konkurrenz geprägten Industrien, beschränkt sich der Kampf um Marktanteile oft auf schönfärberische Behauptungen der Marketing- und Vertriebskräfte unter dem Deckmantel technischer Information. Der UNIX-Markt ist groß genug, um die Auswirkungen von einigen interessanten firmenpolitischen Kämpfen zu erleben.

Einerseits werden manche Anbieter um Kunden buhlen, indem sie behaupten, UNIX sei portierbar und zuverlässig. Sie werden von sich behaupten, daß ihre Produkte den Industriestandards entsprechen und ganz generell Behauptungen in die Luft setzen, von denen sie glauben, daß der Kunde sie hören möchte. Aber bei den Anbietern im Markt möchte niemand, daß der nächstbeste Anbieter mit einem moderneren System daherkommt und ihm die Kunden abwirbt. UNIX-Anbieter müssen deshalb Unterscheidungsmerkmale in ihren UNIX-Lösungen vorsehen, die „Barrieren" einbauen und der Konkurrenz Einhalt gebieten. Anbieter nennen so etwas vielleicht „Wertzuwachs". Die Formen hierbei können vielfältig sein, angefangen von proprietären Softwarepaketen, grafischen Paketen, proprietärer Hardware oder anwenderfreundlicher Software, die von besonderen Tastatur-Layouts oder anderen speziellen Eigenschaften eines Anbieters Gebrauch machen und den Kunden damit von einem Herstellerwechsel abbringen.

Dem aufgeschlossenen UNIX-Anbieter sind die Risiken dieses „Ähnlich-aber-trotzdem-unterschiedlich"-Spiels bewußt, und er kooperiert bei den Standards. Das ist ja auch der Grund, warum es wichtig ist, daß sich Anbieter den Standards anpassen; für das Wachstum sind Standards unerläßlich. In dem Maße, wie UNIX-Anbieter ihren eigenen Support für Mehrprozessorsysteme, Vernetzung, Internationalisierung, Grafik, Datenbanken und graphische Oberflächen integrieren, wird der UNIX-Kern immer weniger erkennbar. Der Alptraum, den sie vielleicht hervorbringen, könnte letztendlich mit UNIX überhaupt nichts mehr zu tun haben. Wenn Anbieter auf die nächste UNIX-Version hochrüsten wollen, werden sie sich einer langen und anstrengenden Neuintegrationsphase gegenübersehen. Das gleiche trifft auf die Anwendungssoftware zu. Veränderungen, die bei UNIX stattfinden, haben oft zur Folge, daß Anwender viel Zeit dazu aufwenden müssen, ihre Applikationen auf den neuen Systemen zum Laufen zu bringen.

Wer verdient eigentlich an der Sache? Die Preise fallen bei der Hardware und bei den Betriebssystemen, während immer mehr Firmen ins UNIX-Geschäft einsteigen. Es gibt zur Zeit für UNIX mehr Spreadsheets, Datenbanken, Textverarbeitungen und Geschäftsanwendungen als jemals zuvor. Viele Einkaufsabteilungen großer Unternehmen sind inzwischen zu der Überzeugung gelangt, daß sich das UNIX-Versprechen einlöst. Nichtsdestotrotz garantiert UNIX nicht automatisch für einen geschäftlichen Erfolg. Das folgende ist ein Zitat aus dem *Wall Street Journal* vom 6. Dezember 1990:

> ## Bei den Herstellern von UNIX-Systemen fließt die rote Tinte in Strömen.
>
> UNIX, mit seiner zunehmenden Beliebtheit als Betriebssystem, hat eine Reihe von großen Computerfirmen dazu verführt, ihre Zukunft darauf zu setzen, daß es die „lingua franca" der Datenverarbeitung würde ...
>
> Aber Unternehmensberater beginnen sich zu fragen: Wenn UNIX so großartig sein soll, warum verlieren dann so viele Firmen so viel Geld damit?
>
> ... Obwohl die Zeiten in der Computerindustrie allgemein nicht die rosigsten sind, sollten die Dinge für die UNIX-Gemeinde nicht diesen Lauf nehmen. Sie rechneten mit einem phänomenalen Wachstum auf dem Markt für das industrieweite Betriebssystem, das auf Computern der unterschiedlichsten Hersteller laufen kann. Bezüglich der Beliebtheit von UNIX haben sie sich nicht getäuscht: International Data Corporation, ein Marktforschungsunternehmen, hat hochgerechnet, daß das Wachstum von Rechnern, die UNIX einsetzen, 29% der 1994 ver-

kauften Hardware ausmachen wird. Ein beträchliches Wachstum also gegenüber den 10% im Jahre 1990.

Ein Problem liegt darin, daß Computerfirmen noch schneller in den UNIX-Markt gesprungen sind, als der UNIX-„Kuchen" wuchs; die Folge war eine verstärkte Konkurrenzsituation, ... UNIX-Rechner sind damit Massenware geworden.

... Die Tatsache, daß wirtschaftliche Gegebenheiten völlig vernachlässigt wurden, ist nicht das einzige Problem, das UNIX widerfahren ist. Die Kleinen der Computerindustrie waren wohl der Ansicht, daß sie mit UNIX die Herrschaft der Großen brechen können.

... Das Problem ist, daß die kleinen Firmen nicht nur Druck auf Giganten wie IBM und Digital Equipment Corporation ausgeübt haben, sondern auch sich selbst unter Druck setzten. Einige junge Firmen, die sich ausschließlich auf UNIX konzentrierten, wie zum Beispiel Sun Microsystems Inc., Sequent Computer Systems Inc. und Pyramid Technology, haben die Sache prima gemeistert.

... Aber Unternehmensberater lassen durchblicken, daß viele dieser Firmen ihre Kosten nicht ausreichend reduziert oder ihren Marketingschwerpunkt nicht dahingehend angepaßt haben, daß sie nun mit den knapper bemessenen Gewinnspannen leben können. Auch auf alteingesessene Firmen, die versuchen, ihre Kundeninstallationen von proprietären Betriebssystemen auf UNIX umzustellen, werden Probleme zukommen, da ein Teil der Kunden darauf bestehen wird, daß der Hersteller auch investiert, um die bisherigen (nicht-UNIX-) Linien auf dem laufenden zu halten.

Das Potential des UNIX-Software-Marktes verspricht den Markt umzugestalten. Der UNIX-Markt schafft bei der Software neue Möglichkeiten, und es sind nicht nur Softwarefirmen, die davon Notiz nehmen und sich entsprechend positionieren, um daraus Kapital zu schlagen. Hierzu einige Beispiele:

- IBM führt angeblich einigen Normungsgremien und unabhängigen Datenbankanbietern seine Distributed Relational Database Technology (DRDA) vor, damit sie als Universalstandard angenommen wird. IBM wird diese Architektur auf nicht-IBM-Maschinen mittels der AIX-Datenbank vermarkten. Dieses Datenbankprodukt, das wahrscheinlich erst Mitte 1992 auf den Markt kommt, wird UNIX-Anwendern die Möglichkeit geben, ihre Maschinen im mittleren Leistungsbereich mit Host-Mainframes, auf denen DB2 und folglich SAA laufen, auszustatten.

- Interactive bietet jetzt das populäre DOS-basierte Norton Utilities-Paket auf seiner UNIX-Betriebssystemtechnologie an, dessen Portierung in Zusammenarbeit mit der Peter Norton Computing und Segue Software unternommen wurde. Sun Microsystems, DEC und HP haben alle wissen lassen, daß sie alle in größerem Ausmaß portieren und an Partnerschaften arbeiten, um ihre Software auf mehreren UNIX-Plattformen anbieten zu können.
- Sun hat SunOS an INTERACTIVE Systems und verschiedene SPARC Klone-Hersteller lizenziert. Ausgehend von ihren 1991 neu gegründeten Tochtergesellschaften SunSoft und Sun Technologies, wird es diese Praktiken wahrscheinlich auch auf andere Produkte ausweiten. Solaris, ein Sun/OS für SPARC- und PC-Archtekturen, dürfte hier nur eines der Produkte sein.
- HP will in Zusammenarbeit mit Unipress sein New Wave Window System auf mehreren Plattformen zugänglich machen.

Das Betriebssystem UNIX ist Bestandteil einer Fülle von Industrieallianzen und Teil einer ganzen Reihe von Produkt- und Technologievorhaben. Ihr UNIX-Commitment und dem daraus resultierenden Wachstum einer ganzen Reihe von Firmen innerhalb der UNIX-Industrie hat dazu geführt, daß Softwarefirmen das UNIX als den Markt der 90er Jahre mit dem größten und lukrativsten Potential ansehen, der jemals das Licht der Welt erblickt hat.

Kapitel 7 ist eine Darstellung spezifischer Informationen über Marktforschungsunternehmen und UNIX-Publikationen, insbesondere die Publikation *UniForum Product Directories*. Die neuesten Daten sind von den jeweiligen Anbietern zu bekommen, aber dem Käufer obliegt trotzdem noch die Aufgabe, das Angebot kritisch zu analysieren und zu vergleichen.

4 Die Nachfrageseite des UNIX-Marktes

Dieses Kapitel befaßt sich mit der Nachfrageseite des UNIX-Marktes. Es ist eine Orientierungshilfe für Informationsmanager, anhand deren sie mehr über die Märkte in Erfahrung bringen können, in denen UNIX schon an Akzeptanz gewonnen hat. Bei Experimenten ist keiner gerne das „Versuchskaninchen". Die meisten Manager und Entscheidungsträger wollen wissen, was anderen schon gelungen ist und in welchem Bereich, damit sie ein Gefühl dafür bekommen, wo sie einfach nur wieder das Gleiche tun und wo sie bei der Technik, und speziell bei UNIX, ganz neue Wege gehen. Obwohl man argumentieren mag, daß die in diesem Abschnitt enthaltenen Marktdaten für die meisten Manager nicht von direktem Interesse sind, kann die Kenntnis der Bereiche, in denen UNIX in der Vergangenheit erfolgreich angewandt wurde, für die Abschätzung zukünftiger Entwicklungen hilfreich sein. Es gilt dabei, den UNIX-Markt so zu segmentieren, daß die Daten für die Entscheidungsträger im Management Sinn bekommen.

Der UNIX-Markt läßt sich auf verschiedene Weise und nach unterschiedlichen Größen aufteilen, zum Beispiel geographisch, nach Unternehmensgröße, nach Kundeninstallationen, nach Industriezweigen und nach Anwendungsgebieten. Die jeweiligen Bereiche werden in den Unterabschnitten dieses Kapitels vorgestellt.

Die hier aufgeführten Marktsegmente und deren geschätzte Größen basieren auf Informationen, die von Marktforschungsunternehmen veröffentlicht wurden, und auf unseren eigenen Einschätzungen. Die Information macht das Ausmaß und die Ausbreitung von UNIX klar und beschreibt auch, wo UNIX heute kaum eingesetzt wird.

Die Perspektive auf die Nachfrageseite des UNIX-Marktes. Da der Markt für UNIX-Rechner einer der am schnellsten anwachsenden Segmente der Computerindustrie ist, werden die Faktoren, die diese Veränderungen vorantreiben, zuerst erläutert.

Während der 70er und frühen 80er Jahren übernahmen keine Organisation und kein Unternehmen die Verantwortung für UNIX, obwohl AT&T sein Entwickler war und das Recht auf Lizenzvergabe und die Verkaufs- und Änderungsrechte in Händen hielt. Da es keine verpflichtenden Standards gab, entwickelten viele Anbieter ihre eigenen Versionen. Dies führte zu einer Situation, in der Anwender unter einer Vielzahl von inkompatiblen Versionen, Releases und UNIX-Typen ihre Entscheidung treffen mußten.

Der Impuls, der zu einer industrieweiten Akzeptanz von UNIX als universellem Betriebssystem führte, ging vom technischen und wissenschaftlichen Bereich und von den Universitäten und Hochschulen aus, wo Workstations von einem Tag zum anderen zu den meistbenutzten Systemen wurden. Unabhängige Softwareanbieter stellten sich geschlossen hinter UNIX, um technische und wissenschaftliche Applikationen zu entwickeln. Aus Anwendersicht ist es nützlich, eine große Anzahl von Applikationen, die auf ein nichtproprietäres Betriebssystem portiert sind, zur Verfügung zu haben, da dadurch die Probleme bei der Integration der verschiedenen Programme über verschiedene Betriebssysteme hinweg geringer werden. Gleichzeitig sind Anwender auch weniger von einer bestimmten Anbieterhardware abhängig und können folglich die neuesten und besten Systemprodukte einsetzen, die auf den Markt kommen.

Große Unternehmen, wie zum Beispiel GM und Boeing, waren die ersten Firmen, die einen Großteil ihrer Datenverarbeitung auf UNIX vereinheitlichen. Die US-Regierung und andere Regierungen weltweit fingen an, UNIX System V und andere Standards bei ihren Aufträgen für große, verteilte Systeme zu verlangen.

Kunden und Anbieter sind die Triebfedern, die unumkehrbar in Richtung Offener Systeme arbeiten. Die Anwender haben erkannt, daß UNIX sowohl eine relativ gute Kompatibilität über Hardwarearchitekturen unterschiedlicher Anbieter hinweg als auch effiziente Single- und Multi-User-Umgebungen sowie zahlreiche Programmierumgebungen bietet. Selbst Anwendern, die größere Investitionen in proprietären Systemen unternommen haben, bietet UNIX die Möglichkeiten einer dezentralen Datenverarbeitung und zahlreiche Applikationen, von denen die meisten mit den installierten Systemen zusammenarbeiten können.

Viele Kunden finden die UNIX-Flexibilität vielversprechend und verlockend. Praktisch gesehen heißt dies, daß sie langfristig nicht an einen Anbieter gebunden sind, der dann für seine Hardware beliebige Preise ansetzen kann. Einige nennen dies den *Freien EDV-Markt*. Dieser freie EDV-Markt ist eine Bewegung, die auf der Idee von auf Standards basierenden Rechnersystemen beruht. Die Standards definieren die technischen Charakteristika des Betriebssystems und der Anwendungsumgebungen; die Folge ist eine unvergleichliche Flexibilität des Anwenders bei der Auswahl seiner Hard- und Software.

Verschärftes Interesse für UNIX auf Seiten der Anbieter und Anwender weltweit unterstreicht die große Bedeutung, die UNIX bei der kommerziellen „Mainstream"-Datenverarbeitung zukommt. Es beginnt eine Ära der offenen, anbieterneutralen EDV-Standards. Und in der Tat beweist die Einstellung von OSF, IBM und insbesondere DEC, daß UNIX als der De-facto-Standard in der Industrie akzeptiert wurde. UNIX ist momentan und wird auch in Zukunft eine gangbare Alternative zu proprietären Betriebssystemen sein. Anwender können von der Flexibilität und der Freiheit, die bei der Auswahl entsteht und eine echte Offenheit impliziert, nur profitieren.

Damit UNIX sein volles Potential entfalten kann, müssen Marktbedingungen herrschen, die den Anbietern von Systemen und Anwendungen entgegenkommen und ihnen die Gelegenheit geben, den Bedürfnissen der Kunden gerecht zu werden. Die meisten Standards entstehen durch Abstimmung zwischen Herstellern, aber UNIX ist ein Standard, dessen Entstehung durch die Kunden vorangetrieben wird, die mit ihren Brieftaschen abstimmen.

4.1 Größe und Beschaffenheit des UNIX-Marktes

Nachfolgend einige Zahlen zum UNIX-Markt:

- Laut AT&T gab es im Jahre 1987 weltweit über 700.000 UNIX-Lizenzen. Ende 1990 dürften es über 2.000.000 UNIX-Lizenzen gewesen sein und Ende 1991 dürfte die Zahl knapp 4.000.000 betragen haben.
- Ein Branchenkenner errechnete, daß die Zahl von UNIX-gestützten Systemen in den letzten zwei Jahren um über 70% anstieg.
- Glaubt man einer Untersuchung der fünf führenden Systemanbieter, gibt es über 3.000 Applikationen, die von unabhängigen Softwareanbietern, die jetzt UNIX unterstützen, zur Verfügung gestellt werden. Die Zahl ist noch viel größer, wenn man bedenkt, daß viele UNIX-Systeme MS-DOS-Kompatibilität bieten, was bewirkt, daß viele MS-DOS-Applikationen unter UNIX laufen können, aber nicht umgekehrt.

- Berichten von Dataquest zufolge wird bis zum Jahre 1993 UNIX die größte Zahl an Kundeninstallationen haben – größer als MVS oder DOS.
- Der Wert des UNIX-Marktes betrug mehreren Quellen zufolge für das Jahr 1987 insgesamt für Hardware und Software zusammen bei UNIX-Systemanbietern zwischen 9 und 13 Milliarden Dollar. Bis zum Jahre 1990 kann die UNIX-Marktgröße zwischen 15 und 25 Milliarden Dollar angesetzt werden, je nachdem, welchen Schätzungen man Glauben schenkt.
- IDC- und Dataquest-Schätzungen zufolge wird der Anteil, den UNIX am Markt hat, schneller als alle anderen Systeme wachsen, nämlich um ungefähr 30% jährlich über die nächsten Jahre. UNIX-Systeme könnten bis 1995 bis zu 35% des gesamten kommerziellen Computermarktes ausmachen. Die kommerziellen Märkte werden in den 90er Jahren die letzten Bastionen für proprietäre Betriebssysteme sein, aber UNIX wird sich auch dort weiterhin seinen Weg bahnen.

4.2 Die installierte Basis von UNIX-Systemen

Die Gesamtheit der UNIX-Installationen ist ein Markt, der aus Systemen auf Basis von System V, XENIX und BSD besteht. Dataquest hat ermittelt, daß AT&T mit insgesamt 40-50% der Kundeninstallationen von System V marktführend ist. XENIX ist mit ungefähr 30% auf dem zweiten Platz, und BSD beansprucht 15-18%. Somit bleiben 3-5% des Marktes für andere Varianten, wie zum Beispiel AIX und Mach.

- 1987 lief auf ungefähr 200.000 Maschinen der AT-Klasse XENIX, nicht DOS.
- Sun hat seit seiner Gründung 1982 bis heute (1992) weltweit über 600.000 Workstations verkauft und ist, was Stückzahl und Umsatz betrifft, der UNIX-Marktführer. SunOS ist auf den technischen Märkten vorherrschend, hat aber auch in den kommerziellen Märkten in den letzten Jahren stark zulegen können. Sun verkaufte alleine 1991 über 100.000 Workstations.
- Die meisten XENIX-Systeme werden als Multi-User-Umgebungen in kleineren Betrieben eingesetzt.
- BSD wird vorwiegend auf dem technischen Workstation-Markt und bei Multi-User-Umgebungen eingesetzt, um technische und wissenschaftli-

che Applikationen im Bereich der Fertigung, der Telekommunikations-industrie und bei Regierungsbehörden zu unterstützen.

- System V von AT&T wird auf verschiedenen Gebieten eingesetzt, mit dem Schwerpunkt in kommerziellen Systemen des unteren und mittleren Leistungsbereichs.

4.3 Marktsegmentierung und Größenordnungen

Abbildung 4.1 zeigt Abschätzungen zum Umsatz des gesamten Rechnermarktes, wobei jeweils der UNIX-Anteil für Multi-User-Systeme und Verteile Systeme (d.h. Workstations) mit dem des Gesamtmarktes verglichen wird.

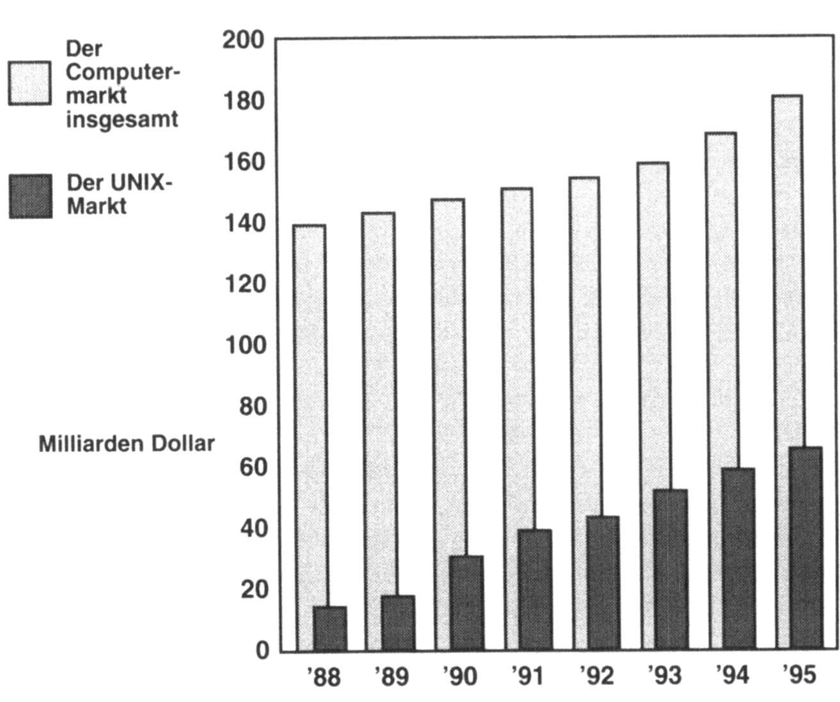

Abbildung 4.1 UNIX im Vergleich zur Gesamt-DV.
Man geht davon aus, daß UNIX sich rapide verbreiten wird und bis zur Mitte der 90er Jahre etwa ein Drittel des gesamten Rechnermarktes ausmachen könnte.

Eine Analyse von Abbildung 4.1 ergibt folgendes:

- Der UNIX-Markt für das Jahr 1990 wird auf 13 Milliarden Dollar geschätzt, eine Zahl, die weltweit bis zum Jahr 1993 auf zwischen 35 und 40 Milliarden Dollar ansteigen wird, was fast 20% des gesamten Computermarktes ausmachen wird. Insgesamt wird das Jahreswachstum bei ungefähr 30% per annum angesetzt.
- Der UNIX-Markt kann in vier große Kategorien wie folgt eingeteilt werden: UNIX-PCs und Workstations; kleine Systeme, wie die von Altos, die meistens kleine, kommerzielle Multi-User-Systeme sind; Systeme im mittleren Leistungsbereich und schließlich große Systeme. Der UNIX-PC- und -Workstation-Markt ist bei weitem der größte, betrachtet man Umsätze und die Zahl der Auslieferungen.
- UNIX hat keinen einheitlichen Markt. Die wichtigsten Wachstumsbereiche für UNIX waren in der Vergangenheit dort, wo eine „heiße Kiste" in einem Anwendungsbereich gebraucht wurde, bei dem es auf möglichst geringe Hardwarekosten ankam.
- Obwohl wissenschaftlich nicht belegt, glaubt man, daß das Wachstum von UNIX damit zusammenhängt, daß eine ganze Population von College- und Universitätsabgängern heranreift, die mehr oder weniger UNIX beherrschen. Im Durchschnitt sind die Personen, die mit UNIX arbeiten, jünger und kosten weniger als zum Beispiel die Personen, die in MIS arbeiten.
- Das Wachstum von UNIX kann direkt auf den Erfolg des 386er-Chips von Intel und der RISC-Prozessortechnologie zurückgeführt werden. Der Zufall wollte es, daß UNIX so gut auf diese Prozessorarchitekturen paßt, da beide noch nicht existierten, als die UNIX-Entwicklung begann.
- Die größten UNIX-Marktanteile sind auch auf vernetzte EDV ausgerichtet, wie zum Beispiel Workstations und Server, aber auch alle Arten und Größen von vernetzten Multi-User-Systemen, die in großen Computernetzen eingesetzt werden, ebenso in Büros mit Außenstellen, Handelszentren, Einzelhandelsniederlassungen und Bankzweigstellen.
- Da nun neue Applikationen auf dem Markt erscheinen, die von der Leistung und Vielseitigkeit von UNIX Gebrauch machen, kann man für die Zukunft ein beträchtliches Wachstum an UNIX-Arbeitsplatzrechnern und Servern erwarten, und zwar auch in den Bereichen, in denen heute noch PCs und PC-LANs überwiegen.

Die im nächsten Abschnitt dargestellte Marktaufteilung und die Größenordnung basieren auf den oben erwähnten Schätzungen.

4.3.1 UNIX-Märkte, geographisch geordnet

Die weltweite Akzeptanz von UNIX ist deshalb so wichtig, weil viele Firmen weltweit einer wachsenden Konkurrenz ausgesetzt sind. Dies sind auch die Firmen, die die meisten Computersysteme kaufen und einsetzen, um ihr Geschäft zu unterstützen. Der international weitverbreitete Einsatz von UNIX wird auch für Softwareentwickler, die den größtmöglichen Markt erreichen wollen, eine tragende Bedeutung haben.

Die wichtigen geographischen Segmente und die Anteile am Gesamt-UNIX-Markt sind in Abbildung 4.2 aufgeführt.

UNIX wird zusehends zu einem internationalen Phänomen. Den Ländern im pazifischen Raum, insbesondere aber Europa, steht ein Wachstum größeren Ausmaßes kurz bevor.

Der Rest dieses Abschnittes beschreibt kurz eine Reihe von besonderen Markttendenzen und charakteristische Eigenschaften dieser internationalen Märkte.

USA – der größte Markt. Der US-Markt ist für UNIX von den meisten Marktforschungsinstituten schon analysiert worden. Eine Zusammenfassung der Marktforschungsinstitute und die von ihnen für den UNIX-Markt angebotenen Produkttypen sind in Abschnitt 7.1 aufgeführt.

Seit Jahren behaupten Branchenkenner, UNIX sei im Kommen. Seit Jahren ist UNIX nicht wirklich gekommen. Jetzt scheint es soweit zu sein.

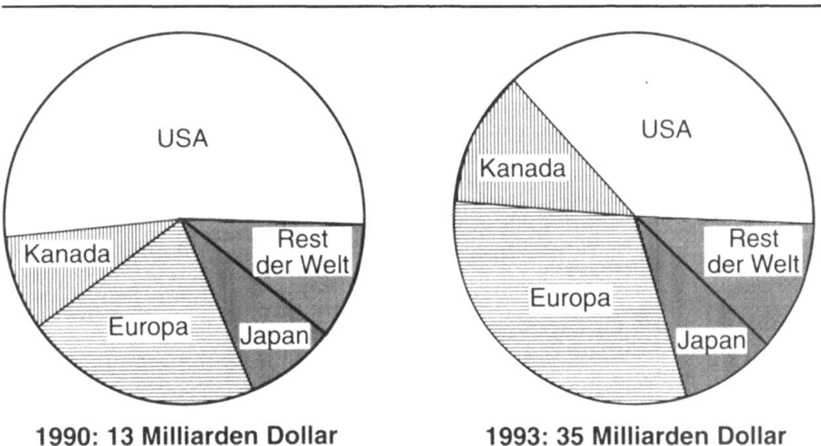

Abbildung 4.2 Die UNIX-Geographie.

Warum? Es gibt dafür zwei wichtige Gründe. Der erste Grund hat mit einem Trend am Computermarkt selbst zu tun, der, obwohl er nicht in direktem Zusammenhang mit UNIX steht, sich auch hier bemerkbar macht. Dieser Trend ist das Abrücken weg vom zentralen Großrechner (Stichwort „Downsizing") hin zu verteilter, vernetzter EDV. Der zweite Grund ist die Vereinheitlichung von vielen UNIX-Versionen in wahrscheinlich zwei vorherrschende Basisvarianten (die AT&T-Linie und die OSF-Linie), die beide weitestgehend ähnliche technische Eigenschaften haben.

Die meisten Studien heben hervor, daß UNIX wahrscheinlich aus seiner starken Position, die bisher primär auf technische Märkte und bestimmte Nischen wie Arbeitsplatzrechner und Multi-User-Systeme im unteren Leistungsbereich beschränkt war, herausbrechen wird. Der Beweis dafür kann insofern erbracht werden, als alle wichtigen Rechnerhersteller in den Vereinigten Staaten und Europa – auch die größten etablierten Systemanbieter – diesen Markt angehen. Will man den Trend in Richtung UNIX-Systeme verstehen, muß man ihn im Kontext der gesamten Computerindustrie sehen.

Einige Industriebeobachter sind der Meinung, daß vernetzte EDV den nächsten Wachstumsschub auf dem Computermarkt bilden wird. Der erste Schub waren die Großrechner, der zweite Schub die Minicomputer, der dritte Schub die Personal-Computer und Workstations. Dieser neue, vierte Schub, sagen sie, wird dann stattfinden, wenn Computer in die Netze eingebunden werden und Anwender sich an den Ressourcen am Netz orientieren, anstatt an den Möglichkeiten auf dem System, auf dem sie arbeiten.

Dieser Trend impliziert ein Downsizing und eine Verteilung von EDV-Ressourcen, weg von Großrechnern und sogar weg von zentralisierten Minicomputer-Lösungen. Diese traditionellen Architekturen werden verschwinden. Ihren Platz werden Netzwerke einnehmen, die EDV-Ressourcen dort haben, wo sie gebraucht werden, Plattenspeicher dort, wo er gebraucht wird, und so weiter. Diese Geräte werden über Hochleistungsnetze verbunden sein. Beschreibungen dieser vernetzten Architekturen finden Sie in Kapitel 5.

Das Resultat dieses Trends zu vernetzter EDV wird sein, daß der mittlere Minicomputer-Markt in den 90er Jahren aufweicht. Firmen werden sich verteilten Systemen zuwenden, wenn sie die Vorteile und Flexibilität erkennen, die offensichtlich werden, wenn man Computerleistung als koordiniertes Ganzes sieht. Man wird zunehmend neue Systeme nach ihrem Preis/Leistungs-Verhältnis bewerten, ihrer Netzwerkfähigkeit und dem Engagement der Systemanbieter für Standards. Hier kommt UNIX ins Spiel, und dies ist einer der Hauptgründe, warum sogar etablierte Firmen sich immer mehr auf UNIX konzentrieren.

Kanada. Ende 1988 wurde die kanadische Marktforschungsfirma DMR von /usr/grp/cdn beauftragt, eine Untersuchung über den UNIX-Markt in Kanada anzustellen. Die Information in diesem Abschnitt stammt aus diesem DMR-Bericht. Kopien der Zusammenfassung dieses Berichts erhalten sie bei: The DMR Group (die Adresse ist in Abschnitt 7.1.3 enthalten).

/usr/grp/cdn ist ein unabhängiges Mitglied der internationalen UNIX-Gruppe UniForum. Gegründet wurde sie 1985, und ihre Aufgabe ist die Herausgabe eines UNIX-Produktkatalogs, eines zweimonatlich erscheinenden Informationsblatts und die Organisation von Konferenzen und Messen. Gesponsert wird sie von den wichtigsten Systemanbietern in Kanada.

/usr/grp/cdn initiierte die Marktstudie, um mehr über das Eindringen von UNIX in den kanadischen Markt zu erfahren, bzw. wie kanadische Computeranwender die Vorteile und Risiken einer UNIX-Implementierung sehen. Der Ende 1988 fertiggestellte Open-Systems-Report ist über 500 Seiten stark.

DMR fand heraus, daß die Zahl der UNIX-Kundeninstallationen in Kanada geringer war, als wohl allgemein angenommen wurde, sich allerdings stark im Ansteigen befand. Sie stellten fest, daß kanadische Anwender von UNIX nicht sehr viel wußten, daß aber gleichzeitig großes Interesse bestand, mehr darüber zu erfahren. Unter den von DMR untersuchten Firmen waren fast alle großen Industriezweige vertreten. Mehr als 30% der Firmen setzten UNIX in der allgemeinen EDV ein, während 80% davon UNIX in ihrem Unternehmen für spezielle Aufgaben oder Anwendungen nutzten.

DMR schätzte, daß der UNIX-Markt von 140 Millionen Dollar im Jahr 1988 auf 560 Millionen Dollar für das Jahr 1992 anwachsen wird, was einem jährlichen Wachstum von über 40% entspricht. Der Untersuchung zufolge entfielen 1988 6% aller Hardwareumsätze auf UNIX (Desktop, kleine Systeme, Systeme im mittleren und oberen Leistungsbereich), ein Anteil, der bis 1992 auf voraussichtlich 19% anwächst. Die vier vorherrschenden Einsatzbereiche für UNIX waren nach dem Bericht die allgemeine Datenverarbeitung, Büroautomatisierung, wissenschaftliche und technische Programme und Softwareentwicklung.

Europa nimmt vermehrt Standards und UNIX an. Fast alle europäischen Systemlieferanten bieten UNIX-Systeme an. Die Befürworter von

X/Open stellen eine bemerkenswerte Gruppe von großen europäischen Lieferanten dar, wie zum Beispiel ICL, SNI, Group Bull, Olivetti, Norsk Data und GEC. Jeder dieser Anbieter besitzt eine Hauptrechnerlinie, die auf UNIX basiert.

Man kann davon ausgehen, daß die von europäischen (und amerikanischen) Systemanbietern eingeleiteten Bemühungen um die Standards – insbesondere die von X/Open – dazu beigetragen haben, den Einsatz von und das Interesse an UNIX in Europa (einschließlich Großbritannien) zu fördern. Hier sei auch daran erinnert, daß X/OPEN zunächst von europäischen Firmen gegründet wurde, um UNIX für den kommerziellen Markt zu gestalten.

Der UNIX-Markt in Europa wuchs in den letzten Jahren schneller als in den Vereinigten Staaten an, obwohl seine Basis kleiner war. Das Wachstum lag in den vergangenen Jahren bei insgesamt über 170% (*Electronics*, Oktober 1987) und betrug allein 1990 zwischen 60% und 70%. Das prozentuale Wachstum wird sich dabei sicher mit wachsenden Installationszahlen verringern.

Die beiden Bereiche mit dem schnellsten Wachstum sind Workstations und die kleineren und mittleren Multi-User-Systeme. Diese können typischerweise 4 bis 16 Terminals unterstützen.

Kommerzielle Anwender in Europa haben sich für UNIX als strategische Plattform für ihr Kerngeschäft entschieden. Der kommerzielle UNIX-Markt wird in Europa jährlich weiterhin etwa um 35% wachsen. Deutschland stellt dabei den größten Markt dar, gefolgt von Frankreich, Großbritannien und Italien. Auch Spanien weist einen stark expandierenden UNIX-Markt auf. Die EG hat sich bei ihren Großrechnern inzwischen für UNIX entschieden.

Europäer setzen sich stärker für Standards ein und neigen dazu, Allianzen und Partnerschaften zu gründen, die für amerikanische Firmen undenkbar wären. Besonders Systemanbietern, die nur in Europa operieren, war UNIX ein Anlaß, Zweckbündnisse einzugehen und einen Standard zu fördern, der erst vor kurzem zu einem bestimmenden Faktor in der Konkurrenz gegen große amerikanische Firmen wie IBM und DEC geworden ist.

Japan. In Japan dominiert UNIX auf dem technischen Workstation-Markt, bei kommerziell orientierten Applikationen aber ist es erst langsam im Kommen. Am unteren Ende des Systemmarkts sind Sony, Hitachi, Toshiba und NEC alle in den 32-Bit-Multi-User-UNIX-Markt eingetreten. Es gibt mehr als 25 einheimische UNIX-Workstation- und System-Lieferanten in Japan.

Die Werbekampagnen für UNIX sind in Japan sehr lebhaft. AT&T betreibt eine Firma namens AT&T UNIX Pacific, die englische Versionen des 386er System V und seit kurzem eine japanische Anwendungsumgebung namens JAE 2.0 für den 386er liefert.

Die japanische Regierung förderte über das MITI ein 120-Millionen-Dollar-Projekt namens SIGMA. Dieses startete 1985. SIGMA steht für „Software Industrialized Generator Maintenance Aid" (Wartungshilfe für industrialisierte Software-Erzeugung). Es hat Ähnlichkeiten mit der X/Open-Initiative in Europa und zählt über 175 Firmen und Anwender zu seinen Mitgliedern. SIGMAs strategisches Ziel ist, eine große Zahl von Softwareentwicklern hervorzubringen, und man erwartet, daß mit einer etablierten Entwicklungsumgebung eine verstärkte Softwareentwicklung einsetzen wird.

SIGMA OS Version 1 (VOR1) basiert auf UNIX System V2.1 von AT&T und unterstützt Streams, Shared Libraries und Berkeley-Erweiterungen. UNIX System V2.1 von AT&T ist in Japan das bevorzugte System im kommerziellen Bereich. Netze mit NFS/RFS, Datenbankfunktionen und X.11-Windows sind ebenfalls Teil von VOR1. SIGMA wird auch japanische Schriftzeichen unterstützen, einschließlich dem phonetischem Katakana und dem ideographischem Kanji.

Man geht davon aus, daß SIGMA auch weiterhin auf kommerzielle Software abzielen wird, wie zum Beispiel für den Einzelhandel, das Bankwesen oder andere kommerzielle Marktnischen, in denen heute noch ein Mangel an Anwendungssoftware für UNIX besteht. VOR1 berücksichtigt auch Applikationen für Prozeßsteuerung, in Forschung und Lehre, für C-, FORTRAN- und COBOL-Entwicklungsumgebungen und Funktionen wie Softwarewerkzeuge, Editoren und Debugger.

Als Firma bietet SIGMA Dienstleistungen bei der Beratung für Vernetzung und Datenbanken an.

SIGMA gleicht dem X/Open-Konsortium dahingehend, daß es Standards vorschlägt. Es initiiert auch standard-basierte Implementierungen von Funktionen, die für die Lokalisierung erforderlich sind.

SIGMA wird wohl ein langfristiges Forschungsprojekt bleiben und außerhalb Japans wahrscheinlich nicht viel Aufmerksamkeit erregen.

4.3.2 Einsatz von UNIX abhängig von Unternehmensgrößen

Da UNIX auch auf kleineren Multi-User- und Single-User-Systemen zum Einsatz gelangt, könnte man davon ausgehen, daß es auch bei kleineren Firmen überwiegend zu finden ist. Dies ist jedoch nicht der Fall. Dies mag daran liegen, daß mit der Größe eines Unternehmens auch die Wahrscheinlichkeit steigt, daß es technische Applikationen einsetzt auf Workstations wie Sun, HP/Apollo oder DEC, auf denen UNIX läuft. Die nachfolgenden Prozentzahlen (Tabelle 4.1) geben die Zahl der Firmen an, die UNIX in irgendeiner Funktion einsetzen, sie besagen jedoch nicht, daß diese Firmen vorwiegend oder gar ausschließlich UNIX benutzen.

Tabelle 4.1 veranschaulicht folgendes:

- Große Unternehmen kaufen tendenziell die meisten Systeme. Diese Firmen haben auch am ehesten hochqualifizierte Mitarbeiter als EDV-Benutzer, besonders auf dem Gebiet der technischen EDV. Server und Multi-User Systeme im mittleren Leistungsbereich, die UNIX unterstützen, bieten oft ein attraktives Preis/Leistungs-Verhältnis. Größere Firmen, die daran interessiert sind, eine große Zahl von verteilten Standorten oder Büros zu unterstützen, finden diesen Vorteil überzeugend.
- UNIX-Systeme wurden in der Vergangenheit auf den direkten Vertriebskanälen der Systemanbieter angeboten. Die Verteilung der UNIX-Systeme, die in Tabelle 4.1 dargestellt ist, legt nahe, daß UNIX vorwiegend im Direktvertrieb angeboten wird oder indirekt in enger Zusammenarbeit mit Systemanbietern. Wir glauben, daß UNIX zukünftig stärker über eine Kombination aus direkten und indirekten Vertriebskanälen den Endbenutzer erreicht.
- Je kleiner die Firma, desto wichtiger ist die Verfügbarkeit von kommerzieller Software, wie beispielsweise für die Büroautomatisierung, Finanz- und Lagerbuchhaltung und ähnliche Bereiche. Markensoftware für PCs hat erst in jüngster Zeit ihren Weg zu UNIX gefunden. In den 90er Jahren werden diese Applikationen leichter erhältlich sein, und die Nachfrage nach UNIX in kleineren Firmen wird damit deutlich steigen.

Tabelle 4.1 UNIX-Verbreitung nach Firmengröße.
In der Vergangenheit gab es den stärksten Zuspruch zu UNIX von größeren Firmen.

Firmengröße Anzahl der Beschäftigten	Prozent-Anteil der Firmen mit UNIX-Systemen
>1000	75
500 – 999	30
100 – 499	19
25 – 99	8
< 25	5

4.3.3 Hardwareplattformen für UNIX-Systeme

Aus der Anzahl der Anbieter für das ganze Hardwarespektrum geht hervor, daß UNIX das ideale Mittel ist, Gemeinsamkeit über verschiedene Maschinenarchitekturen hinweg herzustellen.

Tabelle 4.2 demonstriert folgendes:

- UNIX wird auf der Hälfte der heute verkauften Rechner angeboten. Allerdings macht es nur 10% der Umsätze für diese Systeme aus. UNIX ersetzt allmählich die Systemumsätze von proprietären Produktlinien.
- UNIX wird bei den meisten neuen Hardwarearchitekturen mitverkauft. Es ist nicht nur für die Systemanbieter kostengünstig, sondern zahlreiche Applikationen sind sofort erhältlich.
- UNIX wird zusehends der De-facto-Standard in der technischen EDV und findet sich sowohl bei den kleinsten als auch den größten Systemplattformen im Markt der technischen EDV-Systeme.
- Traditionelle Großrechnerumgebungen, die große, unternehmensweite Datenverarbeitungsfunktionen unterstützen, werden nur langsam zu UNIX migrieren, beispielsweise als Ersatz für MVS von IBM. Dies be-

Tabelle 4.2 UNIX und Computersystemarchitektur.
UNIX unterstützt mehr Architekturen als jedes andere Betriebssystem.

	Anzahl der Architekturen	Für UNIX
Große Systeme	25	30%
Supercomputer		
Parallele Computer		
Großrechener		
Mittlere Datentechnik	35	97%
Minicomputer		
Superminicomputer		
Systeme im unteren Leistungsbereich	54	50%
Multi-User-PCs		
Kleine Systeme		
Single-User-Systeme		
Workstations	26	100%
High-End-PCs (Qualitätsprodukte)	68	86%
Low-End-PCs (Billigprodukte)	19	24%

deutet jedoch nicht, daß es keine UNIX-Systeme gibt, die als Alternative zu traditionellen Großrechnern gesehen werden können. Sequent und Pyramid sind hier Beispiele für konkurrenzfähige Systeme auf UNIX-Basis in der Großrechnerklasse, die für Anwendungsnischen in Frage kommen. Weltweit lag der UNIX-Großrechnermarkt 1989 bei etwa 1,3 Milliarden Dollar; er wächst momentan im Durchschnitt jährlich um ungefähr 30%.

- Der Markt für UNIX-Systeme im mittleren Leistungsbereich und ausgesprochen teure Systeme mit durchschnittlichen Verkaufspreisen von 100.000 bis 1 Million Dollar lag 1989 bei etwa 2.5 Milliarden Dollar. Multi-User-Systeme im mittleren Leistungsbereich nahmen im Durchschnitt um 11% pro Jahr zu, während Workstations eine durchschnittlich Wachstumsrate von 35-40% pro Jahr aufwiesen.

- Workstation-Märkte werden von UNIX-Betriebssystemen beherrscht. PCs im oberen Leistungsbereich werden zusehends mit UNIX angeboten. Der Weg, den sich UNIX in den allgemeinen PC-Markt bahnt, ist noch durch fehlende Benutzerfreundlichkeit und Verfügbarkeit von Applikationen gebremst. Die wichtigen Mitstreiter im Workstation-markt sind Sun, HP/Apollo, DEC und IBM.

- Der UNIX-PC-Markt für das Jahr 1990 wird weltweit um die 5 Milliarden Dollar angesetzt, mit durchschnittlichen Jahreswachstumsraten um 45%.

- Der UNIX-Markt konzentriert sich vorwiegend auf Workstations und Computer im mittleren Leistungsbereich. Wenngleich UNIX das dominierende Betriebssystem bei Supercomputern ist und auch auf Groß-rechnern läuft, sind dies für UNIX vergleichsweise kleine Märkte.

4.3.4 Industriesegmentierung

Dieser Abschnitt untersucht, in welche Industriezweige UNIX bisher am weitesten eingedrungen ist und zeigt das Ergebnis in Tabelle 4.3 .

Abbildung 4.3 veranschaulicht die Daten aus Tabelle 4.3 graphisch. Sie gibt für die nächsten Jahre eine grobe Abschätzung der Marktgröße und des allgemeinen Entwicklungsstands.

Die Informationen für Abbildung 4.3 und Tabelle 4.3 stammen aus folgenden Quellen:

Tabelle 4.3 Akzeptanz von UNIX nach Industriezweigen geordnet.
Das Eindringen von UNIX in diverse Industriezweige ist mit Anwendungslösungen
verknüpft.

INDUSTRIE	1990	1993	ANWENDUNG
Fertigung			
Ablaufsteuerung	Früh	Fortgeschritten	Prozeß-Kontrolle
Diskrete (Kleinserien-,			
Einzelteil-) Fertigung	Wachsend	Wachsend	CAD/CAM
Luftfahrt-/Autoindustrie	Fortgeschritten	Fortgeschritten	CAD/CAM
Öffentliche Verwaltung			
Verteidigung	Fortgeschritten	Fortgeschritten	viele Bereiche
Beörden auf Kreis-, Lan-			
des- und Bundesebene	Früh	Fortgeschritten	DV
Öffentliche Dienstleistungen			
Versorgungsbetriebe	Fortgeschritten	Fortgeschritten	CAD/CAM
Kommunikation	Fortgeschritten	Ausgereift	Telekommunik.
Transport	Fortgeschritten	Fortgeschritten	Planung
Dienstleistungsindustrie	Früh	Wachsend	DV
Bildung			
Forschung	Fortgeschritten	Fortgeschritten	CASE und wissenschaftlich
Universitäten	Früh	Wachsend	Verwaltung
Finanzen/Bankwesen			
Finanz-Dienstleistungen	Unterschiedlich	Fortgeschritten	viele
Bankwesen	Embryonal	Wachsend	DV
Versicherung	Embryonal	Wachsend	DV
Dienstleistungsindustrie			
Transport	Früh	Wachsend	DV
Einzelhandel	Embryonal	Früh	Kasse
Großhandel	Embryonal	Früh	Büro
Gesundheit	Embryonal	Früh	DV

- Dataquest errechnete, daß im Jahre 1991 Applikationen in kommerziellen Märkten gut 55% aller UNIX-Umsätze ausmachen werden, während etwa 30% auf Behörden und nur 8% Aufträge auf das Ausbildungswesen entfallen.
- Auch IDC sieht UNIX im kommerziellen Bereich am schnellsten wachsen. Man geht bei IDC davon aus, daß der kommerzielle UNIX-Markt bis Mitte der 90er Jahre so groß wie der technisch/wissenschaftliche Markt sein wird.

- Die kommerziellen, technischen und wissenschaftlichen Marktsegmente stellen 1990 zusammen über 40% des weltweiten UNIX-Marktes dar; dies läßt sich größtenteils an der Fertigungsindustrie ablesen.
- Die öffentliche Dienst stellt (in den USA) für 1990 das zweitgrößte Segment dar, wobei dieser Bereich über 18% des Gesamtmarkts ausmacht.

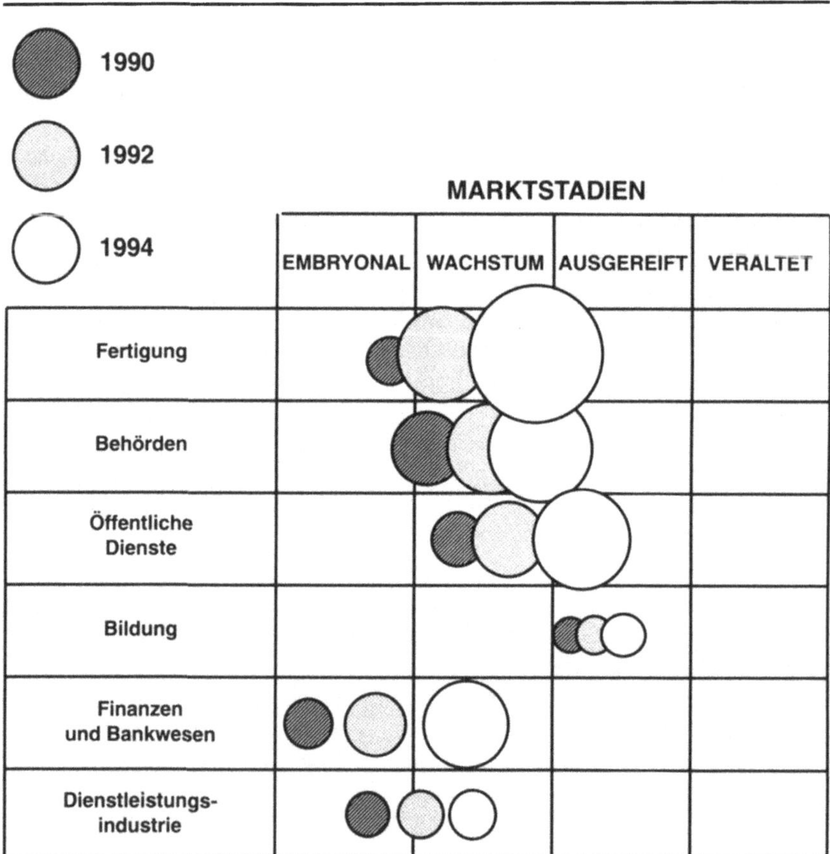

Abbildung 4.3 Akzeptanz von UNIX in wichtigen Teilen der Industrie.
Ein überragendes Wachstum steht UNIX in fast jedem Industriezweig unmittelbar bevor. Die Fertigungsindustrie könnte bis 1995 ein Drittel des Gesamtmarktes ausmachen.

- Die öffentlichen Dienstleistungs- und Versorgungsunternehmen ergeben zusammen über 9% des Marktes, wobei der Großteil des Geschäfts speziell in der Telekommunikationsindustrie liegt. UNIX hat wahrscheinlich bei den regionalen Bell Operating Companies den höchsten Entwicklungsstand erreicht.
- Kleine bis mittlere kommerzielle Applikationen machten fast 14% des Gesamtmarktes aus.
- Mainstream-Applikationen im Unternehmensbereich und Finanzwesen machen fast 12% des Gesamtmarktes aus, wobei den Workstations in USA ein beachtliches Eindringen ins Finanz- und Bankwesen in den Bereichen Wertpapierhandel und in hochspezialisierte Anwendungsbereiche gelang.

4.3.5 Anwendungslösungen

Tabelle 4.4 zerlegt die UNIX-Märkte nach der Akzeptanz von UNIX für die bekannten Anwendungsbereiche.

Abbildung 4.4 zeigt schematisch die geschätzte Größe und das relative Reifestadium für UNIX, eingeteilt nach wichtigen Anwendungskategorien.

Abbildung 4.4 und Tabelle 4.4 erlauben folgende Schlußfolgerungen:

- Der technische Markt ist der größte und der am weitesten entwickelte UNIX-Markt. CAD/CAM und wissenschaftliche und technische Anwendungen stellten 1990 mehr als 55% des gesamten Marktes für UNIX-Applikationen dar. Man geht allgemein davon aus, daß ein erhebliches Wachstum von neuen kommerziellen und allgemeinen Datenverarbeitungsanwendungen in allen Industriezweigen stattfinden wird.
- Telekommunikation und Datenfernverarbeitung sind zwei Bereiche, in denen UNIX schon am längsten eingesetzt wird und am ausgereiftesten ist. Sie werden in der Datenverarbeitung wahrscheinlich die Bereiche mit dem schnellsten Wachstum sein und werden außerdem Technologien in vielen anderen vertikalen Applikationen überhaupt erst ermöglichen. UNIX und seine Netzwerkfähigkeiten sind mächtig und vielseitig und bieten enorme Vorteile für Online-Applikationen. Hierzu gehören nicht nur die Telekommunikation, sondern auch dienstleistungsorientierte Applikationen wie zum Beispiel Informationsdienste.

Tabelle 4.4 Einsatz von UNIX nach Art der Applikation.
Technische Applikationen sind heute viel weiter entwickelt
als kommerzielle Anwendungen.

ANWENDUNG	1990	1993
Technische		
Dokumentation im Planungsbereich	Fortgeschritten	Fortgeschritten
CAD/CAM/CAE	Fortgeschritten	Fortgeschritten
Software-Technik	Fortgeschritten	Fortgeschritten
Kommunikation	Fortgeschritten	Fortgeschritten
Grafik	Fortgeschritten	Fortgeschritten
Natürliche Bodenschätze	Fortgeschritten	Fortgeschritten
Technische Dokumentation	Fortgeschritten	Fortgeschritten
Echtzeit-Datenakquisition	Frühstadium	Fortgeschritten
Bildverarbeitung im medizinischen Bereich	Frühstadium	Fortgeschritten
Allgemein Büro		
Buchhaltung	Wachstum	Fortgeschritten
Büroautomatisierung	Wachstum	Fortgeschritten
Geschäfsgrafiken	Fortgeschritten	Fortgeschritten
Allgemein kommerziell		
Datenverwaltung	Frühstadium	Mittleres Stadium
Buchhaltung	Frühstadium	Frühstadium
Büroautomatisierung	Frühstadium	Mittleres Stadium
Lohn/Gehalt	Embryonal	Frühstadium
Verkauf/Auslieferung	Embryonal	Frühstadium
Unterstützung für die Entscheidungsfindung	Embryonal	Mittleres Stadium
Fertigungplanung	Embryonal	Frühstadium
Personalplanung	Embryonal	Fortgeschritten

- Applikationen mit einer längeren Lebensdauer werden sich naturgemäß auch nur langsam verändern. MRP II, ein Paket für die Fertigungssteuerung, hat beispielsweise eine Lebensdauer zwischen 5 und 15 Jahren. Aber sogar in diesen Bereichen erwartet man, daß z.B. Begleitsoftware, wie z.B. Software für Entscheidungshilfen und im Fall von MRP II für die Produktionsplanung und Lagerverwaltung, kurzfristig zu UNIX migrieren wird. Obwohl also anzunehmen ist, daß diese Teile der zentralisierten Datenbankanwendung weiterhin auf dem traditionellen

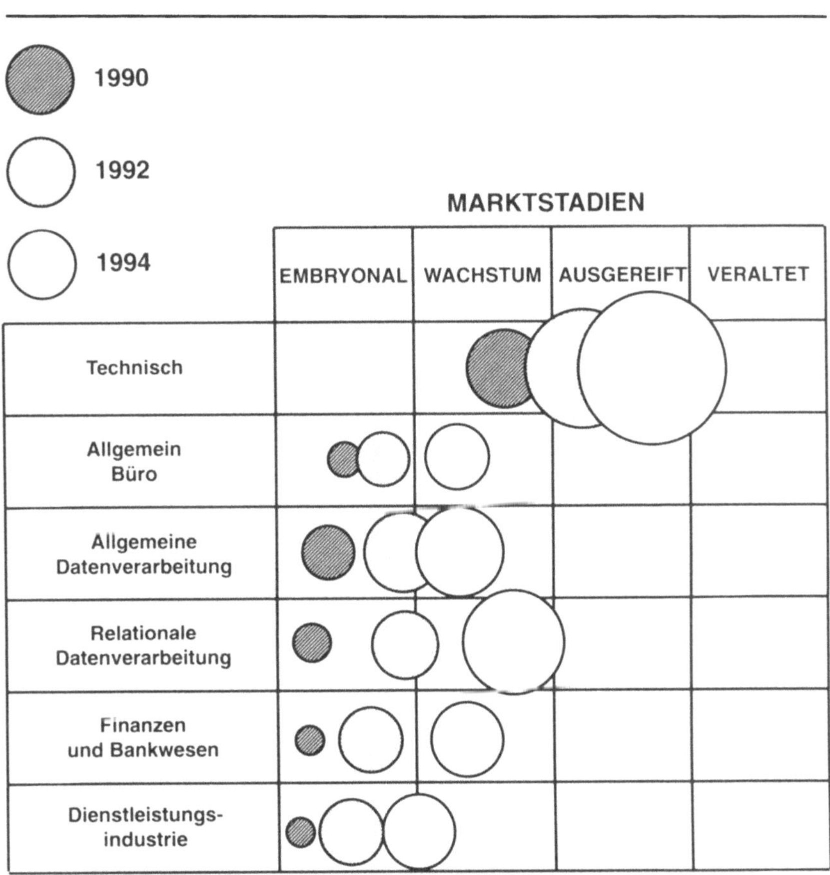

Abbildung 4.4   Einsatz von UNIX in verschiedenen Anwendungssegmenten.
Für alle Segmente wird ein erhebliches Wachstum prognostiziert. Kommerzielle
Applikationen werden in den frühen 90er Jahren entstehen.

Großrechner oder Minicomputer laufen, werden angrenzende Applikationen aller Wahrscheinlichkeit nach verteilt laufen. CIM machte 1990
weniger als 9% des UNIX-Marktes für Anwendungslösungen aus.
• Das Wachstum bei der UNIX-Hardware und jenes bei UNIX-Datenban-
ken schreiten nicht im Gleichschritt voran, sind aber mit Sicherheit aufs
engste miteinander verknüpft. Wichtige Trends bei den Datenbanken
und Entwicklungswerkzeugen erreichen auch den UNIX-Datenbank-
markt, ja sie finden teilweise hauptsächlich dort statt. Die jährliche

Wachstumsrate bei Datenbank-Software für UNIX beträgt bis zu 80 oder 90%.

4.3.6 UNIX in technischen Applikationen

Was sind Applikationen für den technischen Markt? Unter technischen Applikationen versteht man Bereiche wie CAD und rechnergestützte Analyseverfahren, Anwendungen im Labor und wissenschaftliche Berechnungen sowie industrielle EDV wie Betriebsdatenerfassung und Betriebsablaufsteuerung. In der technischen EDV wird die meiste Rechenzeit im Forschungs- und Entwicklungsbereich oder zur Steuerung spezieller Prozess benötigt. Den Gegensatz dazu bilden die Arbeiten, die täglich in einem Unternehmen anfallen und kommerziell orientiert sind. Sie werden in Abschnitt 4.3.7 diskutiert.

UNIX ist das De-facto-Betriebssystem für technische Märkte. Technische Applikationen, Verteilte Systeme und Hochleistungsrechner werden zunehmend von UNIX beherrscht. In der Vergangenheit haben einige wichtige Trends vereint dazu beigetragen, die Akzeptanz von UNIX als Standardbetriebssystem für technische Märkte voranzutreiben. Hierzu gehören unter anderem:

- Verfügbarkeit von neuen Hochleistungs-CPUs und die Tatsache, daß sie durch die hohe Portabilität von UNIX mit diesem Betriebssystem schnell an den Markt gebracht werden konnten
- Fortschritte bei der Computergrafik und deren Einsatz auf Workstations
- Akzeptanz von verteilten EDV-Umgebungen, die eine optimale Ausgewogenheit zwischen Interaktivität und Rechenleistung erzielen.
- Standards (besonders UNIX, NFS und X Windows)
- Der Einsatz von C und die Verfügbarkeit von C-Compilern unter UNIX
- Die Tatsache, daß UNIX das De-facto-Standardbetriebssystem für Workstations ist und Workstations wiederum den Bedürfnissen der technischen Anwender bei einer Vielzahl von Anwendungsbereichen nachkommen können.

In der Vergangenheit hat die Firma DEC mit ihren PDP-11- und VAX-Systemen bei einem Großteil des technischen Marktes Eingang gefunden. Sie hat dort eine große Anzahl von Installationen. PDP- und VAX-Anwender benutzen UNIX (vorwiegend BSD, ULTRIX, d. i. DECs eigene Version von UNIX) und VMS, das proprietäre VAX-Betriebssystem. DECs technische EDV-Kunden haben schon immer Multi-User-Systeme für die Abteilungsebene bevorzugt. Die Firma DEC steht mit den Anbietern von Arbeitsplatzrechnern und Hochleistungssystemen in Konkurrenz, während sie versucht, ihre technische Basis voranzutreiben. Die UNIX-Strategie von DEC und OEM-Vereinbarungen mit MIPS sind ein Versuch, der harten Konkurrenz zu begegnen, die für sie die Workstation-Anbieter wie Sun, Silicon Graphics Inc., HP/Apollo etc. darstellen. DEC muß sich auch gegen Superminis wie Convex, Alliant und Sequent wehren, die alle UNIX unterstützen.

4.3.7 UNIX bei kommerziellen Applikationen

Wie definiert man „kommerziell"? Kommerzielle Applikationen sind unter anderem Textverarbeitung, elektronische Post (Nachrichten), Transaktionsverarbeitung für die Buchhaltung, Berechnung von Finanzmodellen, Inventur usw. All diese Applikationen werden auf Unternehmens-, Bereichs-, Abteilungs- und Arbeitsgruppenebene ausgeführt, und zwar von Managern und Mitarbeitern im Produktionsbereich. Kommerzielle Installationen verbringen den größten Teil ihrer Rechenzeit mit diesen Applikationen, um ihre Geschäftsfunktionen zu unterstützen.

Seit es UNIX gibt, haben seine Gegner immer seine potentielle Auswirkung auf kommerzielle Märkte heruntergespielt. UNIX hat einen Großteil seiner gegenwärtigen Akzeptanz erzielt, indem es am Marktanteil der proprietären Systeme knabberte. Eine genaue Untersuchung der UNIX-Geschichte zeigt allerdings, daß dort, wo es UNIX im großen Stil gelang, sich Zugang zu den kommerziellen Markt zu verschaffen, dieser Zugang sehr wenig mit einer Anwendernachfrage für UNIX per se zu tun hatte.

Bob Marsh, einer der Gründer von /usr/grp, hat einmal die Behauptung aufgestellt, daß ein Großteil des anfänglichen Erfolges von kommerziellen UNIX-Systemen, insbesondere Multi-User-Mikroprozessorsystemen, auf Anstrengungen von Hardwareanbietern zurückzuführen war, die Anwendern integrierte Applikationslösungen lieferten. Ihren Anwendern war UNIX eigentlich gleichgültig. Viele dieser kommerziellen UNIX-Systemintegratoren oder -Wiederverkäufer waren frühe Lizenznehmer von AT&T, BSD, Interactive Systems oder XENIX. UNIX war für sie attraktiv, da es billig und problemlos verfügbar war und keine Schnörkel hatte, was wiederum die Möglichkeit zu gewinnträchtigen Erweiterungen gab. Außerdem hatte es eine ausgezeichnete Entwicklungsumgebung, die Portierbarkeit bot. Man konnte hier auch leichter als in proprietären Systemen die neuesten (preiswerteren) Platten und andere Technologien integrieren.

Es war diese Gruppe von kommerziellen Lizenznehmern, die 1985 die ersten Standardisierungsbemühungen unternahm, als /usr/grp sich mit IEEE zusammentat, um die Standardschnittstellenspezifikation zu entwickeln, die unter dem Namen POSIX bekannt wurde.

Die treibenden Kräfte. Das UNIX-Wachstum in der kommerziellen EDV beruht in den USA bisher auf dem Einsatz von vernetzten Arbeitsplatzrechnern und Systemen im unteren Leistungsbereich. In den 80er Jahren, als PCs bahnbrechend den Umgang mit Computern auf dem Schreibtisch veränderten, verlangten Anwender nach mehr Rechenleistung und schufen somit den Bedarf an leistungsfähigeren Workstations.

Kleine kommerzielle EDV-Systeme werden primär von VARs (Value Added Resellers) verkauft. Auf dem UNIX-Markt spielen VARs eine Schlüsselrolle und treiben den Verkauf von UNIX-gestützten Systemen in kommerziellen Märkten voran. Mit der Einführung von leistungsfähigeren Multi-User-fähigen Mikroprozessoren wie SPARC von Sun, des 486ers von Intel oder des 68040 von Motorola, wird UNIX ein ideales Single- und Multi-User-System für kleine Firmen oder Arbeitsgruppen darstellen. Die Situation, daß es für UNIX zahlreiche verschiedene Anbieter gibt, wird auch weiterhin das Interesse von Wiederverkäufern wecken.

Der Trend in Richtung verteilter EDV und DV auf Abteilungsebene ist eine weitere Antriebsfeder. UNIX ist ideal für Time-Sharing, Multi-User-Betrieb und Vernetzung, wie sie in verteilten Umgebungen, die Großrechner und PCs verbinden, benötigt werden. NCR, IBM und AT&T, die drei führenden UNIX-Systemanbieter im kommerziellen Markt des mittleren Leistungsbereichs, haben auch starke Vertriebswege zu den wichtigen Unternehmen.

Eine interessante Entwicklung fand vor zehn Jahren statt, als einige Systemanbieter, wie zum Beispiel NCR, zum ersten Mal alternative Vertriebs- und Support-Kanäle für UNIX entwickelten und dann einen Übergang zu einer Mischung aus direktem und indirektem Vertrieb zustande brachten.

Schließlich bestehen amerikanische Regierungsbehörden und insbesondere die US-Regierung immer mehr auf Kompatibilität zwischen ihren Systemen für Kommunikation, Applikationen und Entwicklung. Zur Zeit verlangen ungefähr 70% aller behördlichen Ausschreibungen UNIX.

Stärken und Schwächen von UNIX auf den kommerziellen Märkten.
UNIX hat auf dem kommerziellen Markt sowohl Stärken als auch Schwächen. Zu den Stärken gehören:

- Offenheit und Verfügbarkeit auf vielen Hardware-Plattformen
- Multi-User- und Multitasking-Betrieb (OS/2 ist ein Multitasking-, aber kein Multi-User-System; PICK ist ein Multi-User- aber kein Multitasking-System)
- UNIX ist optimiert für die Anwendungsentwicklung
- Die Kommunikation
- Über 3.000 Applikationen, darunter viele und führende kommerzielle Datenbanken
- Portierbarkeit der Applikationen
- Relativ niedrige Kosten.

Die Schwächen für den kommerziellen Markt sind:

- Noch nicht optimal für großangelegte, zentralisierte Transaktionsverarbeitung, die beispielsweise typische IBM-Mainframe ablösen könnten
- Fehlende Standardisierung bei der Systemverwaltung
- Keine „Jumbo"-Applikationen (das Ergebnis einer Betonung von kleineren Geschäften und von VAR-Lösungen in der Vergangenheit)
- Kein existierender Standard (verschiedene Versionen des Produkts sind immer noch im Umlauf, was die Sache für unabhängige Softwareanbieter, die MS/DOS oder PC/DOS unterstützen, weniger attraktiv macht – obwohl auch dieser Zustand sich verändert).

Wenn man alle Faktoren in Betracht zieht, ist die Zukunft von UNIX im kommerziellen Markt praktisch sichergestellt. Die Ausgangslage ist denkbar günstig, den Anforderungen des kommerziellen Marktes zu begegnen. Der Erfolg wird weniger darin bestehen, vorhandene Installationen von Minicomputer-Systemen zu ersetzen, als vielmehr in neuen Applikationen, die so konzipiert sind, daß sie UNIX und andere neue Konzepte wie Netzwerkdienste voll auszunutzen.

UNIX wird den Anforderungen kommerzieller EDV in vielen Bereichen genügen; hier wären Gebiete zu nennen wie allgemeine Datenverarbeitung, Finanzmodelle, kommerzielle Dokumentenverwaltung, Büroautomation, rechenintensive (z.B. statistische) Geschäftsanalysen, Vernetzung sowie Gebiete, wo hochauflösende Grafik benötigt wird, wie Einrichtungs- und Raumplanung, aber auch die kommerzielle Kunst und das Industriedesign. Ein wichtiges Feld wird für UNIX Mitte der 90er

Jahre im OLTP-Bereich (Online Transaktionsverarbeitung) liegen. Während heutzutage die meisten OLTP-Lösungen intern (firmenspezifisch) entwickelt werden, kommen Standardapplikationen für diesen Bereich in den 90er Jahren stärker zur Geltung. Sie erst erlauben ein überdurchschnittliches Wachstum von kommerziellen Anwendungen, wie Buchhaltung, Ressourcen-Planung, Fertigungsplanung, und von anderen EDV-Lösungen für den kommerziellen Bereich. OLTP-Produkte unter UNIX in Management-Informationssysteme integriert, werden immer mehr in strategisch wichtige Geschäftsumgebungen eindringen. Abschnitt 5.9 enthält eine Übersicht über die Transaktionsverarbeitung mit UNIX.

4.3.8 Einsatz von UNIX bei Regierungsbehörden

UNIX macht in den USA bei den behördlichen Ausgaben für Computersysteme auf Bundes-, Staats- und reginaler Ebene 18–25% aus. 1987 hat die Firma Digital Equipment Corporation gegen eine Computer-Beschaffungsmaßnahme der amerikanischen Luftwaffe Einspruch erhoben, die sich auf 4,5 Milliarden Dollar belief und als „AFCAC-Proposal" bekannt wurde. Diese Ausschreibung hatte die Beschaffung von 20.000 kleineren Multi-User-Systemen zum Inhalt, die sich nach der SVID von AT&T zu richten hatten. DEC stellte das Recht der Regierung in Frage, SVID in Aufträgen zu spezifizieren; aber der GSA-Ausschuß entschied sich gegen die Firma und vertrat die Ansicht, daß die Regierung sehr wohl die SVID spezifizieren könne, weil die Anforderungen der Ausschreibung den Wettbewerb nicht einschränken würden und UNIX schon deshalb nicht proprietär sei, weil es verschiedene Anbieter unterstützen und jedermann die Lizenz dafür erhalten kann; UNIX damit also jederman zugänglich ist.

Die AFCAC-Ausschreibung schrieb auch vor, daß das angebotene Betriebssystem (in angemessener Zeit) POSIX-Konformität bekommen müsse.

Das National Institute for Standards and Technology (NIST – das amerikanische Institut für Standards und Technologie), früher das National Bureau of Standards (die amerikanische Behörde für Standards, das amerikanische Gegenstück zum DIN) definiert alle funktionalen Bereiche, die angesprochen werden müssen, um Anwendungsportabilität zu unterstützen. Dieses Profil wird von der Federal Information Processing Standards Group (FIPS-die amerikanische Gruppe für informationsverarbeitende Standards) definiert, bis es (in überarbeiteter und standardisierter Form) von POSIX zur Verfügung gestellt werden kann.

UNIX wird in seiner ganzen Anwendungspalette von amerikanischen Regierungsbehörden eingesetzt. Dies gilt auch für die anspruchsvollsten Anwendungen, wie sie zum Beispiel von Geheimdiensten, der NASA und dem IRS eingesetzt werden. Ähnliche Tendenzen sind im europäischen und insbesondere im deutschen Markt anzutreffen. Viele Länder, ebenso wie Bundespost und Bundesbahn, verlangen inzwischen in ihren großen DV-Beschaffungsmaßnahmen UNIX als Basissystem.

4.3.9 UNIX in Forschung und Lehre

Aus der historischen Diskussion wird klar, daß die finanzielle Unterstützung seitens der amerikanischen Regierung für die Arbeit in Berkeley die Akzeptanz von UNIX bei Institutionen förderte, die ebenfalls von der Regierung finanziell unterstützt wurden oder die die technischen Vorteile von UNIX nutzen wollten. Folgende Vorteile kommen akademischen Einrichtungen besonders entgegen:

- UNIX ist ein Multi-User- und Multitasking-Betriebssystem, im Gegensatz zu DOS und OS/2.
- Programme und Routinen können wiederverwendet werden. Dies wiederum gestaltet die Entwicklung von neuen Programmen einfacher, indem man Systemkommandos mit vorhandenen Programmen und Schleifenanweisungen mittels Shell-Scripts schnell und einfach zusammensetzen kann.
- Programme können miteinander verknüpft werden, so daß die Ausgabe eines Programms in die Eingabe eines anderen umgeleitet wird. Somit können vorhandene Programmteile benutzt werden, um Prototypen oder neue Applikationen zu schreiben.
- Die Verfügbarkeit der UNIX-Quellen ist ein Schlüsselfaktor für seine Beliebtheit in Forschung und Lehre. Portierbarkeit auf Quellcodeebene über eine Reihe von Architekturen unterschiedlicher Anbieter hinweg macht es möglich, daß eine breites Hardwarespektrum eingesetzt werden kann, wobei Applikationen in der Regel durch einfaches Neucompilieren portiert werden können.
- UNIX bietet dem Softwareentwickler eine anspruchsvolle Entwicklungsumgebung und stellt oft die neuesten Hilfsprogramme (wie heute die Programmiersprache C++) zur Verfügung.

4.4 Die wichtigsten Trends in der UNIX-Industrie

Die fünf wichtigsten Trends im gesamten UNIX-Markt sind die folgenden:

1. Entwicklung industrieweiter Standards, deren Einhaltung und der Prozeß Offener Systeme.

   Standards sind wahrscheinlich unumgänglich, wenn ein Produkt Massenware werden soll. Obwohl es einmal so aussah, als ob teure Computer nie zur Massenware werden könnten, hat UNIX diesen Prozeß sicher ins Rollen gebracht. EDV-Standards sind allerdings nicht einfach. Der heutige Durchschnittsanwender beginnt erst zu begreifen, welche Bedeutung Standards haben werden.

2. Ein starker Trend in Richtung verteilter DV.

   Die 70er Jahre erlebten praktisch den Untergang des Großrechnermarktes. Fast könnte man meinen, die Geschichte wiederhole sich, nur ist diesmal die Mittlere Datentechnik betroffen. Viele Anwender wollen einen weiteren Schritt vorwärts tun, nämlich weg von der „Persönlichen EDV", die primär die eigene Arbeitseffizienz unterstützt, hin zur „Gruppen-EDV", in der ganze Teams mit EDV-Mitteln zusammenarbeiten. Man nennt dies „Work-Group Computing". Rechner müssen für diese Art von Arbeit verteilte Prozesse unterstützen.

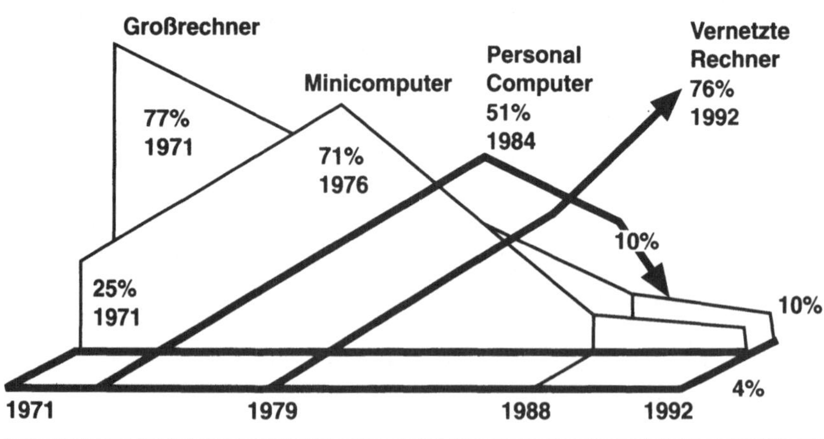

Abbildung 4.5 Wachstum in der vernetzten EDV.
Quelle: Sanford Bernstein, 1987

3. Anwachsen der über ein Netz verteilten EDV.

   Anwender wollen ihre Computer in Netze einbinden. Dieser Trend beschränkt sich nicht auf einen bestimmten Computerbereich. Der Trend geht dahin, Computer wirklich kooperativ einzusetzen. Abbildung 4.5 zeigt das prozentuale Wachstum verteilter (vernetzter) Systeme. Die vertikale Achse in Abbildung 4.5 stellt das Wachstum des gesamten Rechnermarktes dar beziehungsweise seine Aufteilung nach Großrechnern, Minicomputern und so weiter.

4. Konsolidierung der UNIX-Varianten in Hinblick auf einen einzigen Standard.

   Die Zahl der UNIX-Varianten und -Clone wird sich sehr schnell reduzieren. Anzunehmen ist, daß es in den 90er Jahren nur zwei große UNIX-Linien geben wird. Beide werden auf System V von AT&T basieren und Erweiterungen aus den anderen wichtigen Versionen von UNIX beinhalten: BSD und XENIX.

5. Kommerzieller Marketing-Antrieb hinter UNIX.

   Es gibt für UNIX ein enormes Potential im kommerziellen Markt, den es bis heute noch kaum durchdrungen hat. UNIX wird einfacher in der Anwendung, und immer mehr kommerzielle Applikationen sind am Markt erhältlich. Somit wird es als beliebtestes Betriebssystem auf Abteilungsebene in den meisten Umgebungen der 90er Jahre einen beträchtlichen Aufschwung erleben.

4.5 Die Zukunft der UNIX-Industrie

Die Zukunft von UNIX in den nächsten Jahren wird vor allem durch drei Faktoren begrenzt werden:

1. Das Erscheinen von UNIX-Anwendungs-Software auf Weltklasseniveau, besonders in hochwertigen kommerziellen Bereichen wie Finanz- und Lohnbuchhaltung und Lösungen für den kommerziellen Einsatz.
2. Neue Gesetze und Vorschriften, die im kommerziellen Sektor eine stimulierende Wirkung haben werden.
3. Die Stärke der Nachfrage seitens der Anwender für Lösungen von unterschiedlichen Anbietern und die Bedeutung, die sie ihren Investitionen in Software, Schulungen und Daten auf lange Sicht einräumen.

Anwendungen für UNIX lassen sich für ein breites Spektrum von Applikationen und EDV-Umgebungen finden. PC-Anwender werden UNIX immer mehr bevorzugen, wenn sich die Benutzerfreundlichkeit erhöht und Mainstream-Applikationen auf UNIX migrieren. Workstations werden weiterhin im Gebrauch sein, wobei verteilte EDV das Time-Sharing in Anwendungsbereichen ersetzen wird, die der Leistung, Grafik- und Netzstärke entsprechen, die UNIX-Produkte mit sich bringen. Multi-User-Systeme des mittleren Leistungsbereichs und Großrechnersysteme werden immer mehr auf UNIX basieren und die Vorteile von Netzen und anderen Technologien nutzen. Diese Systeme werden gegenüber proprietären Systemen auch Vorteile beim Preis/Leistungs-Verhältnis bieten können.

5 Neue Konzepte in der EDV

Die Technologie der verteilten EDV ist erst seit kurzer Zeit in Mode gekommen, und da verteilte EDV bei Händlern, in der Fachpresse und von
Branchenkennern so heftig diskutiert wird, stiften die widersprüchlichen
Aussagen bei den Benutzern ziemlich viel Verwirrung. Das gleiche gilt
für andere neue Trends in der EDV, wie zum Beispiel Windowsysteme.
Einige dieser Trends, wie Windowsysteme und Client/Server-Konzepte,
sind mit UNIX „groß geworden" und stehen dazu in einem besonderen
Verhältnis, obwohl sie bisweilen auch in proprietären Betriebssystemumgebungen unterstützt werden. Ihr Wachstum und Beliebtheitsgrad
und der von UNIX sind miteinander verquickt, wobei man Ursache und
Wirkung nicht klar voneinander abgegrenzen kann. Kein Buch, das die
UNIX umgebende Industrie zum Thema hat, könnte eine Erörterung ihrer Relevanz aussparen.

Dieses Kapitel untersucht neue Konzepte in der EDV. Da die Fortschritte, die in der Technologie gemacht werden, den Umgang mit diesen
neuen Entwicklungen erleichtern, entwickelt sich rapide eine neue Sprache für vernetzte EDV. Es entstehen ständig neue Konzepte, wie zum
Beispiel „vernetzte EDV in einer heterogenen Umgebung" und
„Client/Server-DV". Begriffe wie Windowsysteme, Toolkits (Software-
werkzeuge) und „Look and Feel" sind alle relativ neue Konzepte für die
Applikationsarchitekturen der Zukunft. Abbildung 5.1 illustriert, wie
Windows (Bildschirmfenster) auf dem Bildschirm des Arbeitsplatzrechners dem Anwender Zugang zu Aufträgen ermöglichen, die im gesamten
Netz laufen. Der Anwender kann hier verschiedene Prozesse in jedem
Fenster sehen und mit ihnen interagieren. Diese Prozesse können sowohl
lokal auf dem jeweiligen Arbeitsplatzrechner laufen als auch auf entfernten Knoten im Netz.

Führende Branchenbeobachter des DV-Bereichs sind der Ansicht, daß
verteilte DV die nächste wichtige Phase in der Entwicklung der Computerindustrie sein wird. Die Prognosen einiger Experten gehen dahin, daß

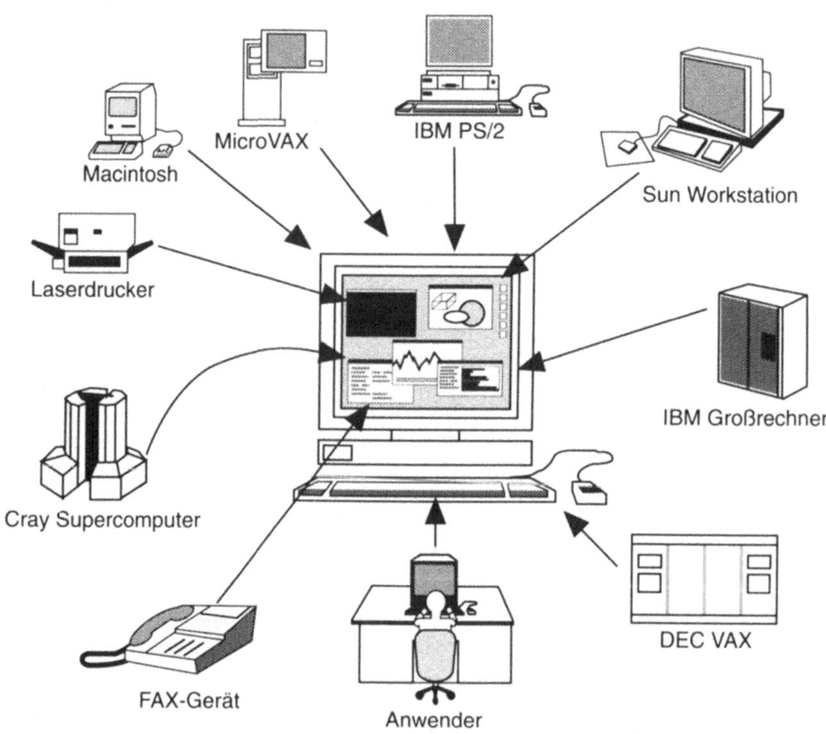

Abbildung 5.1 Heterogene Vernetzung.
Windows ersetzen Terminals und stellen dem Benutzer eine Schnittstelle zur Verfügung, die bei verschiedenen Systemen von mehreren Anbietern identisch sind. (Sinnbilder © 1990; Benutzung mit freundlicher Genehmigung von Sun Microsystems Inc.)

die „Client/Server-EDV" bis Mitte der 90er Jahre ein Marktpotential von 30 Milliarden Dollar haben wird.

Die Unterscheidung zwischen PCs und Workstations schwindet, und in der Tat sind viele der traditionellen Begriffe und Konzepte, wie beispielsweise „Stapelverarbeitung", „Time-Sharing" und „Minicomputer", die angewandt wurden, um Rechner zu beschreiben, in dieser neuesten Entwicklung nicht mehr aussagekräftig genug. Viele Begriffe sind jetzt gängig – „verteilte EDV", „Requestor Server", „kooperative EDV" und „Client/Server", obwohl es schwierig ist, für sie einfache Definitionen zu finden. Man prägt eine neue Terminologie, um diese sich herauskristallisierenden Konzepte zu beschreiben. Wir erleben eine Paradigmen-Verlagerung in der EDV, und es ist das Anliegen dieses Kapitels, Ihnen eine gewisse Hilfestellung zu geben, indem Grundlegendes kurz zusammengefaßt wird.

Abbildung 5.1 zeigt, daß der Anwender an seinem Arbeitsplatzrechner eine Schnittstelle bzw. Zugang zu allen anderen Einrichtungen im Netz findet. Hierzu gehören beispielsweise der Zugang zu Druckern (im Netz), die Übertragung von Dateien von anderen Geräten auf das eigene System oder eine Terminal-Emulation, die es erlaubt, z.B. an einem IBM-Großrechner so zu arbeiten, als habe man ein 3270-Terminal. Bei diesen Aufträgen kann es sich um eine einfache Dateiübertragung vom Apple Mac handeln, aber auch um das Aktivieren von Simulationssoftware auf einem Cray-Großrechner.

Um Zugriffe dieser Art zu ermöglichen, müssen die Systeme vernetzt sein. Abbildung 5.2 zeigt eine Konfiguration mittels LAN (Local Area Network) vernetzter Komponenten. Einer der Knoten im unten dargestellten LAN ist ein Gateway, der das LAN mit einem WAN (Wide Area Network) verbindet. Dieses Beispiel verdeutlicht, wie Netze kombiniert werden können, um unternehmensumspannende Netzkonfigurationen zu bilden.

Dieser Abschnitts will mit Beispielen den Begriff „Client/Server"-Modell in Netzen erklären. Zum Einstieg skizzieren wir kurz die Geschichte der Rechenstile. Danach folgen einige Beispiele für Client/Server-Konfigurationen und entsprechende Applikationen. Im letzten Teil fassen wir in einer kurzen Analyse die Vorteile des Client/Server-Modells zusammen und stellen dar, warum wir glauben, daß dieses Konzept zu den wichtigen neuen Techniken gehört. Am Ende des Kapitels stellen wir Windowsysteme vor, insbesondere das X-Window-System.

5.1 Historische Entwicklung der EDV-Konzepte

Kommerzielle Rechner in den 50er und frühen 60er Jahren verarbeiteten Aufträge bzw. Jobs, die man mittels Lochkarten oder Bänder in den Rechner gab. Dies nannte man Stapelverarbeitung oder Batch-Betrieb. Als Datenbanken auf diesen Systemen implementiert wurden, wurden alle Transaktionen mit diesen Datenbanken von Großrechnern abgewickelt, die zentrale Datenverarbeitungsfunktionen hatten. Während der 60er Jahre wurde IMS von IBM die führende Datenbank für Transaktionsverarbeitung.

Ende der 60er Jahre kam eine neue Form der Datenverarbeitung zum Einsatz, nämlich Time-Sharing. Das Time-Sharing-System bestand aus einem zentralen Rechner und einer Reihe daran angeschlossener Terminals (Dialogstationen). Die Terminals waren für die Verarbeitung von Prozessen und für die Interaktion mit anderen Geräten vom System abhängig. Time-Sharing wurde bei Programmierern und Benutzern von Großrechnern und kleineren Minicomputern in den 70er Jahren beliebt.

Bei den Mainframes war der Zentralprozessor, verglichen mit der heutigen Technologie, nicht sehr leistungsfähig (z.B. der 360er Prozessor von IBM). In dem Maße, wie mehr Anwender an das System angeschlossen wurden, entstanden Engpässe bei der Bearbeitung von Terminalinteraktionen. Anwender beschwerten sich, und IBM war gezwungen, mit einem Produkt namens CICS zu antworten, das als Front-End-Kommunikationsdienst fungiert. Damit wurde die mögliche Zahl von Anwendern in der Time-Sharing-Konfiguration erhöht.

Die Verbreitung der Minicomputer und ihr ungeheurer Beliebtheitsgrad brachten es mit sich, daß die Nachfrage bei Anwendern anstieg; und Bedarf bestand nach einer Teilung von Daten und peripheren Betriebsmitteln. Während man früher per Magnetband oder Magnetplatten Daten zwischen Systemen ausgetauschte, mußte man nun neue, interaktive Techniken entwickeln, anhand derer Anwender von einem System zum anderen interaktiv miteinander kommunizieren konnten. Terminal- und Kommunikationsemulationen wurden entwickelt.

In den frühen 80er Jahren fand die dritte Welle statt, als Personal Computer und Arbeitsplatzrechner (sogenannte *Workstations)* auf den Markt kamen. PCs waren das ideale Mittel, Verarbeitung umzuschichten und zu verteilen. Mit den Fortschritten, die man bei Windowsystemen erzielte, wurde die Kapazität, die benötigt wurde, um eine Anwendungsschnittstelle zu unterstützen, vom Arbeitsplatzrechner zur Verfügung gestellt. Dagegen wurden Minicomputer oder Großrechner allgemein für numerische Aufgaben, Datenverwaltung, Ressourcenaufteilung und andere Funktionen eingesetzt, die auf dem Arbeitsplatzrechner nicht praktikabel waren. Es kam oft vor, daß der Arbeitsplatzrechner unter dem einen Betriebssystem lief (z.B. MS-DOS), während der Computer „im Hintergrund" ein anderes Betriebssystem hatte (z.B. MVS oder VMS) fuhr.

Die 90er Jahre werden einen Trend hin zu vernetzten Systemen bringen, und man wird erleben, daß die Zahl der Systeme und Applikationen immer größer wird, welche die Vorteile einer solchen Vernetzung nutzen können. Sie liegen in der größeren Flexibilität und der Nutzung anderer Computer und sonstiger Komponenten im Netzwerk vom Arbeitsplatz aus. In dem Maß, wie Applikationen von „Offline" auf „Online" umschalten und die Zahl der elektronischen Büromaschinen wie Fax-Geräte,

Photokopierer und sogar Telefonsysteme wuchert, wird man erkennen, wie vorteilhaft es ist, wenn man diese Systeme in ein Netz integriert.

Tabelle 5.1 zeigt diese Entwicklung bis zur Gegenwart.

Tabelle 5.1 Die Entwicklung von EDV-Konzepten.
Software- und Hardware-Technologie entwickelt sich stetig weiter und bewegt sich in Richtung verteilter EDV.

Jahr	Konzept	Software	Schnittstellen und Anwendungen
1960er	Stapelbetrieb	zentralisiert	Lochkarten
1970er	Time-sharing	Verstreuter Betrieb	unintelligente Terminals
1980er	Netzwerke	Verstreuter Betrieb	Bitmap-Terminals
1990er	Vernetzte EDV	Verteilter Betrieb	Bitmap-Terminals, Fax, Audio, Video Client/Server
2000	Mobile EDV	Verteilter Betrieb	Kabellose Netze HDTV, Multimedia

Die logische Erweiterung dieser Entwicklung wird auch mobile EDV genannt. Mobile EDV bedeutet einfach, daß eine hochentwickelte Netztechnologie Rechner vom Schreibtisch befreien wird, so wie das Aufkommen von Funktelefonen das Telefon befreit hat.

Multiprozessorsysteme, d.h. der Einsatz mehrerer Prozessoren (in einem Rechner), erlauben, ein System problemlos hochzurüsten, wenn höhere Prozessorleistung für den Time-Sharing-Betrieb oder für rechenintensive Programme benötigt wird. Dort, wo Multiprozessoren in einem Netz zum Einsatz kommen, können sie als Server dienen. Jedoch sind sie für sich genommen keine Client/Server-Architektur, da die einzelnen Prozessoren physikalisch im Netz nicht flexibel zugeordnet werden können.

Mit diesem neuen Trend vernetzter Systeme kommt man der Forderung nach, höhere Leistungsfähigkeit näher an die Anwender zu bringen. Inwieweit diese Verschiebung innerhalb der Informationstechnologie aufgrund technischen Fortschritts oder durch Anwenderforderungen kam, ist umstritten; aber es sollte kein Zweifel bestehen über das beeindruckende Wachstum im Workstation-Markt, über die Tatsache, daß Anwender leistungsfähigere Arbeitsplatzrechner wollen und daß professionelle Anwender sich die leistungsfähigsten Workstations anschaffen.

5.2 PCs und Workstations im Vergleich

Betrachtet man die Produkteinführungen der letzten Jahre, zeigt sich aus technischer Sicht, daß PCs im oberen Leistungsbereich und Workstations im unteren Leistungsbereich hinsichtlich Preis, Leistung, Funktionalität und Eignung für verschiedene Applikationen keine großen Unterschiede aufweisen; es gibt jedoch andere wichtige Unterschiede.

PCs waren so konzipiert, daß sie primär als selbständige Rechner funktionierten, ohne daß sie von einem anderen Prozessor, Server oder Netz abhängig waren. Workstations andererseits waren so konzipiert, daß sie primär als Teil eines Netzes fungierten.

PCs haben meistens ein Betriebssystem, das einen Anwender unterstützt (und zwar nur diesen einen). OS/2 war das erste PC-Betriebssystem, daß Multitasking unterstützte, d.h. in der Lage war, mehrere Aufträge gleichzeitig ablaufen zu lassen. Workstations unterstützen meistens Windowsysteme, in denen in jedem Fenster im Prinzip ein anderer Auftrag in einer Multitasking-Umgebung laufen kann. Die Netzfähigkeit von Workstations macht die Abarbeitung mehrerer Prozesse in einem hohen Maße transparent. Die Prozesse können dabei sowohl lokal und/oder auf entfernten Systemen im Netz laufen. Die Multitasking erfordert eine größere lokale Verarbeitungsleistung. Workstations haben in der Regel schnellere Prozessoren und unterstützen größere Speicher als PCs.

Macintosh-Systeme von Apple, die, was integrierte Vernetzung betrifft, zu den besten Personal Computer-Systemen gehören, können Plattenspeicher, Drucker und (mit einigen Einschränkungen) Modems gemeinsam benutzen. Workstations können Platten, Drucker, Modems und – was noch wichtiger ist – auf Grund der Funktionalität des Betriebssystems auch Prozessoren gemeinsam nutzen.

Workstations von Sun, die bezüglich Preis/Leistung und Vernetzung zu den besten Workstations gehören, laufen nur unter UNIX und unterstützen eine breitgefächerte Topologie (verschiedenen Arten, wie sie miteinander verbunden sein können) in diversen Konfigurationen. Suns Erfolg hat dazu beigetragen, bei UNIX das Tempo in Richtung vernetzter EDV anzukurbeln.

Im nächsten Teil untersuchen wir die neue Terminologie der modernsten Rechnerentwicklungen, insbesondere der Komponenten in vernetzten DV-Umgebungen.

5.3 Vernetzte EDV

Workstations stellen heute eines der am höchsten entwickelten DV-Systeme dar. Hardware ist aber nur ein Teil dessen, was insgesamt ein vernetztes Gesamtsystem ausmacht. Verteilte vernetzte Systeme bestehen aus vier wesentlichen Komponenten:

1. Rechnerknoten im Netz
2. Rechnerübergreifende Betriebssystemunterstützung und Dienste
3. Das physikalische Netz, das die verschiedenen Knoten verbindet
4. Verteilte Applikationen

5.3.1 Hardware für Netzwerke

Netzknoten (-rechner) können, abhängig von ihrer Nutzung, beliebige Kombinationen von Client-Prozessen und Server-Prozessen unterstützen. Die Client/Server-Architektur wird im nächsten Abschnitt ausführlich beschrieben. Knoten müssen nicht Rechner sein, obwohl sie ein gewisses Maß an Rechnertechnologie besitzen müssen, um intelligent mit dem Netz zu kommunizieren. Die Hardware im Netz kann auch Eingabegeräte wie beispielsweise automatisierte Bankkassen umfasssen und Ausgabegeräte wie Drucker oder Plotter. Man kann davon ausgehen, daß sich diese Palette von netztauglichen Geräten erweitern wird.

5.3.2 Rechnerübergreifende Betriebssysteme

Das UNIX-Betriebssystem bietet eines der besten rechnerübergreifenden Betriebssysteme für vernetzte Systeme. Es maximiert die Flexibilität bei der Konfiguration verschiedenster Hardware im verteilten Netz und glänzt bei der Kompatibilität zwischen Systemen verschiedenster Anbieter. Das ursprüngliche Ziel von UNIX war es, das gleiche Betriebssystem auf verschiedenen Rechnern einzusetzen und zwischen ihnen die Datenkommunikation zu ermöglichen. Man hatte von Anfang an bei der Konzeption der UNIX-Architektur das Netz vor Augen, und mehr als jeder andere Faktor ist sein Vorteil beim Einsatz in verteilten (vernetzten) Systemen für die gegenwärtige Migration zu UNIX verantwortlich. Schon in den Anfangsstadien nutzten UNIX-Hilfsprogramme, wie zum Beispiel die elektronische Post und Namensgebungsdienste, die Interprozeß-Kommunikation und Datenaustauschfähigkeiten von UNIX.

PC-LANs werden eingesetzt, um PCs in Netze einzubinden. Ein Teil der beliebtesten PC-LAN-Technologie basiert auf dem Einsatz eines *Netzbetriebssystems*, NOS (Network Operating System). NOS, wie zum Beispiel von Novell und Banyon, sind proprietär, obwohl sie sich auf Hardware von verschiedenen Herstellern portieren lassen. UNIX mit seinen Netzerweiterungen ist eine wesentlich offenere Lösung für das Problem. Das gleiche (oder im Prinzip das gleiche) Betriebssystem, das auf mehreren Plattformen läuft, ist ein gewaltiger Schritt in Richtung Kompatibilität und Interoperabilität zwischen den verschiedenen Ressourcen im Netz.

5.3.3 Netz-Hardware und -Software

Ein Netz stellt eine schnelle Kommunikation zwischen Rechnern zur Verfügung, wie sie für Informations-Abfragen, die über das Netz geleitet werden, notwendig ist. Netze bestehen aus Hardware und Software. Auf den UNIX-Märkten waren in der Vergangenheit TCP/IP und *Ethernet* die bevorzugten Netzstandards.

Am häufigsten wird Ethernet, eine Entwicklung der Xerox Corporation, eingesetzt, um als Kommunikationsmedium die physikalische Verbindung zwischen Systemen zu einem LAN herzustellen. Ethernet umfaßt eine Reihe von Spezifikationen, die verschiedene physikalische Medien zuläßt. Hierzu gehören unter anderem Koaxialkabel (Thick-Wire-Net, Thin-Wire-Net oder Cheapernet), *Twisted Pair* und *Glasfaserkabel*. Twisted-Pair und Glasfaser sind derzeit hoch im Kurs.

Das Netz selbst besteht aus zwei wesentlichen Teilen:

- *Hardwareverbindungen zum Netz*. Also Controller, Kabelverbindungen und Transceiver
- *Softwareschnittstellen zum Netz*, die aus einem der folgenden bestehen:
  - Dateitransfer und -Dateisystemdienste auf hoher Ebene
  - Konverter
  - Netzschnittstellentreiber, die mit den Controllern kommunizieren.

Es gibt zwei Kategorien von Netzen: LANs (Local Area Networks bzw. lokale Netze) und WANs (Wide Area Network bzw. überregionale Netze).

Ein LAN erlaubt eine sehr schnelle Datenübertragung über begrenzte Entfernungen oder Bereiche, meistens nur innerhalb eines Gebäudes. Mehrere LANs können miteinander verbunden werden, womit ein Campus-weites Netz entsteht, das die Kommunikation zwischen mehreren Gebäuden an einem bestimmten Standort unterstützt. Das LAN selbst gehört meistens der Firma, die auch die Rechner und die Verbindungsstellen zum Netz gekauft hat.

Ein WAN kann eine große Anzahl von verschiedenen Systemen umfassen, die sich in unmittelbarer Nähe befinden, die aber auch weit voneinander entfernt sein können. Übertragungsmedien sind unter anderem Telefonleitungen, Kabel oder sogar Satelliten. Normalerweise sind WANs in Organisationen zu finden, die unterschiedliche Bereiche ihres Geschäfts an verschiedenen Standorten miteinander verbinden müssen. Viele WANs bedienen sich der Telefon- und Datennetze, die den Telefongesellschaften (in der BRD der Bundespost) gehören und für die Gebühren gezahlt werden. Technisch gesehen erleichert dies, Systeme durch den Einsatz von Modems lose an ein Netz anzukoppeln.

Wählleitungen und Umschaltsysteme, die weit entfernten Terminals den Zugang zu unterschiedlichen Rechnern in einem Netz gewähren, ohne daß sie physikalisch mit dem System verkabelt sind, ermöglichen dem Anwender große Flexibilität und gestatten ihm, sich in verschiedenen Systemen einzuloggen, ohne daß dazu eine Neukonfiguration notwendig wird. UNIX Remote Login stellt diese Funktionen für vernetzte Maschinen zur Verfügung.

Die Netzsoftware-Schnittstellen fungieren als Unterstützungsmechanismus für Netzdienste. Netzdienste sind unter anderem verschiedene Dienstprogramme oder Applikationen, die dem Anwender, der am Netz hängt, Dienste (im wahrsten Sinne des Wortes) zur Verfügung stellt. Diese Art von Software kann entweder auf Clients oder auf Servern laufen und hat meistens auf beiden eine Komponente. Die häufigsten Netzdienste, die man mit UNIX assoziiert, sind die folgenden:

- *Dateizugriffe über das Netz* – Der Server stellt Dateien zur Verfügung, die plattenlose, datenlose oder auch Arbeitsplatzrechner mit eigenen Plattenspeichern (Clients) entweder zum Hochfahren oder zum Ausführen bestimmter Programme benötigen.

- *E-Mail (Elektronische Post)* – Mit Mail-Servern können Anwender auf einem Netz Nachrichten austauschen oder mit Anwendern auf jedem beliebigen verbundenen Netz kommunizieren.
- *Druckerdienste* – Der Server bearbeitet den Ausdruck von Dateien für andere Systeme auf dem Netz.
- *Kommunikationsdienste* – Der Server fungiert als Gateway und verbindet ein Netz mit dem anderen.
- *Namensdienste* – Der Server ermittelt den Namen eines Benutzers, eines Rechners oder eines anderen Objekts. Dies wird auch als *Suchdienst* bezeichnet.
- *Verteilte Anwendungen* – Software, die so geschrieben wurde, daß sie nicht in einer vernetzten bzw. verteilten Umgebung arbeiten kann, sondern diese auch sinnvoll (optimal) nutzt.

5.4 Verteilte EDV: Kooperative Verarbeitung mit dem Client/Server

Verteilte Applikationen sind architektonisch so angelegt, daß sie Verarbeitungsleistung im gesamten Netz nutzen. Die Programme dazu werden in Client-Prozesse und Server-Prozesse zerteilt – die Client-Prozesse erteilen dabei Aufträge, die von Server-Prozessen ausgeführt und deren Ergebnisse (soweit es Ergebnisdaten gibt) an die Clients zurückübertragen werden. Die Benutzerschnittstelle läuft bei so aufgebauten Applikationen auf dem Arbeitsplatzrechner als Client-Prozeß und hat auf Daten und Software-Dienste auf dem Server (den Servern) im Netz Zugriff. Eine Client/Server-Architektur ist also das Resultat, wenn man ein Netz und seine darin vorhandene Rechenleistung kombiniert und integriert. Beispiele von gängigen Applikationsgebieten, die Client/Server-Konzepte benutzen, sind: CASE-Systeme (Computer Aided Software Engineering), CAD/CAM (Computer Aided Design and Manufacturing) und relationale Datenbanken.

5.4.1 Server

Ein Server, der nur Client-Rechner (Client wird in Abschnitt 5.4.2 definiert) mit der gleichen Architektur unterstützt, nennt man einen *homogenen Server*. Ein *heterogener* Server unterstützt Clients mit gleichen *und* unterschiedlichen Architekturen.

Das gängigste Beispiel für einen Server ist der *File-Server*. Ein File-Server ist ein Rechner, der Dateien für verschiedene Client-Rechner speichert und archiviert. Wenn ein Client-Rechner eine Datei braucht, greift er auf seinen File-Server zu; er muß jedoch diesen Server mit anderen Clients teilen. Novell, 3COM, Banyon und PC-NFS von Sun sind Beispiele für PC-File-Server (bzw. der dabei eingesetzten Software).

Technisch gesehen könnte man eine graphische Workstation als Server bezeichnen, da ihre CPU verschiedene Fenster bedient, die auf diesem Rechner laufen. Jedes Fenster ist ein Client und muß sich im Wettbewerb mit anderen Fenstern auf dieser Maschine um die gemeinsamen Ressourcen bemühen; in diesem Fall ist dies die CPU der Maschine, ein lokaler Plattenspeicher usw.

Ein *Compute-Server* ist ein Rechner, auf dem verschiedene rechenintensive Aufträge laufen können. Jeder solcher Auftrag ist ein Client und konkurriert mit den anderen Aufträgen um die CPU, um den Speicher und um die Platte dieses Compute-Servers.

Ein *Datenbank-Server* ist ein System, das eine zentrale Kopie einer Datenstruktur unterhält. Verschiedene Clients können diese Daten bearbeiten, aber jeder Client kann nur über den Server bzw. dessen Datenbank-Server-Prozeß auf die Daten zugreifen. Hier sind die Daten die gemeinsam genutzte Ressource, und die Clients greifen alle auf dieses gemeinsam genutzte Betriebsmittel zu.

Ein *PC-LAN-Server* ist ein Server, der ausschließlich PC-Systeme in einem LAN zugeordnet ist, während ein *Site-Server* ein Rechner ist, der einen anderen Server oder Rechner in der Nähe oder innerhalb eines größeren Bereiches unterstützt.

Ein *Kommunikations-Server* bietet seinen Klienten Kommunikationsfunktionen als Dienstleistung an – beispielsweise als WAN-Gateway zwischen dem lokalen Netz und einem entfernten Rechner oder Netzwerk.

Ein einzelner Rechner kann für nur einen oder alle der oben genannten Dienste eingesetzt werden. Der Sinn der verteilten DV ist allerdings der, die Verarbeitungsleistung im Netz zu verteilen und die Anforderungen eines jeden Dienstes mit dem geeigneten Maß an Verarbeitungsleistung, Speicher- oder Plattenkapazität zu unterstützen und mit entsprechenden Peripheriegeräten auszustatten. Dies hat zur Folge, daß insgesamt die Ressourcen besser ausgenutzt werden und die Leistung besser verteilt wird.

5.4.2 Clients

Ein Klient oder Client ist ein Prozeß, der typischerweise auf einem Rechner oder einem Netzknoten läuft und die Schnittstelle zum Benutzer bewerkstelligt sowie in den meisten Fällen das eigentliche Applikationsprogramm ausführt. Der Client stellt Anforderungen oder gibt Aufträge an die Server im Netz. Sun Microsystems unterscheidet zwischen drei verschiedenen Client-Rechnern:

Ein *plattenloser Client*, auch *Diskless Node* genannt, ist ein Rechner ohne eigenen Plattenpeicher. Er muß zum Betrieb an einem LAN hängen. Er bedient sich des Netzes, um mit einem oder mehreren Servern zu kommunizieren. Ein plattenloser Client braucht den Server, um in Betrieb zu gehen; er führt lokal den UNIX-Kern und ebenso Applikationsprogramme aus. Er kann weitere Peripheriegeräte wie einen Grafikbildschirm, Eingabegeräte wie Maus oder Joystick und sogar Drucker oder Plotter unterstützen. Berechnungen werden meistens lokal ausgeführt und brauchen wenig oder keine Server-Leistung. Der Server wird nur benutzt, um auf Dateien zuzugreifen, um Programme zu laden und um dem virtuellen Speicher des Clients einen Swap-Bereich (Auslagerungsbereich für Hauptspeicherteile) zur Verfügung zu stellen.

Ein *datenloser Client-Rechner* ähnelt dem plattenlosen Client, hat aber eine eigene lokale Platte, auf der sich die System-Software und der Swap-Space befinden. In dieser Konfiguration müssen Kern und Programme, die auf dem Client laufen, nicht über das Netz geladen werden und führen auch kein Paging (Auslagern von Hauptspeicherteilen) über das Netz durch; dies wiederum reduziert die Belastung für den Server und für das Netz und erlaubt eine größere Anzahl von Clients pro File-Server. Daten, d.h. über das Betriebssystem und den Swap-Space hinausgehende Daten, liegen bei dieser Art von System nicht auf der nur kleinen lokalen Platte, sondern auf dem File-Server, der Plattenplatz für zahlreiche solche Systeme zur Verfügung stellt.

Der *Client mit eigenem Plattenspeicher* hat seine eigene, lokale Platte und braucht den Server weder zum Hochfahren noch zum eigentlichen Betrieb. Das System kann völlig unabhängig vom Server und anderen Geräten im Netz arbeiten. Da es am Netz hängt, hat das Standalone-System aber auch Zugriff auf Dienstprogramme, die von Servern im Netz zur Verfügung gestellt werden, wie zum Beispiel elektronische Post.

Terminals brauchen kein Betriebssystem. Somit sind sie keine Clients. Sie können direkt am Rechner hängen oder mit Terminal-Konzentratoren verbunden sein, die wiederum am Netz hängen. Terminals sind oft im

Netz mit bestimmten Knoten verbunden (entweder Hosts oder Clients), haben aber Zugriff auf jeden Knoten am Netz.

Ein *Terminal* ist ein Gerät, das im einfachsten Fall Daten in Form von Zeichen schickt und erhält. Auf ihm laufen keine Programme ab, und er unterstützt keine Peripheriegeräte (sieht man einmal von Tastatur und eventuell Maus oder Tableau ab). Ein Terminal ist bei seinem Betrieb völlig abhängig von einem Server.

Ein *Window-Terminal* ist eine Dialogstation, die genügend lokale Intelligenz und Verarbeitungsleistung besitzt, um Teile eines Windowsystems lokal laufen zu lassen. Diese Systeme sind streng genommen keine Clients, es sei denn, sie können bestimmte Programme laden und ausführen.

5.4.3 Verteilte Applikationen

Wir haben drei verschiedene Beispiele für „verteilte Applikationen" ausgewählt: CASE, CAD/CAM und DBMS. Es sind dies Applikationen, die architektonisch so konzipiert sind, daß sie sich das Client/Server-Modell zunutze machen.

Computer Aided Software Engineering (CASE – Rechnergestützte Programmierwerkzeuge). Hochentwickelte Werkzeuge und Dienstprogramme in der Programmiertechnik waren die ersten Applikationen, die Client/Server-Architekturen benutzten. UNIX bietet hierbei offensichtliche Vorteile: Seine Multitasking-Fähigkeiten verbunden mit schnellen Rechnern, den Workstations. Diese Vorteile geben dem Anwender die Möglichkeit, sich überschneidende Aktivitäten durchzuführen: Dokumentationserstellung, Aktualisieren des Quellcodes, Online-Programmkorrekturen, Compilierung und Ausführung mit grafischen Benutzeroberflächen. Mit Hilfe der Client/Server-Architektur können Entwickler nicht nur für sich Netzressourcen einsetzen – zum Beispiel lange Kompilationen auf einem Server laufen lassen –, sondern sie eignet sich auch ideal dazu, ganze Entwicklungsteams mit Servern zu unterstützen, die quasi als Ablage fungieren für Quellcode, ausführbare Programme, Dokumentation und ähnliches.

Computer Aided Design and Manufacturing (rechnergestütztes Entwerfen und Fertigen). CAD/CAM ist ein weiterer Bereich, der heute fast ausschließlich auf den Client/Server-Architekturen stattfindet. Bei diesen Applikationen sind konstruktive Ingenieurtätigkeiten auf Workstations als Clients implementiert, welche die lokale Datenverarbeitung und interaktive Grafiken unterstützen. Der Server stellt Ressourcen für numerisch aufwendige Berechnungen und Simulationen zur Verfügung, aber auch Speicherplatz und Archivierungsmöglichkeiten für Konstruktionsdaten.

Datenbanken. Ein schnell wachsender Bereich, der die Client/Server-Struktur ausnutzt, sind Datenbanken. Insbesondere relationale und objektorientierte Datenbanksysteme sind auf einer Reihe von Client/Server-Architekturen implementiert. Bei diesen Applikationen übernimmt der Client die Benutzeroberfläche (möglicherweise auch die Terminalverwaltung) und Verarbeitungsschritte, die sich aus der Datenabfrage ergeben. Diese Abfrage, Request genannt, wird dann über das Netz an den Datenbank-Server geschickt und von diesem ausgeführt. Der Server bearbeitet die Datenbank und führt die eigentlichen Lese- und Schreibvorgänge aus. Er schickt dann die Antworten über das Netz an den Client zurück. Der Client fährt nun mit der Verarbeitung fort, indem er beispielsweise die Daten aus der Datenbank in eine Präsentationsgrafik umwandelt. In einer voll verteilten Datenbankarchitektur gibt es eine einzige, logische Sicht auf die Datenbank, obwohl die eigentlichen physikalischen Daten an verschiedenen Stellen im Netz gespeichert werden.

In Client/Server-Applikationen laufen die Datenbankmanager, Bibliotheksdienste und die wichtigste Anwendungssoftware auf dem Server, während der Client den Client-Anteil der Applikationslogik abarbeitet und die Benutzeroberfläche realisiert.

5.4.4 Vorteile einer Client/Server-Architektur

Das Client/Server-Modell bietet eine Reihe von Vorteilen gegenüber traditionellen EDV-Methoden. Anwender können ihr Netz allmählich aufbauen und Knoten im Netz ersetzen bzw. neue hinzufügen, um zusätzliche Applikationen als auch weitere Benutzer bedienen zu können. Oft besteht die Alternative darin, die gesamte Rechner- und Software-Investition vollständig zu ersetzen. Die Client/Server-Architektur ermöglicht einen reibungslosen, schrittweisen Ausbau von EDV-Ressourcen im Netz.

Da ein Anbieter für die meisten Kunden meistens keine Gesamtlösung im Angebot hat, ist das Client/Server-Modell, zusammen mit De-facto-Industriestandards, für den Anwender die beste Möglichkeit, sich von der Abhängigkeit von einem einzigen Anbieter zu befreien, dessen proprietäre Produkte nicht so ohne weiteres zu integrieren sind.

Anwender können besondere Verarbeitungsleistung und Ressourcen dort im Netz plazieren, wo sie gebraucht werden. Zum Beispiel könnten bestimmte Knoten im Netz Fehlertoleranz benötigen. Ein teurer Supercomputer kann von verschiedenen Abteilungen innerhalb einer Firma genutzt werden, ohne daß jede Abteilung ihr eigenes (Großrechner-) System benötigt.

Die Netzarchitektur selbst bietet eine hohe Verfügbarkeit, so daß, auch wenn bestimmte Knoten auf dem Netz nicht laufen, andere Knoten weiterarbeiten können.

Anspruchsvolle grafische Benutzeroberflächen, die besonders für Projektgruppen geeignet sind, werden auf Grund der kombinierten Client/Server-EDV-Technologie Wirklichkeit. Und in der Tat kommt eine neue Softwaregeneration zum Vorschein, *Groupware* oder *Inter-Personal Computing* genannt, deren Ziel es ist, Anwendern innerhalb einer Gruppe die Möglichkeit zu geben, komfortabel und uneingeschränkt auf gemeinsame Daten zugreifen zu können. Beispiele dafür sind elektronische Post, Software für die Verwaltung von Terminkalendern, Telekonferenzschaltung und eine breite Palette von Multimedia-Applikationen, die Daten, Ton, Bilder und Fax kombinieren.

5.4.5 Die Technologie der Zukunft

Client/Server und zukünftige Technologie. Das Client/Server-EDV-Modell wird sich über technologische Fortschritte allmählich durchsetzen. Neue Technologien wie Ton, Bilder, CD-ROM (Compact Disk) und KI (künstliche Intelligenz) werden aus zwei Gründen an die Client/Server-Architekturen gekoppelt sein. Zum einen werden anspruchsvolle CASE-Entwicklungsumgebungen das Client/Server-Konzept benutzen. Es ist klar, daß die Client/Server-Systeme nicht nur eine ideale Entwicklungsumgebung für diese sich weiterentwickelnden Technologien sind, sondern auch, daß sie als effektive Einsatzplattformen dienen werden. Des weiteren werden Anwender diese neuen Technologien zum Einsatz bringen wollen, jedoch mit möglichst minimalen Auswirkungen auf ihre gegenwärtigen Abläufe und Systeme. Folglich wird die Hinzunahme von neuen Client-Systemen und/oder Servern und die Erweiterung von bestehenden Einrichtungen mit Netzen eine bevorzugte Vorgehensweise bei der Realisierung sein.

Client/Server in heterogenen Netzen. Abbildung 5.2 zeigt die Schichten der Kommunikationssoftware für ein heterogenes Ethernet-LAN mit Workstations, PCs und einem UNIX-Server.

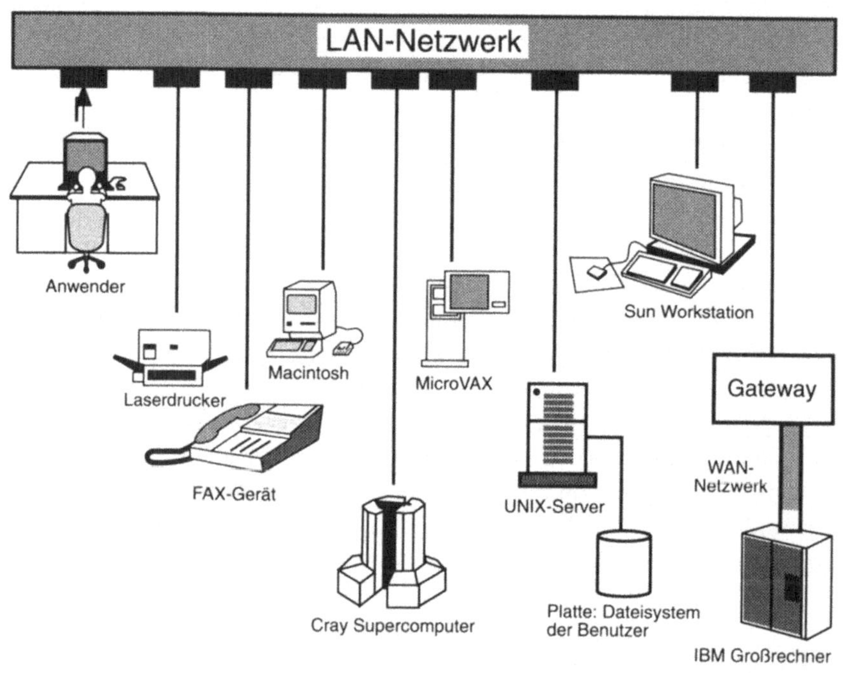

Abbildung 5.2   Das „Computersystem" besteht nun aus einem ganzen Netz von
Rechnern.
Ein Netz stellt Konnektivität und Zugriff auf die verschiedenen Betriebsmittel im
Netz zur Verfügung. (Sinnbilder © 1990; Benutzung mit freundlicher Genehmi-
gung von Sun Microsystems Inc.)

Damit Software effizient entwickelt werden kann und Nutzen aus dem
Client/Server zieht, müssen auf vielen Anbieterplattformen gemeinsame
Schnittstellen für Applikationssoftware bestehen, sogenannte APIs (Application Programming Interfaces). Dies ist ein Bereich, der zur Zeit große
Aufmerksamkeit auf sich lenkt. Man kann mit einer zunehmenden Standardisierung dieser Schnittstellen rechnen und damit mit der Wahrscheinlichkeit, daß Software auf allen möglichen Client/Server-Umge-
bungen nur noch eingespielt werden muß und sofort läuft.

Flexibilität ist nicht an ein einzelnes Protokoll (wie zum Beispiel SNA)
gebunden oder an eine bestimmte, von einem Anbieter erhältliche LAN-
Technologie. Die EDV-Umgebungen der Zukunft werden zunehmend
anbieterübergreifend sein. Dieser Trend wird nicht nur von Fortschritten
in der Technologie und einem sich verbessernden Preis/Leistungs-Ver-
hältnis verstärkt, sondern auch von Veränderungen beim Verkauf und

Vertrieb von Informationstechnologie. Da Standards in fast jedem Technologiebereich ins Leben gerufen werden, z.B. bei der RISC-Technologie, UNIX und SQL, werden Komponenten der Client/Server-Architektur von einer Vielzahl von Anbietern bezogen werden können. VARs, Systemintegratoren und Rechnerhersteller werden miteinander konkurrierend die besten Komponenten zusammenbringen, um Netze zu installieren und Lösungen für ihre Kunden zu schaffen.

Wichtige technologische Fortschritte sind in auf mehreren Gebieten zu erwarten; hierzu gehören Netzdurchsatz, Netzverwaltung und das Preis/Leistungs-Verhältnis der Rechner, um nur einige Faktoren zu nennen. Sie werden dazu beitragen, daß sich der Trend in Richtung Client/Server-Modelle in der Datenverarbeitung verstärkt.

5.5 NFS und die Unterstützung von Zugriffen auf Dateisysteme im Netz

Bei einem Netzwerk-File-Server ist der wichtigste Dienst, den der Server zur Verfügung stellt, der Zugriff auf das Dateisystem. In einem traditionellen Computersystem liegt das Dateisystem immer auf dem Verarbeitungssystem, so wie ein Plattenspieler früher in den HiFi-Schrank fest eingebaut war. Sie können jetzt völlig andere Plattenspieler kaufen (oder, wenn man es genau nimmt, sogar einen CD-Player) und sie in einem anderen Zimmer aufstellen. Der Arbeitsplatzrechner braucht nur genügend lokalen Speicher, um den Bedürfnissen der Applikation(en) nachzukommen, und die meisten Dateien und Programme können auf einem oder mehreren entfernten File-Servern im Netz gespeichert werden. Vergessen Sie dabei nicht, daß der Dateizugriff über das Netz nur ein Beispiel für Netzdienste ist.

Um die Entwicklung und Verbreitung von Netzdiensten auf einem breiten Spektrum von Maschinen zu fördern, hat Sun Microsystems NFS das Network File System (NFS – Netzdateisystem) entwickelt und die Hauptbausteine und die Spezifikation der NFS-Protokolle der Öffentlichkeit kostenlos zugänglich gemacht (Public Domain). NFS stellt die Zugriffsmöglichkeit auf entfernte Dateisysteme zur Verfügung. File-Sharing zwischen entfernten Knoten auf einem Netz wird mit NFS einfach und transparent.

Weil File-Sharing das eindeutigste und beste Beispiel für die Vorteile der verteilten DV ist, wurde NFS in der Computerindustrie zum bekanntesten, von vielen Anbietern vertriebenen Service-Programm. Sechs

Jahre nach seiner Einführung wird NFS von Hunderten von Systemen und Softwareanbietern unterstützt, läuft auf mehr als 1 Million Knotenrechnern und ist integraler Bestandteil fast jeden UNIX-Netzes und der meisten TCP/IP-Netze. Das Dateisystem von entfernten Maschinen werden lokal in das Dateisystem eingehängt und vermitteln dem Benutzer oder der Applikation eine Sicht, als sei es Teil des lokalen Systems.

Unter NFS kann jeder Knoten im Netz entweder ein Client oder ein Server sein. Ein Knoten wird zu einem Client oder einem Server, wenn die entsprechenden Systemaufrufe und/oder Befehle aufgerufen werden. Einen Client-Knoten ans Netz zu hängen ist völlig problemlos. NFS stellt eine Reihe von Operationen zur Verfügung, die den Servern die Möglichkeit geben, Dateisysteme im Netz oder an die Clients zu exportieren oder zu importieren.

Ein Client bekommt zu einem exportierten Dateisystem Zugriff, wenn das Dateisystem *eingehängt* wird (engl. *mounted*), als ob dieses auf einer lokalen Platte wäre. Wenn ein Dateisystem eingehängt wird, bekommt NFS mitgeteilt, wo im Netz das einzuhängende Dateisystem sich befindet.

Ein NFS-System kann aus einer Kombination von einem Netz- (d.h. entfernten) und mehreren lokalen Dateisystemen errichtet werden. Ein Client kann jeden normalen UNIX-Ein-/Ausgabeaufruf bezüglich jeder sich im Dateisystem befindlichen Datei durchführen. Die physikalische Position der Datei im NFS-System ist für den Anwender transparent. Dies ist etwa so, als wenn man jemanden anruft, indem man nur seinen Namen, nicht jedoch seine Vorwahl und Telefonnummer angeben muß. Fast alle UNIX-Applikationen, -Befehle und -Dienstprogramme können mit Dateien im Netz problemlos arbeiten.

Abbildung 5.3 zeigt die für einen Netzwerk-File-Server typische Konfiguration und zählt die Funktionen auf, die jeweils auf dem Client bzw. auf dem Server ausgeführt werden. Eine der abgebildeten Workstations und beide PCs haben eine lokale Platte. Drei der gezeigten Workstations sind plattenlos. Nehmen wir an, der Benutzer des Systems mit der lokalen Platte startet eine Anwendung. Das Programm könnte auf der lokalen Platte gespeichert sein. Dann wird es von dort in den Speicher geladen und ausgeführt. Benötigt der Anwender Zugriff auf einen großen Datenbestand, um Berechnungen durchzuführen, und sind diese Daten zu groß, um auf der lokalen Platte Platz zu finden, dann könnte in diesem Fall die Datei auf dem Fileserver gespeichert werden. Die Applikation, die auf dem Arbeitsplatzrechner läuft (Client-Maschine) fordert den Fileserver auf, ihr Zugriff auf die Datei zu geben, die auf dem Fileserver liegt.

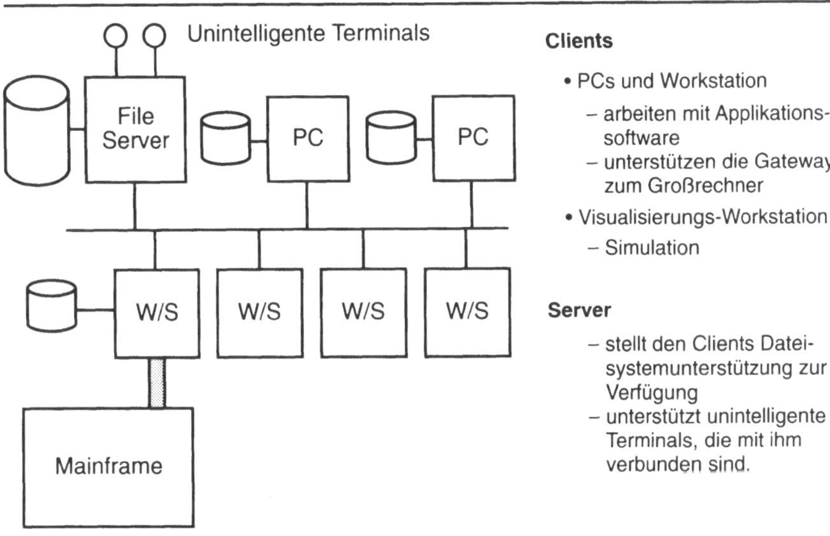

Abbildung 5.3 Fileserver-Konfiguration.
Der Fileserver verwaltet die Dateisysteme der Clients. Workstations (W/S) und/
oder PCs benötigen in der Regel nur minimalen oder gar keinen Speicher.

Bei plattenlosen Workstations gibt es keinen lokalen Plattenspeicher, nur einen lokalen Hauptspeicher. Startet hier der Anwender ein Programm, so muß der Betriebssystemkern auf dem Arbeitsplatzrechner das Programm vom Fileserver anfordern, es in seinen Hauptspeicher laden und dann ausführen. Danach gleicht der Ablauf dem vorherigen Beispiel mit dem Arbeitsplatzrechner, dessen Daten nicht auf einem lokalen Plattenspeicher lagen.

Abbildung 5.4 zeigt, wie der Zugriff auf das entfernte Dateisystem unter NFS abläuft. Die Applikation auf dem lokalen oder Client-Rechner macht einen Systemaufruf, um auf das Dateisystem zuzugreifen. Um den Aufruf zu bearbeiten, „schaut" der Kern in der VFS-V-Node-Schicht (Virtual File System) nach, um die Position der Dateisystemprozeduren festzustellen.

Da die Datei nicht lokal vorhanden ist, wird der V-Node-Pointer so gesetzt, daß NFS-Prozeduren für den Dateizugriff verwendet werden.

Der NFS-Client fordert den NFS-Server auf, die benötigte Operation auszuführen. Der NFS-Daemon („Daemon" werden Prozesse genannt, die im Hintergrund laufen und ständig auf Aufträge warten) bearbeitet die Anfrage, wobei er auf der VFS/V-Node-Schnittstelle des richtigen Dateisystems aufsetzt.

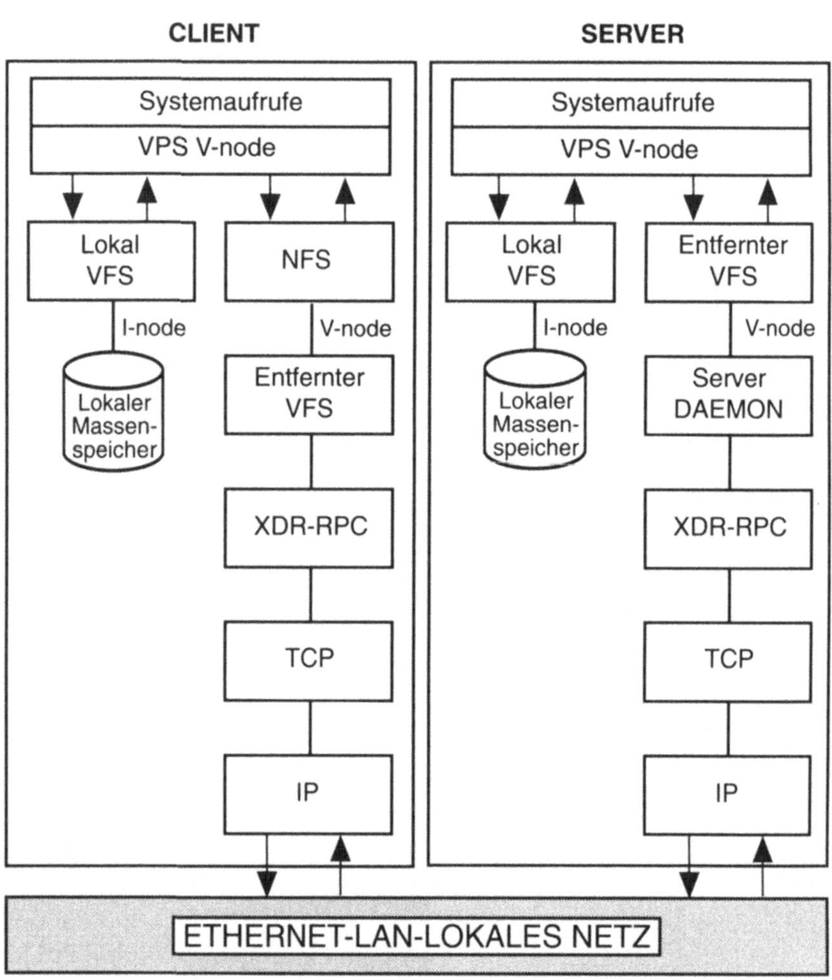

Abbildung 5.4 NFS-Software-Architektur.
NFS ist die meistbenutzte Technologie für den transparenten Dateizugriff über ein Netz. Der Anwender oder das Applikationsprogramm hat transparenten Zugang zu Dateien von jeder physikalischen Position im Netz.

Der Server in diesem Beispiel enthält das entsprechende Dateisystem, in dem sich die Datei befindet. Es hätte sich auch auf einem anderen NFS-Dateisystem auf einem anderen Knoten im Netz befinden können. In diesem Fall hätte das NFS-Dateisystem den anderen Host aktiviert.

Schließlich bestimmt das virtuelle Dateisystem, ob diese Datei sich auf einem Server befindet, dessen Dateisystem eingehängt ist, und ob darauf zugegriffen werden kann. Wenn dies der Fall ist, greift das lokale virtuelle System darauf zu und schickt die Daten an den NFS-Daemon weiter, der sie wiederum an den RPC (Remote Procedure Call – entfernter Prozeduraufruf) weiterleitet. Der RPC ist für Programme, die auf verschiedenen Betriebssystemen laufen, ein Aufrufstandard, bei dem Argumente hin- und Ergebnisse wieder zurückgeschickt werden. Programme, die RPC anwenden, brauchen von den Aufrufkonventionen der verschiedenen Betriebssysteme nichts zu wissen. Der RPC auf dem Client ruft den RPC auf dem Server wie bei einer lokalen Prozedur auf. Der RPC auf dem Client übersetzt den Aufruf in ein Standardformat und schickt ihn über das Netz an den entsprechenden Server.

Der RPC auf dem Server erhält dann die Daten vom entfernten Aufruf, übersetzt sie in ein Standardformat und führt dann die notwendigen Funktionen aus, die in der Server-Umgebung benötigt werden, indem Prozeduren auf dem Server aufgerufen und diesen dann die entsprechenden Parameter weitergereicht werden. Die Datei, auf die zugegriffen werden soll, kann zum Beispiel eingeschränkte Zugriffsrechte haben; in diesem Fall muß das Paßwort weitergereicht werden. Ergebnisse werden zurückgeschickt, indem die gleichen Schritte in umgekehrter Richtung ablaufen.

XDR ist eine Softwareschicht, die Daten in eine maschinenneutrale Form konvertiert. XDR schirmt Programme vor Dingen wie Byte-Anordnung, Datenstruktur-Packungsweisen und anderen Operationen ab, die sich von Maschine zu Maschine und Betriebssystem zu Betriebssystem unterscheiden. Da die Spezifikationen sowohl des RPCs als auch des XDRs fundamentale Techniken sind, die Interoperabilität unterstützen, hat Sun sie der Öffentlichkeit zugänglich gemacht. Heute gibt es fast 300 Systemanbieter, die NFS von Sun unterstützen.

NFS emuliert jedoch das UNIX-Dateisystem nicht völlig, da auf entfernte Geräte, wie zum Beispiel Bandlaufwerke, von NFS nicht zugegriffen werden kann. NFS verzichtete auf die Unterstützung von entfernten „Special Files" (Gerätedateien) und einigen anderen Details des UNIX-Dateisystems, um ein „stateless" (d.h. zustandsloses) Protokoll zu ermöglichen; dies erlaubt eine schnelle Wiederherstellung nach einem Systemausfall. (Geräte sind inhärenterweise „stateful"). Somit konnte Sun die wichtigsten Dateisystem-Operationen mit einem höheren Grad an Leistung und Zuverlässigkeit implementieren, als es mit einer kompletten, „stateful" Implementierung möglich ist. NFS stellt ein gutes Beispiel für einen Ad-hoc-Standard dar, da es gegenwärtig auf so vielen verschiedenen Computersystemen läuft.

NFS und andere PC-LAN-Server eignen sich für die gemeinsame Nutzung von Dateien und Druckern. Die gemeinsame Nutzung von Dateien ist insofern passiv, als der Client die aktive Beteiligung des Servers initiieren muß. Typische File-Sharing-Implementationen sind jedoch noch keine wirklichen Beispiele einer verteilten EDV-Lösung.

In einer verteilten EDV-Umgebung ist das Netz hinter der Applikation verborgen. Die Systemsoftware ist so ausgeklügelt und „pfiffig", daß sie die notwendige Umgebung für ein System im Netz errichten kann und dann dynamischen Zugriff erlaubt. Heutzutage muß der Anwender sich in den meisten Fällen den Kopf darüber zerbrechen, wie er die Umgebung schon vorher einrichtet.

Abbildung 5.5 zeigt, wie das UNIX-Betriebssystem in das allgemeine Schema der Kommunikation paßt. UNIX ist eine Schicht in der Architektur, die die Kommunikation unterstützt. Ethernet ist die physikalische Schicht, und TCP/IP ist die Transportschicht, die das Netzuntersystem mit dem UNIX-Betriebssystem verbindet. Oberhalb des Betriebssystems liegt die Applikationssoftware.

Unterschiede zwischen NFS und RFS. RFS ist das Remote File System, das in den UNIX System V-Versionen von AT&T zur Verfügung gestellt wird. RFS ist dazu gedacht, die Dateisystemsemantik von System V für das ganze Netz vollständig zu emulieren. NFS versucht dies nicht (vollständig). Das heißt, daß Applikationen vielleicht über RFS arbeiten, aber nicht über NFS (zum Beispiel, wenn zwingend die Datei „Locking" benötigt wird). Mit RFS kann man Geräte, wie z.B. Kassettenlaufwerke, über das Netz einhängen und bedienen; NFS erlaubt dies nicht.

RFS benutzt (wie TCP) einen verbindungsorientierten Transport, während NFS einen verbindungslosen Transport (UDP) einsetzt. Es gibt Situationen, in denen in einer bestimmten Netztopologie RFS eine bessere Leistung bringen kann als NFS mit UDP. RFS und NFS unterscheiden sich auch in der Art, wie sie Fehlerbehebung nach schweren Ausfällen betreiben. Bei reinen NFS-Netzen kann der NFS-Client ewig darauf warten, bis sich der Server erholt hat, und dabei überhaupt nicht bemerken, daß der Server weg war (es kommt dem Betrachter nur so vor, als sei der Server sehr langsam). RFS-Clients erhalten ein Signal, wenn der Server abstirbt; somit ist das Wiederaufsetzen nicht transparent, sondern muß vom Client explizit durchgeführt werden.

NFS ist ein heterogenes Protokoll und sowohl auf UNIX als auch auf Nicht-UNIX-Plattformen erhältlich. RFS ist nur auf UNIX-Systemen er-

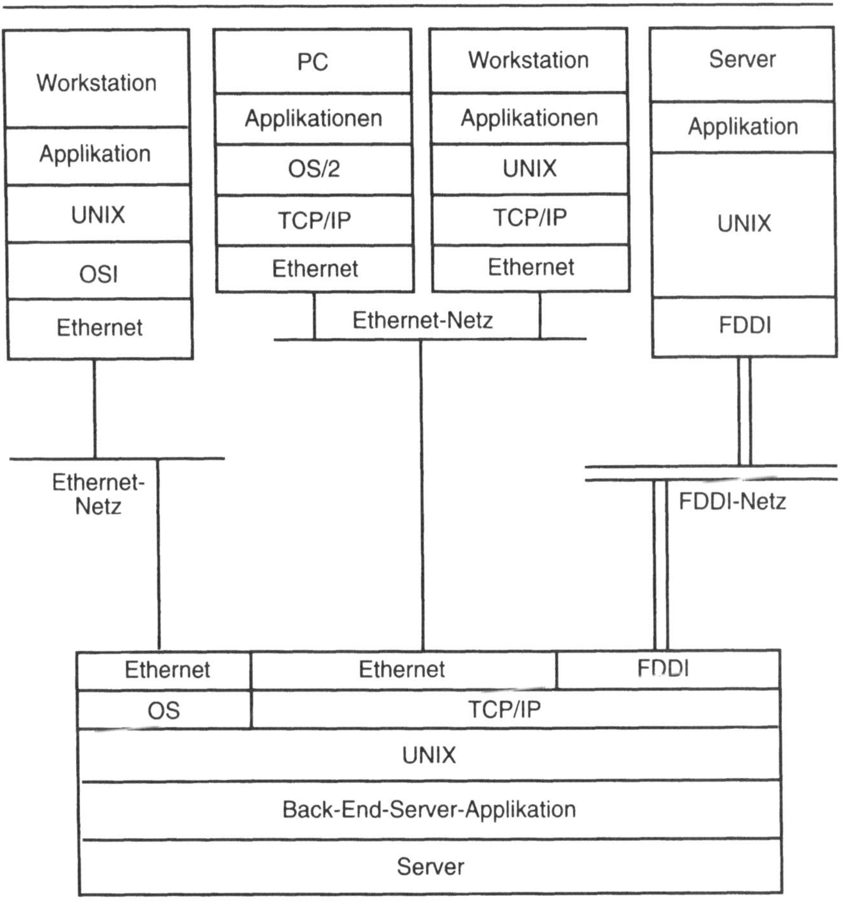

Abbildung 5.5   UNIX/Ethernet-LAN (Beispiel).
Ethernet und FDDI stellen die physikalische Verbindung zur Verfügung. TCP/IP-
(und in Zukunft OSI-gemäße) Protokolle sind der derzeitige Standard für
vernetzte UNIX/Ethernet-Konfigurationen.

hältlich. Es gibt Fälle, in denen RFS Vorteile bringt, und solche, in denen
NFS besser paßt. UNIX erlaubt die gleichzeitige Unterstützung mehrerer
Dateisysteme, so daß RFS und NFS nebeneinander in einem Netz existie-
ren können.

5.6 Beispiele von Client/Server-Konfigurationen

Dieser Abschnitt nennt Ihnen eine Reihe von Client/Server-Implementierungen und -Applikationen. Beachten Sie, daß in jedem der folgenden Beispiele die DV-Ressourcen auf verschiedene Knoten im Netz verteilt sind.

5.6.1 Compute-Server

Ein Compute-Server ist eine der Ressourcen auf dem Netz, die potentiell jedem im Netz zugänglich ist. Die zugrundeliegende Vorstellung dabei ist recht einfach. Anwender von Personal-Computern und Workstations bereiten Eingabedaten vor und erzeugen Dateien für den Transport an den Compute-Server. Der Anwender kann sich dann am Compute-Server über Remote-Login anmelden und eine Analyse starten, die Daten übernimmt und die rechenintensive Arbeit ausführt, ohne die Ressourcen der Benutzermaschine (Client) zu belasten.

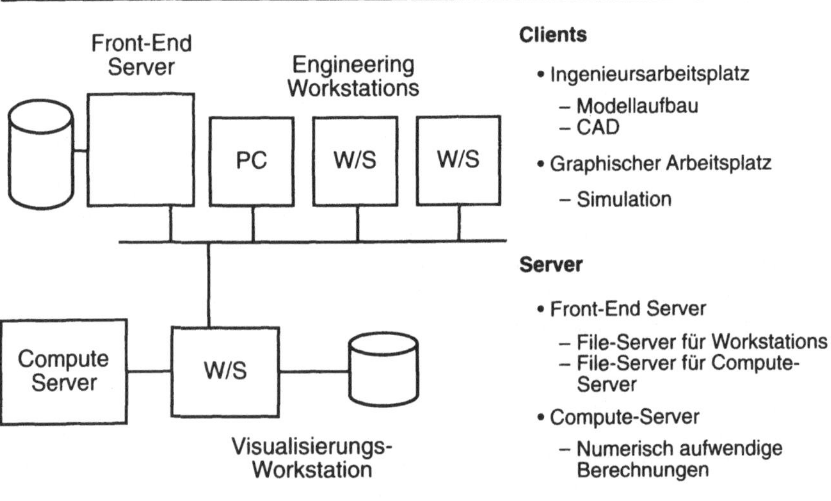

Abbildung 5.6 Compute-Server-Konfiguration.
Ein Compute-Server unterstützt Clients bei rechenintensiven Anwendungen. Workstations und/oder PCs können alle Pre- und Post-Processing-Funktionen übernehmen.

Der Anwender kann ein Fenster öffnen, um den Auftrag zu steuern, der auf dem Compute-Server läuft. Wenn der Auftrag beendet ist, werden die Daten für eine Nachbearbeitung oder grafische Darstellung der Ergebnisse zurück an das System des Anwenders geschickt. Workstations zur Visualisierung bieten farbige 3-D-Simulationen und brauchen meistens lokalen Plattenplatz, um den gewünschten Leistungsgrad zu erzielen.

Das Konzept der Compute-Server-Konfiguration wird in Abbildung 5.6 grafisch dargestellt.

5.6.2 Datenbank-Server

Ein Datenbank-Server ist eine etwas komplexere Konfiguration. In einer traditionellen Datenbankanwendung werden sowohl Anwendungsprogramm als auch Datenbank auf der gleichen zentralen Maschine ausgeführt. Die traditionelle Datenbankanwendung besteht aus einer Benutzerschnittstelle, einem Teil für die Datenbearbeitung oder Berechnungen und Routienen für den Datenbankzugriff.

Ein Datenbank-Server könnte diese Art von Applikation unterstützen, aber modernere Applikationsprogramme sind anders strukturiert (s. Abbildung 5.7). Die Benutzerschnittstelle der Applikation und möglicherweise ein gewisser Prozentsatz seiner Datenbearbeitung und Kalkulationsteile könnten auf einem Arbeitsplatzrechner oder einem Terminal-Server-Knoten zum Laufen gebracht werden, während das Datenbank-„Backend" auf dem Datenbank-Server arbeitet. Viele der kommerziell erhältlichen Datenbanken auf dem Markt unterstützen diese Art der Ausführung.

Diese Aufteilung bietet zahlreiche Vorteile und wird durch die Erfindung von SQL (Structured Query Language, d.h einer strukturierten Abfragesprache für DB) erleichtert; SQL ist eine umfassende, an die englische Sprache angelehnte „Computer-Sprache", die es dem Anwender (bzw. der Applikation) erlaubt, komplexe Abfragen und Kalkulationen auf einer Datenbank durchzuführen.

Einer der Technologie-Führer auf diesem Gebiet ist Sybase, eine Firma, die 1984 gegründet wurde. Das Ziel dieser Firma war es, die Unzulänglichkeiten der bestehenden relationalen Datenbanksysteme bei der Bearbeitung mit Online-Applikationen in Angriff zu nehmen. Sybase hat sein Produkt optimiert, und es kann auf miteinander vernetzten Servern und Workstations laufen. Seine Client/Server-Architektur teilt die DBMS in Front-End (DataToolset) und Back End (DataServer) auf. DBMS steht da-

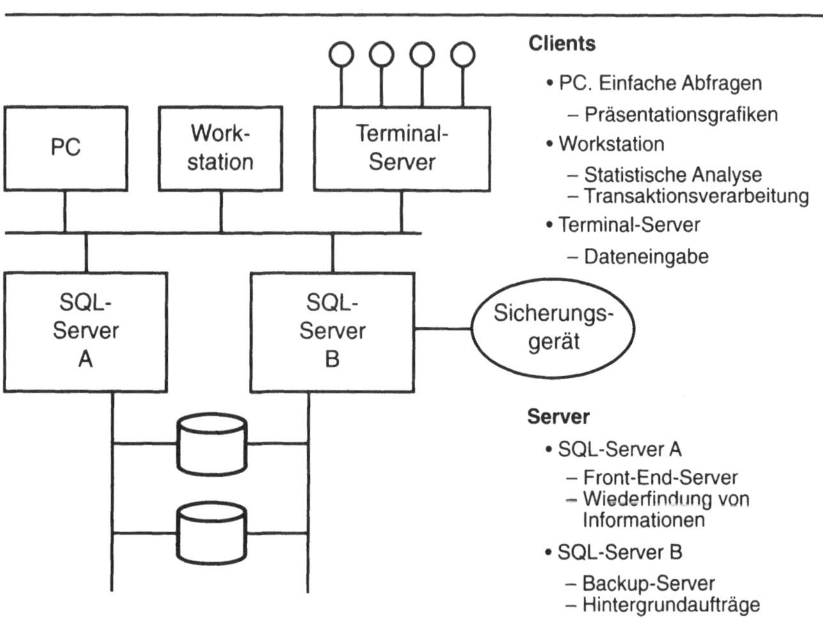

Abbildung 5.7 Datenbank-Server-Konfiguration.
Der Datenbank-Server ist der Massenspeicher für Daten. Die Clients bedienen die Benutzerschnittstelle. Ein Verkäufer für Flugtickets einer Fluglinie wird vom Client unterstützt, während die Datenbank die gesamte Information enthält, d.h. Flüge, Passagiere, Zeiten usw.

bei für „Data Base Managment System" (DBMS) oder verkürzt für die Datenbank. Der DataServer bearbeitet die Datenbankfunktionen für alle Anwender auf dem System. Das DataToolset stellt die Benutzerschnittstelle und eine Reihe von Window-orientrierten Werkzeugen zur Verfügung, um DB-Applikationen damit erstellen und ablaufen zu lassen. Die Front- und Back-Ends können auf der gleichen Maschine oder auf verschiedenen Maschinen laufen. Mit dem DataServer können mehrere Applikationen auf verschiedenen Maschinen laufen und dabei eine gemeinsame Datenbank über ein Netz nutzen. Sybase war einer der ersten Datenbankanbieter mit seiner Implementierung eines „Single-Process"-Back-End mit erweiterten SQL-Befehlen, außerdem mit der Fähigkeit, Integritätsregeln und Prozeduren im Data Dictionary (Datenwörterbuch) zu speichern.

Sybase ist im Grunde ein „Datenbank-Betriebssystem", das auf UNIX läuft und weitgehend von UNIX (oder anderen) Betriebssystemen unabhängig ist. Sybase und andere Datenbanksysteme können, um die Leistungsfähigkeit zu steigern, sogenannte „Raw I/O" anwenden (d.h. Direktzugriff auf die physikalischen Plattenblöcke), statt das UNIX-Dateisystem zu benutzen.

Sybase hat in Zusammenarbeit mit Microsoft und Ashton-Tate den Sybase DataServer für die PC-Welt implementiert, außerdem den SQL-Server, der unter OS/2 läuft. Sybase steuert laut eigenen Aussagen auf „Darstellungsunabhängigkeit" zu. Hierunter versteht man, daß Sybase-Applikationen leicht auf verschiedene Benutzeroberflächen und Windowsysteme anpaßbar sind. Somit wäre in Zukunft die Flexibilität einer Verteilung von Applikations-Front-Ends zwischen PCs und Workstations geboten, während der SQL-Server beispielsweise auf einem Sun- oder einem VAX-Server von DEC läuft. Andere Anbieter, wie zum Beispiel ORACLE und ASK/INGRES, haben ihre Produkte auch um ähnliche Eigenschaften erweitert.

5.6.3 Netze für die Bild- und Dokumentbearbeitung

Der Image-Server ist ein relativ neues Konzept. Es ist ein Server, der optische Plattenspeicher mit vielen Gigabytes oder sogar Terabytes unterstützt. Eine Anzahl von optischen Platten kann in einer sogenannten *Jukebox* angeordnet, und, wie der Name schon sagt, durch einen Arm gegriffen und „abgespielt" werden. Dies ist ein Beispiel für sogenannte „Nearline"-Speicherung (s. Abbildung 5.8).

Es gibt eine Reihe von Beispielen für Image-Server in Workstation-Netzen, die die Anwendungen für die Bildverarbeitung unterstützen. Sun Microsystems und andere Anbieter haben Produkte und Bezugsadressen für Bildverarbeitungsanwendungen und Datenserver im Angebot, die auf UNIX laufen.

5.6.4 Projektgruppen-Software in technischen Umgebungen

Workstations sind in vieler Hinsicht die ideale Plattform für die Softwareentwicklung. UNIX-Umgebungen sind ebenfalls gut für die Softwareentwicklung geeignet. Die Verarbeitungsleistung der Workstation-Systeme, ihre Multitasking-Fähigkeit und die Unterstützung von Windowsystemen sind der Grund, warum Workstations gegenwärtig die bevorzugten Plattformen in den meisten Programmierumgebungen für technische Software sind. Der Programmierer kann gleichzeitig eine Quelldatei in einem Fenster editieren, während er in einem anderen kompiliert und im dritten einen symbolischen Debugger laufen läßt. Mit einem symboli-

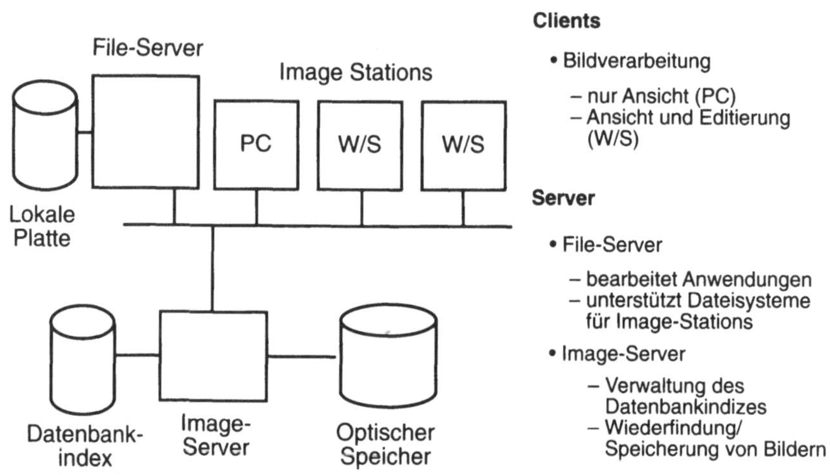

Abbildung 5.8 Dokumentenbildverarbeitungskonfiguration.
Ein Image-Server ist ein besonderer Datenbank-Server. Im Netz werden die Clients verwendet, um Texte zu erfassen oder zu editieren, entweder online oder auf Transaktionsstationen, während der Server den zentralen Index für Dateien, die entweder online oder auf optischen Nearline-Speichern abgelegt werden, zur Verfügung stellt.

schen Debugger kann ein Programmierer schrittweise ein Programm ausführen und dabei die dazugehörigen Quellcode-Zeilen sehen.

UNIX bietet nicht nur eine reiche Palette an Hilfsprogrammen für die Programmiertechnik, sondern auch den Vorteil einer gemeinsamen Umgebung für Softwareentwicklung und -einsatz. Dies gilt im Gegensatz zu PC-Entwicklungsumgebungen, wo ein Code entwickelt, editiert und auf PCs kompiliert wird – aber dann auf der Zielumgebung getestet und ausgeführt werden muß. In Abbildung 5.9 ist der File Server auch der Compile Server, und hier liegt auch das Quellcodeverwaltungssystem. (S. auch Abschnitt 2.5.3.)

Eine zunehmende Anzahl von spezialisierten Entwicklungsumgebungen stellen eine Reihe von zusammenspielenden, integrierten Programmen für alle Phasen des Programmentwicklungszyklusses zur Verfügung. Sie konzentrieren sich meistens auf einen bestimmten Entwicklermarkt, wie zum Beispiel ADA für die amerikanischen Regierungsbehörden, C und FORTRAN für Wissenschaft und Technik, oder COBOL und Datenverwaltungs-orientierte Sprachen der vierten Generation für kommerzielle Märkte.

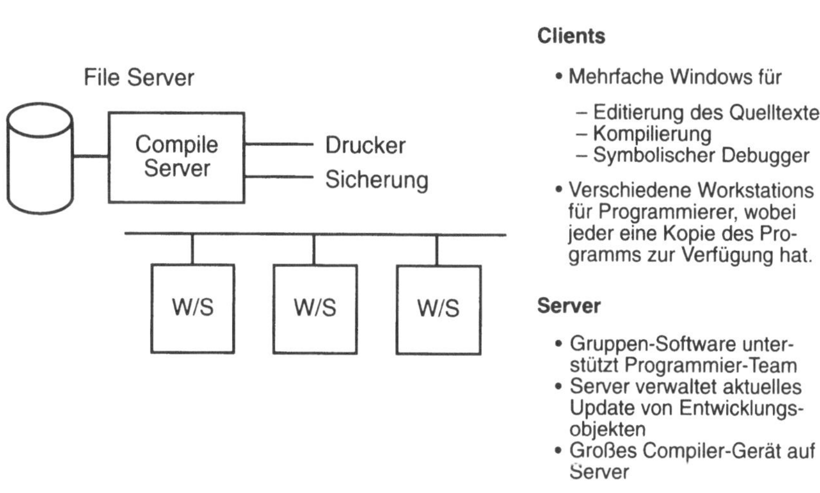

Abbildung 5.9 Compile Server-Konfiguration.
Programmierer setzen den Server ein als Datei-Server, als Datenbank-Server und als Compile-Server, um die Kompilierung auszuführen.

Diese Umgebungen sind momentan im Umbruch. Während sie sich früher mehr auf die Produktivität des individuellen Programmierers konzentriert haben, sind sie jetzt eher auf „Groupware"-Lösungen ausgerichtet, die die Produktivität einer Projektgruppe fördern sollen, deren Mitglieder zusammen an komplexen Software-Entwicklungsprojekten arbeiten. Beispiele hierfür sind DSEE von HP/Apollo, NSE von Sun Microsystems, CADRE und viele 4GL-Produkte.

5.7 Windowsysteme und grafische Benutzeroberflächen

Mit UNIX kann der Rechner Multitasking; mit Windowsystemen können *Sie* Multitasking. Die gesamte Computerindustrie hat die Bedeutung von standardisierten grafischen Benutzeroberflächen erkannt, und fast jeder Systemanbieter hat jetzt mindestens ein Window-Produkt im Angebot. Diese Produkte ähneln alle im Grundkonzept der Benutzeroberfläche des Macintosh von Apple.

Konsistentes Aussehen und eine weitgehend einheitliche Bedienung über verschiedene Anwendungen hinweg („Look and Feel") muß hier letztendlich das Ziel sein, weil dann Anwender die gleichen Maus/Cursor-Bewegungen und Maus-Klicks ausführen können, um ähnliche Resultate auf verschiedenen Plattformen zu erzielen.

Grafische Benutzeroberflächen, auch GUIs (Graphical User Interface) genannt, haben historisch gesehen ihren Ursprung bei Xerox Park in den 70er Jahren. Smalltalk und später Xerox Star waren die ersten, fast kompletten Implementationen all der Konzepte, die man heute als GUI bezeichnet

Windowsysteme sind das neue Schlachtfeld, auf dem heute der Kampf um Marktanteile auf dem Markt von Arbeitsplatzrechnern geführt wird. Eine Reihe von Mitstreitern haben ihren Platz in der Schlachtordnung schon eingenommen, und in den nächsten Jahren werden erbitterte Auseinandersetzungen losbrechen, wenn Hardwareanbieter beginnen, die Softwareindustrie zu beeinflussen, und die Benutzer anfangen, bestimmte Standards für Anwenderschnittstellen zu übernehmen. Viele glauben, daß UNIX den Desktop-Markt der 90er Jahre dominieren wird, so wie MS-DOS den PC-Markt der letzten zehn Jahre beherrschte. Aber der Fortschritt von UNIX ist langsam, weil man (nicht ganz zu unrecht) der Meinung war, UNIX sei hinsichtlich seiner Benutzeroberfläche geradezu kryptisch. Damit UNIX sich einer größeren Akzeptanz erfreuen kann, muß es vereinfacht oder seine Komplexität hinter einer graphischen Benutzeroberfläche versteckt werden; der Anwender kann dann immer noch gezielt ein Shell-Fenster öffnen, um traditionell UNIX-Befehle einzugeben. Die meisten UNIX-Anbieter haben Windowsysteme mit grafischen Benutzeroberflächen und Maus-gestützten Steuerungen für UNIX, damit dem durchschnittlichen Anwender die Anfangsschritte etwas leichter fallen.

Grafische Benutzeroberflächen (s. Abbildung 5.10) haben für Anwender den Vorteil, daß die Schulungs- und Einarbeitungskosten bei bestimmten Geräten und Anwendungen geringer sind. Sie befreien den Benutzer davon, zum Beispiel lange, komplizierte Befehle oder Befehlssequenzen auswendigzulernen oder sich zu merken, wo sich Dateien befinden.

Für die meisten Anwender ist die UNIX-Kommandosyntax ein Labyrinth an Kommandofolgen, mit Pipes und Optionen; im Vergleich dazu ist DOS geradezu kinderleicht. Mit UNIX-GUIs erhält man eine einfach zu handhabende UNIX-Umgebung, die den Benutzer in die Lage versetzt, sein System zu bedienen und dabei zu verstehen, was der Rechner überhaupt tut.

Die Marketing-Abteilungen vieler Firmen veranstalten derzeit um die GUIs einen ziemlichen Medienrummel, der sich wohl in den nächsten paar Jahren fortsetzen wird. Verkaufszahlen, nicht Presseankündigungen, sind das beste Maß für den Erfolg der GUIs. Messen kann man den

Abbildung 5.10 Grafische Benutzeroberfläche.
Computeranwender haben heutzutage mächtige windoworientierte Programme
und grafische Benutzeroberflächen zur Verfügung. (Sinnbilder – 1990; Benutzung
mit freundlicher Genehmigung von Sun Microsystems Inc.)

Erfolg aber auch an der Zahl von Anwendungen, die eine graphische
Oberfläche benutzen.

Die Entwicklung von GUI ist keine Theorie mehr. Aber die sich ständig
wandelnde Technologie und die vorhandene Konfusion stammen zum
Teil daher, daß GUIs zu einem der beliebtesten Schlachtfelder von UNIX
wurden. Die Technologie und die dazugehörige Terminologie nehmen
erst allmählich feste Gestalt an.

Die grafische Benutzeroberfläche (GUI) befreit den Anwender von einer direkten Interaktion mit dem Betriebssystem. Daher wird der genaue
Betriebssystemtyp unter GUI eher unwichtig, solange er die Funktionalität, die der Anwender braucht, zur Verfügung stellt und in der allgemeinen Umgebung der verteilten EDV arbeitet.

Die *Maus* ist ein Eingabegerät zum Zeigen. Sie hat zwischen einem und
drei Knöpfen, die gedrückt werden, wenn man Befehle ausführen oder
die Bewegung des Cursors steuern will. „Ikonen" oder „Icons" sind kleine Sinnbilder auf dem Bildschirm, die, wenn sie angewählt und geöffnet
werden, dieselbe Funktion ausführen, als wenn der Anwender eine Reihe
von Befehlen über die Tastatur eingegeben hätte. Der Einsatz von Maus
und Pull-Down-Menüs in einem Window-System kann die zur Interaktion mit dem Rechner nötige Tipparbeit des Benutzers vermindern und
in manchen Fällen ganz überflüssig machen.

Abbildung 5.11 zeigt die Anwendungen und Window-Funktionen, die
typischerweise auf dem Client und auf dem Server durchgeführt werden.
Der Begriff Client und Server ist besonders für X-Windows (s. Abschnitt
5.8) verwirrend. Normalerweise stellt man sich den Arbeitsplatzrechner

als Client vor und den Server als Back-End-Host-Rechner. Aber unter X-Windows ist der X-Window-Server die Software, die auf der Workstation oder dem PC läuft, während der X-Client die Software ist, die auf dem Server läuft. Der X-Window-Server ist der Prozeß, der den Bildschirm verwaltet und mit dem Anwender interagiert. Der Window-Server reicht Requests (Aufträge) an Prozesse weiter, die er für den Anwender geöffnet hat (und die in den Fenstern ablaufen). Diese Requests werden dann „irgendwo anders" abgearbeitet, und zwar transparent für den X-Window-Server. Der Anwender besitzt den Window-Server, aber Applikationen müssen wissen, wie man mit ihm kommuniziert.

Es fällt schwer, eine genaue Definition vom Client/Server zu geben, da die Definition kontextabhängig ist. Aus reiner Software-Sicht gesehen, sind Client und Server einfach Prozesse, die auf einem Rechner laufen. Allgemein gesprochen, können mehrere Client- oder Server-Prozesse auf einer Front-End- oder einer Back-End-Maschine laufen. Bei den meisten Workstation- und PC-Anwendungen laufen die Window-Client-Prozesse *und* die Window-Server-Prozesse am Front-End (Client-Maschine). Es ist Aufgabe des Entwicklers – oder in manchen Fällen des Anwenders –, zu

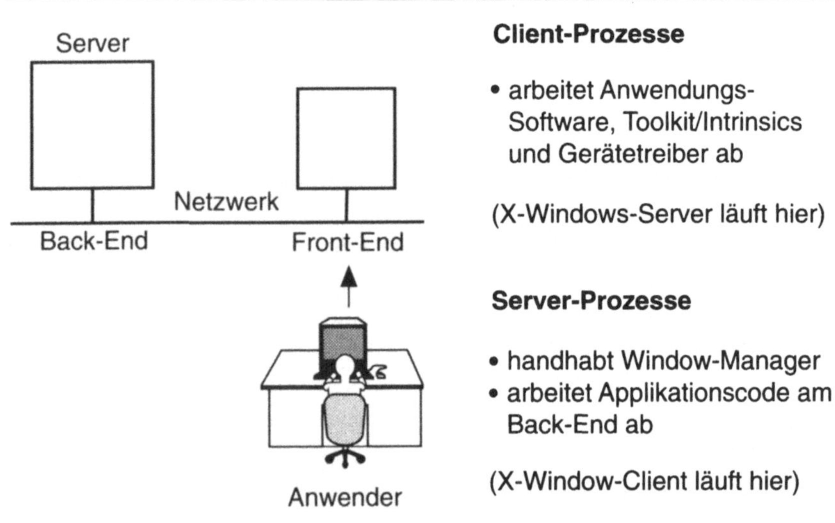

Abbildung 5.11 Window-Systeme und Client/Server.
Im X-Window-System läuft der X-Server meistens auf dem Arbeitsplatzrechner oder dem X-11-Terminal, und die eigentliche Applikation (der X-Client) läuft entweder auf lokalem Rechner oder auf einem Server im Netz.

entscheiden, welche Prozesse auf welchen Knoten im Netz laufen. Der besseren Leistung wegen laufen beide Prozesse meistens auf der gleichen Plattform.

Bei X-Terminals oder darüber hinaus bei Netzanwendungen, die auf dem X-Window-System basieren, bedient die Front-End-Maschine nur den X-Window-Server und die Back-End-Maschine aktiviert nur das Anwendungsprogramm und den X-Window-Client. Dies ist das Time-Sharing-Modell mit Window-Terminals, wobei hier die gesamte Bearbeitung vom Back-End- oder Server-System durchgeführt wird. In diesen Fällen kann das Netz einen Engpaß bilden, da das X-Protokoll über das Netz übertragen werden muß. Sogar eine einfache Operation wie die Neuskalierung einer Abbildung kann bedeuten, daß man eine große Datenmenge vom X-Client an den X-Server über das Netz schicken muß.

Einer der wesentlichen Vorteile eines Display PostScript-Windowsystems (Display PostScript stammt von Adobe) liegt darin, daß die Bilder auf dem Front-End-Rechner mit nur minimaler Datenübertragung über das Netz verändert werden können. Bei X-Windows brauchen verschiedene Interaktionen am Front-End (zum Beispiel, wenn man ein Bild drehen will) das Back-End (X Client), d.h. es muß die Veränderungen durchführen und das gesamte Bild nochmals an den Client übertragen. Dies ist weit weniger effizient, als wenn man das Bildmodell von Display PostScript oder X.11/NeWS von Sun benutzt, da dort häufig nur kurze Befehle über das Netz geschickt werden und die Änderungen lokal am Front End ausgeführt werden (NeWS ist im Prinzip ein PostScript-Interpreter mit Erweiterungen für die Dateneingabe). Obwohl auch die Effizienz von PostScript eine Rolle spielt, besteht sein wesentlichster Vorteil in der Möglichkeit, komplexe Objekte mit variabler Auflösung zu handhaben. Zusätzlich erlaubt das Laden von PostScript-Prozeduren, den vorhandenen PostScript-Befehlen neue hinzuzufügen. Dies sind einige der Details, mit denen Anwendungsprogrammierer sehr vertraut sind.

Was ist PostScript? Die Sprache PostScript (von Adobe mit einem Warenzeichen belegt) wurde für viele Bereiche die De-Facto-Standard-Druckersprache. Jeder große Systemanbieter hat in der Vergangenheit die Sprachen seiner Drucker gewechselt. Da aber PostScript einen immer breiteren Anwenderkreis findet, unterstützen die meisten Anbieter PostScript oder stellen eine entsprechende Emulation zur Verfügung, und fast alle Anbieter unterstützen den Anschluß von PostScript-Druckern. PostScript ist geräteunabhängig und produziert auf den verschiedenen Druckern der unterschiedlichsten Anbieter nahezu identische Bilder.

PostScript ist eine Grafiksprache mit Erweiterungen, ähnlich wie Pascal, Cobol, Ada, Lisp oder C, mit Variablen, arithmetischen Befehlen, Prozeduren, Stack-Manipulationsfunktionen und so weiter. Es sieht aus wie C.

PostScript ist portabel, erweiterbar und flexibel und bietet gegenüber konventionellen Druckersprachen erhebliche Vorteile. Es bearbeitet Zeichen, Zeilen, Formen und Halbtonbilder und kann dazu benutzt werden, komplexe Bilder zu generieren, die sich mit den meisten anderen Druckersprachen nicht erzeugen lassen.

Der größte Vorteil von PostScript liegt darin, daß der Sprachinterpreter im Drucker eingebaut ist und so die meiste CPU-intensive Arbeit, besonders mathematische Operationen, in der Peripherie stattfindet und dadurch den Host entlastet .

PostScript-Prozeduren erlauben, eine Seite auszugeben oder Rechtecke für Ablaufpläne und Standardetiketten zu zeichnen. Diesen Prozeduren brauchen, wenn sie einmal in das Ausgabegerät heruntergeladen sind, nur die Parameter übergegeben zu werden; damit wird die Datenmenge, die an den Drucker gesandt werden muß, kleiner. PostScript stellt mächtige Grafikfunktionen wie Boundary-Clipping und Pattern-Fill (Abschneiden von Linien und Flächen an Gebietsrändern, Füllen von Flächen mit Schraffuren und anderen Mustern) zur Verfügung und unterstützt mehrere Schriften in der Firmware; weitere können zusätzlich geladen werden.

PostScript bietet gegenüber Xlib zwei Vorteile: (a) Die Auswahl an Grafikfunktionen ist reichhaltiger, und (b) es deckt sich mit dem Modell der grafischen Bilddarstellung. Bilder werden mit Hilfe einer virtuellen Zeichenfeder erstellt, die Zeichen, Linien, Formen, Halbtonbilder oder andere Muster zeichnen kann. Die Zeichnung wird dann mit Hilfe einer beliebigen Auswahl von „Schablonen", die in ihrer Komplexität von einer einfachen Linie bis zu einer Buchstabenkette reichen können, auf die Seite übertragen, damit das Rohbild die Buchstabenform ausfüllt. Mit dieser Fähigkeit kann man komplexe Texte und grafische Bilder aufbauen. Der Text kann schwarz gezeichnet sein, in grauen Schattierungen, als schwarze oder graue Schraffuren oder mit beliebigen Mustern gefüllt sein. Einige PostScript-Geräte unterstützen auch Farbe. Mit PostScript kann man Schriften skalieren und sie nach Belieben drehen.

Man kann davon ausgehen, daß es bald PostScript Previewer gibt (d.h. Programme, die PostScript-Seiten auf dem Bildschirm darstellen können) und daß X-Window-Server-Erweiterungen auf den Markt kommen, die Display-PostScript mit Client-seitigen Display-PostScript-Bibliotheken unterstützen.

Die Transcript-Programme von Adobe sind Programme, die es einem UNIX-System erlauben, Dateien auf PostScript-Druckern auszugeben. Einfache ASCII-Dateien, Plot-Dateien und Tektronix-4014-Grafiken können ausgedruckt werden. Auch spezielle UNIX-Programme, wie zum Beispiel der Textformatierer TROFF, kann damit PostScript-Ausgabe erzeugen.

Es gab 1990 über 4000 Anwendungen, die PostScript „sprechen", und außerdem über 55 PostScript-fähige Ausgabegeräte auf dem Markt. Die Zahl wächst ständig.

Windowing über Leitungen und Netze. Bei Windowsystemen ist das Netz zu berücksichtigen. Manche Windowsysteme unterstützen nur sehr eingeschränkt Verbindungsmedien zwischen dem Front-End und den Back-End-Geräten. Die meisten UNIX-Arbeitsplatzrechner verwenden TCP/IP und Ethernet. Manche Windowsysteme laufen sehr transparent über der Netz. Manche können sogar über Telefonleitungen oder. verdrillte Kabel bei niedrigen Übertragungsraten betrieben werden.

Komponenten von grafischen Benutzeroberflächen. Abbildung 5.12 benutzt den gleichen Ansatz von Softwareschichten, der auch zur Erklärung des UNIX-Systems benutzt wurde. Gezeigt werden die wichtigsten Komponenten graphischer Benutzerschnittstellen, mit einer Übersicht verschiedener Produkte in diesem Bereich und wie sie zusammenspielen. Eine kurze Beschreibung jeder dieser Komponenten folgt im nächsten Abschnitt.

Style-Guide und „Look and Feel". Dies ist eine Spezifikation, anhand derer man die GUI implementieren kann, damit sie mit allen Systemen und auf allen Anwendungen konsistent ist. Der Style-Guide ist ein Dokument und keine Software!

Toolkit und Komponenten. Unter einem Window-Toolkit versteht man Softwarekomponenten, die vom Windowsystem eingesetzt werden, um Menüs, Rollbalkenlisten und Ikonen zu generieren. Sie sind wie Unterroutinen. Bei X-Windows heißen sie salopp „Widgets". Auch Werkzeuge für die Anwendungsentwicklung werden dazukommen. Diese Werkzeuge helfen Programmierern und in manchen Fällen Endanwendern, grafische Benutzeroberflächen zu konzipieren, und fungieren dann als Programmgeneratoren. Sie generieren dabei Programmteile, in denen dann bereits die richtigen Widgets einsetzt sind und die mit der API (Schnittstelle für die Anwendungsprogrammierung) für das Windowsystem konform sind.

	APPLE	Windows	Presentation Manager	IBM	HP	DEC	SUN
STYLE GUIDE LOOK AND FEEL	Desktop Schnittstelle			Nextstep Motif Metaphor	NewWave	DEC Windows Motif	OPEN LOOK
TOOLKIT-KOMPONENTEN	Eingebaut	Graphik-gerät-Schnittstelle		Versch.	HP Widgets CXI	XUI	XVIEW
API SPRACHEINBINDUNG UND TOOLKIT	Eingebaut		Von der Ben. Oberfläche kontrolliert	Xlib Nextstep	Xlib		Xlib NeWS
IMAGING-MODELL	Quick Draw	GDI Ausgabe	Graphik-API	X.11 Display Postscript	X.11 Display Postscript		X.11 und NeWS
BETRIEBS-SYSTEM	MacOS	MS-DOS	OS/2	UNIX MS-DOS OS/2	UNIX		
CPU-ARCHITEKTUR	Motorola 680x0	Intel x86		Intel RT-RISC	Motorola H-P RISC Apollo RISC	VAX Mips	Motorola Intel 386 SPARC

Abbildung 5.12 Schichten eines Windowsystems.
Bei Windowsystemen haben Sie die Auswahl. Auf dem UNIX-Markt spielt X.11 eine führende Rolle.

APIs (Application Programming Interfaces – Schnittstellen für die Anwendungsprogrammierung). Gemeint sind Software-Entwicklungsschnittstellen und dazugehörige Hilfsprogramme und Unterprogrammbibliotheken für Anwendungsprogrammierer. Das Schreiben und die Implementierung einer GUI wird einfacher, der Programmierer muß nicht jedes Mal von vorn anfangen.

Imaging-Modell. Hiermit wird definiert, wie Zeichensätze und grafische Objekte definiert und auf dem Bildschirm dargestellt werden.

Wenn Sie eine Applikation kaufen, die Windowing anwendet, muß dafür die entsprechende Window-Umgebung existieren. Aber wie erstellen eigentlich Programmierer Window-Applikationen?

Abbildung 5.13 zeigt die Zusammenarbeit zwischen den Hilfsprogrammen, die für die Anwendungsentwicklung benutzt werden (Werkzeuge für die Entwicklung von Anwendungsprogrammen innerhalb der grafischen Umgebung, in der die Applikation dann aktiv ist). Diese Umgebung wird letztendlich das „Look and Feel" der Applikation bestimmen.

Werkzeuge sind meistens für Programmierer gedacht, die mit 4GL, COBOL, FORTRAN oder anderen höheren Sprachen bereits umgehen können. Widget-Editoren stellen WYSIWYG-Werkzeuge zur Verfügung, die den GUI-Entwicklungsprozeß beschleunigen und auch mit X11 laufende Anwendungen erstellen. Sie können Standard-X-Widgets, wie zum Beispiel Knöpfe, Regler und Rollbalkenlisten zur Anwendungssteuerung generieren.

Windowmanagement-Werkzeuge gehen noch weiter. Sie stellen Entwicklern einen noch umfassenderen Satz von Werkzeugen zur Verfügung, wie beispielsweise Ikonen und andere Bilder, die wichtige Elemente bei Applikationen sind, sowie Dienstprogramme, mit denen man Graphen und Abbildungen erstellen kann; auch Funktionen zur Visualisierung sich ändernder Daten im Echtzeit gehören dazu.

Es wurden inzwischen Werkzeuge vorgestellt, die mit mehreren grafischen Umgebungen arbeiten können. Ein gutes Beispiel dafür ist ein Produkt namens X.deskterm von IXI Ltd. (Cambridge, England). Produkte dieser Art werden auch als GUI-Übersetzer bezeichnet, da mit ihnen die gleiche Software kompatibel auf mehreren unterschiedlichen Windowsystemen laufen kann, wie zum Beispiel Open Look, Motif und MS-Windows.

Softwareanbieter und Hardwarehersteller unterstützen in der Regel die Schnittstelle, die ihre Kunden verlangen. Weigert sich ein Hardwareanbieter, eine bestimmte Schnittstelle zu unterstützen, so war bisher in der

Regel schnell ein unabhängiger Softwareanbieter da, um die Lücke zu füllen. Ein Beispiel hierfür ist die Software-Unterstützung von Motif auf der Microsystems-Hardware von Sun durch Drittanbieter.

Der UNIX-Markt ist immer noch auf der Suche nach einer grafischen Schnittstelle, die sowohl industrieweit einen Standard darstellt als auch einfach in der Bedienung ist. Der Konflikt weitet sich aus und hat neuen Boden gewonnen – Desktopmanager und GUI-Übersetzungsprogramme. OSF/Motif spezifiziert „Look and Feel", aber nicht, welche Eigenschaften mit von der Partie sein sollen, wie die Benutzeroberfläche System-Ressourcen und Anwendungen verwalten sollen und wie Zugriff darauf möglich ist. Somit ist Entwicklungswerkzeugen Tür und Tor geöffnet, die mit Windowsystemen auf einer höheren Abstraktionsebene arbeiten können und die den Programmierer von seiner Abhängigkeit von einem bestimmten System befreien. Dieser Zustand könnte dem Softwareentwickler neuen Aufschwung geben, der sonst seine Applikation für verschiedene Windowsystemen implementieren muß.

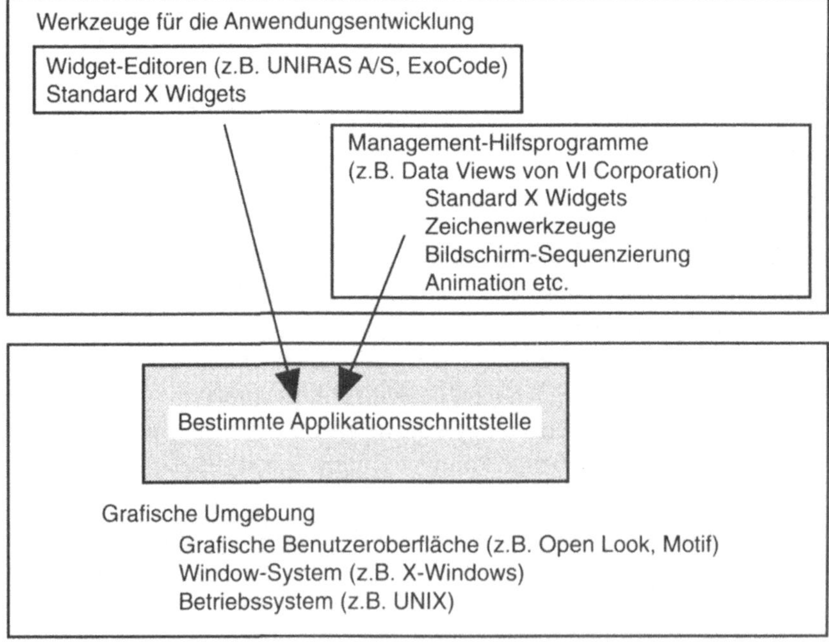

Abbildung 5.13 Fensterverwaltung und Applikationsentwicklung.
Die Applikationsschnittstelle erhält ihr Aussehen und ihre Handhabbarkeit von der grafischen Umgebung, aber ihren Inhalt vom Applikationsentwicklungsprogramm.

Zwei Rivalen – IXI Ltd. aus Cambridge, England, und Visix Software, Inc. aus Arlington, USA – haben den Siegeszug angetreten. Visix hat schon eine Reihe von OEMs für sein Produkt Looking Glass unter Vertrag und hat bekanntgegeben, daß eine OEM-Verbindung von 3,5 Millionen Dollar mit Pyramid Technology ins Haus steht. Visix hat es auch auf mindestens einen der vier großen UNIX-Workstation-Hersteller abgesehen – IBM, HP, DEC und Sun. DevGuide von Sun hat eine ähnliche Leistungsfähigkeit zu bieten, und man kann davon ausgehen, daß diese wichtigen Anbieter Produkte dieser Art peu à peu auf den Markt bringen werden.

Die Window-Technologie entwickelt sich momentan rasant weiter. Es gibt eine Reihe von Produkten auf dem Markt, in einigen Fällen mehrere Produkte vom gleichen Systemanbieter. Ähnlich wie bei UNIX werden Anbieter das zugrundeliegende Windowsystem von einem De-facto-Standard nehmen, zum Beispiel dem X-Window-System, und dann darauf ihre eigenen Erweiterungen implementieren.

X-Windows und X-basierte Window-Umgebungen und Werkzeuge sind Wegweiser in die Zukunft, wenn Sie Werkzeuge und Anwendungen erstellen wollen, die sowohl auf MS-DOS als auch UNIX laufen.

Schließlich möchten wir diesen Teil mit der Behauptung abschließen, daß die Anstrengungen, um nur eine einzige GUI zum Standard zu machen, übertrieben wurden. Ein Endanwender von Motif kommt ebenso mit Open Look zurecht wie ein Lotus-Anwender mit Excel. Für den Anwendungsentwickler erleichtern Werkzeuge wie X.deskterm die Umstellung älterer Applikationen auf X11 und erlauben die Nutzung mehrere Fenster. Die Schlacht um Windowsysteme findet zwischen den Anbietern statt, von denen jeder es gerne hätte, daß seine Lösung zum Standard wird. Es ist unwahrscheinlich, daß die UNIX-Industrie sich auf eine einzige Window-Oberfläche einigen wird. X-Windows ist jedenfalls der UNIX-Window-Standard, der nicht so schnell von der Bildfläche verschwinden wird.

5.8 X-Windows

1984 hatte die Entwicklung von X-Windows am MIT (Massachusetts Institute of Technology) zum Ziel, daß auf jeden Studenten eine windoworientierte Workstation kommen sollte. Es war klar, daß ein universitäre Institution ihre Hardware von mehreren Anbietern beziehen würde, so daß man anfangs X-Windows so entwickelte, daß es sowohl hardware-

als auch netzunabhängig war. Das Ergebnis war die Spezifikation eines hardwareunabhängigen Protokolls, womit man Grafiken über das Netz schicken konnte. Die Entwicklung dieses Protokolls führte mit der Zeit zur Entwicklung des X-Window-Systems.

Vier Jahre später hatte MIT das X-Konsortium gegründet, um zusammen mit führenden Workstation-Herstellern mit der Entwicklung von X-Windows fortzufahren, und bald danach wurde das X-Window-System als ANSI-Standard angenommen.

Wie wir gesehen haben, hat X seinen eigenen, speziellen Jargon. Es ist ein verteiltes, netztransparentes, geräteunabhängiges Multi-Tasking-System, fenster- und grafikfähig. Man kann mehrere Fenster gleichzeitig auf einem Bildschirm darstellen. Eine Applikation, die auf X-Windows läuft, kann so viele Fenster verwenden, wie sie will. Die Beschränkung ist nur vom Speicherplatz des X-Window-Servers abhängig.

Wenn Anwendungen für die X-Programmierschnittstelle geschrieben werden, können sie auf jedem X-Terminal oder Arbeitsplatzrechner, der X-Windows unterstützt, dargestellt werden. Weder spezifiziert X-Windows eine Standardbenutzeroberfläche, noch benötigt es eine solche, und es benötigt ebenso kein „Look and Feel". Also können Benutzer die Oberfläche, die ihnen gefällt, einsetzen.

Xlib ist eine Bibliothek, die Programmierern grafische Objekte wie Linien, Halbkreise, Pixel und so weiter zur Verfügung stellt. X-Intrinsics ist ein Toolkit, das diese Elemente dazu verwendet, um grafische Einheiten wie Rollbalkenlisten, Dialogfelder oder Menüs zu *definieren*. Das X-Toolkit ist eine Ansammlung von verschiedenen Einheiten, die auch „Widgets" genannt werden, wie zum Beispiel Dialogfelder, Rollbalken, Menüs, Dateisystemschnittstellen und so weiter.

Praktisch alle großen Hardware- und Softwareanbieter in der UNIX-Szene haben das X-Window-Standardprotokoll übernommen. Aber einige Anbieter haben ihre eigenen Window-Werkzeuge, die von Entwicklern eingesetzt werden, um Anwendungssoftware zu erstellen. Obwohl man eine bessere Grafik-Software bekommen kann, die eleganter und effizienter als X-Windows ist, bleibt die Tatsache bestehen, daß X-Windows zum standardisierten Window-Protokoll werden wird. Deshalb müssen Bibliotheken wie Motif von OSF, DECwindows von DEC und Open Look von Sun und AT&T kompatibel mit dem X-Windows-Protokoll werden. Eine große Anzahl von Anwendungen wird in den nächsten Jahren X-Windows unterstützen. Wenn, wie erwartet, die Leistung der Anwendungen auf X-Basis die der proprietären Windowsysteme erreicht bzw. sie sogar übertrifft, werden Softwareanbieter in noch stärkerem Maße zu X-Windows übergehen.

Die Benutzerfreundlichkeit hängt nicht in erster Linie von einem bestimmten Windowsystem ab, wie zum Beispiel Open Look, Motif oder der grafischen Benutzeroberfläche des IBM-Presentation Managers. Es ist vielmehr der Umstand, daß der Benutzer mit Windowsystemen intuitiver mit Applikationen und Rechnern arbeiten kann. Die Window-Technologie ist ein wichtiges Element bei der Erreichung von Benutzerfreundlichkeit, aber sie ist nicht der einzige Faktor.

Entwickler setzen heute verstärkt Windowsysteme in Anwendungen ein, um Software mit einer reichhaltigen, grafikorientierten Benutzeroberfläche zu erzeugen, die eine Präsentationstechnologie auf dem Stand der Technik bieten. X-11 kann sich innerhalb der UNIX-Industrie auf die größte Akzeptanz berufen.

Anwendern stehen, abgesehen von Workstations und anderen Computern, auf denen X-Windows läuft, mehrere Optionen zur Verfügung, wenn sie X-Window-Anwendungen auf PCs und sogenannten X-Terminals installieren wollen.

Einige Firmen vermarkten X11-Server-Software, mit der PC- und Macintosh-Systeme wie X.11-Terminals benutzt werden können. Die meisten Produkte kosten zwischen 500,– DM und 1.500,– DM; aber die Software auf einem typischen PC oder Macintosh hat oft eine viel geringere Leistung als ein echtes X-Terminal. Den meisten geht der Speicherplatz bereits bei wenigen Fenstern auf dem Bildschirm aus, und sie sind bei der Grafik ziemlich langsam. Ein Großteil arbeitet nur mit einer oder zwei der Ethernet-Karten, die es für PCs gibt (Ungerman Bass, 3Com, usw.). Doch sind auch hier Verbesserungen zu erwarten.

PC-gestützte X.11-Display-Software. X11-Software-Anbieter für PC und PS-2 sind: Xsight von Locus Computing, X.11/AT von Integrated Inference Machines, PC-XView von Graphic Software Systems und XVision von Visionware. Anbieter für den Mac sind die folgenden: eXodus von White Pine Software und MacX von Apple.

X-Terminals. Das Interesse für X-Terminals ist groß. Aber was genau sind sie? Wer stellt sie her? Welche Limitierungen haben sie? Wie erfolgreich werden sie sein? Wofür sind sie gut?

X-Terminals sind grafische Terminals, die eine fensterbasierte grafische Benutzeroberfläche an einem zentralen Rechner verfügbar machen. Auf ihnen läuft der X.11-Display-Server. Sie sehen aus wie Workstations (hochauflösendes Bitmap-Display, Maus und Cursor). Der X.11-Server läuft meistens auf einem integrierten 68000er Prozessor von Motorola. Ein X-Terminal hat meistens zwei bis vier MB RAM und kann bis etwa 8 oder 16 MB ausgebaut werden. Manche stellen zusätzlich Terminalemulationen zur Verfügung (z.B. VT100 oder 3270), und die meisten sind mit TCP/IP kompatibel und unterstützen Thick-Wire- und Thin-Wire-Ethernet. Einige haben zusätzlich serielle Schnittstellen.

X-Terminals haben kein Betriebssystem. Ihre Konzeption sieht ein einziges Programm vor. Da X.11 nur einige wenige Megabyte Speicher und einen nicht sehr aufwendigen Prozessor benötigt, ist der Preis eines X-Terminals meistens niedriger als der einer Workstation, wenn man es isoliert von den anderen Netzkosten betrachtet, die sich für den Betrieb ergeben.

Was können sie, was sind ihre Limitierungen? X-Terminals können Fenster darstellen. Meistens sind sie über Ethernet und Terminal-Konzentratoren mit einem Host verbunden. Die Belastung, die sie dem Host auferlegen, ist jedoch größer als die eines alphanumerischen Terminals. Jedes Fenster auf dem X-Terminal kann einen eigenen Prozeß auf dem Host laufen haben. Damit erscheint dem Host das X-Terminal als eine Reihe von Terminal-Sitzungen. Das X-Terminal übernimmt keine Prozesse vom Host, so daß es, wie z.B. unintelligente Terminals, die gleichen Leistungsnachteile besitzt, die man mit Time-Sharing assoziiert.

In Arbeitsumgebungen mit niedriger Arbeitslast auf dem Host können X-Terminals eine einigermaßen kosteneffiziente Lösung darstellen, um eine graphische Benutzeroberfläche einem schon bestehenden Netz hinzuzufügen. Für einen geringen Aufpreis können Sie allerdings eine deutlich leistungsfähigere Workstation bekommen. X-Terminals stellen nicht die gleiche Funktionalität wie PCs oder Workstations zur Verfügung, da sie keine eigene Verarbeitungsleistung zur Verfügung stellen. Sie verbessern auch nicht die Effizienz des Hostrechners – sie können im Gegenteil sogar die Arbeitslast auf ihm drastisch erhöhen. Sie arbeiten mit traditionellen Minicomputern nicht so gut zusammen wie mit den moderneren Servern, die auf Ethernet und Multi-User-Leistung abgestimmt sind.

Sie haben auch die Neigung, die Systemverwaltung komplizierter zu gestalten und sind bei der Einrichtung und der Verwaltung nicht so einfach wie alphanumerische Terminals. X-Terminals haben oft zusätzliche Funktionen und ein integriertes ROM, das mit neuen Softwareversionen auf den neusten Stand zu bringen ist.

Eine Beurteilung von X-Terminals – worauf Sie achten müssen.

• Überzeugen Sie sich anhand einer Vorführung davon, daß die Anwendungen X.11 unterstützen.

- Wenn Sie ein Netz im Einsatz haben, müssen Sie die Kompatibilität mit der bestehenden Verkabelung überprüfen.
- Überprüfen Sie die Speichererweiterbarkeit des X-Terminals und deren Kosten. („Kein Speicher mehr zur Verfügung" ist eine Fehlermeldung, die die Anwender rasend machen kann.)
- Prüfen Sie nach, ob die Bildschirmauflösung für Ihre Software ausreichend ist.
- Stellen Sie fest, welche Optionen Sie benötigen werden. Danach können Sie die Gesamtkosten ermitteln, z.B. TCP/IP, 3270-Emulation, VT100-Emulation usw.
- Überzeugen Sie sich davon, ob das Terminal Verbindungen für RS232 und Ethernet RS232 hat.
- Lassen Sie sich das Terminal auf einem geladenen System vorführen, vorzugsweise mit der Applikation, die Sie kaufen wollen.
- Versuchen Sie, indem Sie mehrere Fenster gleichzeitig öffnen, in der Konfiguration, die Sie kaufen möchten, einen Absturz herbeizuführen (dadurch, daß der lokale Speicher nicht reicht).

5.9 UNIX und Transaktionsverarbeitung (TP – Transaction Processing)

Wenn UNIX zukünftig seinen Siegeszug bei kommerziellen Anwendungen fortsetzt, wird Transaktionsverarbeitung für UNIX-Anwendungsentwickler ein zentrales Thema werden. Wenn wir Transaktionsverarbeitung sagen, meinen wir alle Arten von Anwendungen für die Transaktionsverarbeitung, einschließlich Stapel-, Online- (OLTP), zentralisierter und verteilter Transaktionsverarbeitung. TP und OLTP sind in der folgenden Erörterung austauschbar.

Die Transaktionsverarbeitung war bis vor kurzem eine ausschließliche Domäne der Großrechnerklasse. In den letzten zehn Jahren haben sich jedoch eine Reihe von Forschungsprogrammen auf die technologisch fortgeschrittenste Transaktionsverarbeitung unter UNIX konzentriert. Und zwar:

- Die Programmiersprache Argus (MIT)
- Das Quicksilver-Projekt im IBM-Forschungszentrum Almaden
- Untersuchungen über die dauerhafte Daten-Speicherung in IBMs Watson-Forschungslabor (CPR auf RT/PC von IBM)
- Camelot von Carnegie Mellon (verteilte Transaktionsverarbeitung für Mach und DARPA-Internet)

In der UNIX-Industrie gibt es einige Anbieter, die große Systeme anbieten, wie zum Beispiel Amdahl oder Sequent, aber auch Anbieter für Systeme der mittleren Datentechnik wie AT&T und Unisys, die besondere Erweiterungen für ihre UNIX-Betriebssysteme haben, um Anwendungen für die Transaktionsverarbeitung zu unterstützen. Diese Werkzeuge werden auf eine größere Anzahl von UNIX-Versionen portiert, und unabhängige Softwareanbieter haben die Gelegenheit beim Schopf gepackt, um auf dem Markt erhältliche Software-Werkzeuge bei der Schaffung neuer Umgebungen für die Transaktionsverarbeitung auf UNIX zu integrieren.

Ob in einer traditionellen, zentralisierten Großrechnerumgebung oder in einer UNIX-Umgebung, die Vorstellung von OLTP ist die gleiche; d.h. mehrere Anwender haben gleichzeitig und gemeinsam Online-Zugriff auf Datenbanken. Oft sind OLTP-Anwendungen grundlegend für den Unternehmenserfolg („mission-critical"). Oft werden besondere UNIX-Betriebssystem- und Hardware-Eigenschaften benötigt, um die Anforderungen dieser Anwendungen in bezug auf Skalierbarkeit, Zuverlässigkeit und Sicherheit erfüllen zu können.

Eine Transaktion besteht im Grunde genommen nur aus einer Reihe von Operationen, die eine Datenbank von einem konsistenten Zustand in einen anderen konsistenten Zustand überführen. Anwendungen für die Transaktionsverarbeitung sind oft dort zu finden, wo bisher stapelverarbeitende „Back-Office"-Funktionen auf Online-Betrieb umgestellt werden. Beispiele lassen sich in vielen Bereichen finden, wie im Bankwesen, im Einzelhandel und in der Fertigung. Und im alltäglichen Bereich bei Systemen für die Flugreservierung und Systemen für die Überprüfung von Kreditkarten. Transaktionen hatten in der Vergangenheit die Form von terminalgestützter Dateneingabe. In den traditionellen OLTP-Anwendungen erhält der Anwender nur begrenzt Kontrolle über die Arbeitsumgebung. Oft beschränkt sich das, was der Anwender vom System weiß, nur auf das, was er am Terminal wahrnimmt (terminal view).

OLTP-Anwendungen können eine große Zahl von Benutzern gleichzeitig bedienen, wobei sie versuchen, eine gleichbleibende Antwortzeit zu gewährleisten, unabhängig von der Anzahl der Anwender am System. Die Datenverarbeitungsumgebung einer Applikation für die Transaktionsverarbeitung muß hinsichtlich Zuverlässigkeit und Datenintegrität einen hohen Stand aufweisen, damit zum Beispiel bei einem System-Crash unvollständige Transaktionen rückgängig gemacht und neu gestartet werden können. Traditionelle OLTP-Umgebungen haben nicht nur die Funktionalität für Transaktionsverwaltung zur Verfügung gestellt, sondern auch für die Terminal-Verwaltung, Print-Spooling-Schnittstellen, die Fähigkeit, nach einem Zusammenbruch wieder einen konsistenten Zustand herzustellen, und sie besitzen besondere Befehlssprachen, um Anwenderschnittstellen mittels Eingabemasken generieren zu können.

Die traditionelle OLTP-Umgebung ist in Abbildung 5.14 dargestellt.

In den letzten Jahren hat sich die Bandbreite der Transaktionen erweitert; eine noch größere Palette von Benutzeroberflächen ist das Resultat. Strichcode- und Magnetbandleser haben Terminal-Schnittstellen ersetzt. Kabellose Dateneingabegeräte sind allgegenwärtig geworden, zum Beispiel bei der Bestandsverwaltung von Lebensmittelgeschäften. Intelligente „Kassen" und automatische Bankmaschinen sind überall zu finden. Nicht nur die Benutzerschnittstelle für die Transaktionsverabeitung wurde weiterentwickelt, sondern auch die Architektur der Systeme.

Vernetzte EDV hat die Migration von zentralisierten Systemen zu zahlreichen kleineren, vernetzten Prozessoren vorangetrieben Front-End-Workstations mit Multitasking-Window-Systemen und Grafik-Terminals sind mit Back-End-Netzen von Prozessoren verbunden, welche die Aktualisierung von Dateien, Sicherungen und andere Funktionen durchführen. Ein Großteil dieser Innovationen, und insbesondere die hier

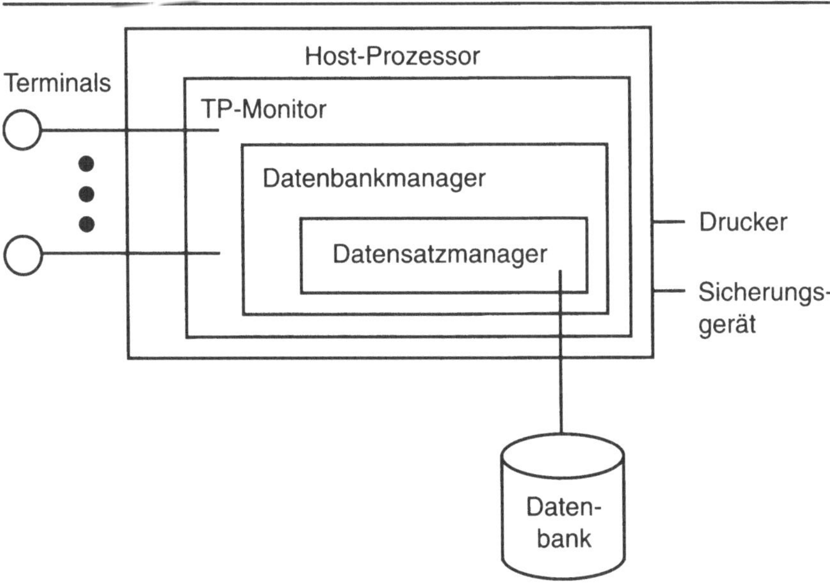

Abbildung 5.14 Traditionelle, zentralisierte TP-Umgebung.
TP-Monitore verwalten Terminal-Ein-/Ausgabe, Datenbanksperrung
und Warteschlangen innerhalb der Host-Umgebung.

eingesetzten verteilten Netze, machen UNIX zum idealen Kandidaten für die Implementierung solcher Systeme. Speziell in einer heterogenen Computerumgebung ist dies der Fall.

5.9.1 Alternativen zur traditionellen OLTP

Es gibt inzwischen eine Reihe von Alternativen zur traditionellen, zentralisierten OLTP-Anwendungsarchitektur:

- Bestehende Anwendungen können von ihren proprietären TP-Umgebungen auf UNIX portiert werden.
- UNIX kann als Entwicklungsumgebung benutzt werden, wobei die Anwendungen dann auf Großrechnersystemen eingesetzt werden. Hier haben die UNIX-Systeme gegenüber PCs eine ausgezeichnete Entwicklungsumgebung zu bieten und sind andererseits billiger und produktiver für die Entwicklung als ein Großrechner.
- Ein weiterer Vorteil der UNIX-Entwicklungsumgebung besteht darin, daß sie eine vollständige Testumgebung bieten kann. Die Entwicklung und das Testen von neuen Anwendungen ist auf UNIX-Plattformen möglich, während es normalerweise, außer in sehr begrenztem Umfang, nicht möglich ist, TP-Anwendungen in einer PC-Entwicklungsumgebung zu testen.
- Man kann auf UNIX neue Anwendungen schneller entwickeln und einsetzen. Setzt man neuere Werkzeuge wie Sprachen der vierten Generation und relationale Datenbanken ein, kann man unter Umständen Anwendungen schneller neu schreiben als bestehende Anwendungen portieren. Oft sind neue Anwendungen besser in der Lage, die Vorteile der neuen Technologien zu nutzen, als ältere Anwendungen, die auf UNIX portiert.
- Schließlich kann man UNIX einsetzen, um verteiltes OLTP zu implementieren. Hier kann unter UNIX ein Front-End für die Applikation auf den neuesten Stand der Technik gebracht werden, während das Back-End unverändert bleibt. Ein Beispiel wäre eine sehr große Datenbank, die auf einem Großrechner läuft. Ein interaktives Front-End könnte mit UNIX entwickelt werden, das eine Schnittstelle mit dem Back-End-Rechner für Transaktionsverarbeitung bildet.

Eine Applikation auf einer Workstation könnte beispielsweise Abfragen an die Datenbank verarbeiten, während eine 3270-Terminalemulation, elektronische Post und zahlreiche andere Anwendungen oder Basisfunktionen des Systems laufen. Eine einzige Workstation stellt in der Tat die Mittel zur Verfügung, mehrere miteinander verwandte Anwendungen und eine einzige Benutzeroberfläche für mehrere Back-End-Prozesse zu integrieren.

Es ist offensichtlich, daß UNIX eine Alternative zu traditionellen OLTP-Entwicklungs- und Einsatzumgebungen ist. Diese traditionellen Umgebungen sind allerdings das Resultat von jahrelanger Entwicklung und sind in vielen Fällen sehr anspruchsvoll. Die UNIX-Systemumgebung stellt möglicherweise nicht die gleichen Fähigkeiten zur Verfügung oder ist noch nicht so ausgereift.

5.9.2 Nachteile von UNIX gegenüber OLTP-Anwendungen

In der Vergangenheit gab es immer eine Reihe von Nachteilen beim Einsatz von UNIX in TP-Anwendungen. Diese Limitierungen liegen in folgenden Bereichen:

Scheduling. Die Konzeption traditioneller OLTP-Systeme sah mehrere tausend Anwender im Time-Sharing-Betrieb am gleichen zentralisierten System vor. Somit wurde die Verarbeitung nicht funktionell verteilt, und komplexe Algorithmen mußten implementiert werden, um sicherzustellen, daß die Leistung auf die Online-Antwortzeit abgestimmt war. Unter UNIX haben alle Anwender von vornherein die gleiche Priorität.

Begrenzungen durch das Datei-System. Bei UNIX werden Datendateien als Byte-Folge gespeichert. Für Dateien wird nicht vorher entsprechender Platz reserviert; vielmehr werden sie in Blöcken gespeichert, die nicht unbedingt zusammenhängend sein müssen. Ein logischer Lesevorgang besteht oft aus zwei oder mehreren physikalischen Lesevorgängen. Die nicht zusammenhängende UNIX-Datenspeicherung kann die Suche im Ein-/Ausgabe-Subsystem nachhaltig verzögern.

Sicherheit. Bei UNIX kann ein Superuser alle Berechtigungen und Sicherheitskontrollen umgehen. Bei den traditionellen OLTP-Umgebungen wird oft eine viel aufwendigere Sicherheit eingesetzt.

Um die hohen Anforderungen der Applikationen an die Verfügbarkeit der Systeme zu erfüllen, sind auch zahlreiche Hardwarevoraussetzungen zu erfüllen, und diese müssen vom Betriebssystem unterstützt werden. Es ist denkbar, daß solche Eigenschaften von einigen UNIX-Versionen nicht unterstützt werden. Somit wird das allgemeine Problem offensichtlich, daß bei sehr anspruchsvollen OLTP-Anwendungen manch ein Betriebssystemmerkmal erforderlich ist, das bei UNIX noch nicht zum Standard gehört (z.B. Echtzeitunterstützung).

5.9.3 Wachstum und Akzeptanz von UNIX

Trotz dieser Limitierungen bietet UNIX für OLTP-Applikation viele Vorzüge, und die notwendigen Merkmale für diese Anwendungen werden von den UNIX-Systemlieferanten und UNIX-Softwarelieferanten sowie von unabhängigen Softwareanbietern zur Verfügung gestellt.

Die Hauptantriebskräfte für die UNIX-Transaktionsverarbeitung sind folgende:

1. Bei unternehmensweiten Anwendungen werden UNIX und Standards dazu beitragen, Software-Investitionen in Grenzen zu halten (dies trifft zu, obwohl TP-spezifische Standards eben erst zum Vorschein kommen).
2. UNIX bietet eine ausgezeichnete Software-Entwicklungsumgebung für die OLTP-Anwendungsentwicklung.
3. UNIX und UNIX-gestützte relationale Datenbanken oder andere Software von Drittanbietern sind im Preis pro Transaktion günstiger als traditionelle proprietäre Systeme – größtenteils ein Vorteil der RISC-Architektur.
4. UNIX ist die Plattform, auf der technologische Fortschritte, die für TP-Anwendungen wichtig sind, in einer Reihe von Bereichen zuerst auf den Markt kommen (bevor sie in anderen Systemen erscheinen). Gemeint sind relationale DBMS, GUIs, RISC und verteilte Architekturen für Applikationssoftware.
5. Eine Reihe von UNIX-Limitierungen kann mit zusätzlicher Software, die oberhalb des UNIX-Betriebssystems aufsetzt, mühelos überwunden werden.
6. Lösungen für relationale Datenbankverwaltung sind auf UNIX problemlos erhältlich und können einen Großteil seiner Mängel in bezug auf OLTP kaschieren.
7. Wenn die TP-Applikation aufgeteilt wird, erhält man Unabhängigkeit zwischen den Front-End- und Back-End-Prozessen. Clients beanspruchen Dienste immer gleich, unabhängig davon, wie ein bestimmter Dienst implementiert ist. Diese Modularität hat zur Folge, daß Clients unbeeinflußt bleiben, wenn an den Diensten Änderungen oder Erweiterungen vorgenommen werden.

8. Indem man in einer vernetzten Arbeitsumgebung neue Dienste hinzufügt, können Anwendungen Funktionalitäten in bestimmten Bereichen
erweitern, ohne die schon vorhandene Funktionalität zu stören.

Das UNIX-Wachstum veranlaßt Anwender, sich Integrationsaspekte auf
zwei Ebenen anzuschauen: Die Ebene der Anwendungsportabilität und
die Ebene der Datenintegration. Durch UNIX-gestütztes TP erreicht man
ein höheres Niveau an Unabhängigkeit von Maschine und Betriebssystem. SQL hat sich als Werkzeug für die Datenintegration bewährt, da es
Anwendungen Zugriff auf die Datenbanken erlaubt; diese (Datenbank)
wiederum kümmert sich um die Definition, die Speicherung, Wiederherstellung, Datensicherung, Sicherheit und den kontrollierten Multi-User-
Zugriff bei TP-Anwendungen. Relationale Datenbanken sind jetzt die bevorzugte Datenbanktechnologie für die meisten OLTP Anwendungen,
und es sind eine Reihe von ausgezeichneten Produkten im Handel, die
auf den meisten UNIX-Versionen laufen.

Abbildung 5.15 zeigt die Arbeitsweise von SQL in TP-Applikationen.

In einer verteilten (Client/Server-)Umgebung kommuniziert der Client
entweder über X.25 mittels eines UNIX-Gateway mit einem UNIX-LAN
oder durch eine Kanalverbindung mit TCP/IP zur Großrechnerumgebung. Auch 3270-Terminal-Emulationen auf den Client-Rechner sind
weit verbreitet.

5.9.4 Traditionelles UNIX und Transaktionsverarbeitung (TP)

Wie oben beschrieben, hat das traditionelle UNIX eine Reihe von Limitierungen, wenn es eine umfassende Umgebung für die Unterstützung von
TP-Anwendungen zur Verfügung stellen soll. Dieser Abschnitt befaßt
sich detailliert mit der Art, wie UNIX-Lösungen TP-Anforderungen in
den folgenden Bereichen erfüllen:

1. Anforderungen der Systemplattformen
2. Die TP-Umgebung und ihre Merkmale
3. TP-Software-Migration
4. TP-Anwendungsentwicklung

Hinweis: TP bedeutet in diesem Zusammenhang entweder Stapel- oder
Online-Transaktionsverarbeitung.

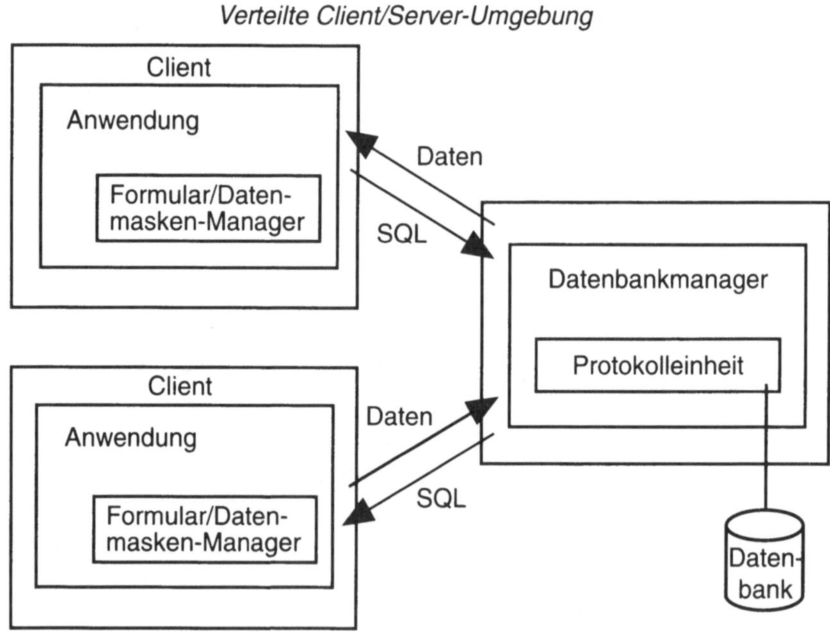

Abbildung 5.15 Anwendungen kommunizieren mittels SQL mit dem Datenbanksystem.

5.9.4.1 Anforderungen an die Systemplattform

Unterstützung für große Datenbanken (Multigigabyte-Datenbanken). Erforderlich ist die Unterstützung von virtuellen Platten und logischen Datenträgern. Beides wird von vielen UNIX-Anbietern heute zur Verfügung gestellt.

Gespiegelte Platten für hohe Verfügbarkeit. Mit gespiegelten Platten erhält man jederzeit zwei oder mehrere Kopien eines Dateisystems auf verschiedenen physikalischen Platten. Sie halten identische Daten, so daß, wenn eine Platte ausfällt oder ihr E/A-Kanal nicht funktioniert, auf die andere(n) jederzeit zugegriffen werden kann und die Daten wiederhergestellt werden können.

Sie können auch eine RAMDISK benutzen. Viele Dateisysteme haben Bereiche, auf die oft zugegriffen wird. RAMDISKS sind virtuelle Platten, deren Daten im Hauptspeicher gehalten werden.

Konfigurationen mit großem Speicher. Bei einem virtueller Speicher mit Demand Paging, der einen großen Adreßraum für große Anwendungen zur Verfügung stellt, kann die E/A-Leistung schnell zu einem Engpaß werden. Ein großer Hauptspeicher mit RAMDISK verringert E/A-Kanal- und Plattenzugriffszeiten.

Copy-Back-Pufferspeicher – statt eines Write-Through-Pufferspeichers. In einem Write-Through-Pufferspeicher wird jedes Mal, wenn die CPU einen Schreibvorgang durchführt, der Hauptspeicher gleichzeitig mit dem Puffer aktualisiert. In einem Copy-Back-Pufferspeicher gehen Prozessoren von der Vorstellung der festen Zuordnung von Datenblöcken aus, was zu einem effizienteren Verarbeitungsalgorithmus führt, der weniger Systemressourcen in Anspruch nimmt.

Systemdurchsatz. Hochleistungs-UNIX-Server bieten inzwischen mehr als nur hohe Rechenleistung. Zunehmend stellen sie eine hohe ausgeglichene Leistung in allen Teilbereichen zur Verfügung (Großrechner-E/A-Subsysteme) und machen es dem System möglich, einen außergewöhnlichen Transaktionsdurchsatz zu erzielen, wie sich durch TPS-Benchmarks und Specmark-Tests zeigen läßt.

5.9.4.2 Eigenschaften einer TP-Umgebung

Skalierbarkeit. Die Fähigkeit, mühelos die Zahl der Benutzer, Platten usw. zu vergrößern, findet sich in der UNIX-Unterstützung von lose miteinander verbundenen Client/Server-Konfigurationen und in der Multipro-zessortechnologie verwirklicht; letztere erlaubt eine problemlose Erweiterung der zentralisierten Funktionen. UNIX-TP-Umgebungen stellen normalerweise Funktionalitäten zu Verfügung, die über das traditionelle Niveau hinausgehen, insbesondere was die Systemverwaltung betrifft, wenn neue Benutzer hinzukommen oder gewechselt werden.

Online-Verfügbarkeit. Doppelt angesteuerte Platten, Plattenspiegelung und andere Systemeigenschaften könnten eventuell erforderlich werden. Diese Merkmale sind auf den meisten UNIX-Server-Systemplattformen in Form verschiedener Hardware-/Software-Kombinationen verfügbar.

Der Wiederanlauf nach Störungen sollte automatisch erfolgen und sich durch eine kurze MTTR (Mean Time To Recovery), sprich eine möglichst kurze Wiederanlaufzeit auszeichnen. Eine Überbrückungs-Software wird wahrscheinlich nicht mit UNIX zur Verfügung gestellt. Diese Funktionalität, die dazu benutzt wird, ein System nach einem Crash wieder online zu bringen, ist meistens eine Kombination aus Systemverwaltungsprozeduren und zusätzlicher Software innerhalb der OLTP-Umgebung.

Wiederherstellungszeit. Eine schnelle Wiederherstellung ohne Datenverlust wird meistens durch die TP-Umgebung in Verbindung mit dem Datenbankmanager möglich gemacht. Gleiches gilt für die vorherbestimmbare Zeit einer Neukonfigurierung.

Konnektivität. Die TP-Umgebung sollte belastungsfähige Kommunikationsverbindungen zwischen Unternehmens- und Endanwender-Datenbanken bieten. Ein Großteil der Netzdienste wird normalerweise von UNIX und/oder dem Systemanbieter zur Verfügung gestellt.

Die Umgebung sollte auch PC- und Workstation-basierte Systeme unterstützen.

Integrität. Datenzustände müssen konsistent bleiben, und die Wiederherstellung muß so einfach wie möglich sein, selbst in verteilten Anwendungsumgebungen.

Sicherheit. Die Sicherheit kann durch eine Reihe von UNIX-Funktionen, TP-Softwarefunktionen und RDBMS-Funktionen gewährleistet werden.

Leistung. Die Leistung ergibt sich aus der Integration der Komponenten, einschließlich Antwortzeiten und Durchsatz. UNIX-E/A-Leistung wird oft von Datenbankanbietern durch blockweisen Zugriff auf die Platten verbessert, anstatt das UNIX-Dateisystem zu verwenden.

5.9.4.3 TP-Software-Migration

Dieser Abschnitt beschreibt, wie TP-Anwendungen normalerweise auf UNIX übertragen oder dort entwickelt werden.

Zuerst einmal die Migration von Anwendungen:

1. Es kann nicht schaden, wenn man von gut dokumentierten Anwendungen ausgeht. Probleme können in den folgenden Bereichen auftreten:
   - Verwendung einer Assembler-Sprache
   - Verwendung von CICS-Internals
   - Konvertierung von EBCDIC in ASCII
   - Sprachenkompatibilität (COBOL muß sich an Ansi-85-Standard halten)

2. Das UNIX-Betriebssystem wird in der Regel durch zusätzliche Dienste erweitert, um folgendes anzugehen:
   - TP-Monitor
   - Datenbankmanager/Datensatzmanager
   - 4GL
   - COBOL auf UNIX
     - COBOL-Compiler-Kompatibilität (ANSI 85)
     - Datensatz-Manager
     - Relationale Datenbank, die integrierte SQL unterstützt
     - Andere Anwendungsentwicklung und Testwerkzeuge

3. Das Migrieren von COBOL-Code geschieht wie folgt:
   - Definition der Tabellen in der neuen Umgebung; hierzu gehören:
     - File Control Table (FCT) (wird für VSAM, IBMs Virtual Sequential Access Manager eingesetzt, der Dateinamen und Zugriffspfade handhabt)
     - Terminal Control Table
     - Program Control Table (stellt den Bezug von Transaktions-Kennzeichnungen und Schlüsselwerten zu Anwendungsprogrammen her)
     - Processing Program Table (wird angewendet, um Programme unter CICS zu identifizieren)

- Konversion von COBOL-Copybooks
- Compilieren und Binden von COBOL-Code (eventuell ist ein Präprozessor notwendig, z.B. für CICS-Makros)
- BMS-Quellcode-(Maps)-Konversion und Binden zu ausführbaren Dateien
- SQL-Aufrufe in COBOL einbauen

4. Ersatz für den Datensatzmanager (z.B. VSAM)

Ein Großteil des oben Gesagten sollte durch die auf UNIX laufende OLTP-Entwicklungsumgebung zur Verfügung gestellt werden.

5.9.4.4 TP-Applikationsentwicklung

Manchmal ist die Implementierung von neuen TP-Anwendungen schneller als die Portierung von bestehenden Anwendungen. Gründe dafür sind die Fortschritte bei Datenbanken und in der Technologie von Sprachen der vierten Generation. Es gibt auf UNIX hierfür eine breite Palette von Werkzeugen.

5.9.5 Kommerzielle TP-Softwarelösungen und UNIX

Viele Rechneranbieter und unabhängigen Softwareanbieter haben kommerzielle UNIX-TP-Produkte im Angebot. Sie können sich an die folgenden Anbieter wenden (es können nicht alle genannt werden):

- Tolerant (Pathway)
- AT&T (Tuxedo)
- NCR (POS, TPSX)
- Unisys (TP-System)
- Carnegie Mellon (Mach/Camelot)
- VISystems Inc. (VIS/TP)
- Unicorn (UniKix)
- Independence Technologies Inc. (iTRAN)
- Transarc
- Transvik Inc. (OLTP für im Finanzbereich tätige Firmen)
- UNIX-Datenbankanbieter (insbesondere Oracle, Sybase, INGRES, Informix und Unify)

Tuxedo System/T von AT&T ist einer der bekanntesten UNIX-Transaktionsverwalter. Er wird heutzutage in vielen Produktionsumgebungen eingesetzt und wird von einer Reihe von anderen System- und Software-Anbietern mit angeboten. TP-Lösungen von Unisys und NCR sind Abkömmlinge der System/T-Technologie. Anbieter wie zum Beispiel Independence Technologies Inc. (ITI) haben das Marktpotential für OLTP-Lösungen erkannt und implementieren Kundenlösungen mit neuen TP-Umgebungen, die auf einer Integration von bestehenden Komponenten basieren. System/T wurde so konzipiert, daß es mit einer Reihe der führenden Datenbanksysteme unter UNIX arbeiten kann; hierzu gehören Oracle, Sybase und Informix.

ITI, eine Firma mit Sitz in Fremont (USA), bietet, wie eine Reihe von ähnlichen Anbietern auch, Dienste an, die eigentlich sonst nur bei sehr anspruchsvollen firmeninternen MIS-Entwicklungsgruppen in großen Unternehmen zu finden sind. ITI setzt serienmäßig im Handel erhältliche Komponenten wie eine erweiterte Version des Tuxedo System/T von AT&T, RDBMS von Oracle und Open-Look-GUI ein. Zusammen mit Standards wie SNMP für die allgemeine Systemverwaltung, verknüpft ITI diese Komponenten zu einer umfassenden TP-Umgebung.

Transarc, mit Sitz in Pittsburgh (USA), arbeitet mit IBM, HP, Stratus, Sybase, Informix und JYACC zusammen an der Entwicklung und Integration einer Gruppe von Komponenten, einschließlich eines verteilten Transaktions-Services und eines RPC für Transaktionen. Die Technologie von Transarc ist noch kein Endanwenderprodukt. Die Firma Transarc ist der Meinung, daß ihre Technologie ohne Schwierigkeiten auf UNIX-Plattformen und auch auf andere proprietäre Plattformen portiert werden kann.

Während sich einerseits ein Großteil der Aufmerksamkeit auf TP-Monitore und OLTP-Umgebungen unter UNIX richtet, können andere Technologien Alternativen bieten, wenn traditionelle Anwendungen umstrukturiert oder neu entwickelt werden müssen. Diese Alternativen schließen 4GL-Sprachen, Werkzeuge von Anbietern Relationaler Datenbanksysteme und andere rechnergestützte Entwicklungswerkzeuge ein, welche die Migration von Datenbanken und Applikationen mit Hilfe von „Reverse Engineering" unterstützen. Reverse-Engineering-Werkzeuge lassen sich einsetzen, um die Migration von Anwendungen von proprietären Umgebungen auf UNIX zu unterstützen. Ein gutes Beispiel dafür ist Language Technologies Inc. (LTI), eine Firma, mit deren Produkten man COBOL-Quelltext auf eine höhere Abstraktionsebene konvertieren kann, von wo er dann automatisch neu strukturiert und wieder auf COBOL oder eine andere Sprache wie C zurück-konvertiert werden kann. Ähnliche Hilfsprogramme, mit denen man Datenbankstrukturen von einem System auf das andere abbilden kann, kommen jetzt in den Handel. Dadurch wird zumindest ein Teil der Schwierigkeiten vermindert, die bei der Migration von Anwendungen zwischen Datenbanken entstehen. Die Verfügbarkeit von solchen Programmen ist für Anwender wichtig, wenn sie auf eine relationale Datenbank übergehen möchten.

Da diese Hilfsprogramme vermehrt auf den Markt kommen, werden Entwickler zunehmend dazu übergehen, neue Architekturen zu entwikkeln, anstatt die Anwendungen einfach zu portieren.

Viele sind er Ansicht, daß Transaktions-Monitore und Datenbanktechnologie sich annähern werden, da verteiltes OLTP in der EDV der 90er Jahre einen Haupttrend darstellen wird.

5.9.6 Die TP-Umgebung auf UNIX – ein konzeptioneller Überblick

Abbildung 5.16 gibt Ihnen einen konzeptionellen Überblick über Softwareschichten, die eine verteilte, UNIX-basierte TP-Anwendung unterstützen.

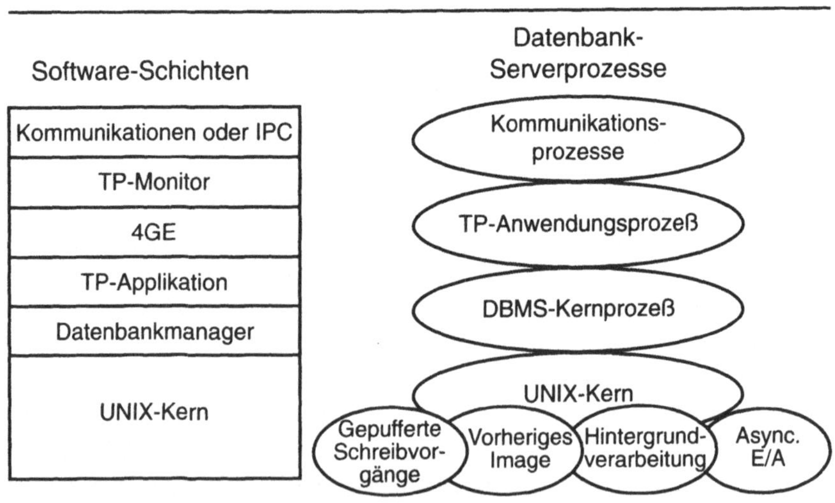

Abbildung 5.16 Transaktionsverarbeitung unter UNIX.
Diese Zeichnung zeigt, wie TP-Prozesse auf die Softwareschichten einer UNIX-Systemumgebung abgebildet werden.

Außer dem Betriebssystem werden die folgenden Untersysteme oft in TP-Anwendungen benötigt.

Datenbankmanager. Die Datenbank bietet die Umgebung, die die Datenbankverarbeitung für jede Transaktion benötigt. Der Datenbank-Server kann auch die Funktionalität bereit stellen, die für Backup-Sicherheit und Transaktions-Protokolle notwendig ist. Die Koppelung von Datenbankanforderungen an die Transaktionsintegrität von UNIX ist Datenbankentwicklern dadurch gelungen, daß sie Transaktions-Aufzeichnungs-Techniken entwickelt haben. Diese werden zusammen mit standardisierten UNIX-Dateisynchronisationsoperationen eingesetzt. Periodische Dateisynchronisierung überträgt die Transaktionen auf die Platte, so daß sie als übergeben registriert werden können.

Anwendung. Die Applikation stellt die Umgebung zur Verfügung, in der eine Transaktion ausgeführt wird. Sie leitet auch SQL-Abfragen an den Datenbank-Server weiter. Die Applikation ist von der Kommunikation und den Datenbankprozessen logisch getrennt, und kann auch physikalisch getrennt werden, wobei die Tendenz besteht, die Anwendungen objektorientiert zu entwickeln. Firmen wie ITI bieten Werkzeuge an, mit denen die Welt objektorientierter Anwendungen mit der Welt relationaler Datenbanken gekoppelt werden kann.

4GE/4GL. Sprachen der vierten Generation, die entweder von Datenbank- oder anderen unabhängigen Software-Anbietern offeriert werden, können den Entwicklungsaufwand für neue Anwendungen enorm senken. Beispiele sind Informix-4GL von Informix, iSCREEN von ITI, FOCUS von Information Builders Inc., Powerhouse von Cognos und ALLY von Ally Software Inc., um nur einige zu nennen. Hier zeichnet sich ein Trend ab, daß die angebotenen Hilfsprogramme mit Window-Systemen zusammenarbeiten.

Transaktions-Monitor (TM). Der TM befindet sich zwischen dem Anwendungsprogramm und dem Betriebssystem. Er befreit die Applikation von der Verwaltung, der Planung und der Prioritätsfestlegung von Transaktionsprozessen; dies kann die Unterstützung einer großen Anzahl von Zugriffsmethoden umfassen.
Der Einsatz eines TM's gibt Implementierern eine standardisierte Komponente, die sich anstelle einer proprietären TP-Lösung einsetzen läßt. TMs wurden entwickelt, um die Probleme verteilter DV lösen, die nicht vom zugrundeliegenden Betriebssystem, dem DBMS oder dem Netz ge-

löst werden können. Sie unterstützen speziell so genannte Multi-Threaded Prozesse (dies sind Prozesse mit parallellaufenden Programmkomponenten), Nachrichtenumleitung, Warteschlangen, Systemverwaltung und -wiederherstellung, aber auch in manchen Fällen Transaktionsabstraktionen (Zweiphasen-Commit). TM-Funktionen erscheinen allmählich in Datenbank- und Betriebssystemprodukten, und mit der Zeit könnten Transaktionsmonitore selbst immer unwichtiger werden.

Der Transaktions-Monitor ist das Schlüsselelement, das die Schnittstelle für die Teile einer verteilten Anwendungslösung bildet.

Kommunikationsunterstützung. Für LANs sind Ethernet und TCP/IP die Standards. Für WANs ist es heute X.25. Zusätzlich stellen Anbieter inzwischen Entwicklungswerkzeuge zur Verfügung, die mit dem TM zusammenarbeiten, um die Entwicklung von Applikationen zu erleichtern. Mit netzunabhängigen APIs kann man Server-Anwendungen entwickeln, die unterschiedliche Netzprotokolle unterstützen, ohne daß dazu die Logik der Applikation geändert werden muß.

5.9.7 Standards und OLTP

An der Standardisierung im Bereich der Transaktionsverarbeitung wird momentan verstärkt gearbeitet.

Die aktivsten Gremien sind hier X/Open, ANSI und OSI. Das X/Open-XTP-Komitee hat einen Standard namens XA erarbeitet. XA ist eine API, in der die Schnittstelle zwischen dem Transaktions-Monitor und der Datenbank definiert wird. Die Datenbank reicht eine Transaktionskennung an den Transaktions-Monitor, um Transaktionen zu starten, zu öffnen und rückgängig zu machen. Dies entspricht etwa der Funktionalität von DB2 und CICS von IBM.

Man kann davon ausgehen, daß die UNIX-International- und OSF-Anbieterkonsortien auch Standards in diesem Bereich vorschlagen werden. AT&T schlägt System/T vor, das XA-kompatibel ist und seit über sieben Jahren in der Produktion eingesetzt wird, besonders bei den regionalen Bell-Telephone-Betriebsgesellschaften. OSF arbeitet zusammen mit Transarc an zukünftigen Produkten.

SQL ist bei einer großen Anzahl von Anbietern der Standard und macht es möglich, Konzeptionen für Server-Requestor-Datenbankanwendungen zwischen verschiedenen Anbieterumgebungen zu mischen. Aber SQL ist kein einfacher Standard. Zum Beispiel gibt es aus dem Jahre 1986 einen Basisstandard namens ANSI-SQL, außerdem einen DB2-SQL-Standard und später breiter gefaßte Standards wie den ANSI-SQL-2-Standard. Der DB2-Standard hat Merkmale, die sich beim ANSI-Standard nicht finden lassen, und umgekehrt. Derzeit stützen sich SQL-Architekturen auf Gateway-Technologien, obwohl UNIX-Anbieter wie versessen daran arbeiten, einen umfassenden Interoperabilitätsstandard zu etablieren, der auf SQL-Standardformaten und -Protokollen beruht.

Das Standardkonsortium SQL Access Group, zu dessen Mitgliedern führende Datenbank- und UNIX-Systemanbieter gehören, beschäftigt sich mit dem Problem fehlender Transparenz bei verteilten Datenbanken[1]. Man hat vor, einen Standard-RPC zu erstellen, der die Notwendigkeit von mehreren Software-Schichten bei der Unterstützung von Datenbank-Gateways überflüssig machen wird.

Die wichtigste Feststellung bleibt wohl, daß endlich standardisierte Leistungstest, sogenannte Benchmarks, für die Transaktionsverarbeitung definiert werden. Die traditionellen TP-Benchmarks nennt man TP1 und „Debit-Credit"-Benchmark. Der TP1-Benchmark wurde oft mißbraucht, wahrscheinlich weil eine genaue Definition fehlte. Jeder Anbieter hatte seine eigene Vorstellung von Benchmark implementiert, wodurch es sehr schwierig wurde, Benchmark-Ergebnisse zu vergleichen.

Im August 1988 gründeten 35 große Computerfirmen und Software-Anbieter das Transaction Processing Council (TPC). Diese Gruppe hat eine Reihe von neuen Benchmarks entwickelt und mit Warenzeichen geschützt. Sie sind insgesamt gut dokumentiert und haben zum Ziel, verschiedene Aspekte der Anwendungen für die Datenbank- und Transaktionsverarbeitung zu berücksichtigen. Wenn ein Kunde das vom Anbieter angegebene Ergebnis erzielen möchte, hängt es weitgehend davon ab, wie gut der TPC-Benchmark-Test der Applikation des Kunden entspricht.

---

[1] Es ist nicht einfach, die Begriffe „verteilte Datenbank" und „verteilter Zugriff" auseinanderzuhalten. Verteilter Zugriff bedeutet, daß die Datenbank auf einem Server liegt. Anwendungen, die auf getrennten Servern ablaufen, haben Zugriff auf die Datenbanken. Nur eine Datenbank wird mit einer Transaktion modifiziert. Verteilter Zugriff wird mit Hilfe von Netzwerk-Transparenz möglich gemacht, was bedeutet, daß der Zugriff auf die Daten den Client-Anwendungen, die auf dem gleichen Netz laufen, transparent ist. Eine Verteilte Datenbank impliziert, daß die Datenbank auf mehr als einem Server liegt. Änderungen von mehreren Datenbanken finden innerhalb einer einzigen Transaktion statt. Ebenso findet der Zugriff auf eine Verteilte Datenbank in einer einzigen Transaktion statt. Die Verteilung der Daten wird durch Standorttransparenz der Datenbank und den Einsatz von Gateways erzielt und setzt voraus, daß die Datenbank ein Zwei-Phasen-Commit unterstützt.

Abgesehen von den Benchmark-Ergebnissen, muß der Anbieter einen vollständigen Bericht über die Implementierungsdetails erstellen.

Die TPC-Benchmarks sind im Vergleich zu früheren Praktiken ein deutlicher Gewinn. Sie sollten allerdings nicht als Ersatz für spezifische Benchmarks für die Kundenanwendungen eingesetzt werden, wenn Entscheidungen über kritische Kapazitäten und/oder Produktbewertung notwendig sind.

Der TPC-A-Benchmark formalisiert und aktualisiert den „Debit-Credit"-Benchmark. Dieser ist ein Full-System-Benchmark, der Konnektivität und Durchsatz testet. Der TPC-B-Benchmark formalisiert und aktualisiert den TP1-Benchmark. Andere Benchmarks werden zur Zeit entwickelt, einschließlich TPC-C für Auftragseingabe und TPC-D für Managementinformationssysteme.

5.9.8 Der Trend zu kleinen und verteilten Systemen

„Downsizing" bedeutet die Implementierung neuer Anwendungen auf kleineren Systemplattformen, die etwa in Projektgruppen oder Abteilungen lokalisiert sind, statt z.B. im Rechenzentrum eines großen Unternehmens. Downsizing reduziert die Rechnerkosten für große Systeme, gibt vor Ort eine größere Kontrolle über abteilungsspezifische Anwendungen, verringert die Kommunikationskosten und kann ein höheres Niveau der Systemverfügbarkeit erreichen, sogar wenn ein WAN oder ein zentraler Host ausfällt. Verteilte DV ist eng mit dem Begriff des Downsizing gekoppelt.

Die verteilte Datenverarbeitung, auch kooperative Verarbeitung und Client/Server-EDV genannt, impliziert die funktionale Verteilung von OLTP in einer vernetzten Rechnerumgebung. Dieser Trend existiert, weil allgemein ein Bedarf besteht an verbesserten Benutzeroberflächen, die Grafiken und Bilder integrieren, an Zugriff auf Desktop-Anwendungen, an lokaler Hilfe und anderen Möglichkeiten für das lokale Editieren und die Datenprüfung.

In dem Maß, in dem die vernetzte EDV die Migration weg von zentralisierten Systemen und hin zu kleineren, vernetzten Prozessoren vorantreibt, werden wir den zunehmenden Einsatz von UNIX-Front-End-Workstations erleben, bei denen mehrere Windows und grafische Bildschirme über das Netz mit Back-End-Prozessoren verbunden sind. Deren Aufgabe ist das Aktualisieren von Dateien, die Datensicherung und die Datenverwaltung. UNIX ist ein ideales Betriebssystem für solche Anwendungen, da es heterogene Systemplattformen integrieren kann.

Manche OLTP-Anwendungen sind hochspezialisiert, wobei sie verschiedenen, miteinander im Konflikt stehenden Anforderungen genügen müssen, wie Realzeitverarbeitung, Verläßlichkeit, Sicherheit und ähnliches. Meistens setzen diese verteilten Systeme weiterhin bereits bestehende Hardware (die oft technisch veraltet ist) ein, weil diese irgendeine Schlüsselanwendung oder Lösungskomponente unterstützt, die sich nicht problemlos auf eine neuere UNIX-Plattform umstellen läßt. In solchen Fällen ist es wichtig, Möglichkeiten zu haben, die Koexistenzfähigkeit und die Interaktion mit bestehenden Systemen zu testen. Folglich müssen TP-Lösungen so konzipiert sein, daß sie eine schrittweise, kontinuierliche Umrüstung unterstützen, anstatt einen periodisch stattfindenden Totalaustausch. Kommerzielle Probleme äußerst komplexer Natur werden bald von neuen, offenen Verarbeitungsumgebungen gelöst, die auf einer Client/Server-Architektur basieren.

Die Client/Server-Architektur bietet die Vorteile von Interoperabilität zwischen verschiedenen Maschinen, verbessertem Datenzugriff und erweiterter Netzleistung. Mit einer Client/Server-Architektur kann man Systeme auch skalieren, so daß erforderliche Leistungssteigerungen in kleinen Schritten möglich sind. Software-Komponenten sind modularisiert und verteilt.

In einem Client/Server-Modell wird extensiv von der lokalen Intelligenz des Arbeitsplatzrechners Gebrauch gemacht. Das intelligente Workstation-Front-End stellt nicht nur die grafische Benutzeroberfläche zur Verfügung, sondern sie entlastet auch die Back-End-Serverprozesse von Kommunikationsaufgaben. Die Client/Server-Architektur wird durch eine mehrschichtige Systemumgebung aufgebaut, wie in Abbildung 5.17 dargestellt. Die Datenbank ist in dieser Umgebung eine kritische Komponente.

Client/Server-Datenbanken unterstützen verteilten Zugriff und erlauben, die Rechenleistung zu verteilen. Diese Verteilung der Rechenleistung ist ein Schlüsselfaktor für OLTP. Sybase und INGRES erreichen dies durch den Mechanismus gespeicherter Prozeduren, welche die Desktop-Benutzeroberfläche mit der Logik auf dem Server kombinieren. Datenbanken werden zunehmend mit TP-Monitoren wie Tuxedo integriert und erhalten so erweiterte Konfigurierbarkeit und Interoperabilität.

Bei Bildschirmarbeitsplätzen, elektronischen Kassen oder anderen Geräten, die man als intelligente Clients bezeichnen kann, können Front-End-Prozessoren als Kommunikations-Server eingesetzt werden. Sie führen die Transaktion aus und geben das Ergebnisse an das Eingabegerät zurück.

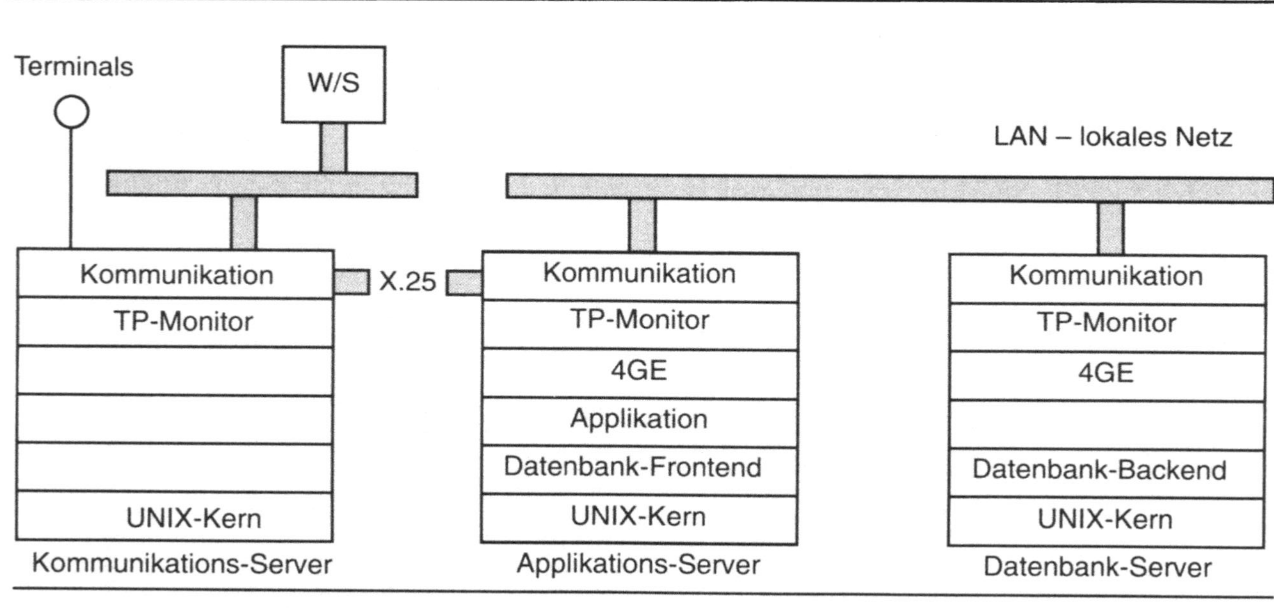

Abbildung 5.17   Transaktionsverarbeitung auf UNIX.
TP-Monitore werden bei der Integration der verteilten Transaktionsverarbeitungsumgebung eingesetzt.

Der Vorteil von mehreren Servern für verschiedene Anwendungen liegt in der Möglichkeit, die Verarbeitungsressourcen in kleinen Schritten zu erweitern, ohne neue große Back-End-Datenbank-Server hinzufügen zu müssen.

Transaktions-Monitore können mit dem Kommunikations-Server und den Back-End-Servern integriert werden, damit eine transparente Umleitung der Anfragen (Requests) effizient bearbeitet werden kann. Die Front-End-Prozessoren können so angepaßt werden, daß eine entsprechende Anzahl von Client-Prozessoren unterstützt und die mit Transaktionsumleitungen verbundene Last am entsprechenden Anwendungs-Server im Netz abgearbeitet wird.

Die Kommunikations- und Applikationsprozesse können beide auf einer intelligenten Workstation-Front-End-Plattform liegen. Prozesse, die auf einer Multitasking-Workstation laufen, können auch die Benutzeranwendung (Client-seitig), einen Reportgenerator, einen Anwendungsgenerator, ein Abfragewerkzeug, elektronische Post und auch Unterstützung für eine 3270- oder eine andere Terminal-Emulation umfassen.

5.9.9 OLTP und Managementinformationssysteme (MIS)

Managementinformationssysteme sind nur eine von vielen Datenbankanwendungen (neben Buchhaltung, Fertigung, Verkauf, Lagerverwaltung, Kassenterminals und Kundendienst).

Werkzeuge für MIS-Systeme kommen zum Einsatz, wenn Daten angeordnet, analysiert und extrahiert und wenn Entscheidungen getroffen oder Aktionen bestätigt werden müssen. Man nennt diese Systeme auch „Decision Support Systems", d.h. „Systeme zur Entscheidungsunterstützung". Sie werden in der statistischen Analyse eingesetzt, bei Informationssystemen für Entscheidungsträger und bei vielen anderen Anwendungsarten. Hilfsprogramme für die Entscheidungsvorbereitung sind unter anderem Reportgeneratoren, Programme, bei denen der (End-) Benutzer einfache Anfragen formulieren kann (und das Programm ihm dabei die Umwandlung in eine entsprechende SQL-Anfrage durchführt) oder Maskengeneratoren.

Während OLTP-Anwendungen „aktualisierungs-intensiv" sind, verlangen Anwendungen für die Entscheidungsvorbereitung viele Dateizugriffe und sind damit „lese-intensiv". Die meisten Anwendungen für die Entscheidungsvorbereitung arbeiten derzeit mit Datenbankextrakten (d.h. mit bereits reduzierten Auszügen aus einer größeren Datenbank), um Leistung und Datenintegrität zu gewährleisten. Diese Auszüge und mehrfache Kopien spiegeln möglicherweise nicht den tatsächlichen Stand der Datenbank wider, was wiederum Probleme aufwerfen kann, wenn man versucht, Transaktionen auf der Kopie der Datenbank durchzuführen, anstatt die Datenbank „live" oder Online anzusprechen. Mit einem Zwei-Phasen-Commit und replizierten Daten können die Datenbankaktualisierungen in Warteschlangen eingereiht werden. Zusammen mit Netzkonfigurationen werden diese technologischen Fortschritte die Möglichkeit einer strafferen Integration der OLTP und MIS-Anwendungen schaffen.

5.10 Ein Blick in die Zukunft

Wir glauben, daß die Industrie gerade in ein neues Entwicklungsstadium eintritt. Ebenso wie die 70er Jahre den Untergang des Großrechners bei vielen Anwendungen brachten, wird man in den 90er Jahren den Untergang von Systemen im mittleren Leistungsbereich erleben (oder zumindest eine dramatische Konsolidierung im Markt). Der Trend zu Projektgruppen-bezogener EDV und zur Vernetzung dieser Gruppen wird sich verstärken.

Anwender haben die Vorteile hochentwickelter graphischer Benutzeroberflächen in Applikationen erlebt und fangen jetzt an, Ansprüche zu stellen. Windowsysteme waren früher nur bei bei CAD oder kommerzieller Grafik-Software anzutreffen, sind heute jedoch eine Technologie, die bei jeder denkbaren Anwendungssoftware eingesetzt wird.

Daß Rechner in Zukunft immer schneller werden, liegt auf der Hand. Was ist die Konsequenz? Die Folge wird sein, daß fast alles interaktiv ablaufen wird, auch die Aufgaben, die bisher im Batch-Betrieb erledigt wurden. Die Anwenderschnittstellen werden anspruchsvoller werden, mit Ton, Videoclips und hochauflösenden Farb- und Schwarz/Weiß-Ausgaben. Wir werden sehr schnelle Netze für den Informationstransport haben. Das Netz selbst wird nicht mehr hierarchisch aufgebaut sein. Der Zugriff auf ein System, das sich auf der anderen Seite der Erdkugel befindet, wird nicht schwieriger sein, als der Zugriff auf ein System im Büro nebenan. Interaktive Arbeit wird nicht nur auf Arbeitsplatzrechnern stattfinden, sondern mit einem höheren Grad an Mobilität wie beim Autotelefon. Server werden die Datenbanken verwalten und alle Dienste auf dem Netz unterstützen.

Allgemein besteht die Auffassung, daß Netze die Technologie der Zukunft sein werden. Wenn man in Zukunft gute Lösungen entwerfen will, wird man offene, erweiterbare Netzarchitekturen brauchen. Netzstandards werden sich mit Sicherheit verändern. Es ist dabei wichtig, daß neue Technologien schon Bestehendes nicht zerstören und gleichzeitig Innovativem den Weg ebnen. Die Technik Verteilter Systeme ist nicht statisch, sie hat sich über eine lange Zeitspanne entwickelt. Ein wichtiges Kriterium der offenen, verteilten DV-Architektur ist die Fähigkeit, innerhalb von international anerkannten Standards zu funktionieren, und zwar schon in der Aufbauphase. Dabei dürfen die Entwickler, die Erfinder und die Anwender nicht in ihrer Bewegungsfreiheit beeinträchtigt werden.

Ein Zitat aus einem Artikel, der im Juni 1990 in *UNIX today* erschien:

... Ritchie erinnerte das Publikum daran, daß Steve Jobs ein paar Jahre vorher auf dem Podium gestanden und angekündigt hatte, daß X am Duhinsiechen sei und bald sterben würde. „Er hatte zur Hälfte recht", sagte Ritchie. „Manchmal, wenn man ein Vakuum füllt, saugt es weiterhin an."

Das Gebiet der Window- und Grafiksysteme ist ziemlich komplex, und für Entwickler stellen sie insofern ein ernstzunehmendes Problem dar, als es keine Standards gibt. X-Windows ist bei weitem nicht perfekt, und für Fortschritte und Innovationen ist noch Platz genug. Das Schlachtfeld der Zukunft werden Anwendungen sein. Es wird sich das Windowsystem durchsetzen, das die meisten und konsistentesten Anwendungen bietet. Es besteht kein Zweifel, daß es nicht nur *ein* Windowsystem geben wird, ebensowenig wie es nicht nur *ein* UNIX-System geben wird. In den nächsten Jahren wird Raum für Innovationen bleiben, die innerhalb des Rahmens, der durch Standards abgesteckt wird, ihren Platz finden werden.

Es läßt sich darüber streiten, wie schnell der Markt sich entwickelt. Wenn Sie sich einmal anschauen, was die Experten Mitte der 80er Jahre über den PC-Markt von sich gaben, stellen Sie fest, daß man damals der Meinung war, daß dieser bis Anfang der 90er Jahre einen Umfang von etlichen Milliarden Dollar haben werde.

6 Standards und die UNIX-Industrie

Im Alltag begegnen wir einer sehr großen Zahl von Standards. Es gibt zum Beispiel Emissionsstandards für Autos, bei Atomkraftwerken Richtwerte für die Strahlung (VDE, PTB, DHHS und VCCI), es gibt Standards für die Sicherheit (UL, CSA, TÜV) und ergonomische Standards (DIN und VDE). Aus historischer Perspektive haben Standards für Münzen, Ersatzteile, Eisenbahnlinien und jetzt Computersysteme die Globalisierung und eine allgemeine Akzeptanz von neuen Technologien vorangetrieben.

Aber warum sind Standards in der EDV notwendig?

Haben nicht das „Survival of the fittest" und eine natürliche Auswahl seit Jahren in der Computerindustrie den Gang der Dinge beeinflußt, ohne daß es Standards gab? Was steht auf dem Spiel, wenn man einem Standard zustimmt oder nicht? Worin besteht der Unterschied für Anbieter und Anwender? Warum sind Standards für einen in einer Organisation tätigen Manager wichtig, wenn er UNIX implementieren will? In diesem Kapitel werden wir diese und ähnliche Fragen beantworten.

EDV-Standards sollen gewährleisten, daß ein Gerät oder eine Software mit einer Schnittstelle, einem anderen Gerät oder einer anderen Software zusammenarbeiten kann, und zwar auf Grund der Übereinstimmung der Schnittstellen. Der Standard definiert diese Schnittstelle – aber er spezifiziert nicht genau, wie der Gerätetreiber oder die Software geschrieben werden soll.

Durch Standards können Systemanbieter Entwicklungen vermeiden, die technologisch schnell veralten. Sie können sich auf standardkonforme Produkte verlassen, anstatt alles selbst zu entwicklen; dadurch können die Entwicklungskosten reduziert werden.

Standards erweitern die Portierbarkeit, aber sie gewährleisten sie nicht. Auch für Anwender stellen Standards einen Schutz gegen technologisches Veralten dar. Sie versprechen insbesondere größere Flexibilität und vermindern die Abhängigkeit von Produkten eines einzelnen Anbieters.

Wenn es also Standards geben soll, wer sind dann die Hüter dieser Standards? Wer werden diejenigen sein, die die Sache ins Rollen bringen und sie auch vorantreiben? Wessen Interessen stehen hier eigentlich auf dem Spiel?

Standards werden ins Leben gerufen, weil ein Konsens besteht über ein bestimmtes Vorgehen. Anbieter sind der Meinung, daß Standards die Menschen vereinen, und daß sie zur Folge haben, daß gemeinsame Entwicklungen zustande kommen. Wird ein Standard von Kunden gefordert, müssen sich die Anbieter wohl oder übel fügen.

Was ist ausschlaggebend dafür, daß eine Industriestandard-Schnittstelle zum allgemeinen Standard wird? Die wachsende Beliebtheit von UNIX seit Mitte der 80er Jahre – das erste Multi-Anbieter-Betriebssystem für Mikrocomputer – öffnete Standardschnittstellen Tür und Tor, im Gegensatz zu zuvor dominierenden proprietären Schnittstellen einzelner Anbieter.

Eine Standardschnittstelle ist per Definition die vorherrschend implementierte und aktiv eingesetzte Schnittstelle auf in großen Mengen ausgelieferten Produkten. In der UNIX-Industrie sind eine Reihe von Mechanismen dafür verantwortlich, daß eine bestimmte Schnittstelle allmählich dominiert:

* Frühe Verfügbarkeit der Schnittstelle auf Produkten, die in großen Stückzahlen zur Auslieferung kommen.
* Die Unterstützung durch ein Industriekonsortium oder eine spezielle Schnittstelle oder ein Produkt, das die Schnittstelle enthält.
* Die breitangelegte Lizenzierung der Implementierung der Schnittstelle.
* Die Festlegung der Schnittstelle von offiziellen Standardorganisationen, wie zum Beispiel IEEE (POSIX), FIPS (Federal Industry Purchasing Requirements), ISO oder DIN.
* Presseerklärungen von Anbietern, die zum Inhalt haben, daß die Schnittstelle unterstützt wird.

6.1 Die UNIX-Entwicklung und ihre Standards

Aus der Geschichte wissen wir, daß UNIX bei Bell Telephone Laboratories entwickelt und gehegt und gepflegt wurde. Anfänglich kreierte eine Gruppe von Softwareentwicklern UNIX, nur um ihren eigenen Bedürfnissen nachzukommen bzw. denen einer kleinen Gruppe von Bell-Angestellten. Bei Bell fand es schließlich weithin Anwendung, aber auch an einer Reihe von Universitäten. AT&T und DARPA (über die University of California in Berkeley) haben UNIX durch mehrere Phasen hindurch entwickelt. Das Interesse für und die Anwendung von UNIX nahmen zu, und einige Firmen fingen an, UNIX bei sich anzupassen und für ihre eigenen Bedürfnisse zurechtzuzimmern. In vielen frühen kommerziellen UNIX-Anwendungen boten Anbieter ihren Kunden eine Lösung an, wobei die Tatsache, daß sie auf UNIX basiert, den Kunden im Grunde egal war, solange ihr Produkt das tat, was es tun sollte. Eine Vielfalt von UNIX-Varianten war die Folge, von den Klonen ganz zu schweigen.

Eine gemeinnützige Organisation namens UniForum (früher /usr/ group) wurde ins Leben gerufen, um Informationen über UNIX an die Öffentlichkeit zu bringen und um sicherzustellen, daß weitere Fortschritte bei UNIX erzielt werden. Innerhalb von /usr/group formierte sich eine Kerngruppe, die zum Ziel hatte, eine Standarddefinition der UNIX-Schnittstelle zu erarbeiten. Sie war besorgt über die Vielzahl von Varianten, die das Ziel der Interoperabilität von UNIX-Anwendungen erschwerten.

Während AT&T das Besitzrecht an UNIX hatte, wollte UniForum sicherstellen, an der UNIX-Entwicklung und der Definition der UNIX-Standardschnittstellen mitwirken zu können. Eine Reihe von speziellen Komitees wurde gegründet, um technische Aspekte bei der UNIX-Implementierung anzugehen. Dadurch sollte gewährleistet werden, daß UNIX weiterhin auf dem neuesten Stand der Technik blieb, nur sollten die Verhältnisse etwas geordneter sein.

AT&T versuchte abermals, den UNIX-Standard auf der Grundlage von Version III an den Mann zu bringen. Aber als profitorientierter Systemanbieter unterlag AT&T überhaupt keiner Verpflichtung, die Vorschläge von /usr/group oder wem auch immer zu implementieren. Die /usr/group wandte sich an IEEE und unterbreitete ihre UNIX-Spezifikation, die die Formierung von POSIX zur Folge hatte, einer Interessengemeinschaft innerhalb von IEEE.

Obwohl UNIX als De-Facto-Standard bezeichnet wurde, gab es (und gibt es) eine Reihe von Varianten. Wie konnte UNIX ein Standard sein, wenn es so viele Versionen gab? Die Antwort liegt auf der Hand. Die Eigenschaft, die diesen Varianten gemeinsam war, waren die UNIX-System-Releases und die Schnittstellendefinitionen von AT&T.

Die Lizenzpraktiken von AT&T, die sich bisher von Release zu Release unterschieden, legen fest, daß eine bestimmte UNIX-Variante dann mit der System-V-Schnittstellendefinition von AT&T konform ist, wenn sie den Übereinstimmungstest SVVS (System-V-Verifikationstestreihe) bestehen kann. Auch diese Testreihe ist nicht bei jedem AT&T-Release gleich. Vor dem System V Release 2 konnte jede Variante lizenziert werden, ohne diesen Test bestanden zu haben. Ab Release 3 straffte AT&T seine Lizenzanforderungen und verlangte einen Konformitätstest.

Als AT&T die System-V-Spezifikationen freigab, war man an der Universität Berkeley dabei, das BSD-UNIX weiter zu entwickeln.

Obwohl UNIX nicht immer als Standard galt, hatte es sich bis 1985 so weit etabliert, daß eine Standardisierung für sein Wachstumspotential ausschlaggebend wurde. Billy Joy war 1985 der Hauptsprecher bei UniForum und kündigte in seiner Rede an, daß die verschiedenen UNIX-Varianten vereinheitlicht werden müßten, um zusammen einen einzigen Standard zu bilden. Die Firma Sun Microsystems, Bill Joys Arbeitgeber, arbeitete aktiv mit AT&T und Microsoft zusammen, um dieses Ziel zu erreichen.

IEEE und X/Open, beides gemeinnützige Gruppen, deren Zweck eine Etablierung von Standards ist, entwickelten sich relativ unabhängig voneinander und haben jeweils ihr eigenes Spektrum. Beide bauen allerdings in erster Linie auf der UNIX-System-V-Schnittstellendefinition (SVID) von AT&T auf. X/Open hat Schnittstellendefinitionen publiziert, die umfassender sind, da sie die gesamte Anwendungsumgebung miteinbeziehen, während IEEE mittels POSIX das Augenmerk viel straffer auf die UNIX-Systemschnittstellendefinition gerichtet hat (die siebenbändige Ausgabe von XPG3).

UNIX muß weiter entwickelt werden, weiter wachsen, besser angepaßt und sogar spezialisiert werden, um mit einer Welt von proprietären Betriebssystemen zu konkurrieren. Welche Auswirkungen werden Standards auf die Kreativität haben? Die Antwort ist, daß Normungsgremien sich auf viele neue Bereiche oder Erweiterungen konzentrieren, die miteinbezogen werden müssen, um UNIX zu fördern. In diesen Organisationen, die sich zusammengetan haben, um Standards zu propagieren, sitzen sowohl Anbieter als auch Anwender. Sie wollen nicht nur neue Funktionen und Möglichkeiten unter UNIX entwickeln, sondern auch die Auswirkungen beeinflussen können, die solche Veränderungen auf die installierte Kundenbasis haben werden.

Klassifizierung von Standards

De-Facto-Standards. Unter einem De-Facto-Standard versteht man einen Standard, der nicht von einem Normungsgremium verabschiedet, sondern der sich auf Grund seiner allgemeiner Marktakzeptanz oder der Zahl der eingesetzten Systeme etabliert hat. Die Übereinstimmung mit dem Standard wird durch Technologie, Quelltextlizenzierung und Marktdruck erreicht. (Dieser Druck entsteht oft auf Grund der Kundennachfrage). Beispiele für solche Standards sind NFS von Sun, X-Windows, MS-DOS und UNIX SVID.

Offizielle Standards. Es gibt zwei Arten von offiziellen Standards – nationale und internationale Standards. Definiert werden sie von offiziell anerkannten, nationalen oder internationalen Gremien, die Standards für verschiedene Bereiche festlegen. Diese Standards unterliegen normalerweise einem Zertifizierungsprozeß und/oder haben eine interne Organisation, die die Übereinstimmung überwacht.

Offizielle Standards sind konsensabhängig. Beispiele hierfür sind POSIX-IEEE, ANSI, ISO, ECMA, DIN und viele mehr.

Industriestandards. Diese werden von Konsortien gesetzt, die sich normalerweise aus industriellen Gruppen zusammensetzen und werden durch eine technische Quelltextlizenzierung und/oder einen Zertifizierungsprozeß überwacht. Beispiele: X/Open, SVID von AT&T und OSF. Industriestandards werden von Konsortien forciert.

Amtliche Standards und Vorschriften (De-Jure-Standard). Diese Standards sind amtlich und gelten für Regierungsbehörden, wenn man mit ihnen Geschäfte machen will. Bei Regierungsaufträgen müssen die Produkte mit speziellen Standards konform sein, wenn sie überhaupt in Erwägung gezogen werden sollen. Amerikanische Regierungsbehörden nehmen oft auch andere offizielle Standards an, wie zum Beispiel MIL-STDS (Militärbezogene Standards) und FIPS (amerikanische Standards für die Informationsverarbeitung). In Deutschland wäre der „Nationale Kriterienkatalog für Sicherheitsrelevante Systeme" ein solcher Standard für Systeme mit erhöhten Sicherheitsanforderungen.

Wieviele „Standards" gibt es? Es gibt weitere Normungsgremien, wie zum Beispiel ISO, NIST (früher NBS), IEEE, X/Open, DIN, ECMA und CCITT. Den typischen Computeranwender mag dies verwirren. Mit Ausnahme von sehr großen Unternehmen wollen diese Normungsgremien auf der Angebotsseite des UNIX-Marktes Standards forcieren und sind deshalb in erster Linie für die Systemanbieter von Interesse. Zukünftig wird allerdings die Benutzergemeinde sich gründlicher mit EDV-Standards auseinandersetzen müssen, wenn sie aus ihnen einen Nutzen ziehen möchte. Bevor wir die Standards erläutern, die für den UNIX-Anwender relevant sind, möchten wir den Urahnen beschreiben. Dieser

Urahn ist System V von AT&T und wurde von Scott McNealy, einem Angestellten von Sun Microsystems, im Jahre 1988 in einem in der Zeitschrift *MicroTimes* erscheinenden Artikel als die „Coca-Cola®-Classic von UNIX" bezeichnet.

UNIX System V von AT&T – „Coca-Cola®-Classic von UNIX". Faustregel: Verwechseln Sie den Standard nicht mit dem Produkt. AT&T hat ein Produkt namens UNIX System V in seiner Produktpalette. Andere Systemanbieter können mit System V konform sein, ohne das AT&T-Produkt überhaupt einzusetzen. Sie müssen sich vielmehr an die Lizenzbedingungen von AT&T und an die System-V-Schnittstellendefinition halten.

Und woraus besteht die System-V-Schnittstellendefinition von AT&T?

Die SVID-Version 3 (SVR3) ist eine publizierte Spezifikation, die sich wie folgt zusammensetzt:

- Basissystem
- Kernerweiterung
- Basishilfsprogramme
- Fortgeschrittene Hilfsprogramme
- Erweiterung zur Systemverwaltung
- Erweiterung für Software-Entwicklung
- Terminal-Schnittstellenerweiterung
- Netzwerkfunktionen

Will man mit System V kompatibel sein, so muß dies für alle Systemaufrufe auf Basisebene und elementare Bibliotheksroutinen gelten, ebenso für die Benutzerkommandos und Basis-Dienstprogramme, für die wichtigsten System-V-Eigenschaften, wie beispielsweise Streams, den tty-Treiber von System V (Terminal-Treiber) und für andere wesentliche Funktionen und Erweiterungen wie Shared Memory, Semaphoren, Messages und Named Pipes. Für einen Laien würde man letztere Aufzählung wie folgt ausdrücken: Die SVID definiert die Syntax von UNIX-Befehlen und -Hilfsprogrammen, aber auch die Softwareschnittstellen, die vom Betriebssystem zur Verfügung gestellt werden.

Die API ist der „heilige Gral" von UNIX. In seinen Anfangsstadien wurde UNIX meistens als Quelltext ausgeliefert, und der Anwender übersetzte (kompilierte) und „linkte" (verband) das Betriebssystem und die Programme. Der Betriebssystem-Quellcode ist immer noch eine UNIX-Tradition, obwohl er zum gegenwärtigen Zeitpunkt nicht mehr so häufig benötigt wird. Grund dafür sind die APIs und die ABIs (Application Programming Interfaces, Application Binary Interfaces – Programmierschnittstellen für Anwendungsprogramme, Binärschnittstellen für Anwendungsprogramme). Kommerzielle Software andererseits ist meistens in Form von Maschinencodeprogrammen erhältlich. Software, die in Maschinencodeform ausgeliefert wird, funktioniert in der Regel nur mit einem Anbieter oder einer Architektur. Software, die ABI-konform ist, funktioniert für jeden Anbieter, der die ABI unterstützt, die oftmals wiederum architekturabhängig ist.

Eine API ermöglicht Softwareanbietern, portablen (Quell-) Code zu erstellen, und Anwendern, eine Anbieterbindung zu vermeiden. POSIX, SVID und X/Open sind konvergierende Versuche einer API-Definition. Während die Implementierung von ABIs schwierig ist, muß Software, die sich an APIs hält, nur neu kompiliert werden, um auf verschiedenen Architekturen zu laufen.

Die ABI ist ein Vertrag: Der Systemanbieter verpflichtet sich, ABI-konforme Software einzusetzen, und der Softwareentwickler verpflichtet sich, Anwendungen zu schreiben, die auf jeder ABI-Plattform laufen. Die ABI ist ein Dokument, das umfassend die Schnittstelle zwischen den Anwendungen und dem Betriebssystem auf der Binärebene definiert.

Definition und Unterstützung einer ABI sind die Faktoren, die „Shrink-Wrapped-Software" überhaupt erst ermöglichen. In einer Industrieumgebung, die auf Grund der vielen Mitbewerber ständig Veränderungen ausgesetzt ist, wird es lebensnotwendig, Mittel zur Verfügung zu stellen, mit denen Software länger lebensfähig bleibt. Die ABI stellt dem Softwareanbieter über vielfältige Plattformen und Hardwareanbieter hinweg Zugriffsmöglichkeiten auf die wachsende Software-Basis zur Verfügung.

Die ABI definiert nicht nur die Betriebssystemschnittstelle. Sie beschreibt auch die minimale Laufzeitumgebung, auf die sich die Anwendung beziehen kann, einschließlich der Programme und Bibliotheken, die garantiert vorhanden sind. Eine ABI legt somit folgendes fest:

- Standarddatenformat für Software (in welchem Format wird das Programm geliefert?).
- Installations- und Konfigurationsverfahren.
- Die Konventionen für das Format und die Organisation von Dateien.
- Aufrufkonventionen und Bibliotheken und Bibliotheksformate.

6.2 POSIX

POSIX ist die Abkürzung: für „Portable Operating System Interface for Computing Environments", d.h. für eine „Portierbare Betriebssystemschnittstelle für DV-Umgebungen". POSIX ist ein Schnittstellenstandard auf Programmierebene für portierbare Betriebssysteme, geschaffen von verschiedenen Komitees, die unter der Schirmherrschaft der IEEE operieren. POSIX wurde 1981 von einem technischen Komitee des /usr/ group-Standardgremiums gegründet.

POSIX bezieht sich insgesamt auf eine Reihe von Standardspezifikationen. Bei Drucklegung dieses Buches war die einzige *anerkannte* Spezifikation POSIX 1003.1, die die Systemaufrufschnittstelle des Betriebssystems zum Inhalt hat. POSIX 1003.1 wurde erst vor kurzem von IEEE als voll einsatzfähiger Standard angenommen. Amerikanische Regierungsbehörden verlangen inzwischen in fast allen ihren DV-Ausschreibungen die Einhaltung der POSIX-Norm. POSIX 1003.1, Entwurf Nr. 13, wurde 1988 von der IEEE erarbeitet. Dieser Standard wurde vom amerikanischen Institut für Standards und Technologie (NIST) als FIPS (Federal Information Processing Standard) oder FIPS-151-1 angenommen. Ebenso wurde er vom American National Standards Institute (ANSI – dem amerikanischen Institut für Standards) übernommen, und bei Drucklegung dieses Buches stand seine Annahme bei ISO, der International Standards Organisation, unmittelbar bevor.

Dem POSIX-1003.1-Standard haben sich eine Reihe von Anwendergruppen, Systemanbietern und großen Unternehmen angeschlossen, zum Beispiel:

AT&T: SVR4 ist konform zu POSIX 1003.1

UC Berkeley: Das nächste BSD-Release wird zu POSIX-1003.1
                 konform sein.

Sun: SunOS 4.1 ist POSIX-1003.1-konform.

OSF: Ebene-0-Spezifikation beinhaltet unter anderem
                 POSIX-1003.1-Konformität.

DEC: ULTRIX ist seit 1989 POSIX-1003.1-konform.

IBM: AIX wird laut IBM zukünftig zu POSIX 1003.1
                 konform sein.

Während bis Ende 1991 nur POSIX 1003.1 als Norm verabschiedet war, arbeiten eine ganze Zahl weiterer Gruppen an zusätzlichen Normierungen:

P1003.0 – POSIX-Projektgruppe: die allgemeine Projektgruppe, die von NIST geleitet wird
P1003.1 – Betriebssystemschnittstelle: Standardisierung von Betriebssystemaufrufen für die Sprache C
P1003.2 – Shells und Basis-Dienstprogramme
P1003.3 – Verifikationsmethoden
P1003.4 – Realzeiterweiterungen und deren Schnittstellen
P1003.5 – Wie P1003.1, jedoch für die Sprache Ada
P1003.6 – Systemsicherheit und Systemerweiterungen
P1003.7 – Systemverwaltung
P1003.8 – Netzwerkfunktionen
P1003.9 – Wie P1003.1, jedoch für die Sprache FORTRAN
P1003.10 – Supercomputer-DV
P1003.11 – Transaktionsverarbeitung
P1003.12 – Protokollunabhängige Schnittstellen
P1003.13 – Namens- und Katalog-Dienste
P1003.14 – Echtzeit-Profile
P1003.16 – Mehrprozessor-Verarbeitung
P1003.17 – Supercomputer-Profile

Kritiker behaupten, daß POSIX möglicherweise als Konsens-Standard von Vorteil sei, daß aber P1003.1 im besonderen einfach zu mager und zu verwässert sei. Und in der Tat können proprietäre Betriebssysteme POSIX-konform sein. Wie der Name „Konsensstandard" schon besagt, dauert es lange, bis diese Standards zustande kommen, da die Interessen aller Beteiligten berücksichtigt und letztendlich Übereinstimmung erzielt werden muß. Es kann Jahre dauern, bis POSIX-Erweiterungen, wie zum Beispiel Shells, Tool-Spezifikationen und Echtzeiterweiterungen, definiert und verabschiedet sind. Der bisher verabschiedete POSIX-Standard P1003.1 deckt viele Dienstprogramme und Anwendungen nicht ab, wie beispielsweise Hilfsprogramme für die Systemverwaltung und bestimmte Schnittstellen. Die Normungsgremien und die Benutzergemeinde werden ohne Zweifel unterschiedlicher Ansicht darüber sein, ob diese Hilfsprogramme wichtig sind, um Anwendungen über Rechner verschiedener Anbieter hinweg zu erhalten. Aber solange Anbieter ein persönliches Interesse an ihren eigenen proprietären Hilfsprogrammen oder Erweiterungen haben, wird diese Diskussion nicht aufhören und den Standard (bzw. die an diesen Standards arbeitenden Gremien) daran hindern, sich neuer Bereiche anzunehmen.

POSIX ist für jene Systemprogrammierer zunehmend wichtig, die ihre Software auf Spezifikationen ausrichten möchten, die die Quellcode-Kompatibilität sichern, so daß die Software ohne Veränderungen auf einer möglichst breiten Hardware-Palette läuft.

Die POSIX-Standarddefinitionen und andere interessante Publikationen sind von der IEEE Computer Society gegen eine Schutzgebühr erhältlich.

> IEEE Computer Society
> 12662 Los Vacqueros Circle
> Los Alamitos, CA 90720
>
> Tel.: (714) 821-8380

Weitere Publikationen sind von der Hauptgeschäftsstelle von IEEE zu beziehen, und zwar unter der US-Telefonnummer:
(202) 371-0101

6.3 X/Open

1984 gründeten europäische Rechnerhersteller, die bis dahin Konkurrenten gewesen waren, ein gemeinnütziges Konsortium namens X/Open. Ihr Ziel war es, eine Betriebssystemarchitektur festzuschreiben, für die alle von ihnen kompatible Hardware-Systeme entwickeln oder übernehmen konnten, um so ihre Entwicklungskosten einzudämmen.

X/Open wurde im November 1984 als gemeinnütziger Verein mit Hauptsitz in Reading (England) gegründet. Er entwickelte sich zu einer internationalen Organisation, die im September 1987 zu einer vollständig unabhängigen Firma wurde. X/Open hat die Spezifizierung, Verifizierung, Zertifizierung und Namensgebung von offenen und interaktiven Rechnersystemen für Anwendungen zum Ziel. Strategisch gesehen will sie bestehende Industriestandards – De-Facto-Standards und etablierte Standards – als Teil einer umfassenden und allgemeinen Anwendungsumgebung übernehmen. Der *X/Open Portability Guide* (XPG) besteht aus Spezifikationen für offene Systeme, die sich sowohl aus formalen Standards als auch aus De-facto-Markt-Standards zusammensetzen. Ausgangspunkt ist eine Untersuchung über qualitative Marktanforderungen,

die sich „X/Open-Xtra"-Programm nennt, und die sich auf Portierbarkeit
und Interoperabilität konzentriert. Produkte, die das X/Open-XPG-Wa-
renzeichen haben, halten sich an den Portability Guide und gewährleisten größere Sicherheit bei Investitionen.

XPG3 ist ist die (1991) aktuelle Ausgabe. Sie stützt sich auf eine Reihe
von Schlüsselstandards, wie POSIX 1003.1 und das X-Window-System.
Die XPG3 Verification Suite enthält eine strukturierte Sammlung von
mehr als 5500 Tests, welche die Kompatibilität von Systemaufrufen, Bibliotheken, der Programmiersprache C und ISAM-Funktionalität zu der
XPG3-Spezifikation überprüfen.

X/Open ist inzwischen ein Unternehmen, das von den größten Rechnerherstellern getragen wird; hierzu gehören beispielsweise AT&T, DEC,
HP, Unisys, Sun, Bull, Ericson, ICL, Olivetti, Nixdorf, Philips, Siemens
und (seit neuestem) IBM. X/Open ist deshalb bemerkenswert, weil es neben Anbietern auch viele wichtige *Anwender* umfaßt; ja die Anbieter sind
sogar in der Minderheit.

X/Open ist *kein* Normungsgremium. X/Open übernimmt Schnittstellen, die entweder international anerkannt bzw. akzeptiert sind oder auf
die sich andere Standardisierungsgremien wie IEEE oder AFNOR geeinigt haben.

X/Open spezifiziert und fördert die sogenannte CAE, d.h. die „Common Applications Environment" (Allgemeine Anwendungsumgebung).
CAE ist eine integrierte Umgebung, mit einer umfassenden Schnittstelle
für Anwendungsprogramme, die in den XPG3-Spezifikationen definiert
ist. Gegenwärtig zur Standardisierung anstehende Bereiche sind:

- Das Basisbetriebssystem – basierend auf der System-V-Schnittstellende-
finition von AT&T, die POSIX-konform sein und mit Erweiterungen
versehen sein wird
- Unterstützung für mehrsprachige Programme (man spricht hier von
der Unterstützung der „Internationalisierung")
- Benutzeroberfläche – X-Windows-Toolkits und „Look und Feel"
- Style Guide für grafische Oberflächen
- Übertragungsverfahren für Quellcode
- Transaktionsverarbeitung
- Kommandos und Dienstprogramme
- Sicherheit, DOD C2-Richtlinien
- Netzwerkfähigkeit, PC-Interconnect, transparente Schnittstellen
- Sprachen – ANSI C, FORTRAN 77, COBOL 85, ISO-Pascal, GSA ADA
- Datenbankfunktionen- ISAM, Embedded SQL

X/Open hat Schnittstellen für folgende Bereiche veröffentlicht: das Betriebssystem System V (POSIX P1003.1), für die ANSI-C-Sprachspezifikation, für CISAM, Microfocus COBOL, ANSI X3, FORTRAN, Pascal und SQL. Berichten zufolge hat X/Open hierfür mehr als 30 Millionen Dollar investiert.

Abgesehen von den oben genannten Standards ist X/Open auch aktiv an anderen Standardorganisationen beteiligt und erstellt ebenso Portierungs-Leitlinien. Der *X/Open Portability Guide* beschreibt, wie man Systeme und die dazugehörige Software so erstellt, daß sie entsprechend der X/Open-Spezifikation portabel sind. Die meisten der von X/Open veröffentlichten Dokumente sind beim Prentice-Hall-Verlag erhältlich. X/Open hat seinen Software Katalog mit über 200 Anwendungen von mehr als 130 Anbietern als *UniForum Products Directory* zusammengestellt.

X/Open LTD	oder	1750 Montgomery Street
Sterling PR		San Francisco, CA 94111
1 Chelsea Manor Gardens		
London SW3		Tel.: 001-(415) 773-5383
United Kingdom		
Tel.: 0044 1 351 2400		
Fax.: 0044 1 352 6244		

6.4 UI (UNIX International Inc.)

Hauptsächlich als Reaktion auf OSF gründeten 18 Firmen am 18. Oktober 1988 die „Archer Group". Angeblich bezogen sie ihren Namen von dem Konferenzraum, in dem ihr erstes Treffen stattgefunden hatte. Diese Anbieter gaben bekannt, daß sie gemeinsam UNIX-Produkte einführen und unterstützen wollten, die auf System V Release 4 von AT&T basierten. Das erklärte Ziel sollte sein, die Weiterentwicklung und Kompatibilität von UNIX-Systemen sicherzustellen und dabei den Bedürfnissen der installierten Kundenbasis hinsichtlich Rückwärtskompatibilität Rechnung zu tragen.

Am 30. November 1988 wurde UNIX International, eine Gruppe von großen Computer- und Software-Firmen, angekündigt. Die Organisation formierte sich, um die Entwicklung des UNIX System V Betriebssystem von AT&T zu lenken. Jedes der Mitglied von UNIX International hat zumindest eine Hauptproduktlinie, die auf UNIX aufbaut. Zu den UNIX International Mitgliedern zählen u.a.: Amdahl, Arix, AT&T, Computer Consoles Inc., Concurrent Computer Corporation, Control Data Corporation, Convergent, Data General, Fujitsu, Ltd, Gould, HCR, ICL, Intel, Informix, Interactive Systems, Motorola, Microfocus, NEC, NCR, Oki Electric, Olivetti, Oracle, Prime Computer, Pyramid, SCO, Sun Microsystems, Texas Instruments, Tolerant Systems, Toshiba, Unisoft und Unisys. Bei Drucklegung dieses Buches belief sich die Zahl der Mitglieder auf 150[1].

Die wichtigste Funktion des Konsortiums ist die Unterstützung von System V Release 4.0 mit dem erklärten Ziel, einen Migrationspfad für alle Anwendungen bereitzustellen, die es auf Berkeley-, auf XENIX- und auf System-V-Plattformen gibt. Dieses Release (SVR4) ist das vorläufige Ergebnis zweijähriger Bemühungen, diese wichtigen Varianten des UNIX-Systems zu einem System zu vereinen.

UNIX International setzt sich aktiv für UNIX ein, insbesondere für die Entwicklung von Endbenutzeranwendungen für unabhängige Softwareanbieter (den sogenannten ISVs – Independent Software Vendors), und versucht die Entwicklung von USL im Hinblick auf Technologie, Marketing und Lizenzpraktiken zu beeinflussen und zu steuern.

Mit SVR4 von USL will UNIX International Investitionen für bestehende UNIX-Software schützen und den Kunden gleichzeitig ermöglichen, das optimalen Preis/Leistungs-Verhältnis neuer Hardware zu nutzen. SVR4 hat den bedeutenden Vorteil, daß es eine Unmenge von Anwendungen unterstützt, die auf früheren Generationen von System V, XENIX, BSD und abgeleiteten Systemen liefen. SVR4 basiert auf altbewährtem Code, der schon auf den verschiedensten Hardware-Architekturen lief und dessen Fehler mit der Zeit systematisch behoben wurden. Es besitzt interne Schnittstellen für Dateisysteme, virtuellen Speicher, Netzwerkfähigkeit, einen Scheduler und diverse Gerätetreiber. Neue Dateisysteme können integriert werden, ohne dabei Gefahr zu laufen, mit zukünftigen Releases inkompatibel zu werden. SVR4 hat die grundlegende Netzfunktionalität von BSD und SunOS und bietet auch Sockets.

SVR4 hat alle wichtigen Funktionen von BSD, System V.3 und SunOS:

BSD 4.2 und 4.3
• 64 offene Dateien je Prozeß
• Namen-Server
• Netzpuffer
• Sicherheit
• Unterstützung von Unternetzen (Subnet Support)

---

[1] Siehe auch Abbildung im Vorwort zur deutschen Ausgabe.

System V.3
• SVID-Konformität
• tty-Treiber
• Utilities
• Streams

SunOS
• NFS
• Unterstützung plattenloser Systeme
• Windowsystem

SVR4 verspricht zum ersten Mal die Möglichkeit von sogenannter „Shrink-Wrapped"-Anwendungssoftware unter UNIX. Es gibt für SVR4 inzwischen ABIs für Intel, Motorola, SPARC und andere Prozessoren. SVR4 wird von einer Reihe von Anbietern zu beziehen sein – sowohl von Rechnerherstellern als auch von unabhängigen Softwareanbietern. Dieses Release wird mit 80% der installierten Kundenbasis von System-V-, BSD-, XENIX- und SunOS-Systemen kompatibel sein. Die grafische Benutzeroberfläche von AT&T (Open Look) ist wie die TCP/IP-Netzunterstützung Teil des Basissystems.

Darüber hinaus ist SVR4 konform zu SVID, POSIX 1003.1 und kompatibel mit ANSI „C" X3.159-1989. Auch den XPG-3-Stempel hat das System.

Auch zukünftig wird SVR4 über bestehende Standards hinausgehen, da es die Einführung von neuer und sich gerade entwickelnder Technologie repräsentiert, die von etwas schwerfälliger arbeitenden Normungsgremien möglicherweise noch nicht anvisiert wurden. Wartet man mit der Einführung neuer Technologien, bis ein Standard ausgereift ist, würde man die DV-Industrie insgesamt enorm bremsen und Neuerungen stark behindern.

Für De-Facto-Standards ist die Menge entscheidend, weil Software-Firmen auf die Plattformen hin entwickeln, die für die Mehrheit der Anwender zugänglich sind und das größte Marktpotential haben. Der Vertrieb einer Technologie ist oft so wichtig wie die Technologie selbst. Lebensfähige Marktlösungen bedeuten solide Technologie und eine breite Basis für Anwendungsentwickler und -anbieter.

UNIX International Inc.	oder	UNIX System Laboratories
Waterview Corporate Center		190 River Road
20 Waterview Blvd.		Summit, New Jersey 07901
Parsipanny, NJ 07054		
Tel.: 001-201-263-8400		Tel.: 001-908-522-6000
Fax.:001-201-263-8401		Fax.: 001-800 728 UNIX

6.5 Die Open Software Foundation (OSF)

Am 17. Mai 1988 gaben sieben der führenden Unternehmen die Formierung der Open Software Foundation bekannt. Diese Zusammensetzung nannte sich anfangs „Hamilton Group", nach dem Namen des Gebäudes, in dem das erste Treffen stattfand (eine DEC-Einrichtung in der Hamilton Street in Palo Alto, Kalifornien).

OSF ließ sich im Handelsregister als gemeinnützige Forschungs- und Entwicklungsorganisation eintragen und setzte sich zum Ziel, Spezifikationen zu definieren, ein Betriebssystem zu entwickeln und eine offene und portierbare Anwendungsumgebung zu fördern. OSF entwickelt UNIX-Systeme und UNIX-basierte Softwareprodukte, die an Rechner- oder Softwareanbieter lizenziert werden. Aktiv gesponsert wurde OSF anfangs von Apollo Computer, Group Bull, DEC, HP, IBM, Nixdorf und Siemens, um nur einige Firmen zu nennen. Aber auch Universitäten, Softwarefirmen und andere Rechnerhersteller sind Mitglieder von OSF (überraschender Weise auch einige Mitglieder von UNIX International). Die OSF-Gründer haben mehrere Millionen Dollar in OSF gesteckt. Jene wiederum, die das meiste Geld investieren, sind auch tonangebend, besonders die „großen Drei": IBM, DEC und HP. Allerdings besteht OSF darauf, daß sein eigener Technikerstab die endgültigen Entscheidungen über alle OSF-Entwicklungen trifft.

Es ist erklärtes Ziel von OSF, einen klaren und mühelosen Migrationspfad für Anwendungsentwickler und Benutzer zu schaffen. Das UNIX-System von OSF namens OSF/1, das Ende 1990 an OEMs freigegeben wurde, erlaubt die Unterstützung von Anwendungen auf Basis von System V (Release 3) und BSD UNIX. Erklärtes Ziel von OSF ist es ebenso, der Industrie insgesamt Spezifikationen und Technologie anzubieten, nicht nur einer bestimmten Gruppe. In der Praxis jedoch gelangt derartige Technologie nur durch eine bestimmte Gruppe von Anbietern in die Industrie (für USL von AT&T und SVR4 sieht die Sache nicht anders aus).

OSF verlangt von ihren Mitgliedern nicht, daß sie Produkte vermarkten, die OSF entwickelt. Nach der ersten Freigabe von OSF/1 ist es für Anbieter, die OSF-Mitglieder sind, kein leichtes Unterfangen, ihre eigenen Produkte mit OSF/1 zu integrieren und das Resultat mit der erforderlichen Anwendungssoftware von Drittanbietern auf den Markt zu bringen. Eine Reihe von Anbietern könnte Jahre dafür benötigen.

OSF beschränkt sich nicht auf UNIX-Versionen, sondern will seinen Systemanbietern eine vollständige Umgebung zur Verfügung stellen. OSF/Motif, um ein Beispiel zu nennen, läuft sowohl auf UNIX als auch auf anderen Systemen. Jedes System, das X-Windows unterstützt, kann auch Motif von OSF (oder Open Look von USL) unterstützen. OSF möchte Software entwickeln und vermarkten und die entwickelten Produkte an die Mitglieder zurücklizenzieren. 1991 hat jedoch kein OSF-Kunde ein Produkt ausgeliefert, das auf OSF/1 basiert.

OSF ist in seiner Vorgehensweise offen, was die aktive Beteiligung und das Feedback von Mitgliedern betrifft. Auf die technischen Spezifikationen und die Richtung, die allgemein eingeschlagen wird, haben Interessengruppen, Ausschüsse und Mitgliederversammlungen einigen Einfluß. Aber die OSF fällt Entscheidungen nicht durch Abstimmungen. Die Mitarbeiter der OSF fordern und erhalten Meinungen und Wünsche von den Mitgliedern, aber wichtige Entscheidungen werden unabhängig von den Mitgliedern getroffen.

OSF liefert Spezifikationen und Technologie. Die Spezifikationen sind unabhängig vom Lizenzstatus zu beziehen.

OSF verwarf seine ursprünglichen Pläne, den AIX-Kern als Basis für OSF/1 zu benutzen. Statt dessen wurde der Mach-2.5-Kern und ein parallelisiertes Dateisystem integriert. Ein Großteil von OSF/1 beruht jedoch noch auf AIX von IBM. Das OSF/1 Release 1.0 enthält Kommandos, Bibliotheken und einen Teil der Kerntechnologie von AIX V3.1. Auch Technologien anderer Anbietern wurden erstmals integriert. Für jede der der OSF zur Verfügung gestellten Technologien wird von Fall zu Fall entschieden, ob sie in einem weiteren OSF/1-Relase erscheinen sollen. Unterstützt wird beispielsweise die TCP/IP-Implementierung von Encore Computer. Für Sicherheitsaspekte wurde Software von SecureWare benutzt.

Der Einsatz des Mach-Kerns und auch von Technologien anderer Anbieter machen deutlich, daß OSF mehr als ursprünglich vorgesehen in der Entwicklung tätig ist. Obwohl sie sich öffentlich dazu bekannt haben, ist es noch nicht ganz klar, wann, wie und auf welchen Plattformen HP, DEC und IBM OSF/1 wirklich einsetzen werden. Der interessierte Leser kann sich an diese Firmen wenden, wenn er genaueres in Erfahrung bringen möchte:

Open Software Foundation
11 Cambridge Center
Cambridge, MA 02142

Tel: (617) 621.8700

6.6 Eine Analyse von OSF und UNIX International

OSF betreibt als Unternehmen sowohl Marketing als auch auf Forschung und Entwicklung. UNIX International (UI) auf der anderen Seite ist primär eine technische Marketing-Organisation, die auf AT&T's USL (UNIX Software Laboratory) Einfluß nehmen möchte. USl wiederum ist für die technische und kommerzielle Entwicklung der UNIX-Software zuständig. Schon Anfang 1989 kam die Zusammenarbeit zwischen UNIX International mit der zu jener Zeit gegründeten AT&T-Tochtergesellschaft USL zustande.

UI ist offen in seiner Technologie und seiner Produktplanung, wobei sowohl seine Mitglieder als auch X/Open daran mitwirken. Auch OSF ist offen hinsichtlich seiner Technologiebeschaffung, ermöglicht seinen Mitgliedern aber nicht, am eigentlichen Spezifikations- und Planungsprozeß teilzunehmen.

USL legt für die Anforderungen und für die Entwicklung einen Zeitplan fest, nach der neue Funktionalitäten in die SVR4-Releases integriert werden sollen. OSF schreibt Spezifikationen und Technologien aus und wählt dann zwischen den verschiedenen Implementierungen dieser Technologie. OSF erstellt seine eigenen Produkte.

UI ist eine Industrieorganisation, welche die Spezifikationen und die Richtung steuert, die UNIX System V einschlagen soll. Ihr Vorhaben ist es, UNIX-Technologien zusammenfließen zu lassen zu einem überlebensfähigen Standard. OSF ist in gewissem Umfang ein unabhängiger Softwareanbieter, der ein alternatives UNIX-Betriebssystem entwickelt und es als Konkurrenz zu UNIX System V auf den Markt bringen möchte.

UI besteht aus wichtigen UNIX-Spielern. UI-Mitglieder haben ein persönliches Interesse daran, den UNIX-Markt zu expandieren. OSF besteht aus einer Mehrheit von proprietären Systemanbietern. Ein Teil der Mitglieder von OSF haben ein Interesse daran, daß ihre proprietären Betriebssystemprodukte weiterhin erfolgreich sind, und es wird interessant sein zu sehen, wie sie diese Interessen mit ihrer Verpflichtung UNIX und OSF gegenüber in Einklang bringen.

Die OSF hat das erklärte Ziel, eigene Technologien den Sponsoren (aber auch Nicht-Mitgliedern) zur Verfügung zu stellen, die wiederum die OSF-Produkte in ihre eigenen kommerziellen Produkte integrieren. UNIX ist nur eine von vielen Komponenten in der OSF-Software-Umgebung. OSF hat eine ganze Reihe von Produkten und Initiativen lanciert, deren Beschreibung den Rahmen dieses Buches sprengen würde. Das nächste OSF/1-Release ist für 1992 geplant.

Das Augenmerk von UNIX International und USL ist auf UNIX System
V und dessen Schnittstellendefinition gerichtet, die eine Basis für Offene
Systeme bilden wird. Man konzentriert sich dort auf Portabilität und
Interoperabilität über alle Plattformen hinweg, wobei UNIX System V.4
das Basissystem darstellt. Jede Software, die sich an die Schnittstellendefinition von SVID hält, sollte quelltextkompatibel mit zukünftigen UNIX-
Releases von USL oder anderen SVID-konformen UNIX-Implementierungen sein. AT&T hatte ursprünglich eine viel breiter gefaßte Systemumgebung für die Anwendungsportierbarkeit, die den Namen AOE
bekam (Application Operating Environment). Seit der Gründung von UI
fügte sich AT&T UI's Unterstützung des *X/Open Portability Guide* (XPG)
und lies AOE fallen. Bei der Fertigstellung dieses Buchs war UNIX System V.4 ein freigegebenes Produkt worden, und System V und seine Varianten decken eine sehr breite installierte Kundenbasis ab. Das Fundament, auf dem SVR4 von USL ruht, besteht in bewährter und getesteter
Technologie. Dagegen ist OSF/1 neu und noch nicht im gleichen Maße
erprobt, obwohl es sich zum größten Teil aus schon bestehender bewährter Technologie zusammensetzt.

SVR4 von USL und OSF/1 von OSF im Vergleich

- Die zwei Produkte OSF/1 von OSF und UNIX V.4 von USL sind preis-
  lich sehr ähnlich. Die Systemsoftware macht meistens nur einen kleinen
  Teil der Gesamtkosten aus.
- Die meisten Kommandos und Basissystemaufrufe sind vergleichbar –
  beide genügen POSIX 1003.1. Es ist noch nicht eindeutig, ob Mach PO-
  SIX 1003.1 genügt.
- Anwender werden Unterschiede bei der Benutzerschnittstelle, bei der
  Systemverwaltung und bei einigen anderen Dienstprogrammen feststellen. Beide Betriebssysteme werden mehrere grafische Benutzerober-
  flächen unterstützen.
- Die Anzahl der Anwendungen für SVR4 ist heute noch wesentlich größer als die für OSF/1, da jeder OEM von OSF die Portierung wichtiger
  Software für seine eigene OSF/1 basierte Variante betreibt, dabei aber
  nicht den Vorteil der Binärkompatibilität von SVR4 (zumindest auf
  gleichen CPU-Architekturen) genießt.
- SVR4 und OSF werden verschiedene Quelltextstrukturen für den Betriebssystemkern haben.
- OSF/1 ist nicht kompatibel mit SunOS, das für das Jahr 1990 mit 66%
  den größten Anteil am RISC/UNIX-Markt hatte. Während sich OSF
  hinsichtlich der SunOS-Kompatibilität für OSF/1 nicht festlegt, umfaßt

das OSF/1-System ein NFS-kompatibles Dateisystem, sowie die meisten BSD4.3-Kommandos (mit Ausnahme der rechnerspezifischen).
* OSF hat ein Dokument publiziert, das „freie Fahrt" signalisiert und die Entwicklung von OSF-Technologien beschreibt. Laut OSF ist eines der Hauptanliegen des OSF/1 Release 2 die Quelltext- und Binärkompatibilität mit früheren Versionen. UI aktualisiert auch ihre vierteljährlich erscheinende „Roadmap" und jede nachfolgende SVR4-Version soll volle Quelltext- und Maschinencodekompatibilität beinhalten.

Zwischen den Kunden (Systemanbietern) von USL und denen von OSF gibt es kaum einen Unterschied. Sowohl USL als auch OSF haben ihre Technologien der Allgemeinheit verfügbar gemacht. Bei Drucklegung dieses Buches liegt USL gegenüber OSF mit ungefähr einem Jahr in Führung, was die Marktpräsenz der jeweiligen Produkte betrifft – also jene, die auf SVR4 basieren, gegenüber denen, deren Basis OSF/1 ist.

In naher Zukunft werden die UNIX-Versionen von OSF und USL/UNIX International keine wesentlichen Unterschiede aufweisen. Ein gegenteiliger OSF-Beschluß würde für Anbieter erhebliche Probleme bei der Migration der Applikationssoftware für XENIX, BSD und die installierte Basis von System V mit sich bringen.

OSF hat sich mit seiner Zusage, mit XPG3 und POSIX 1003.1 von X/Open konform zu bleiben, der System-V-Schnittstellendefinition von AT&T verpflichtet. OSF-Anwender haben sogar für das System V Release 3 eine Lizenz, da AIX selbst auf dieser Lizenz basiert.

OSF hatte eine Liste von Standards, die sie als „Level 0"-Spezifikation bezeichnete. Ein kritischer Punkt dabei war die Unterstützung von X/Open's CAE. Bezüglich des Schichtenmodells schuf diese Spezifikation für die Hauptanbieter eine größere Gemeinsamkeit.

Bei XPG von X/Open stehen andere Funktionalitätsbereiche noch aus, für die es keinen De-Facto-Standard gibt. Bereiche, die noch entwickelt werden müssen oder auf die man sich noch einigen muß, sind die grafische Benutzeroberfläche, Echtzeit- und Transaktionsverarbeitung und WANs. X/Open hat begonnen, in diesen Bereichen zu arbeiten.

USL hat für SVR4 den UNIX-Quelltext ausgeliefert. USL und seine Lizenznehmer liefern Betriebssysteme aus, die auf AT&T's System V Release 3 und 4 basieren. AT&T und Sun haben SVR4 entwickelt und liefern es seit 1989 aus, wie von USL geplant.

OSF/1-Preise basieren nicht auf den gesamten Kosten eines Systems. Die Preise für Quell- und Maschinencode basieren auf den Unkosten der OSF/1 und zusätzlich auf den erforderlichen System-V-Lizenz-Gebühren. Für Systeme, die in ihrem Preis unter 280.000 Dollar liegen, sind

OSF-Preise vergleichbar mit denen für SVR4. Für Systeme der Oberklasse können die Preise für SVR4 noch höher liegen. Diese Kosten werden vom Systemanbieter getragen. Der endgültige Preis für die Systemsoftware ist oft in dem Gesamtpreis für das System integriert, besonders bei Hochleistungssystemen.

Eine Reihe von Firmen setzen auf beide Pferde, und es kann sie niemand daran hindern, beiden Gruppen beizutreten. OSF und UNIX International sind voneinander unabhängig und stehen miteinander im Wettbewerb. Anfangs hatten sie aufeinander fast keinen Einfluß. Da sich aber beide verpflichtet haben, Standards wie POSIX 1003.1 zu unterstützen, können Anwender von diesem Konkurrenzkampf nur profitieren. Wenn der Marketing-Wirbel sich etwas gelegt hat, werden technisch gesehen die Anwender die Nutznießer sein, da die Portabilität von Applikationssoftware und die Zusammenarbeit zwischen den Anbietern den Computermarkt mehr als je zuvor in Richtung „Offenheit" vorantreiben werden.

Wird es in den 90er Jahren einen Kampf der Titanen geben? Der Abgrund, der zwischen OSF und UI klafft, ist nicht ganz so tief, wie mancher es Ihnen gerne weismachen möchte. Diese Organisationen haben angekündigt, daß sie eine Zusammenarbeit auf dem Gebiet der Multiprozessor-Verarbeitung und bei anderen wichtigen anstehenden Technologien, wie der Internationalisierung, begrüßen würden. Beide Gruppen unterstützen X/Open und seine CAE-Spezifikation (Common Application Environment). Es ist ebenfalls beabsichtigt, an einer einheitlichen Verifizierungstechnologie zu arbeiten, mit der Kompatibilität überprüft und sichergestellt werden kann.

Die meisten UNIX-Anbieter unterstützen Standards auf Quelltextebene, den *Portability Guide von X/Open* und IEEE POSIX.

Eines ist sicher: alle Firmen, die UNIX-Produkte auf den Markt bringen, werden den Markt über UNIX auf dem laufenden halten müssen. Und häufig bewirkt ein solcher Wettstreit, daß die Benutzer vom stärkeren Wettbewerb profitieren. Eine Folge wird allerdings sein, daß aufgrund der widersprüchlichen Marketing-Verlautbarungen auch größere Verwirrung herrscht. Der Neuling wird seine Schwierigkeiten haben, die Spreu vom Weizen zu trennen.

Betrachtet man sich den Streit zwischen OSF und UI, so findet man in der Presse viele Spekulationen darüber, ob, wie und wann die beiden Parteien auf dem Verhandlungsweg zusammenfinden werden. Diese Spekulation kann man ad acta legen, seit OSF und UI offiziell bekannt gaben, daß sie keine Einigung erzielen konnten. OSF hatte angeblich von AT&T verlangt, sich von seiner UNIX-Entwicklungsgruppe zu trennen und diese wiederum zusammen mit OSF zu einer neuen Körperschaft zu machen. Man munkelt, daß AT&T seine Organisation und UNIX selbst auf einen Wert von ungefähr 400 Millionen Dollar geschätzt hat. Eine geschäftliche Vereinbarung, die beide zufriedenstellt, konnte offensichtlich nicht erzielt werden. Während also der Kampf darum weitergeht, wie die „geistige Kapazität" gut aufzuteilen wäre, herrscht eine Art *Glasnost* zwischen beiden, jedenfalls oberflächlich betrachtet. Verpflichtet haben sich beide, daß sie keine unnötigen Abweichungen vornehmen werden.

Wie stehen – technisch gesehen – die Karten bei OSF/1 und SVR4? Sie finden einen Vergleich zwischen OSF/1 und SVR4 von USL in Tabelle 6.1. Der Vergleich konzentriert sich auf die technischen Unterschiede bei den Implementierungen, aber er macht auch deutlich, daß der Kern der jeweiligen Technologie vergleichbar ist. Den Einfluß auf den Endbenutzer abzuschätzen, ist nicht so einfach, weil bis jetzt noch nicht klar ist, wie System- oder Software-Wiederverkäufer einer Anpassung der Produkte für spezielle Kundenbedürfnisse nachkommen. Andere wichtige Vergleichsmerkmale, unter anderem die Fragen, wieviele Anbieter und Systemproduktlinien das jeweilige Betriebssystem unterstützen bzw. wie dann jeweils die Leistungsfähigkeit aussieht, können zu diesem Zeitpunkt (1991) noch nicht endgültig genannt werden.

Vergleicht man die Dateisysteme, ist zu berücksichtigen, daß die meisten UNIX-Systeme mehrere Dateisysteme unterstützen, obwohl dies für den Anwender zumeist transparent und damit nicht sichtbar ist. Ergänzend zu den in der Tabelle aufgeführten Systemen ist auch die Unterstützung von PC-File System(s) und von High Sierra (für Dateisysteme auf CD-ROM-Basis) für einige Anwender von Interesse.

Netzschnittstellen sind für die UNIX-Gemeinde besonders wichtig. Mit Streams und TLI können alle Netzfunktionen für die eigentliche Netztransportschicht transparent laufen. Sockets (eine ältere, jedoch einfachere Methode der Interprozeß-Kommunikation) und die BSD-Netzwerkfunktionen sind bei SVR4 auf die Streams aufgesetzt.

Grafische Benutzeroberflächen werden sowohl von Systemanbietern als auch unabhängigen Softwarefirmen zur Verfügung gestellt. Man kann davon ausgehen, daß fast jedes Windowsystem oder jedes Werkzeug zur Erstellung von Window-Applikationen auf beiden Plattform erhältlich sein wird.

Erweiterungen der Sicherheit werden meistens von Systemanbietern verkauft, die Behörden und den Militärbereich beliefern. Die Tatsache, daß Sicherheit von OSF- und USL-Implementierungen unterstützt wird,

Tabelle 6.1   Eigenschaften von OSF/1 (OSF) versus SVR4 (USL).

Merkmal	OSF	SVR4	Auswirkung
Unterstützte Dateisysteme			
System V	j	j	Kompatibilität
BSD FFS	j	j	
NFS	j	j	
RFS	n	j	
RAMDISK	n	j	
kundenspezifisch	j	j	
Netzschnittstellen			Netztransparenz
Streams und TLI	j	j	
Sockets und BSD-Netzfähigkeitj	j		
OSI-Stack	nicht bekannt	nicht bekannt	
Grafische Benutzeroberflächen			
X11R4	j	j	
OSF/Motif	j	j*	
NEWS X11R4	n	j	
Open Look	n	j	
Sicherheit	B1	B2 angekündigt	Reg.Gesch.
Plattenspiegelung	erhältlich Std.	angekündigt	gute Verfügbarkeit
Logisches Volumen	erhältlich Std.	angekündigt	riesige Plattendateien
Multiprocessing	Anwenderebene Threads Volles SMP angekündigt	Volles SMP angekündigt	Ben.mit Multi-Proz.
Applikationskompatibilität	Unvollständig, ANDF im Gespräch	ABIs für 80x86, i860, Motorola 68000, 88000, MIPS, SPARC, WE3200	

* USL hat angekündigt, daß sie Motif unterstützen will, daß Motif aber nicht so schnell sein wird wie Open Look und daß zwei bis vier Megabyte zusätzlicher Speicher nötig sein werden.

ist für den Systemanbieter nur insofern von Interesse, als er damit interne Entwicklungskosten spart.

Plattenspiegelung kann entweder hardware- oder softwaremäßig ausgeführt werden. Viele Anbieter unterstützen derzeit Plattenspiegelung als Erweiterung zu ihrem UNIX- oder System-Hardware-Angebot. Plattenspiegelung ist dann wichtig, wenn hohe Verfügbarkeit verlangt wird. Indem mehrere Kopien von den Daten angelegt werden, wird sichergestellt, daß die Daten auch dann gelesen werden können, wenn ein Plattensystem ausfällt.

Unter einem „Logical Volume Support" versteht man, daß Dateien unterstützt werden können, die größer als ein Gigabyte bzw. größer als die Kapazität eines Plattenlaufwerks sind und sich nicht aufteilen lassen. In der normalen Datenverarbeitung gibt es nicht so viele Bereiche, wo diese Fähigkeit überhaupt zum Tragen kommt.

Unterstützung für Parallelverarbeitung ist dann wichtig, wenn Sie ein Mehrprozessorsystem haben und Ihre Software oder sonstige Anwendung deren Möglichkeiten wirklich ausnutzen kann. Prüfen Sie einmal den Durchsatz einer Applikation mit einem Prozessor und testen Sie dann den Durchsatz mit mehreren Prozessoren. Ist die Applikation annähernd n-mal so schnell?

In vielfacher Hinsicht haben OSF/1 und SVR4 große Ähnlichkeiten aufzuweisen: bei der Mehrprozeßverarbeitung auf Kern-Ebene, in der Sicherheit, bei den unterstützten Dateisystemen, bei der logischen Dateigröße, bei der grafischen Benutzeroberfläche und bei im Speicher gemappten Dateien.

Allerdings stellt OSF/1 im Gegensatz zu SVR4 keine Standardschnittstelle für Binärcode zur Verfügung. OSF versucht, hier den Weg des architekturneutralen Formats zu gehen. Entwickler werden aber kurzfristig eine größere Zahl von Portierungen als für SVR4-gestützte Rechner unterstützen müssen, die zumindest eine Neukompilierung erforderlich machen.

Da OSF/1 noch nicht oder nur in kleinen Stückzahlen auf dem Markt ist, überrascht es nicht, daß nur sehr wenige Applikationen derzeit OSF/1 unterstützen. Einer der Gründe dafür ist, daß Software-Anbieter keine allzu große Motivation verspüren, OSF/1 zu unterstützen, bevor ein ausreichend großer Markt vorhanden ist. Man tendiert eher dazu, für Hardware zu entwickeln, auf der auch OSF/1 läuft. Bis zu dem Zeitpunkt, zu dem Anbieter ihre OSF/1-Versionen freigeben, müssen unabhängige Softwareanbieter wohl untätig bleiben. Die OSF und/oder andere Anbieter werden mit großem Einsatz Softwareanbietern unter die Arme greifen müssen, um ihnen bei der Portierung behilflich zu sein. Es ist kaum anzunehmen, daß OSF/1 einen großen Markt erobert, bevor nicht lauffähige Applikationen wirklich zur Verfügung stehen. Allerdings dürfte die Portierung keine wesentlichen Probleme aufwerfen, wenn man das Wesen von OSF/1 und seine Unterstützung der System-V- und BSD-Schnittstellen und -Funktionen berücksichtigt.

Andererseits wird die Migration zu SVR4 wohl wirklich eher eine Migration als eine Portierung sein. Die von SVR4 unterstützte Binärcodeschnittstelle für Applikationen bedeutet, daß Applikationen ohne Veränderungen auf SVR4 laufen, beispielsweise der größte Teil der 386-Release-3.2-Software von SCO.

Das Engagement für OSF/1 nimmt nur langsam zu. Große Rechnerhersteller wie IBM, DEC und HP haben wissen lassen, daß sie sich UNIX und OSF/1 verpflichtet fühlen und sie zusätzlich zu ihren proprietären Systemen unterstützen werden. Die Zahl derer, die sich öffentlich zu genauen Zeitplänen und Vorgehensweisen zur Zusammenführung ihrer gegenwärtigen UNIX-Produkte mit OSF/1 bekannt haben, ist bisher noch erstaunlich gering. Viele dieser Anbieter besitzen SVID-basierte UNIX-Systeme (AIX, ULTRIX und HP/UX). Es wird bis Ende 1992 oder länger dauern, bis die Integration ihrer heutigen UNIX-Produkte mit OSF/1 abgschlossen ist und auf den Markt kommt.

OSF/1 als Ganzes gesehen wird anfangs eine neue, bislang unerprobte Technologie darstellen, obwohl manche Systemkomponenten von schon bestehenden Produkten stammen. Das gleiche könnte man von Systemanbietern sagen, die ihre bestehenden UNIX-Varianten mit OSF/1 verschmelzen. Normalerweise dauert es ein Jahr, bis man ein UNIX-Betriebssystem portiert und es gründlich durchgetestet hat, um eine hohe Qualität von Software, Dokumentation und Schulung zu gewährleisten und sicherzustellen, daß entscheidende Applikationen kompatibel und in ihrer Leistung akzeptabel sind.

DEC scheint im Rennen der Anbieter von OSF/1 vorne zu liegen und hat für die Bereitstellung von ULTRIX 5.0 einen weitreichenden Zeitplan festgelegt. Dieser wird jedoch durch die ACE-Initative voraussichtlich um 1 Jahr zurückgeworfen. IBM will OSF/1 auf den jetzt gängigen AIX-Systemen einsetzen, obwohl es bei IBM hierzu noch keinen Zeitplan gibt (jedenfalls nicht bei Drucklegung dieses Buches). IBM will sich offenbar bei seinen OSF-Plänen nicht festlegen lassen.

IBM hat nur bekannt, daß es mit OSF/1 auf dem PS/2, dem RS/6000 und seinen Großrechnern herumexperimentieren möchte. Noch will IBM weiterhin sein System-V-gestütztes AIX 3.1 auf der eigenen Workstation-Serie, der RS/6000 und anderen Plattformen vertreiben.

HP hat mindestens eine Portierung für eine seiner vier Workstation-Linien bis Ende 1991 zugesagt. Bis Anfang 1992 war dies jedoch mehr ein Experiment als ein voll unterstütztes System. Andere Anbieter legen sich nur widerstrebend auf OSF/1 fest, da sie dann ihre eigenen UNIX-Versionen abschreiben müßten, ihre eigene Software auf OSF/1 zu portieren haben und Drittanbieter eventuell Schwierigkeit haben, ihre Software auf OSF/1 zu adaptieren.

Mehrere OSF-Sponsoren haben angekündigt, daß die OSF-Technologie langfristig richtungsweisend für sie sein wird. Vereinzelte Produkte werden OSF unterstützen (z.B. DECStation 3100) oder Produkte, die bisher noch nicht in großen Mengen zur Auslieferung gekommen sind. Führende Branchenkenner sind sich in einer Sache einig: Der Erfolg von OSF hängt davon ab, ob die Spitzenanbieter bald dazu übergehen, OSF/1 auf ihren strategischen Plattformen zu unterstützen (IBM, RS/6000, DECStations und DECSystems, Präzisionsarchitektur-Minicomputer von HP und Workstations von Motorola, um nur ein paar zu nennen). Den wichtigsten OSF-Sponsoren steht ein Tauschgeschäft ins Haus. Entweder sie machen mit existierenden Produkten kurzfristig Gewinne, oder sie nehmen den längerfristigen Übergang zur OSF in Kauf. Unabhängige Software-Anbieter werden die OSF erst dann ernst nehmen, wenn sie davon überzeugt sind, daß diese Hauptanbieter ausgeklügelte Übergangsstrategien für ihre wichtigen Hardware-Plattformen haben.

SVR4 bekommt Schwung und wird Massenware. SVID war ursprünglich die Spezifikation eines einzigen Anbieters (AT&T). UNIX International und USL haben diese Situation geändert.

Bereits auf der UniForum im Januar 1991 war SVR4 überall zu sehen und lief auf allen Plattformen, angefangen von PCs bis hin zu RISC-Rechnern. USL und Intel haben 1990 INTERACTIVE Systems als „Hauptherausgeber" von UNIX System V Release 4 für Intel-Systeme erkoren. (Mit der Übernahme von INTERACTIVE Systems durch SunSoft wird dies hinfällig). INTERACTIVE begann Mitte 1991 mit der Auslieferung. Everex konnte sogar früher beginnen. Der Preis für ein ganzes Everex-UNIX-Paket liegt bei weniger als 1.000 Dollar und umfaßt das Basisbetriebssystem, X-Window (mit Open Look), TCP/IP und Software-Entwicklungswerkzeuge.

USL hat inzwischen eine Reihe neuer SVR4 Releases angekündigt und (bis Anfang 92) einige schon ausgeliefert. Dazu gehören SVR4ES, SVR4MP und SVR4ES/MP. Die ES-Version wird eine erweiterte Sicherheitsunterstützung für Behörden und – bei Bedarf – für kommerzielle Kunden bieten. Die SMP-Version bietet eine vollsymmetrische Mehrprozessor-Unterstützung. Das ES/MP-Release wird diese beiden Erweiterungen in ein System integrieren. Die Pläne für die Migration dieser Systeme werden von USL als sogenannte „Roadmap" zur Verfügung gestellt.

Alle zukünftigen USL-Releases sollen voll binärkompatibel mit früheren UNIX-Releases sein. USL hat in letzter Zeit Tests durchgeführt, die diese Aussage belegen. Larry Dooling, dem Geschäftsführer von USL zufolge, waren bislang bei den durchgeführten Tests 55% der Applikationen sofort kompatibel. Bei weiteren 25% gilt dies ebenfalls, sie benötigen jedoch besondere Sorgfalt bei der Installation. Damit wäre SVR4 zu 80% binärkompatibel. Von den übrigen 20% wiesen gut die Hälfte Inkompatibilitäten auf, die auf schlechte Programmierung oder auf Fehler in älteren Versionen (auch so etwas gibt es) zurückzuführen sind.

Mitte 1991 boten die folgenden Anbieter SVR4-gestützte oder SCR4-konforme Produkte an: AT&T, ICL, ISC, MICROPORT, NCR, NEC, Pyramid, Sony, Sun Microsystems und UHC. Die restlichen Mitglieder des UNIX-International-Konsortiums hatten mit ihren neuen, auf SVR4-basierenden Produktversionen gute Fortschritte erzielt.

6.7 Standards und die Schichten der Systemarchitektur

Abbildung 6.1 zeigt die Zuordnung bestimmter Standards zu den entsprechenden Schichten der Systemarchitektur. Die meisten dieser Standards wurden bereits an anderer Stelle erläutert.

6.8 Zusammenfassung von Standards und Normungsgremien

Eine Reihe von Normungsgremien wurden bereits beschrieben, andere werden in einem späteren Abschnitt dieses Kapitels aufgeführt. Die folgende Zusammenfassung soll dem Leser einen Überblick über das Wesen der verschiedenen Standardisierungsorganisationen und deren Zielgruppen verschaffen.

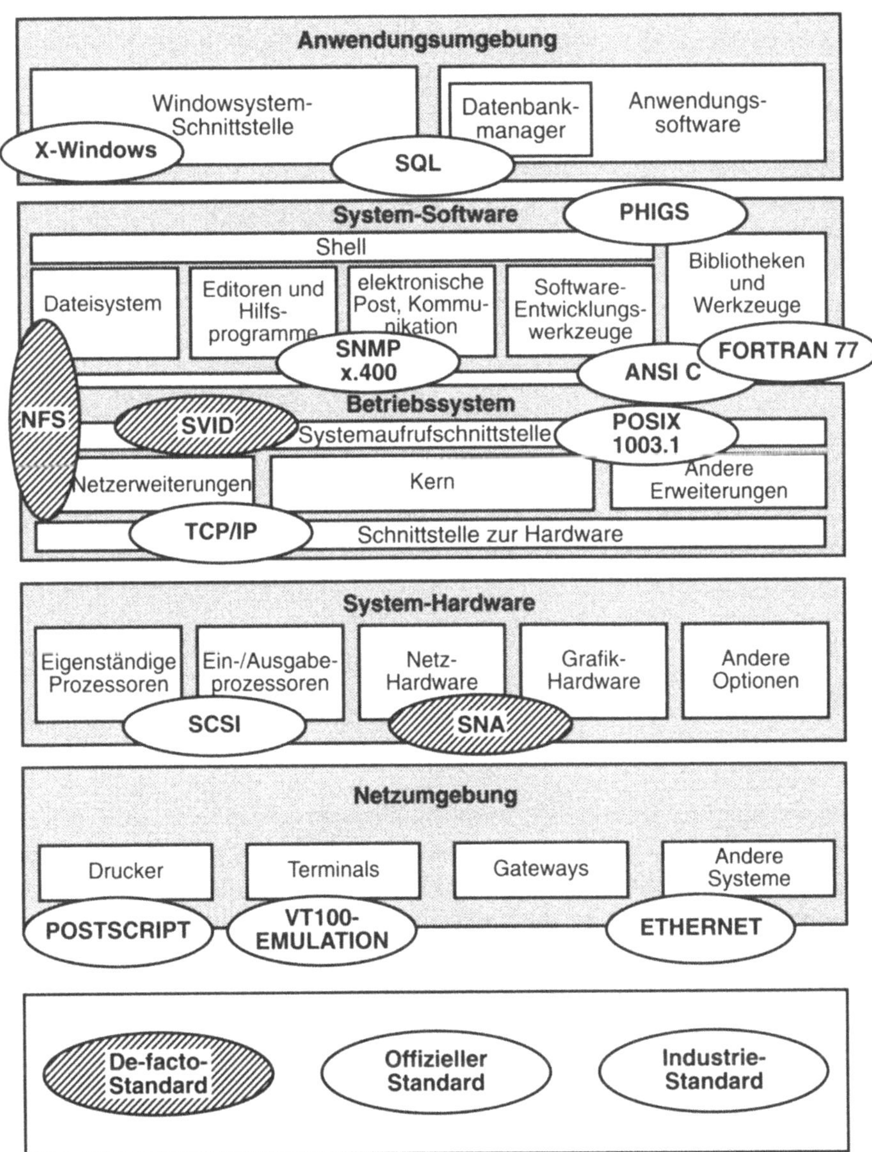

Abbildung 6.1 Standards passen zur Schichtenarchitektur. Standards beziehen sich gewöhnlich auf spezifische Schnittstellen im Schichtenmodell.

Regierungsbehörden:	NIST (früher NBS)
	DOD
Regierungsausschreibungen	CALS
und Gesetzgebung:	FIPS
Unabhängige Gremien und Industrie:	ISO (OSI Standards)
	IEEE (POSIX)
	ANSI (SQL)
	UniForum
	ACM/Siggraph (GKS)
Postbehörden:	CCITT
Anbieter-Konsortien	X/Open
	UNIX International
	OSF
	X-Konsortium
	SPARC International
Kunden-Konsortien	GM MAP
	BOEING TOPS

6.9 Portabilität und Portierung

Dieser Abschnitt befaßt sich mit dem Themenkreis, der mit der Portierung von Software bei verschiedenen UNIX-Systemen und zwischen UNIX und anderen proprietären Betriebssystemen zu tun hat. In vier Unterabschnitten werden die Implikationen der Portabilität behandelt:

1. Portierung des UNIX-Betriebssystems selbst
2. Portierung von Applikationen zwischen UNIX-Systemen
3. Portierung von proprietären Systemen auf UNIX-Systeme
4. Fragen zur „Portabilität von Benutzern" zwischen UNIX-Systemen

Die Portabilität des Quellcodes. Die Portabilität von Quellcode impliziert, daß eine Umgebung von einem Rechner zum nächsten übertragen werden kann, ohne daß größere Änderungen am Programmquelltext erforderlich sind. Benötigt werden in jedem Fall Compiler, die den Quelltext neu kompilieren, damit er auf dem neuen System laufen kann.

Die *Binärkompatibilität* impliziert, daß das binäre oder ausführbare Programm übertragen werden kann, ohne daß dazu ein erneutes Kompilieren oder Binden notwendig wird. Impliziert werden Quelldatei- und Objektcode-Kompatibilität. Um Binärkompatibilität zu erzielen, müssen Rechnersystemarchitekturen die gleichen Befehlssätze verwenden. Ein Binärstandard muß mehrere Hardware-abhängige Charakteristika festlegen, unter anderem Dateidatenformate, die Art, wie genau Systemaufrufe erfolgen, Art und Formatierung der Medien für die Softwaredistribution, die Schnittstellen zum Windowsystem, Netzschnittstellen und das Layout des Anwenderprozesses im Speicher.

Die Binärkompatibilität bietet die höchste Form der Portabilität in einer Betriebsumgebung. Beispiele für Binärkompatibilität lassen sich bei diversen Systemproduktlinien finden, wie zum Beispiel die VMS-VAX-Linie von DEC, MS-DOS von Microsoft und SPARC von Sun.

Damit überhaupt Quellcodeportabilität bestehen kann, müssen die Entwicklungs- und Laufzeitumgebungen die Mechanismen bereitstellen, die Kompatibilität gewährleisten. Ohne Zweifel ist das Thema „Portabilität" sehr komplex und geht über das reine Betriebssystem oder die einfache Sprachdefinition hinaus, in der eine Applikation programmiert wird. In zunehmendem Maße definieren Standardisierungsgruppen, Anbieterkonsortien und Anwender ihr Portabilitätsprofil selbst. Schauen Sie sich einmal in diesem Zusammenhang das Portabilitätsprofil für NIST-Applikationen in der Tabelle 6.2 an. Sie definiert den Standard für jedes funktionale Element in den Schichten der Applikationsarchitektur.

Standards stellen eine Stragtegie dar, um Portabilität zu erzielen. Sowohl die Entwicklungs- als auch die Laufzeitumgebungen sollten auf Standards basieren. Standards sind bei der allgemeinen Softwareentwicklung, beim Netzmanagement und bei der Kommunikation ebenso von Bedeutung, wie für die Integration von Softwarewerkzeugen für die Applikationserstellung, beispielsweise durch Verwendung allgemeiner Fähigkeiten beim Datenmanagement.

In den folgenden Abschnitten werden wir Überlegungen über Fragen anstellen, die für den Benutzer in Hinblick auf Portabilität relevant sind – sowohl auf der Ebene des Betriebssystems als auch auf der Ebene der Applikationen.

6.9.1 Portabilität des Betriebssystems

Warum die Portabilität des Betriebssystems für Systemanbieter relevant ist. UNIX ist auf mehr Rechnerplattformen verfügbar als jedes an-

Tabelle 6.2 Profil für die Portierbarkeit von Applikationen

Funktion	Standard	Spezifikation
Betriebssystem	Erweitertes POSIX	FIPS 151-1 Shells und Tools (POSIX.2)* Systemverwaltung (POSIX.7)
Datenbankmanagement	SQL IRDS	FIPS 127 FIPS 156
Datenaustausch		
Dokumentenverarbeitung	ODA, ODIF SGML	ISO/IS 8613 FIPS 152
Engineering-Daten	IGES, PDES	NBSIR 88-3813
Grafik	CGM	FIPS 128
Netzdienste		
Datenmanagement	TFA	POSIX.8/4*
Datenkommunikation	OSI	FIPS 146 (GOSIP)
Benutzerschnittstelle	X-Window-System	Version 11.3
Dienste für die Programmierung	C	X3.159
	FORTRAN	FIPS 069-1
	COBOL	FIPS 121-2
	Ada	FIPS 119
	Pascal	FIPS 109

* Noch kein verabschiedeter Standard

dere Betriebssystem. Es ist fast ausschließlich in C geschrieben, während die meisten anderen Betriebssysteme aus Geschwindigkeitsgründen in der Assembler-Sprache des jeweiligen Rechners programmiert wurden.

Der kommerzielle Anreiz für Systemanbieter besteht darin, daß sie UNIX lizenzieren können, statt ein weiteres Betriebssystem zu entwickeln. Ausschlaggebend für ihre UNIX-Unterstützung sind Kosteneinsparungen und die Tatsache, daß Anbieter eine große Zahl von bereits auf UNIX portierten Applikationen zur Verfügung stellen.

Warum die Portabilität eines Betriebssystems für Benutzer wichtig ist. Einfach ausgedrückt: Mit einem standardisierten Betriebssystem kann man ohne größeren Aufwand Software zwischen verschiedenen Systemen portieren und diese Systeme leichter bei verschiedenen zusammenarbeitenden Systemen einsetzen. Betont werden sollte allerdings, daß UNIX (aber jedes andere Betriebssystem auch) die Portabilität erleichtern oder erschweren kann. Die Portabilität ist ein wesentlicher Bestandteil der Software an sich und sollte bereits bei ihrer Entwicklung berücksichtigt werden. Von Beginn an hatte man bei UNIX die Portabilität im Auge. Die Konzeption des UNIX-Betriebssystems ist darauf ausgerichtet, die auf dem Markt erhältliche kommerzielle Software dagegen meistens nicht.

Wenn zum Beispiel von AT&T eine Lizenz des UNIX-Betriebssystems an einen Systemanbieter geht und dieser Systemanbieter es auf seine Hardware portiert, muß er beweisen, daß er sich an Spezifikationen hält, indem er eine Reihe von Verifikationstests (SVVS) durchführt. Ähnlich legen auch Standardisierungsgremien oft Verifikationsverfahren fest, um eine Übereinstimmung mit den Standards zu gewährleisten.

Die meisten Anwender und unabhängigen Softwareanbieter (mit Ausnahme derjenigen, die UNIX selbst portieren) brauchen sich keine Gedanken darüber zu machen, wie das UNIX-Betriebssystem zu portieren ist. Sie müssen sich nur darüber Klarheit verschaffen, welche Betriebssystemversion implementiert ist bzw. welche Ausnahmen und/oder Erweiterungen bezüglich der für die Applikation relevanten Standardschnittstellen vorhanden sind.

6.9.2 Die Portierung von Applikationssoftware – UNIX auf UNIX

Da es UNIX auf vielen Rechnerarchitekturen von diversen Firmen gibt, ist es für viele Entwickler das beliebteste Betriebssystem geworden. Im Gegensatz zu vielen anderen Systemen kann man unter UNIX die Software relativ problemlos von einem UNIX-Betriebssystem zum nächsten portieren.

UNIX bietet eine ganze Reihe von Werkzeugen für die Softwareentwicklung und das Testen von Software. Soweit erforderlich, können nicht nur Programme, sondern auch die Entwicklungs- und Verwaltungswerkzeuge portiert werden.

Die Portierung eines C-Quelltextes von einem UNIX-System zum nächsten kann ohne größere Schwierigkeiten erfolgen. Probleme bereiten bisweilen Programme, die auf eine bestimmte Rechnerarchitektur abgestimmt sind, da Bibliotheken oder andere benötigte Elemente in der neuen Umgebung unter Umständen nicht vorhanden oder zwischen den unterschiedlichen UNIX-Plattformen inkonsistent sind.

Probleme kann es unter Umständen auch dann geben, wenn Programmierer aus Effizienzgründen Bytes in einer bestimmten Reihenfolge in Worte packen. Dies ist nur dann problematisch, wenn auf Systeme mit unterschiedlicher Wort-Architektur portiert wird; in diesem Fall wird ein Umschreiben notwendig. Programmkonstrukte, die von bestimmten Byte-Anordnungen auf niedriger Ebene ausgehen, können sich bei verschiedenen CPUs als inkompatibel erweisen, sogar wenn die Systeme vom selben CPU-Anbieter stammen. Beispielsweise unterscheidet sich DEC-MIPS-Architektur in diesem Punkt von den Systemen, die direkt von MIPS kommen.

Gute Programmiertechniken, welche die Portabilität von Software maximieren, erfordern die Isolierung von rechnerabhängigen Programmteilen, damit sie mühelos identifiziert und ausgetauscht werden können. Diese Teile werden einmal geschrieben und in Bibliotheken hinterlegt, so daß sie für zahlreiche Anwendungsprogramme einsetzbar sind.

6.9.3 Portierung von Applikationssoftware von proprietären Betriebssystemen nach UNIX

Es ist nicht einfach, wirklich portable Software zu erstellen. Dies gilt insbesondere dann, wenn die Applikation viele Systemeigenschaften nutzt oder wenn die Leistung der zugrundeliegenden Plattform optimal genutzt werden soll. Oft müssen rechnerabhängige Teile dieser „portablen" Programme für jeden Rechner bzw. jede Rechnerarchitektur speziell angepaßt werden.

Es gibt eine Reihe von Faktoren zu beachten bei der Portierung von Applikationssoftware von proprietären Betriebssystemen auf UNIX oder bei der Portierung von einer UNIX-Version auf die nächste, vor allem dann, wenn es sich um komplexere Applikationssoftware handelt:

- Kompatibilität der Compilers
- Verfügbarkeit von Cross-Compilern
- Möglichkeiten, aus einer Programmiersprache Routinen einer anderen Sprache aufzurufen (z.B. ein FORTRAN-Programm ruft C-Module auf oder umgekehrt)
- Verfügbarkeit von Software-Entwicklunsgwerkzeugen
- Shell-Programmierung
- Unterstützung der Systembibliotheken.

Es bereitet keine größeren Schwierigkeiten, die Kompatibilität des Compilers festzustellen, wenn der Compiler vorhanden ist, sich an den Standard hält, Erweiterungen unterstützt und über ausreichende Leistungsfähigkeit verfügt. Cross-Compiler sind Programme, die es erlauben, Software für mehrere (bzw. andere) CPU-Architekturen zu erstellen. Möchte man Software für ein neues Zielsystem erstellen, braucht man es (im Idealfall) nur auf dem vorhandenen System neu für das Zielsystem zu übersetzen.

Eine Applikation, die Module in verschiedenen Programmiersprachen enthält, ist heutzutage keine Ausnahme mehr. Wenn dem so ist, bedingen die Anforderungen an die Intermodul-Kommunikation möglicherweise, daß die verschiedenen Sprachen interagieren, – das heißt, sie müssen die Möglichkeit haben, sich gegenseitig aufzurufen. Nicht alle Compiler unterstützen diese Möglichkeit.

Zu den Softwareentwicklungswerkzeugen zählen unter anderem Editoren, Programme zur Quellcode-Verwaltung, Makroprozessoren, Testhilfen und andere Hilfsprogramme, die von Programmierern eingesetzt werden.

Die Shell-Programmierung bezieht sich auf die Unterstützung von gemeinsamen Shells, oder, wenn man von einem UNIX-System zum nächsten migriert, auf die Portierung bzw. Anpassung von Shell-Prozeduren.

Es kann vorkommen, daß eine vom Applikationsprogramm aufgerufene Systembibliothek – zum Beispiel eine mathematische Bibliothek – nicht auf beiden Systemen identisch vorhanden ist. Beim Portieren sollte man deshalb Aufrufe von Bibliotheksfunktionen auf Inkompatibilitäten zwischen UNIX-Versionen überprüfen.

Die Architektur einer spezifischen Applikations-Benutzerschnittstelle kann auf die Portabilität große Auswirkungen haben (d.h. beispielsweise die Benutzung eines Windowsystems, der Grafikbibliotheken und der Toolkits für die Benutzerschnittstelle). Je weniger Veränderungen bei der Benutzerschnittstelle vorgenommen werden, desto leichter wird es Anwendern fallen, diese Schnittstelle zu beherrschen. Je ähnlicher die Bedienung von Anwendungen aufgebaut wird, um so einfacher haben es Anwender, damit zurechtzukommen. Standards im Bereich von Benutzerschnittstellen entstehen erst in jüngster Zeit. Betrachtet man die sehr verschiedenen Gerätetypen, insbesondere bei Grafikbildschirmen, so wird klar, daß dies ein schwieriger Bereich ist und wahrscheinlich nie vollständig standardisiert werden kann.

6.9.4 „Portabilität" von Benutzern

Unter diesem etwas provozierenden Titel soll die Möglichkeit verstanden werden, dem Benutzer ein anderes System vorsetzen zu können (etwa ein neues mit besserem Preis/Leistungsverhältnis), ohne daß dazu erhebliche Schulung notwendig wird. Für dieses Ziel ist eine portable Betriebssystemumgebung natürlich eine ideale Voraussetzung. Aber auch der Zugang zu Applikationen mit konsistenten Benutzerschnittstellen über die verschiedenen Systemumgebungen hinweg ist hier Voraussetzung. Eine konsistente Benutzerschnittstelle ist notwendig, aber nicht ausreichend, um dem Benutzer den problemlosen Wechsel von einem System zu einem anderen zu ermöglichen.

Um das Ziel der benutzerbezogenen Portabilität zu erreichen, muß die UNIX-Systemumgebung von einem Rechner zum nächsten konsistent bleiben. Kompatible UNIX-Shells und Shell-Prozeduren können hier von großem Nutzen sein. Der Benutzer muß die Start-Up-Dateien der UNIX-Shell anpassen, wenn er dieses Ziel erreichen will, besonders dort, wo Systeme von verschiedenen Anbietern zum Einsatz gelangen.

Möchte man Anwender von einem proprietären Betriebssystem auf UNIX überwechseln lassen, ist zu bedenken, daß eine Reihe von neuen Konzepten, Kommandos und Hilfsprogramme zu erlernen sind. Der Übergang läßt sich erleichtern, indem man in der UNIX-Umgebung einen Teil der Ursprungsumgebung nachahmt und somit dem Benutzer mit minimaler Schulung eine Brücke schafft. Gedacht ist hier unter anderem an die Implementierung von konsistenten Praktiken für die Systemverwaltung wie die Organisation von Verzeichnissen, Konventionen für die Namensgebung bei Dateien und ähnliches.

Es gibt kommerziell erhältliche Software-Pakete, die Editoren und Kommandointerpreter proprietärer Systeme unter UNIX zur Verfügung stellen.

6.10 Zusammenfassung

Es mag einfacher sein, Software mit Blick auf ihre Portabilität neu zu schreiben, als komplizierte, ausgeklügelte Systeme umzustrukturieren. Dies mag für viele Experten in der UNIX-Industrie der Hauptgrund sein zu glauben, daß zukünftig (aber heute schon sichtbar) neue Applikationen auf Standards hin geschrieben werden, die sowohl die Entwicklungsumgebung als auch die Einsatzumgebung berücksichtigen. Das Standardisieren der Programmentwicklungsumgebung unter UNIX wird sich auszahlen, wenn die Applikationen schließlich auf den Markt kommen. UNIX und die Standards, die normalerweise mit UNIX in Verbindung gebracht werden, sind nicht nur für Entwickler wichtig, sondern letztendlich auch für die Benutzergemeinde.

Dem Uneingeweihten kommen Standards bisweilen wie böhmische Dörfer vor, aber der echte EDV-Profi sieht sie als das, was sie wirklich sind: als Ausdruck einer Einigung bezüglich einer Schnittstelle und als eine Spezifikation, an der alle betroffenen Parteien beteiligt waren. Standards sind Momentaufnahmen, die die Wirklichkeit widerspiegeln. Sie sind meistens „lebende" Dokumente (die sich weiterentwickeln müssen).

Standards, die nicht von formalen Gremien wie IEEE oder ISO verabschiedet wurden, sind nur insoweit gültig, wie sie auf dem Markt akzeptiert werden. Mit anderen Worten, De-facto-Standards spiegeln sich in dem wider, woran die wirklichen Käufer auf dem Markt glauben und wofür sie auch gutes Geld hinlegen.

7 Wo finden Sie Anschluß?

Ein Phänomen, das UNIX so interessant macht – und zwar besonders seitdem das kommerzielle Interesse daran stark stieg, ist die Tatsache, daß die Fülle der Informationen zu und über UNIX enorm umfangreich ist. Bei einer derartig großen Informationsmenge ist eine Art Informationslandkarte zur Orientierung hilfreich. Dieses Kapitel versucht, Ihnen einen solchen Überblick über die Informationslandschaft zu UNIX zu geben. Der größte Teil der hier aufgeführten Informationen ist frei zugänglich.

Die Menge der verfügbaren Informationen, insbesondere zu regionalen Interessenverbänden, Büchern und Manuals ist so groß, daß eine auch nur halbwegs vollständige Liste den Rahmen des Buches sprengen würde. Wir haben uns deshalb auf die bekanntesten und umfassendsten Quellen beschränkt, deren Studium Ihnen einen guten Ausgangspunkt liefert und in der Regel weitere Hinweise und Hilfen liefert. Diese Quellen helfen Ihnen, Softwarepakete zu finden und den Nutzen und Wert von Ausstellungen und Messen für Ihre Zwecke zu beurteilen. Dieses Kapitel informiert Sie über Fachzeitschriften, Bücher oder andere Publikationen, die es Ihnen erlauben, sich über die neuesten Markt- oder Produkt-Ankündigungen auf dem laufenden zu halten. Unabhängig davon, ob Sie die Information für sich selbst oder für jemanden in Ihrem Unternehmen benötigen, werden Ihnen die nachfolgenden Abschnitte eine Zusammenfassung zu einer Reihe von Informationsquellen geben, die Ihnen den Einstieg in die UNIX-Welt erleichtern.

Obwohl Systemlieferanten weiterhin die wichtigsten Informationsquellen darstellen, kann man Informationen auch anderswo beziehen. Historisch gesehen, haben sich die Benutzer von Großrechnern vorwiegend auf ihre Systemlieferanten verlassen, wenn es um Informationen und Produkte ging, während PC-Benutzer sich an ihren Computerhändler wandten oder eine Broschüre zu Rate zogen, wenn sie etwas benötigten. Der UNIX-Markt wird in seiner Orientierung immer kommerzieller und ähnelt zusehends dem PC-Massenmarkt.

7.1 Die UNIX-Marktforschungs- und Beratungsstellen

Einige Marktforschungsunternehmen stellen Produkte und Dienste zur
Verfügung, die speziell auf den UNIX-Markt zugeschnitten sind. Die
meisten bieten ihren Abonnenten regelmäßig erscheinende Berichte an,
wobei man auch beschränkt Zugang zu Markt-Experten hat. Eine ganze
Reihe von ihnen gibt auch Rundschreiben und regelmäßig erscheinende
Blätter zu bestimmten Themenbereichen heraus, die den Leser immer auf
dem aktuellsten Stand halten. Die meisten Marktforschungsunternehmen
bieten dem Kunden Beratungsdienste an, die auf individuelle Bedürfnisse zugeschnitten sind.

Die Produkte der meisten Marktforschungsunternehmen orientieren
sich entweder an der Benutzer- oder der Händlergemeinde. Während die
primäre Kundenbasis Hardware- oder Software-Anbieter sind, gibt es
einen eindeutigen Trend dahin, Informationen auch für Anwender aufzubereiten, die sich gezielt einen Überblick über ihr Interessensgebiet
verschaffen wollen, um herauszufinden, welchen Märkten oder welchen
Produkten sie ihre Aufmerksamkeit widmen sollten. Es sei jedoch darauf
hinweisen, daß die meisten dieser Dienste teuer sind und sich nur rentie-
ren, wenn man sich zuvor genau über die Leistungen informiert. Fordern
Sie ruhig Referenzen, ältere Berichte und Rundschreiben an, bevor Sie
sich auf ein Abonnement festlegen.

Bei den Firmen, die in den nächsten Abschnitten alphabetisch aufgelistet sind, würde sich die Mühe lohnen, ihre Produkte oder Dienstleistungen einer eingehenden Untersuchung zu unterziehen. Eine Reihe von
ihnen veranstaltet Konferenzen oder Schulungen, oft mit interessanten
Themen. Lassen Sie sich in die jeweilige Adreßliste aufnehmen und teilen
Sie der Firma Ihre Interessensgebiete mit. Oftmals können mehrere Mitarbeiter kostenlos oder zu reduzierten Preisen an einer der Konferenzen
teilnehmen, wenn man ein Abonnement für einen bestimmten Dienst er-
wirbt oder Mitglied bei einem Interessenverband ist. Am sinnvollsten ist
es, sich direkt an die Firmen zu wenden, um nähere Einzelheiten über deren Produkte, Dienstleistungen und Preise zu erhalten.

7.1.1 Datapro Research

1805 Underwood Blvd.
Derian, NJ 08075
USA

Tel.: (800) 328-2776
Fax.: (609)-764-8088

Im April 1989 bot Datapro zum ersten Mal einen Beratungsdienst für UNIX-Systeme und UNIX-Software an. Diese neue Dienstleistung stellt detaillierte Produktbeschreibungen und eine professionelle Analyse von Markttendenzen zur Verfügung. Die Datapro-Berichte *UNIX and Systems Software* werden kontinuierlich herausgegeben und stellen Marktveränderungen und neue Produkte vor. Das monatlich erscheinende Rundschreiben *UNIStrategy* ist auch Teil des Pakets. Es enthält von Datapro-Redakteuren verfaßte Artikel, die sich auf aktuelle Ereignisse beziehen. Diese Informationsquelle kostet Sie ungefähr 500 Dollar im Jahr. Die darin enthaltene Information ist im wesentlichen die gleiche wie in anderen, weniger teuren Informationsquellen, wie zum Beispiel im *UniForum Product Directory*. Allerdings publiziert Datapro sehr umfassende und spezifische Produkt-Beschreibungen und -Analysen.

7.1.2 Dataquest

1290 Ridder Park Dr.
San Jose, CA 95131
USA

Tel.: (408)-971-9000
Fax.: (408)-971-9003

Dataquest ist eines der bekannteren Marktforschungsunternehmen im DV-Bereich und wird in der Presse oft zitiert. Es erstellt umfassende Prognosen und analysiert Entwicklungen in zahlreichen Marktbereichen. UNIX-Analysen von Dataquest reichen bis etwa 1986 zurück. Dataquest kann Ihnen Marktanteil-Schätzungen zur Verfügung stellen, anhand derer Sie ermitteln können, welche Hauptlieferanten in einem bestimmten Marktsegment aktiv sind. Es schätzt und ermittelt auch Marktgrößen hinsichtlich Umsätzen und Stückzahlen.

Zum Dataquest-Abonnement gehören Berichte und Updates, beschränkter Zugang zu Markt-Experten und zu Teilen der Dataquest-Datenbank, mit welchen man relevante Daten erhält, die gewöhnlich nicht veröffentlicht werden. Die jährlichen Abonnementkosten für Dataquest-Dienstleistungen belaufen sich auf ungefähr 15.000 Dollar.

7.1.3 Die DMR-Gruppe

43 Front St.	oder	50 Fremont Street
East Toronto, Ontario		Suite 1410
Canada M5E		San Francisco, CA 94105
		USA
Tel.: (416) 363-8661		Tel.: (415)-597-4400
		Fax.: (415)-597-4411

DMR ist die größte Beraterfirma für Marktforschung in Kanada. Im Jahre 1989 veranstaltete sie bei mehreren Kunden eine große Umfrage über den UNIX-Markt in Kanada. Im Sommer 1989 begannen sie eine inzwischen fertiggestellte ähnliche Untersuchung für den US-Markt. Während die endgültigen Berichte nur den Auftraggebern zur Verfügung stehen, publiziert die DMR-Gruppe Zusammenfassungen, die auch für die Öffentlichkeit gedacht sind.

DMR's Untersuchung über die kanadischen Anbieter und Anwender war sehr detailliert und hatte zum Ziel, die Größe und Beschaffenheit des UNIX-Marktes zu ermitteln und festzustellen, in welchen Firmen und bei welchen Anwendungen UNIX in Kanada derzeit eingesetzt wird, bzw. in der Zukunft eingesetzt wird. Die Ausrichtung der gegenwärtigen Studie ähnelt der ersten Studie in Kanada, beschränkt sich allerdings nicht nur auf UNIX, sondern hat allgemein Offene Systeme zum Inhalt. Alle Anzeichen sprechen dafür, daß es ein wichtiges Untersuchungsprojekt wird, das die Erfordernisse für Anwender offener Systeme dokumentiert.

7.1.4 INTECO Corporation

| 102 Halls Road |
| PO Box 1054 |
| Old Lyme, CT 06371 |
| USA |
| Tel.: (203) 434-1644 |

Im allgemeinen spezialisiert sich INTECO darauf, einen regelmäßigen Abonnement-Service zur Verfügung zu stellen, der Computersysteme und VAR's abdeckt. Im Jahre 1988 wurde eine Untersuchung durchgeführt, in der die Entwicklung bei der Anwendung kleinerer UNIX-basierten Systeme (und deren Wachstum) sowohl in den USA als auch in Europa untersucht wird. INTECO vermarktet diese Dienstleistung an Systemanbieter und größere Unternehmen.

7.1.5 International Data Corporation (IDC)

5 Speen Street
Framingham, MA 01701
USA

Tel.: (508) 872-8200

IDC ist eines der großen Marktforschungsunternehmen und bietet für mehrere Bereiche kontinuierliche Informationsdienste an, unter anderem für UNIX. Es publiziert sogenannte „Data-Books" und Spezialberichte, wobei man als Mitglied auch bestimmte Nachforschungsdienste in Anspruch nehmen kann. Das Abonnement dieser Dienste kostet im Jahr ungefähr 15.000 Dollar. Individuelle Berichte können unabhängig davon gekauft werden.

IDC hat eine Reihe von Datenbanken. Es führt Untersuchungen durch und publiziert die Ergebnisse in Berichten. Sein System-Zensus ist industrieweit wahrscheinlich der angesehendste. IDC hat einen UNIX-Dienst, der sein Augenmerk auf die Nachfrageseite des UNIX-Marktes gerichtet hat.

7.1.6 Infocorp

2880 Lakeside Drive, Suite 300 oder 289 Great Road, Suite 307
Santa Clara, CA 95056   Acton, MA 01720
USA   USA

Tel.: (408) 980-4300   Tel.: (508) 635-9950

Infocorp ist als Marktforschungsunternehmen relativ etabliert. Es ist ein Ableger von Dataquest und hat sich in der Vergangenheit auf Systeme im unteren Preisbereich, auf den PC-Markt und die Analyse von Vertriebskanälen für diese Produkte konzentriert.

Infocorp spezialisiert sich darauf, System- und Produkt-Anbieter aufzuspüren. Verschiedene Dienste, wie zum Beispiel der Software-Service und die Dienste, die sich auf Computersysteme im mittleren Leistungsbereich beziehen, stellen Informationen über UNIX als Teil der Analyse des Gesamtmarktes zur Verfügung. Inforcorp bietet auch einen speziellen UNIX-Service an, der sich auf Betriebssysteme, Standards und damit zusammenhängende Anwendungssoftware konzentriert. Infocorp hat ein einzigartiges, integriertes Datenbankmodell, auf dem allgemeine Marktprognosen entwickelt werden, die sich auf die Leistung eines bestimmten Modells und Modellnummern von miteinander im Wettbewerb stehenden Systemen oder Produkten auf dem Markt beziehen. Für Abonnenten kosten die Dienstleistungen 12.000 Dollar im Jahr und mehr.

7.1.7 Novon Research Group

3360 Dwight Way
Berkeley, CA 94704-2523
USA

Tel.: (415)-548-7800
Fax: (415)-540-6150

Novon unterhält eine Datenbank mit Anwendern und Anbietern und führt in regelmäßigen Abständen detaillierte Untersuchungen durch. Novons Abonnement-Service bietet unter anderem vierteljährliche Berichte, beschränkten Zugang zu Fachleuten, die die Analysen durchführen und einen Zugriff auf die Datenbank an. Die Datenbank kann entweder als Hardcopy oder in elektronischer Form bezogen werden. Die Abonnementgebühr beträgt im Jahr 16.000 Dollar und aufwärts.

7.1.8 Patricia Seybold's Office Computing Group

148 State St., Suite #612
Boston, MA 02109
USA

Tel.: (617)-742-5200
Fax.: (617)-742-1028

Diese Firma gibt verschiedene Rundschreiben heraus, deren Schwerpunkte auf dem UNIX-Markt liegen. Erwähnenswert erscheint uns UNIX *in the Office,* ein monatlicher Forschungsbericht, der Analysen von wichtigen neuen Produkt-Versionen und andere interessante Themen anspricht. Die Firma bietet auch Consulting-Dienste für Anbieter oder Anwender an, um diese bei ihrer strategischen Planung zu unterstützen.

7.1.9 The Yankee Group

200 Portland St.
Boston, MA 02114
USA

Tel.: (617)-367-1000

Die Yankee Group bietet UNIX-bezogene Berichte als Teil ihres Abonnement-Service an. Seit 1987 sind zwei Berichte publiziert worden, die ganz speziell UNIX zum Thema haben: *UNIX 1987: A Promise Kept* (Ein Versprechen, das gehalten worden ist) und *UNIX in Manufacturing* (UNIX in der Herstellung). Der letztere untersucht die Rolle, die das UNIX-Betriebssystem in gegenwärtigen und zukünftigen Technologien spielt. Abonnement-Dienste von Yankee kosten ungefähr 17.000 Dollar und mehr, wobei man begrenzt Zugang zu den Fachleuten hat, die die Analysen durchführen, wie auch zu Berichten und Rundschreiben.

7.1.10 Albert Consulting Group

PO Box 2085
Saratoga, California 95070
USA

Tel: (408)-464-0600

Diese Gruppe führt Spezialstudien durch und gibt keine allgemeinen Berichte heraus. UNIX-Workstation-Anbieter nehmen ihre Dienste in Anspruch, wenn sie ihre strategische Richtung planen, während Endbenutzer und Software-Entwickler ihre Hilfe in Anspruch nehmen, wann immer Kaufentscheidungen anstehen. Die Firma schult auch Verkaufspersonal von UNIX-basierten Produkten.

7.1.11 Unigram.X

Unigram Products Ltd
4th Floor, 12 Sutton Road
London W1V5FH
England

Tel: (0044)-715287083

Die Firma Unigram Products in London gibt ein wöchentliches Informationsblatt mit dem Titel Unigram.X zur UNIX-Szene heraus. Dieses Blatt ist der herkömmlichen Computerpresse weit voraus, wenn es um Informationen zu Neuvorstellungen, Entwicklungs- und Merketing-Tendenzen geht. In sehr knapper aber informativer Weise wird auch über neue Allianzen sowie Soft- und Hardwaretechniken berichtet. Die Kosten eines Jahresabonnements liegen bei ca. DM 1.5000,-. Deutlich stärker als in den zuvor genannten Informationsdiensten wird hier Information zum europäischen UNIX-Markt gegeben.

7.2 Interessengemeinschaften

Eine der größten, wenn nicht *die* größte UNIX-orientierte Anwendergruppe nennt sich UniForum (früher /usr/grp) und hat eine Mitgliederzahl von ungefähr 7000. Der Schrägstrich („/") bezeichnet in UNIX ein Directory, und der Name ist ein Wortspiel auf das hierarchische Dateisystem von UNIX. UniForum ist ein anbieterunabhängiger, gemeinnütziger Verein, der sich der Förderung von UNIX-Produkten verpflichtet hat.

UniForum hat weltweit Mitglieder sowie landesweite und regionale Anwendergruppen, die wie Splittergruppen arbeiten und mit der Muttergruppe durch ein gemeinsames Interesse verbunden sind.

UniForum und /usr/group sind Markenzeichen von UniForum. Gegründet wurde UniForum 1980. Ein Jahr später wurde der erste, unabhängige Katalog von UNIX-Produkten und -Diensten herausgegeben. Heute sind eine ganze Reihe von Diensten zu beziehen, die für die UNIX-Gemeinde von Interesse sind; unter anderem Rundschreiben, die alle zwei Wochen erscheinen, ein alljährlich erscheinendes Produktverzeichnis und verschiedene andere Publikationen und Dienste. Die Mitgliedschaft kostet 100,- Dollar im Jahr; unter anderem sind darin die Kosten für das Verzeichnis enthalten.

Wenn Sie das *UniForum Products Directory* bestellen möchten, wenden Sie sich an die folgende Adresse:

UniForum
2901 Tasman Drive, Suite 201
Santa Clara, CA 95054
USA

Tel.: (408)-986-8840
Fax: (408)-986-1645

7.3 Messen und Messegesellschaften

Messen sind Massenveranstaltungen, wo tausende die Möglichkeit erhalten, sich mit dem neuesten Stand der Technik bei UNIX-Systemen auseinanderzusetzen und Peripheriegeräte, Software und Dienstleistungen wie Consulting und Schulungen kennenzulernen. Jede neue Messe bietet mehr Neuheiten und mehr Produktfreigaben und Veränderungen in der Computerlandschaft.

In Zukunft werden auf Messen Anwendungen im Mittelpunkt stehen, da UNIX (als Betriebssystem) schon gang und gäbe ist. Auf lange Sicht werden Anbieter mit einem standardisierten UNIX nicht sehr viel Aufmerksamkeit erregen können.

Es gibt eine Reihe von wichtigen Computer-Konferenzen, Ausstellungen und Messen. Viele von ihnen, wenn nicht sogar alle, werden von UNIX-Systemlieferanten frequentiert. Der interessierte Anwender, der auf der Suche nach Lösungen ist, hat eine Vielzahl von Angeboten an industrieorientierten Messen und Ausstellungen, unter anderem:

SIGGRAPH (ACM)	Computergrafiken
NCGA	Computergrafiken und CAD/CAM
Autofact	Herstellung
SME	Herstellung
Electronic Imaging	Bildverarbeitung
AEC	Architektur, Technik und Bauwesen

Daneben gibt es eine Reihe von allgemeinen Computer-Messen und Konferenzen. Hierzu gehören:

NCC   National Computer Conference, USA
COMDEX   USA
SICOB   Frankreich
CeBIt   Hannover, Deutschland
SYSTEMS / SYSTEC   München, Deutschland

Messen, die sich auf bestimmte Technologien spezialisiert haben, sind unter anderem:

Xhibition für X-Windows und
Interop für Netzwerke

Messen, die sich auf UNIX spezialisiert haben, sind unter anderem:

UniForum
UNIX EXPO

7.3.1 UniForum

UniForum ist eigentlich auf Leute zugeschnitten, die sich mit UNIX auskennen, wie zum Beispiel Programmierer, Systemverwalter, und so weiter. Es gibt eine Reihe von Veranstaltungen für Manager und Neulinge, diese Messe aber zieht in der Regel ein eher technisches Publikum an. Sie konzentriert sich mehr auf UNIX an sich und die Systemtechnologie, und weniger auf Anwendungslösungen. UniForum ähnelt mehr der Siggraph von ACM, im Gegensatz zur UNIX EXPO, die eher Ähnlichkeit mit NCGA hat. Xhibition wendet sich an eine etwas breiter gefächerte Gruppe.

Die jährliche UniForum-Konferenz wird von UniForum gesponsort. Im Mittelpunkt steht die Förderung von Produkten und Dienstleistungen, die auf UNIX basieren. UNIX-Systeme und -Software-Anbieter sind auf weltweiter Basis vertreten. Workshops und Tutorials können sehr wertvoll und von praktischem Nutzen für alle Teilnehmer sein, obwohl die Zielgruppe meistens technische Anwender sind.

Wenn Sie Anmeldeformulare und Ankündigungen bezüglich der Konferenz haben möchten, wenden Sie sich bitte an UniForum. Die Konfe-

renz kostet in der Regel einige hundert Dollar, die Tutorials ebenfalls –
wenn Sie nicht Mitglied sind.

Die Ausstellungen und Tutorials, die normalerweise parallel zur Konferenz stattfinden, sind hervorragende Informationsquellen und dienen den Teilnehmern als Forum für Informationsaustausch.

> UniForum
> 2400 East Devon Avenue, Suite 205
> Des Plaines, IL 60018
> USA
>
> Tel.: (800) 323-5155 (innerhalb USA gebührenfrei)
>   (312)-323-1349 (in Illinois und Kanada)
> Fax.: (312)-299 1349

7.3.2 UNIX EXPO

UNIX EXPO ist für den UNIX-Laien und -Neuling eigentlich die beste
Messe. Sie findet einmal im Jahr im Herbst in New York statt und besteht
aus einer dreitägigen Konferenz und einer Ausstellung. Tutorials und
Computer-Labs werden von AT&T veranstaltet. UNIX EXPO ist eine ausschließlich kommerzielle Messe. Der Hauptinhalt ist UNIX und sein Einsatz im ganz alltäglichen Umgang.

> National Expositions Co., Inc.
> 49 West 38th Street, Suite 12A
> New York, N.Y. 10018
> USA
>
> Tel.: (212)-391-9111

7.3.3 Xhibition

Die Xhibition-Konferenz und Ausstellung, die in der Regel in San Jose,
Californien, stattfindet, beweist, daß die X11-Protokolle und das X-Window-System des Massachusetts Institute of Technology von Jahr zu Jahr
große Fortschritte machen. Xhibition ist eine kleine, aber ständig
wachsende Ausstellung und technische Konferenz. X11 wird immer offensichtlicher zum kleinsten gemeinsamen Vielfachen für UNIX, wenn
nicht sogar für die gesamte Computerindustrie. Alles mögliche, von

UNIX-Workstations und X-Terminals bis hin zum Macintosh von Apple und PCs von IBM wird als X-Server vorgeführt (die Workstation-Komponente), während der Client der Host ist, der die Anwendung bearbeitet.

7.3.4 Anbieter-Anwendergruppen

Die meisten wichtigen Anbieter von Rechnersystemen haben Anwendergruppen, die jährlich Meetings veranstalten. In vielen Fällen werden diese Gruppen autonom vom Vorstand einer Anwendergruppe und unabhängig vom Anbieter geführt. In der Regel ist die Teilnahme an diesen Treffen auch Nicht-Mitgliedern möglich. Man kann dort viel und relativ schnell von den Erfahrungen anderer Anwender profitieren.

7.3.5 Regionale Anwendergruppen

UniForum publiziert im *UNIX Products Directory* Kontakte für regionale Anwendergruppen, die über die ganze Welt verstreut sind.

7.4 Quellen für die UNIX-Anwendungssoftware

Systemanbieter geben schon sehr lange Softwarekataloge heraus, in welchen Software von Drittanbietern für ihre Systeme aufgeführt ist und eine kurze Beschreibung der Software gegeben wird. Dies ist immer noch die beste und schnellste Methode, um Anwendungssoftware zu finden.

Da sich Software relativ unproblematisch von einer UNIX-Version zur nächsten portieren läßt, gibt es eine lange Liste von Software unter System V, die von AT&T unterstützt wird und für die meisten Betriebssysteme zur Verfügung gestellt werden kann, die System V-kompatibel sind. Trotzdem sollte man in jedem einzelnen Fall die Kompatibilität überprüfen. Bei UNIX muß man sich nicht auf die Software beschränken, die im Third-Party-Katalog des eigenen Anbieters aufgeführt ist. Häufig läßt sich Software aus dem Angebot eines anderen Anbieters auf die eigenen Systeme portieren.

Die Third-Party-Kataloge der amerikanischen Hersteller bieten in der Regel sehr viel Software an, die für den amerikanischen Markt hergestellt wurde. Hier sollte man im Einzelfall die Verfügbarkeit für den deutschen Markt prüfen, sich erkundigen, wie gut die Unterstützung und Schulung in Europa ist und ob Anpassungen an deutsche oder europäische Besonderheiten (wie z.B. Maßsysteme) gemacht wurden oder möglich sind.

Es gibt eine ungeheure Vielzahl an „Public Domain"-Software, die auf UNIX läuft. Vorwiegend kommt sie von Universitäten oder Anwendergruppen.

Die besten Quellen für Anwendungssoftware auf UNIX sind ihre Systemanbieter und deren Software-Kataloge von Drittanbietern sowie:

- System-V-Katalog von AT&T (s. Abschnitt 7.5.)
- UNIX-Produktkatalog von UniForum (s. Abschnitt 7.5)
- Datenbanken oder Kataloge von Tool-Anbietern
- Datapro (s. Abschnitt 7.1)
- ISIS-Report (UNIX-Produkte im deutschen und europäischen Markt)

7.5 Bücher und Dokumentationen

Sieht man sich im Computerladen um, so fällt auf, daß es weniger Bücher zu UNIX gibt, als zu MS-DOS, OS/2 oder Macintosh von Apple. Der Grund liegt darin, daß UNIX meistens bei aufwendigeren PCs und Workstations eingesetzt wird, aber auch bei Multiuser-Systemen. Oft dient UNIX geschäftlichen oder kommerziellen Zwecken und nicht einer persönlichen Anwendung. Hier ändert sich die Sachlage allerdings zusehends. Geht man hingegen in den Buchhandel, so findet man UNIX-Literatur inzwischen in einem ähnlichen Ausmaß wie PC-Literatur.

Die meisten UNIX-Bücher sind Nachschlagewerke. Sie sind eine gute Grundlage, wenn man von Anfang an mit UNIX praktisch umgehen möchte. Die gängigen UNIX-Bücher sind meistens für den technischen Anwender gedacht und versuchen oftmals die Informationen oder die Dokumentation, die man von AT&T oder anderen UNIX-Systemanbietern beziehen kann, zu erweitern. Diese Bücher beschreiben nicht nur die Syntax von UNIX-Befehlen, sondern zeigen dem Leser auch, wann er welche UNIX-Befehle anzuwenden hat und wie sie funktionieren.

Über die UNIX-Handbücher hinaus gibt es noch eine Reihe von Büchern mit Spezialthemen, wie zum Beispiel bestimmte Programmiertechniken, wie man die Shell programmiert, über die Systemverwaltung, usw. Diese Bücher richten sich natürlich an ein ganz spezifisches Publikum.

AT&T, John Wiley & Sons und Prentice-Hall sind ausgezeichnete Quellen für System-V-Handbücher. Microsoft Inc. bietet XENIX-Handbücher an.

Wenden Sie sich doch an die nächstgelegene UNIX-Anwendergruppe oder an Ihren Buchhändler, wenn Sie mehr über die neuesten Bücher oder die aktuellste Dokumentation erfahren möchten. Es gibt Kritiker, die in regelmäßigen Abständen UNIX-Bücher besprechen; diese Rezensionen werden oft in Fachzeitschriften und Journalen veröffentlicht. Ihr Systemanbieter wird in der Regel wissen, an wen Sie sich wenden können, um die besten Quellen für UNIX-Dokumentationen zu finden. Sie können sich aber auch direkt bei Verlagen erkundigen, die sich auf Informatik-Publikationen spezialisieren:

> Prentice-Hall (Englewood Cliffs, New Jersey)
> QED Information Sciences (Wellesley, Massachusetts)
> John Wiley & Sons (New York, NY)
> Cucumber Bookstore, Inc. (Rockville, Maryland, (301) 8812722)
> Computer Literacy Bookshops (Sunnyvale, California, (408) 730-9955)
> Computer Systems Resources, Inc. (Atlanta, Georgia, (800) 323-8649)
> Addison-Wesley (München)
> Springer-Verlag (Berlin/Heidelberg)
> Oldenbourg Verlag (München)
> Carl Hanser Verlag (München/Wien)
> VDI Verlag (Düsseldorf)
> Markt&Technik Verlag (München)

Die folgenden Bücher sind unserer Meinung nach für bestimmte Interessensgebiete empfehlenswert:

UNIX-Bücher für Anfänger/zur Einführung:

- *UNIX for People* (Birns)
- *The UNIX Environment* (Walker, UK)
- *Exploring the UNIX System* (McGilton und Morgan)
- *The UNIX System* (Kaare)
- *The UNIX System* (Bourne)
- *UNIX for the Superuser* (Foxley)
- *UNIX, the Book* (Banahan, Rutter; UK)
- *UNIX System Administration* (Fiedler, Hunter)
- *Keine Angst vor UNIX* (Wolfinger)
- *UNIX, Version 7, bis System V.3* (Gulbins)

Shells

- *UNIX C Shell Field Guide* (Anderson, Anderson)
- *UNIX Shell Programming* (Kochan, Wood)
- *The Korn Shell Command and Programming Language* (Bolsky und Korn)
- *The UNIX Shell Programming Language* (Manis, Meyer)
- *Bourne- und Korn-Shell* (Trommer)

UNIX-Hackerei

- *Programmieren in C* (Kernigan, Ritchie)
- *UNIX Programming Environment* (Kernigan und Pike)
- *Advanced UNIX Programming* (Kochan, Wood)
- *Advanced UNIX-A Programmer's Guide* (Prata)
- *UNIX, the Book* (Banahan und Rutter, UK)
- *Programmieren mit UNIX* (Martin, Trostmann)
- *UNIX, Handbuch zur Programmentwicklung* (Bauer, Domann, Folters)

UUCP/USENET/Kommunikationen

- *USENIX Association* (Berkeley, California (415) 528-8649)
- *Managing UUCP and USENET* (O'Reilly & Associates)
- *UNIX Communications* (The Waite Group)
- *Using UUCP and USENET* (Nutshell)
- *InterNetworking with TCP/IP* (Comer)

Verschiedenes

- *UNIX Papers* (The Waite Group)
- *Tricks of the UNIX Masters* (Sage)
- *UNIX System Security* (Wood und Kochan)
- *UNIX in a Nutshell, A Desktop Quick Reference for BSD or SYSTEM V* (O'Reilly & Associates, Inc.)
- *Improving the Security of Your UNIX System* (Curry, SRI)

7.6 Journale und Fachzeitschriften

Folgende Quellen sind dann wertvoll, wenn man mit den allerneuesten Entwicklungen auf dem Markt Schritt halten möchte. Die meisten von ihnen können in Ihrem Computerfachgeschäft erworben werden.

BYTE (Von McGraw-Hill herausgegeben)
CommUNIXations (UniForum)
COMPUTERWORLD (CW Publishing/INC.)
CSN (Computer Systems News)
UNIX REVIEW (Miller Freeman Publications Co.)
UNIX Today! (Von CMP herausgegeben)
UNIXWORLD (Von Tech Valley herausgegeben)
COMPUTER Currents, IDG Communications Publications
Micro Times, BAM Publications
Offene Systeme (Springer-Verlag, Heidelberg); dies ist das offizielle Sprachrohr der deutschen UNIX-Benutzervereinigung GUUG (siehe Abschnitt 7.10).
iX Multiuser-Multitasking-Magazin (Verlag Heinz Heise GmbH, Hannover)
UNIX-WELT (IFG Communications Verlag, München)
TOPIX (Rudolf MüllerVerlag, Köln)
UNIX-Magazin (Markt&Technik Verlag, München)
UNIX-Mail (Hanser Verlag, München)
WORKOUT (MACup Verlag, Hamburg)

Es gibt auch eine Reihe von anbieterspezifischen Publikationen, die hilfreich sein können, so zum Beispiel:

Sun Observer
Sun World
DEC Professional
Digital News

7.7 Schulungen und Weiterbildung

Da UNIX immer beliebter wird, steigt die Zahl der UNIX-Schulungen ständig an. Wir haben in der folgenden Liste diejenigen aufgeführt, die wir für am sinnvollsten halten:

Universitäten   Fast alle führen UNIX-Schulungen als Teil ihres Informatik-Curriculums im Lehrplan.

Anbieter   Systemanbieter bieten meistens auch Schulungen an. Viele haben eigene Schulungszentren, andere schulen ihre Kunden vor Ort. Fragen Sie Ihren Systemanbieter, welche Schulungen er anbietet, bzw. ob er sogar eine Art „Schulungs-Ware" auf Lager hat.

Selbst-Studium   Einige Firmen bieten computerunterstützte Schulungen an. Wenn Sie mehr darüber wissen wollen, schlagen Sie am besten im *UNIX Products Directory* nach, das von *UniForum* herausgegeben wird.

Schulungen   Angesichts des wachsenden Interesses für UNIX, spezialisieren sich diverse Firmen jetzt auf UNIX-Schulungen. Wenn Sie mehr darüber wissen wollen, schlagen Sie eine der oben genannten deutschsprachigen UNIX-Zeitschriften auf. Sie finden in allen ein sehr reichhaltiges Seminarangebot an UNIX-Schulungen.

(Hinweis: Die Liste der Anbieter ist einfach zu lang, um hier noch einmal angeführt zu werden. In *UNIXWorld* erschien in der Januarausgabe 1988 ein ausgezeichneter Artikel von Judi Uttal. Sie beschreibt darin viele der Dienstleistungen, die jetzt angeboten werden.)

7.8 Wie Sie sich professionellen Rat holen

Beratung für Anwender. Es gibt Zeiten, in denen sich Firmen an externe Berater wenden müssen bei Dingen, die sie entweder selbst nicht erledigen können oder wollen. In diesem Fall brauchen sie nicht zu verzagen, denn im Zuge des wachsenden UNIX-Marktes hat sich eine ganze Industrie von Consulting-Firmen etabliert. UNIX-System- und Software-Anbieter haben meistens Beraterfirmen, an die man sich wenden kann, um Spezialarbeiten ausführen zu lassen.

Das *UNIX Products Directory* gibt jedes Jahr eine Liste der Unternehmen heraus, die professionelle Beratungsdienste anbieten (für den amerikanischen Markt). Das breite Spektrum dieses Angebots – angefangen von Studenten bis hin zu Programmier-Gurus, von unabhängigen Firmen bis zu

Systemanbietern – bedeutet, daß Sie sich umschauen können, bis Sie die Hilfe ausfindig gemacht haben, die Ihren Bedürfnissen am besten entspricht.

7.9 Wie man Netz-Dienste in Anspruch nimmt

Bulletin-Board-Systeme wie UUNET und CompuServe stellen Informationsdienste mittels öffentlicher Netze zur Verfügung, wie zum Beispiel USENET, Internet und Alternet, eine neue kommerzielle Alternative zum behördlich gesponsorten Internet.

Wie man an USENET und den UNSENIX-Verbund herankommt. Wenn Sie USENET-Dienste nutzen möchten, müssen Sie einen nahegelegenen Standort finden, der USENET schon nutzt und gewillt ist, Ihr „Feed" (d.h. Einstiegsknoten) zu werden. Wenn Sie mehr darüber erfahren möchten, wenden Sie sich an Ihren Systemanbieter bzw. die nächste UNIX-Anwendergruppe. Aller Wahrscheinlichkeit nach müssen Sie dann die Telefongebühren zahlen, die es kostet, um mit Ihrem Feed mittels eines Modems zu kommunizieren. Wenn Sie eine verläßliche physikalische Verbindung haben, müssen Sie sicherstellen, daß UUCP vorhanden ist und auch funktioniert. UUCP wird mit den gängigen UNIX-Systemen geliefert.

Wenn UUCP und die physikalische Verbindung einsatzbereit sind, müssen Sie sich von Ihrem Feed-Standort die neuesten USENET-Quellen beschaffen. Diese Programme sind Public Domain und müßten unentgeltlich erhältlich sein. Als nächstes sollten Sie die Anweisungen lesen und sie implementieren – jetzt sind Sie startbereit.

Der USENIX-Verbund ist ein professioneller und technischer Verbund von Personen und Institutionen, die es sich zum Ziel gesetzt haben, in alter UNIX-Tradition innovativ tätig zu sein. Wenn Sie mehr über die Mitgliedschaft in Erfahrung bringen möchten, wenden Sie sich bitte an den Verbund selbst, PO Box 2299, Berkeley, California 94710.

UUNET und UUCP-Net. UUNET ist ein System, das Mail und Nachrichten als Hauptknoten in einem weltweiten Kommunikationsnetz transportiert. Das UUCP-Netz wird von kommerziellen Unternehmen, wissenschaftlichen Einrichtungen und Privatpersonen unterstützt, die gewillt sind, Mittel zum Betrieb des Netzes zur Verfügung zu stellen. Um für Anwender, die noch an keine Knoten angeschlossen sind, Zugang zu schaffen, installierte die USENIX Anwender-Gruppe einen Knoten namens UUNET, zu dem jeder gegen eine Gebühr Zugang hat. Mittlerweile ist der UUNET-Knoten zu einem kommerziellen Dienst geworden (mit Namen „UUNET Communications Services") und bietet Zugriff auf die USENET-Nachrichtenverteilung. Angeboten wird aber auch E-Mail, mit Zugang zu tausenden von anderen Knoten und einigen Netzen, einschließlich Internet. 1987 startete USENIX einen kommerziellen Kommunikations-Service, und erst kürzlich begann UUNET, seine Quellen-Archive für einen anonymen UUCP-Zugriff mit einer gebührenfreien Nummer zu öffnen. UUNET stellt auch ein Abonnement für AlterNet zur Verfügung.

USENIX bietet ein Mail-Gateway und UNIX-Archive, auf die Abonnenten zugreifen können. UUCP-Net ist für jeden, der die erforderlichen Gebühren entrichtet, erhältlich. Wenden Sie sich bitte an die USENIX Association in Berkeley, California, um die neueste Beschreibung der UUNET-Dienste und Gebühren zu erhalten: (415)-528-8649 oder (703) 876-5050.

Öffentlich zugängliche UNIX-Netze. Die Zahl der öffentlich zugänglichen UNIX-Systeme, die für jeden einen Login-Service bieten, wächst ständig. Diese Systeme funktionieren nicht wie UUNET, bei dem die Informationen auf Ihren Rechner geladen werden. Sie können sich vielmehr anmelden (einloggen) und somit Zugriff auf USENET und andere damit verbundene Dienste erhalten. Wenden Sie sich an UniForum oder USENIX, wenn Sie eine vollständige Liste benötigen, die Ihnen das Wo und Was dieser Netzwerke vermittelt.

Eine Informationsexplosion bei NETNEWS. In den letzten Jahren hat die elektronisch übermittelte Datenmenge zum ersten Mal das Volumen mündlicher Datenübermittlung per Kommunikationsnetz übertroffen. Diese Datenexplosion läßt sich anhand von Internet leicht selbst nachweisen, wo Berichten zufolge jeden Tag 25 Megabyte an Information an NetNews geschickt werden.

NetNews ist eine Alternative zu großen E-Mail Interessenlisten. Es gibt mindestens eintausend aktive und erreichbare Nachrichtengruppen, wenn Sie erst einmal auf dem Internet sind. News-Systeme haben gegenüber E-Mail-Listen ihre Vorteile. So werden bei News alle Nachrichten zu einem Thema gruppiert und von Ihrer E-Mail getrennt sortiert. Während die Einzelheiten bei bestimmten Mail-Lesern unterschiedlich sein können, kann man bei fast allen diejenigen Informationen eliminieren, die nicht von Interesse ist. Nachrichtengruppen sind zudem weitaus billiger hinsichtlich ihrer Netzauslastung und Systemverwaltung.

Es gibt eine Reihe von populären News-Lese-Programmen. Hierzu gehören: rn, newstool und gnuemacs/gnus, um nur einige zu nennen. Ihr Systemverwalter sollte in der Lage sein, sie auf Ihrem System zum Laufen zu bringen. Normalerweise sind mehrere News-Gruppen erhältlich. Die zur Verfügung stehende Themenpalette ist vielfältig, angefangen beim Hobby-Fischen bis hin zu technischen Diskussionen. Meistens hat man Zugang zu hunderten von verschiedenen News-Groups. Es spricht vieles dafür, daß es in naher Zukunft einen neuen Satz an „Hypermedia"-Tools geben wird, mit Hilfe deren Anwender die richtigen Informationen orten können, die über das Netz erhältlich sind.

7.10 Ergänzungen zur deutschen Ausgabe

GUUG – Vereinigung Deutscher UNIX-Benutzer e.V.

Mit derzeit etwa 1.400 Mitgliedern ist die GUUG (German UNIX User Group) die größte europäische Vereinigung von UNIX-Anwendern. Die Mitgliedschaft in der GUUG steht jedem offen.

Ziel des Vereins ist es, die technische Forschung, Entwicklung und Kommunikation offener Computersysteme, die insbesondere durch das Betriebssystem UNIX initiiert wurden, zu fördern. Die konsequente Verfolgung dieses Ziels führte offene, herstellerunabhängige Systeme zum Erfolg.

GUUG-Tagung

Die GUUG veranstaltet jährlich zwei Symposien. Die Frühjahrsfachgespräche dienen mit einer Reihe von Workshops und Tutorials vor allem der intensiven Diskussion aktueller Themen und der Weiterbildung ihrer Mitglieder. Auf der Jahrestagung „UNIX in Deutschland" wird ein umfassender Überblick über das aktuelle UNIX-Geschehen gegeben – in vertieften Fachvorträgen, einer dazu parallelen, stärker anwendungsorientierten Sitzungsreihe, in Tutorials zu aktuellen Themenbereichen und nicht zuletzt durch eine Ausstellung, in der alle namhaften Hardware- und Softwarehersteller ihre neuesten Entwicklungen vor Ort zeigen. Die zu einer festen Institution gewordenen Podiumsdiskussionen bringen kompetente Vertreter von Forschungsinstitutionen, Systemanbieter und

DV-Anwender regelmäßig zu einer Debatte über aktuelle Fragestellungen zusammen.

Offene Systeme
Die von der GUUG mit dem Springer-Verlag herausgegebene Zeitschrift „Offene Systeme" erhalten GUUG-Mitglieder kostenlos. Sie berichtet sowohl in technischen als auch anwendungsorientierten Beiträgen über aktuelle Entwicklungen Offener Systeme. Sie versteht sich als ein Forum für Anwender und Entwickler offener, UNIX-basierter Systeme mit dem Ziel, die Leistungsfähigkeit und den praktischen Einsatz solcher Systemplattformen nicht nur zu unterstützen, sondern auch kritisch Position zu beziehen in einem sich verändernden, wettbewerbsorientierten Softwaremarkt. Berichte zu aktuellen Themen aus Forschung und Entwicklung runden das Spektrum ab. Die Zeitschrift stellt damit ein offenes Forum zur Verfügung, das die Meinung der GUUG-Mitglieder öffentlichkeitswirksam zum Ausdruck bringt.

EUnet
Das EUnet ist ein kooperatives Netz von UNIX-Rechnern in Europa, das seinen Teilnehmern eine elektronische Kommunikation sowie Zugang zu Informationsdiensten wie News bietet. Seit vielen Jahren betreibt die GUUG in Kooperation mit einem Netzbetreiber (bis vor kurzem war das die Universität Dortmund) den deutschen Teil des EUnet und regelt über angeschlossene Netzknoten den Zugang zu weiteren internationalen Netzen. Als Teil des europäischen EUnet ermöglicht es seinen Benutzern internationale Kommunikation zu geringen Kosten sowie zusätzliche Dienstnutzung. Was einmal als Selbsthilfemaßnahme einiger GUUG-Mitglieder begonnen hat, hat sich inzwischen zu einem umfangreichen Dienst entwickelt.

Neben dem Netzzugang für kommerzielle Nutzer, für die ein Anschluß an EUnet in Betracht kommt, wird oft nach einem kostengünstigeren Zugang für nicht-kommerzielle Zwecke gefragt. Hier wird seit längerer Zeit der GUUG-Rechner mit Zugang zu den Netnews und zu Public-Domain-Software angeboten; Mail ist in kleinem Umfang möglich. Neben dem Münchner Rechner sind die GUUG-Rechner in Chemnitz und Leipzig einbezogen, weitere Rechner werden in Zukunft dazukommen.

Arbeitskreise / Lokale Gruppen
Innerhalb der GUUG haben sich Arbeitskreise gebildet, die sich unabhängig von den Tagungen treffen und aktuellen Themen widmen. Zur

Zeit sind Arbeitskreise zu den Themen „Entwicklung kommerzieller Applikationen", „Schule" und „GUUG-Rechner" aktiv.

Auf lokaler Ebene finden UNIX-Stammtische statt. In den meisten größeren deutschen Städten (natürlich auch in den neuen Bundesländern) sind diese Treffen regelmäßige Einrichtungen, die ohne den formalen Rahmen einer Tagung die Gelegenheit bieten, Erfahrungen und Informationen auszutauschen.

Internationale Kontakte

Die GUUG unterhält Kontakte zu internationalen Vereinigungen mit ähnlichen Zielsetzungen. So ist die GUUG Mitglied der EurOpen, der European UNIX User Group. Sie vertritt weiterhin die Interessen der Mitglieder bei POSIX, usr/group, X/Open, OSF und UNIX International Inc.

Weitere Dienstleistungen

Mitglieder der GUUG erhalten kostenlos das UNIX Magazin des Verlags Markt & Technik, persönliche Mitglieder auch die Zeitschrift topix des R. Müller Verlags. Auf europäischer Ebene wird eine Programmbibliothek mit frei zugänglichen UNIX-Programmen geführt, die den Mitgliedern gegen eine nominelle Gebühr (Datenträger und Papierkosten) zur Verfügung gestellt wird. Für eine Reihe UNIX-bezogener Veranstaltungen, insbesondere die Jahrestagung „UNIX in Deutschland", zahlen Mitglieder der GUUG einen deutlich reduzierten Beitrag.

Vorstand der GUUG

Vorsitzender	Prof. Burkhard Stork, FH Augsburg
Stellv. Vorsitzende	Achim Brede, BREDEX GmbH
	Ralph Treitz, SAP AG
Kassenwart/Leiter der Geschäftsstelle	Dr. Dieter Längle, AIC Software GmbH
Beiräte	Ulrike Weng-Beckmann, Siemens Nixdorf
	Hans Strack-Zimmermann, iXOS Software
	Dr. Lothar Koch, TH Leipzig
	Matthias Clauß, TU Chemnitz

GUUG-Geschäftsstelle
Elsenheimerstr. 43, 8000 München 21
Tel.: 089/5707697, Fax: 089/570 76 07, Mail: guug@guug.de

GUUG, EUnet und EurOpen sind eingetragene Warenzeichen der Vereinigung deutscher UNIX-Benutzer e.V.

Glossar

Hat man viel mit der Terminologie im Bereich von Technik und Rechner zu tun, stellt man fest, daß ständig neue Konzepte und Schlagwörter auftauchen. Mit der Zeit werden einige Wörter in ihrer Bedeutung „überladen" und haben dann, je nach Kontext, verschiedene Bedeutungen. In diesem Abschnitt finden Sie Akronyme, Schlagwörter und Konzeptbegriffe, wie sie der Autor versteht.

ABI (Application Binary Interface)
(Binärschnittstelle für Applikationsprogramme)
Eine Spezifikation, die definiert, wie ausführbare UNIX-Programme gespeichert werden, damit sie auf bestimmten Hardwarearchitekturen laufen können, so daß bei Wechsel von System zu System maximal ein erneutes Binden, nicht jedoch eine Neukompilierung notwendig wird. AT&T und Sun Microsystems haben diese Schnittstellen für System V definiert. Der Vorteil für Anwender und unabhängige Softwareanbieter besteht darin, daß die Software auf ABI anstatt auf die Hardwarearchitektur geschrieben werden kann. Damit wird die ABI-konforme Software ebenso austauschbar wie Software, die auf PCs läuft (zumindest zwischen Systemen mit gleichem CPU-Typ).

**ACM SIGGRAPH (Association for Computing Machinery,
Special Interest Group in Computer Graphics)**
(DV-Maschinen-Verband, US-Interessensverband für Computer-Grafik)
SIGGRAPH sponsort jeden Sommer eine Messe und eine Ausstellung, auf welchen die neuesten Fortschritte in der Computer-Grafik gezeigt werden.

ADA
Moderne, höhere Programmiersprache, die von amerikanischen Regierungsbehörden und im Militärbereich (auch in Europa) für neu zu erstellende Software eingesetzt bzw. vorgeschrieben wird.

AIX (Advanced Interactive Executive)
(Fortschrittliche Interaktive Ausführung(soberfläche)
AIX ist eine UNIX-Variante, die auf System V Release 2 von AT&T basiert und Berkeley-Erweiterungen hat. Erstmals von INTERACTIVE Systems auf vertraglicher Basis für den RT-PC von IBM entwickelt. AIX wurde von OSF als die Basis für ihr zukünftiges UNIX-Produkt ausgewählt.

ANSI (American National Standards Institute)
(Amerikanisches Institut für Standards)
Eine Organisation, die von der BEMA gesponsort wird (Business Equipment Manufacturers Association), mit dem Ziel, auf freiwilliger Basis Standards in der Industrie zu etablieren.

Application Environment Specification
(Spezifikation für die Anwendungsumgebung)
Diese Spezifikation hat die Portierbarkeit von Anwendungen auf Quelltextebene zum Inhalt. Sie beschreibt die Anwendungsschnittstellen, das Betriebssystem und Systemerweiterungen. Diese sind konsistent mit POSIX, NIST und SPG von X/OPEN.

API (Application Programming Interface)
(Programmierschnittstelle für Anwendungsprogramme)
API ist eine Schnittstellenspezifikation und Programmiersprachen-Schnittstelle zwischen dem Anwendungsprogramm und dem Betriebssystem. Mit dieser Schnittstelle kann der Programmierer einmal für die API schreiben, anstatt mehrere Schnittstellen auf verschiedene zugrunde liegende Betriebssystem-Aufrufkonventionen zu benutzen. Eine Applikation, die nur API-Schnittstellen zum System und den Standardbibliotheken verwendet, muß nur noch neu kompiliert werden, wenn sie auf einem anderen Betriebssystem mit gleicher API laufen soll.

Architektur
Die Konzeption eines Rechners, die Datenspeicherarten, Operationen und die Kompatibilität mit anderen Systemen und anderer Software definiert. Die Architektur bezieht sich auf bestimmte Komponenten eines Rechners und die Art und Weise, wie sie interagieren. Oft ist damit auch der CPU-Chip gemeint, der als Basis des Systems eingesetzt wird.

ASCII

Codierungsverfahren für Zeichen. Es wird ein 7-Bit Code benutzt, in dem die Standardzeichen der englischen und amerikanischen Zeichen vorhanden sind; es fehlen jedoch die meisten europäischen Sonderzeichen, wie beispielsweise die deutschen Umlaute oder das „ß". Für Europa gibt es verschiedene nationale Varianten des ASCII-Zeichensatzes.

Batch-System

Eine Funktion des Betriebssystems, welche die Stapelverarbeitung von Aufträge erlaubt, d.h. einen Auftrag nach dem anderen aus dem Gesamtauftrag abarbeitet, wobei jeweils nur ein Auftrag gleichzeitig bearbeitet wird.

Benutzerschnittstelle

Die Mittel und die Art (Tastatur, Maus, vor allem aber auch die Programmoberfläche wie Menü oder Kommandozeile), mit welchen der Benutzer mit dem Betriebssystem direkt oder mit einem Anwendungsprogramm kommuniziert.

Betriebssystem

Die Grundsoftware, die das Innenleben eines Rechners steuert, also die Verbindung zwischen der Anwendungssoftware und dem Computer.

Booten

Beim Einschalten des Rechners testet das Boot-Programm durch, welche Geräte angeschlossen sind und wieviel Hauptspeicher vorhanden ist. Dann wird der Betriebssystemkern in den Speicher geladen und damit der eigentliche Rechnerbetrieb gestartet. Diesen gesamten Vorgang nennt man Booten. Das Bootprogramm befindet sich in der Regel in einem kleinen Festspeicher und muß nicht extra geladen werden.

BSD (Berkeley Standard Distribution)

(Berkeley-Standardauslieferung)
Eine UNIX-Systemvariante, die an der University of California in Berkeley entwickelt wurde und vor allem an Universitäten und im technischwissenschaftlichen Bereich große Beliebheit erlangte.

Bug

Ein Fehler im Design oder in der Implementierung der Hardware oder Software, der fehlerhafte Resultate erzeugt oder eine erfolgreiche Bearbeitung verhindert.

Bus
Ein (mehradriges) Kabel oder mehrere Leiterbahnen auf einer Platine, die
räumlich und logisch zusammengehören, werden dazu benutzt, elektri-
sche Signale zu anderen Rechnerteilen oder angeschlossenen Geräte zu
schicken oder von dort zu empfangen.

C
Eine höhere Programmiersprache, die von Dennis Ritchie bei den Bell
Laboratories von AT&T entwickelt wurde. C ist eine maschinenunabhän-
gige Sprache und normalerweise Teil der UNIX-Standardauslieferung.
Als UNIX in C neu geschrieben wurde, hatte dies zur Folge, daß UNIX
sich einfacher auf andere Computersysteme portieren ließ. Heute hat C
als Sprache weite Verbreitung gefunden. Mit der ANSI-C-Definition liegt
seit 1989 nun auch eine standardisierte Sprachdefinition vor.

CALS
Ein vom amerikanischen Verteidigungsministerium definierter Standard
für den elektronischen Datenaustausch sowie Datenformat für den Aus-
schreibungstext und die Angebotstexte bei großen Ausschreibungen. Die
Abkürzung steht für „Computer-Aided Logistic and Acquisition Systems".

CD-ROM (Compact Disk – Read Only Memory)
Ein preiswertes und stabiles Medium für den Vertrieb von Programmen
und Daten. Das Format entspricht denen von Musik-CDs. Die Kapazität
des Mediums beträgt etwa 500 MB. Die Daten können nur gelesen, nicht
jedoch vom Benutzer auf die CD geschrieben werden.

CGM (Common Graphics Metafile)
(Metafile-Format für Grafikdaten)
Ein Standard für den Datenaustausch im Bereich der Computergrafik.

Client (dataless bzw. datenlos)
Die Firma Sun definiert ein „dataless node" als Knoten in einem Netz,
der seine eigene Platte und sein eigenes Betriebssystem hat, sich jedoch
auf andere Server im Netz stützt, um das System hochzufahren.

Client (diskless bzw. plattenlos)
Suns Definition für einen Rechner im Netz, der keine eigene Magnetplatte besitzt und für die Datenspeicherung, das Hochfahren und andere
Dienste File-Server im Netz benutzt. Diese Art von Rechner werden häufig auch als „diskless nodes" bezeichnet.

COBOL
Eine höhere Programmiersprache, die hauptsächlich bei kommerziellen
Applikationen zur Anwendung kommt.

Compiler
Ein Programm, das den in einer höheren Sprache eingegebenen Quelltext
in eine Form bringt, die vom System bearbeitet werden kann. Dies ist
üblicherweise der prozessorspezifische Maschinencode oder das Programm in der entsprechenden Assemblersprache.

COS (Corporation for Open Systems)
(Unternehmen für Offene Systeme)

CPU (Central Processing Unit)
(Zentraleinheit)
Die Hardware in einem Computer, die die Maschinenanweisungen aus-
führt.

Daemon
Ein Server-Prozeß, der systemweite Funktionen bearbeitet und „unsicht-
bar" im Hintergrund läuft. Daemonen werden während des Hochfahrens
initiiert und automatisch oder periodisch aktiviert, um eine bestimmte
Aufgabe auszuführen. Sie stellen dem Hostrechner und/oder dem Netz
Ressourcen zur Verfügung.

DARPA (Department of Defense Advanced Research Projects Agency)
(Eine Agentur, die für das amerikanische Verteidigungsministerium
Forschungsprojekte durchführt)
Koordiniert Forschungsprojekte, die für Verteidigungssysteme in Auf-
trag gegeben werden, und stellt auch die finanziellen Mittel zur Verfü-
gung.

Dateisystem
Eine Anordnung von Verzeichnissen (directories) und darin angeordne-
ten Dateien (files) auf Massenspeichergeräten. Im weiteren Sinn versteht
man darunter neben den Daten und ihrer Struktur auf dem Datenträger
auch die Operationen, die vom Betriebssystem für Zugriffe auf Dateien
zur Verfügung gestellt werden.

De facto
Bezieht sich auf Standards, die weite Verbreitung gefunden haben, obwohl sie unter Umständen nicht von offiziellen Normungsgremien verabschiedet sind.

EBCDIC
IBM-spezifischer Zeichensatz auf Großrechnern. Der EBCDIC-Code ist mit 8-Bit pro Zeichen umfangreicher als der 7-Bit ASCII-Code.

E-mail

(Elektronische Post)
Ein Programm, das eingesetzt wird, um Informationen elektronisch innerhalb eines Netzes oder auf andere, entfernte Netze zu übertragen. Es stellt also Dienste, ähnlich denen eines Briefträgers, zur Verfügung.

Emulator
Hardware- oder Software-Einheiten, mit denen ein Computer, ein Terminal oder ein anderes Gerät ein weiteres System täuschend echt nachmachen (emulieren) kann. UNIX-Emulatoren erwecken den Anschein, als ob UNIX liefe, obwohl UNIX überhaupt nicht vorhanden ist. Diese Implementierungen weisen meistens Unzulänglichkeiten bei der Leistung oder ihrer Funktionalität auf.

Ethernet
Eine LAN-Technologie, die von der Xerox Corporation entwickelt und später von einem größeren Firmenkonsortium zum De-facto Standard erklärt wurde. Die echte Standardisierung erfolgte erst in den 80er Jahren.

Extensible

(Erweiterungsfähigkeit)
Software, auf der Leistungsmerkmale mühelos verändert oder neue hinzugefügt werden können.

Filter
Ein UNIX-Hilfsprogramm, das Daten von der UNIX-Standardeingabe liest, sie bearbeitet und dann wieder auf die UNIX-Standardausgabe ausgibt.

FIPS (Federal Information Processing Standards)
(Amerikanische Standards für Informationsverarbeitung)
Vorschriften und Minimalanforderungen, welche in Rechnerbeschaffungsmaßnahmen amerikanischer Regierungsbehörden zum Tragen kommen. FIPS werden von NIST entwickelt. Um die Übereinstimmung mit FIPS zu testen, haben Regierungsbehörden eine Testreihe entwickelt, die auf einer Untermenge der SVVS von AT&T basiert.

Fork
Ein UNIX-Systemaufruf, um den gesamten Adreßbereich und Kontext eines Prozesses zu kopieren. Auf diese Art erhält man zwei identische Prozesse, den Vater-Prozeß (ursprünglicher Prozeß) und den Sohn-Prozeß (neuer Prozeß). In der Regel werden so aus einem Programm heraus weitere Programme gestartet.

FORTRAN
Eine höhere Programmiersprache, die vorwiegend bei wissenschaftlichen und technischen EDV-Applikationen eingesetzt wird.

Gateway
Ein Knoten in einem Netz, mit dem Netze, die unterschiedliche Protokolle anwenden, kommunizieren können. Gateway bezieht sich auf die logische Zwischenverbindung von ansonsten inkompatiblen Netzen, die mittels der Hardware und/oder der Software eine Protokollumsetzung vollziehen und dadurch die Möglichkeit schaffen, Nachrichten zwischen den unterschiedlichen Netzen auszutauschen.

GOSIP
Kommunikationsstandard bei amerikanischen Regierungsbehörden.

grep
Ein UNIX-Hilfsprogramm, das Textdateien nach vom Anwender spezifizierten Zeichenketten durchsucht.

Groupeware
Ein neuer Begriff zur Beschreibung einer Software-Lösung, die kooperative, Projektgruppen-orientierte Verarbeitung unterstützt. Beispiele dafür sind unter anderem Terminverwaltungsprogramme und Telekonferenzsysteme.

Hacker
Ein Mensch, der die meiste Zeit mit Computern verbringt – ein „arbeits-
süchtiger" Programmierer. Hacker ist in der EDV-Gemeinde ein schmei-
chelndes Wort, in der MIS-Welt versteht man unter einem Hacker eher
einen undisziplinierten oder egozentrischen Programmierer.

Hard Mount
Bei NSF ist dies das Standardverfahren, um andere (in der Regel entfernte) Dateisysteme in das lokale Dateisystem des Rechners einzuhän-
gen. Dabei wird selbst dann versucht, das entfernte Dateisystem einzu-
hängen, wenn dessen Rechner bzw. der Server nicht reagiert. Wird der
Server später aktiv, wird das Dateisystem automatisch eingehängt, ohne
daß dazu ein neuer Befehl erteilt werden muß. Ein Dateisystem, das
Lese- und Schreibzugriffe erlaubt, solltc mit cinem Hard Mount eingehängt werden (s. auch Soft Mount).

Hardware-unabhängig
Software, die sich auf verschiedenste Hardware portieren läßt.

Heterogener Server
Ein heterogener Server kann Clients haben, die jeweils eine verschiedene
Architektur aufweisen, aber auch Clients der gleichen Architektur wie er
selbst.

Hierarchisches Dateisystem
Eine Methode, anhand derer man Dateigruppen auf einer Platte (oder auf
einem anderen Massenspeichergerät) in einer Baumstruktur speichern
kann (genauer betrachtet ist es ein umgekehrter Baum). Das heißt, eine
„Mutter"-Datei kann viele „Töchter" haben, aber jede „Tochter" kann nur
eine „Mutter" haben.

High Availability Systems
(Systeme mit hoher Verfügbarkeit)
In der Regel Systeme mit einer Architektur, die sowohl Hardware- als
auch Softwarekomponenten besitzt, die garantieren, daß ein System
höchst zuverlässig arbeitet. Das optimale Beispiel ist ein fehlertolerantes
System, bei dem praktisch sicher ist, daß es nicht abstürzt oder ausfällt.

Homogener Server
Ein Server, der nur Clients seiner eigenen Architektur hat.

Host (Gastrechner)
Ein Computersystem; oft ein größeres System, wie zum Beispiel ein Mainframe-Computer in einem Netz.

IEEE (Institute of Electrical and Electronic Engineers)
(Amerikanische Vereinigung für Elektro- und Elektronik-Ingenieure)

IGES (Intermediate Graphics Exchange Specification)
Ein NIST-Standard für den Datenaustausch geometrischer Daten zwischen CAD/CAM-Systemen.

Internet
Ein weltweites WAN-Netz, in dem das Internet-Protokoll (IP) eingesetzt wird. Das Netz wurde ursprünglich von DARPA gesponsort.

Internet-Adresse
Die Adresse eines Systems auf einem Netz. Es handelt sich dabei um ein verbreitetes Adressierungsverfahren für Rechner in einem Netzwerk. Dieses Verfahren wird auch außerhalb des eigentlichen Internet benutzt.

Interoperabilität
Auch „Interworking" genannt. Impliziert wird, daß Computersysteme und/oder Software von verschiedenen Anbietern auf komplementäre Art miteinander funktionieren.

Interprozeß-Kommunikation
Ein Mechanismus, bei dem ein Prozeß mit einem anderen kommunizieren und Daten austauschen kann.

IRDS (Integrated Repository Definition Standard)

ISO (International Standards Organization)

Kern (engl. Kernel)
Das eigentliche UNIX-Betriebssystem **ohne** die darüberliegenden Schichten, Bibliotheken und Dienstprogramme. Dieser Kern verwaltet alle physikalischen Geräte auf dem System, einschließlich des Dateisystems, des Speichers, der Platten, Bänder, Drucker und der Kommunikation. Der Kern führt Funktionen wie zum Beispiel die Synchronisierung von Prozessen, Scheduling (Prozessorzuteilung), Speicherzuteilung und die Kommunikation mit anderen Systemen aus.

Kommando
Eine Anweisung an ein Computerprogramm oder direkt an das Betriebssystem. Kommandos können mit der Tastatur eingegeben oder mittels einer Option in einem Menü ausgewählt werden.

Kommandointerpreter
Ein Programm, das Kommandozeilen liest, die mittels einer Tastatur ein-
gegeben wurden und sie dann als Anforderungen interpretiert, andere
Programme auszuführen. Die Shell ist der UNIX-Kommandointerpreter.

LAN (Local Area Network)

(Lokales Netzwerk)
Eine Gruppe von nicht weit voneinander entfernten Computersystemen
(Knoten), die durch ein schnelles Netz verbunden sind.

Mac
Abkürzung für Macintosh-Rechner von Apple.

Mainframe

(Großrechner)
Ein großer Computer, der innerhalb von Unternehmen für die Datenverarbeitung eingesetzt wird. Ein Beispiel ist der 3090er von IBM.

Minicomputer
Ein Computersystem im mittleren Leistungsbereich der Klasse DEC
VAX, Prime-50-Serie, Data General usw.

MIS (Management Information System)
Eine zentralisierte Gruppe von Spezialisten, deren Aufgabe es ist, ein Da-
tenverarbeitungszentrum in einem Unternehmen zu leiten. Man versteht
darunter teilweise auch Systeme bzw. Software, die bei der Entscheidungsfindung helfen sollen, also entscheidungsunterstützende Pakete.

Modem
Ein elektronisches Gerät, das mit einem Computersystem verbunden ist
und die Kommunikation zwischen Systemen über Telefonleitungen ermöglicht. Zu diesem Zweck werden die digitalen Signale aus dem Rechner für die Telefonleitung moduliert (in verschiedene Tonhöhen umgesetzt) und auf der anderen Seite wieder demoduliert.

MS-DOS (Microsoft-Disk Operating System)
Das wichtigste Betriebssystem auf IBM PCs und kompatiblen Rechnern.

Multimedia
Information, die sich aus unterschiedlichen Datendarstellungen wie z.B.
Ton, Video, Fax und normalen Textdaten zusammensetzt.

Multiprozessor
Ein Rechner, der mehrere Zentraleinheiten (in der Regel der gleichen
CPU-Architektur) hat.

Multitasking
Mit Hilfe von Multitasking können Benutzer mehrere Tasks oder Programme in einem Betriebssystem gleichzeitig laufen lassen, auf die gleichen Daten gleichzeitig zugreifen und sie auch verändern. Ein Multi-
tasking-Betriebssystem weist den Prozessen, die miteinander um die
Steuerung der CPU wetteifern, Prioritäten zu. Betriebssystemprozesse
haben dabei die höchste Priorität. Je länger ein Prozeß auf die CPU wartet, desto höher wird seine Priorität, bis das Betriebssystem endlich Speicher zur Verfügung stellt und den Prozeß bearbeitet.

Multi-User
Funktionalität in einem Betriebssystem, mit der mehrere Benutzer gleichzeitig arbeiten können, wobei sie unabhängig voneinander Zugriff auf
die gleichen Dateien oder Daten haben. D.h., man kann z.B. gleichzeitig
Schriftstücke ausdrucken oder Programme auf dem System laufen lassen.

NBS (National Bureau of Standards – jetzt NIST)
(Amerikanisches Amt für Standards)
NIST's Name bis 1988.

Netz(-werk)
Die feste Verbindung zwischen zwei und mehr Computern.

NFS (Network File System)
(Netz-Dateisystem)
Ein Softwaresystem, das von jedem Netz-Rechner aus den Zugriff auf
Dateien ermöglicht, die auf einem beliebigen anderen Rechner des glei-
chen Netzes gespeichert sind. NFS wurde von Sun Microsystems entwic-
kelt und ist jetzt ein UNIX-Industrie-Standard.

NIST (National Institute for Standards and Technology)
(Amerikanisches Institut für Standards und Technologie)
Früher NBS (National Bureau of Standards) genannt. NIST ist ein Normungsgremium für amerikanische Regierungsbehörden, das für Computer- und Netzstandards die Genehmigung erteilt. Anbieter, die ihre Produkte an die Regierung verkaufen möchten, müssen ihre Produkte so herstellen, daß sie diesen Standards entsprechen. Die FIPS-Standards wurden von NIST erstellt und werden auch von NIST verwaltet.

Offene Systeme (Open Systems)
EDV-Geräte, die relativ preiswert, vielseitig und kompatibel sind, da sie auf Standardtechnologien beruhen und sich an Industrie-übliche Spezifikationen halten. Kommunikations- und EDV-Fähigkeiten, die sich nach Standards richten und eine Softwareportabilität und transparente Vernetzung ermöglichen.

Optische Platte
Kompaktes Massenspeichergerät, das sehr große Datenmengen speichern kann.

Orthogonalität
Orthogonalität ist die Eigenschaft, einzelne Funktionen zu ersetzen, ohne daß dies Auswirkungen (oder höchstens minimale) auf die anderen Funktionen hat.

OSF (Open Software Foundation)

OSI (Organization for International Standards)
(Organisation für internationale Standards)
Früher ein europäisches Konsortium, das Standards für die Vernetzung definierte. Definiert Standardformate für Nachrichten, die über Systemgrenzen hinweg verschickt werden.

Pipe
Die von UNIX zur Verfügung gestellte Fähigkeit, zwei oder mehr Kommandos zu verbinden, wobei die Ausgabe eines Kommandos zur Eingabe des nächsten Kommandos geleitet wird.

Phigs (Programmer's Hierarchical Interactive Graphics System)
(Hierarchisches interaktives Grafiksystem für den Programmmierer)
Ein Schnittstellenstandard für Grafiksoftware mit Datenstrukturen für höhere 3-D-Anwendungen.

Portabilität
Ausdruck, der zur Beschreibung von Software angewandt wird, die problemlos von einer Rechnerumgebung zur nächsten übertragen werden kann. „Problemlos" impliziert hier, daß nur minimale oder gar keine Veränderungen notwendig sind.

POSIX
Ein Satz von Standards, der von IEEE entwickelt wurde und Komponenten eines portablen Betriebssystems spezifiziert. POSIX ist anbieterunabhängig und hat zum Ziel, die Entwicklung von Anwendungs-Software möglich zu machen, die auf die Hardware von verschiedenen Anbietern portierbar ist.

PostScript
Eine Sprache für Text und Grafik, die von Adobe Systems für Laserdrucker und Photosatzbelichter entwickelt wurde. PostScript wird heute auf manchen Systemen auch zur Bildschirmdarstellung (in Form von Display-PostScript oder NeWS) eingesetzt.

Protokoll
Ein Satz von formalen Regeln, die spezifizieren, wie Hardware und Software auf einem Netz oder Bus miteinander zu agieren haben, wenn Informationen übertragen und erhalten werden sollen.

RDBMS (Relational Database Management System)
(Relationales Datenbanksystem)
Ein System, das eine Datenbank relational verwaltet. „Relational" bedeutet hier, daß auf verschiedenen Wegen auf Daten zugegriffen werden kann, statt der sehr eingeschränkten Zugriffsverfahren von hierarchisch organisierten Datenbanken, die nur einen „top-down-only"-Zugriff erlauben, also nur von oben nach unten.

RISC (Reduced Instruction Set Computer)
(Computer mit reduziertem Befehlssatz)
Eine Mikroprozessor-Architektur, die Geschwindigkeit und Leistung optimiert, indem die internen Kommunikationen des Rechners vereinfacht werden. Diese CPU-Architektur ist inzwischen allgemein als Alternative zum CISC (Complex Instruction Set)-Rechner akzeptiert, der heute weithin Verbreitung gefunden hat.

RPC (Remote Procedure Call Facility)
(Möglichkeit zum Aufruf von Prozeduren auf einem anderen Rechnersystem)
Hierbei handelt es sich um eine Bibliothek von Prozeduren, die Mechanismen zur Verfügung stellt, damit ein Client-Prozeß eine Prozedur oder einen Server-Prozeß anstoßen kann und Ergebnisdaten von diesem zurückbekommt.

SCCS (Source Code Control System)
Dies sind unter dem AT&T-UNIX-System eine Reihe von zusammenarbeitenden Programmen zur Verwaltung von Quelltextdateien und Modulen.

SCSI (Small Computer Systems Interface)
(Schnittstelle für kleinere Computersysteme)
Hierbei handelt es sich um eine standardisierte Hardwareschnittstelle, an der Magnetplatten, Floppy-Disks, Scanner, zunehmend auch Drucker oder andere schnelle Geräte betrieben bzw. angeschlossen werden können.

Semaphor
Dies ist ein im AT&T UNIX-System seit System V vorhandener Mechanismus zur Synchronisation von Prozessen. Damit werden Status-Variablen bereitgestellt, auf die kooperierende Prozesse zugreifen oder auf die sie warten können. Wie Messages und Shared Memory sind sie bei der Kommunikation und Synchronisierung von mehreren Prozessen nützlich.

Server
Ein Rechner in einem vernetzten System, der eine bestimmte Rolle einnimmt, indem er anderen Systemen, den Clients, Dienste über das Netz zur Verfügung stellt. Der Server verwaltet und koordiniert die gemeinsame Nutzung von Ressourcen.

Service
Ein Daemon, mit dem Prozesse auf den Server zugreifen können.

Shell
Ein Kommandointerpreter unter UNIX.

Shellprozedur
Eine Datei, die aus Kommandos und speziellen Anweisungen für Shells besteht.

Skalierbarkeit
In einem Hardware-Kontext versteht man unter der Skalierbarkeit, daß bei Systemfähigkeiten problemlos ein Hochrüsten oder eine Verkleinerung vorgenommen werden kann, zum Beispiel bei der Verarbeitungsgeschwindigkeit. Der Ausdruck wird auch benutzt, um das Konzept der Systemarchitektur zu beschreiben. RISC kann zum Beispiel durch unterschiedliche Technologien wie CMOS, ECL, GaAs (Galliumarsenid) usw. realisiert werden. Im Software-Kontext benutzt man den Begriff, um zu beschreiben, daß das Betriebssystem oder die Software bei einer breiten Palette von Rechnern eingesetzt werden kann, wie beispielsweise auf PCs, auf Workstations, Minicomputern, Großrechnern und auf Supercomputer-Systemen.

Sockets
Ein Verfahren der Interprozeß-Kommunikation. Der Socket kann als eine Art Kommunikationskanal betrachtet werden. Sind die Kanäle zweier Prozesse einmal miteinander verbunden, können die Prozesse über diese Kanäle auch über ein Netzwerk lesen und schreiben.

Soft Mount
Ein NFS-Verfahren, bei dem der Client die Mount-Operation nicht wiederholt durchführt, wenn der Server auf seine erste Anfrage nicht reagiert hat. Verzeichnisse, die nur leseberechtigt sind, wie z.B. die MAN-Seiten, sind meistens „soft-mounted".

SPARC (Scalable Processor Architecture)
(Architektur mit skalierbarem Prozessor)
Eine von der Firma Sun Microsystems entwickelte CPU-RISC-Architektur. Sun lizenziert diese Technik auch an andere Hersteller und Anbieter.

SQL (Structured Query Language)

(Strukturierte Abfragesprache)

Eine ANSI-Standardsprache, um den Zugriff auf und die Implementierung von relationalen Datenbanken vorzunehmen.

Standards

Produkte oder Prozeduren, die allgemeine Anwendung gefunden haben oder innerhalb der Industrie gültig sind. Die Standards beziehen sich nicht auf eine bestimmte Firma, obwohl sie unter Umständen einer Quelle angehören und von ihr lizenziert werden.

Streams

Ein Mechanismus zur Interprozeßkommunikation, der zum ersten Mal mit UNIX System V Release 3 eingeführt wurde. Streams stellt einen flexiblen Mechanismus zur Verfügung, damit zwei oder mehr Prozesse miteinander kommunizieren können. Das Streams-Paket enthält auch Werkzeuge zur Entwicklung von UNIX-System-Kommunikationsdiensten. Streams unterstützt die Implementierung von Diensten, angefangen mit vollständigen Netz-Testreihen wie OSI oder TCP/IP bis hin zu individuellen Gerätebetreibern.

Supercomputer

Eine Bezeichnung, die sich generell auf einen extrem leistungsfähigen Computer bezieht, z.B. einen Cray.

Superminicomputer

Ein Computer in einer höheren Leistungsklasse als der Minicomputer, aber weniger leistungsfähig als ein sogenannter Großrechner oder ein Minisupercomputer.

Superuser

Ein Benutzer, der bestimmte Privilegien hat, die ihm vom Betriebssystem gewährt werden und mit deren Hilfe er sowohl spezielle Systemverwaltungsfunktionen ausführen kann als auch uneingeschränkten Zugriff auf alle Teile des Systems hat.

SVID (System V Interface Definition)

(System-V-Schnittstellendefinition)

Eine von AT&T erstmals 1985 veröffentlichte Spezifikation (ein Dokument), welche die minimal vorhandenen Schnittstellen von System V beschreibt. Ein Anbieter muß sich bei seiner Implementierung nach dieser

Spezifikation richten, um behaupten zu können, sein Produkt sei System-V-konform. Die Spezifikation gewährleistet eine hohe Portabilität der Software auf andere, SVID-konforme Systeme. Anwendungen, die für die SVID geschrieben wurden, können mit nur minimalen oder sogar ohne Veränderungen auf jedem System laufen, das sich an die SVID hält (nachdem die Software neu kompiliert wurde).

SVVS (System V Verification Suite)

(Testreihe für System V)
Eine Reihe von Tests, die die Übereinstimmung mit SVID überprüfen. SVVS wurde 1985 von AT&T freigegeben. Es wird mit jedem neuen Release von System V aktualisiert.

TCP/IP (Transport Control Protocol/Internet Protocol)
Die Implementierung des ARPA-Netzprotokolls des DOD für die Ebenen 3 und 4 des OSI-Modells, das 1982 entwickelt wurde. TCP/IP besteht aus einer Reihe von Bytestrom-Protokollen, die gewährleisten, daß Datenpakete in der Reihenfolge an ihren Zielort gelangen, in der sie ursprünglich übertragen wurden. TCP/IP ist heute das am weitesten verbreitete Protokoll für Ethernet.

Texteditor
Ein Programm, mit dem man Texte und Daten eingibt und redigiert.

Timesharing-System
Ein Rechnersystem, bzw. dessen Betriebsstruktur, an den in der Regel über serielle Leitungen mehrere nicht-intelligente Terminals angeschlossen sind. Um Verarbeitungs- oder Speicherfunktionen durchzuführen, verlassen sich die Terminals auf das System. Time-Sharing impliziert, daß mehrere Benutzer gleichzeitig an einem System arbeiten können.

Treiber
Ein Programm, oder ein Teil eines Programms, das die Datenübertragung von einem Ein-/Ausgabegerät kontrolliert und steuert.

UDP (User Datagram Protocol)
Setzt verbindungslose Datagram-Sockets ein. Auch ein Netztransportverfahren.

Unbundled Software

(Ungebündelte Software)

Software, die **nicht** mit einem System oder einem Rechner zusammen verkauft wird. Sie ist zumeist separat gegen einen entsprechenden Preis erhältlich.

UNIX

Ein Betriebssystem, das weltweit als Standard für technische und kommerzielle Märkte Akzeptanz findet.

UNIX International

UNIX International Inc. ist eine unabhängige Vereinigung, die von Computer- und Softwarefirmen gegründet wurde, um die zukünftige Entwicklung des UNIX-System-V-Betriebssystems zu lenken. Die Vereinigung wird Produkte unterstützen, die auf UNIX System V basieren.

USL (UNIX Software Laboratories)

Eine Tochtergesellschaft, die von AT&T von der Geschäftseinheit für Computersysteme abgekoppelt wurde. UI ist für die Entwicklung, die Vermarktung und die Lizenzierung von UNIX System V Software verantwortlich. USL arbeitet mit UNIX International zusammen, um Produktdefinitionen, Lizenzpraktiken und Produktfreigabepläne zu erarbeiten.

Utility Program

(Dienstprogramm)

Eine Gruppe von Kommandos und Programmen, um wiederholt anfallende Arbeiten durchzuführen, wie zum Beispiel Aufgaben für die Systemverwaltung, Berichtgenerierung usw.

UUCP (UNIX to UNIX Copy Program)

(UNIX-zu-UNIX-Kopierprogramm)

Ein Satz von Programmen, die über Telefonleitungen oder Netze Dateien kopieren und entfernt Kommandos ausführen können.

Verteilte EDV

Die Verteilung von diskreten EDV-Funktionen, wie zum Beispiel Verarbeitung, Speicherung und Netzmanagement auf verschiedene Rechner in einem Netz. Die Aufgabenverteilung bzw. Auftragszuteilung erfolgt abhängig von den Möglichkeiten der beteiligten Systeme und deren Verfügbarkeit.

Virtueller Speicher

Eine Speicherverwaltungstechnik, die es erlaubt, Programme laufen zu lassen, die mehr Hauptspeicher brauchen als physikalisch vorhanden ist, oder als ihnen momentan zugeteilt werden kann. Das Betriebssystem lagert dabei nur die Seiten (pages) eines Programms in den Hauptspeicher, die wirklich benutzt werden, während die nicht benötigten Seiten auf einem Massenspeicher liegen.

Virus (Computervirus)

Ein Programm, das andere Programme infiziert, indem es ihnen eine bestimmte Codesequenz hinzufügt, die für seine Weiterverbreitung sorgt. Viren zerstören häufig Daten oder Programme und machen sie unbrauchbar

WAN (Wide Area Network)

(Überregionales Netz)

Ein Netz, das über einen LAN-Bereich hinausgeht. Normalerweise werden Telefon- oder spezielle Datenverbindungen für die Kommunikation über weite Strecken eingesetzt.

Windowing, Windowsystem

Dann gegeben, wenn ein Bildschirm in mehrere, eventuell auch sich überlappende, voneinander unabhängige Bereiche eingeteilt werden kann.

Word Processing

(Textverarbeitung)

Ein rechnergestütztes System, um Texte aufzubereiten, zu editieren, zu speichern und auszudrucken.

Workstation

Ein schneller Arbeitsplatzrechner mit einem Multitasking-Betriebssystem und einem hochauflösenden grafischen Bildschirm, integrierten Netzfunktionen und Verbindungsmöglichkeit mit anderen Rechnern.

Worm

(Computer-Wurm)

Ein Programm, das andere Programme infiziert, indem es sie so verändert, daß sie eine Wurm-Kopie enthalten. Im Gegensatz zum Cumputer-Virus verändert oder zerstört es jedoch keine Daten.

XDR (External Data Representation)

(Externe Datendarstellung)
Ein standardisiertes Verfahren, um Daten zum Austausch zwischen Rechnern in eine Architektur-unabhängige Form umzuwandeln. Beim Empfänger werden die Daten dann in das Format des Zielsystems umgewandelt. Die XDR wird in der Regel in Form von entsprechenden Bibliotheksfunktionen eingesetzt.

X/OPEN

Eine internationale Organisation, die gegründet wurde, um für UNIX eine Standardumgebung für Applikationen und deren Entwicklung zu schaffen. Ziel dabei war, die Zahl der Anwendungen, insbesondere im kommerziellen Bereich, unter UNIX zu erhöhen bzw. die Voraussetzungen dafür zu schaffen.

X-Terminal

Eine Dialogstation mit eigenem Speicher und Prozessoren, die nur das X-Windowsystem und Netzkommunikationen unterstützen. X-Terminals haben grafische Bitmap-Schirme, und setzen normalerweise ROM-gestützte TCP/IP-Software mit einer Ethernet-Karte oder einer direkten seriellen Verbindung ein.

X-Window-System

Ein Fenster- bzw. Windowsystem, das vom X-Konsortium am Massachusetts Institute of Technology (MIT) entwickelt und lizenziert wurde. Es stellt eine portable, netzwerkfähige Window-Umgebung für verschiedene Hardware-Plattformen zur Verfügung.

X.11

Ein Industriestandard für Windowsysteme für Workstations, der vom MIT-Anbieterkonsortium entwickelt und gepflegt wurde und von vielen Hardware- und Software-Anbietern unterstützt wird.

YP

Die Yellow Pages Netzdienste von Sun Microsystems, jetzt NIS genannt. YP benutzt eine (schreibgeschützte) Datenbasis für die Verwaltung von netzweiten Daten, wie beispielsweise Benutzernamen, Benutzernummern, Rechnernamen und deren Netzadressen u.ä..

Bibliographie

Apgood R (1989) A UNIX Primer, A Guide for New Users, Sun Observer

AT&T (1985) System V Interface Definition, AT&T, AT&T Customer Information Center, Indianapolis, IN

Banahan M, Rutter A (1984) UNIX. Lernen und verstehen. Hrsg. v. Heinzel W, Hanser, München

Bauer A, Domann P, Folters H (1987) UNIX. Handbuch zur Programmentwicklung. Hrsg. v. Bach F, Domann P, Weng-Beckmann U, 452 S, Hanser, München

Bourne S (1983) The UNIX System, Addison-Wesley, Reading, Mass.

Christian K (1988) UNIX Command Reference Guide, John Wiley & Sons, New York

Curry DA (1990) Improving The Security of Your UNIX System, final report, ITSTD-721-FR-90-21, SRI International, Menlo Park, CA

Fiedler D, Hunter BH (1986) UNIX Systems Administration, Hayden Book Company, Hasbrouck Heights, NJ

Gulbins J (1988) UNIX. Eine Einführung in Begriffe und Kommandos von UNIX Version 7 bis System V.3. XI, 773 S, Springer, Berlin Heidelberg

Groff JR, Weinberg PN (1983) Understanding UNIX: A conceptual Guide, 2. Aufl, Que Corporation, Indianapolis

Jespersen H. (1987) Scaling the MIS Heights, UNIX Review

Kochan SG, Wood PH (Hrsg) (1990) UNIX Networking, Hayden Book Company, Hasbrouck Heights, NJ

Lee, E, Window of Opportunity, UNIX Review, Vol. 6, No. 6

Libes D, Ressler S (1989) Life With UNIX, A Guide For Everyone, Prentice-Hall, Englewood Cliffs, NJ

Marshall K, McKusick (1985) A Berkeley Odyssey, Ten Years of BSD History. UNIX Review

Martin G, Trostmann M (1987) Programmieren mit UNIX. Eine Einführung in das Betriebssystem. Hrsg. v. Schumny H. VIII, 219 S, Vieweg

Mohr A (1985) The Genesis Story, UNIX Review

Nichols EA, Bailin SC, Nichols JC (1987) UNIX SURVIVAL GUIDE, Holt; Rinehart and Winston, New York

O'Dell M (1986) Putting Unix In Perspective, UNIX-Review

OPEN Systems (1989) The UNIX in Canada Study Report, /usr/group/cdn, Ontario, Canada

Porting Reference Guide for Sun Workstations (1988) Sun Microsystems, Inc., Mountain View, CA

POSIX Explored (1987) UniForum, Santa Clara, CA

Realini C (1986) UNIX in the Business Market, UNIX Review

Ritchie DM (1980) The Evolution of the Unix Time-sharing System. Language Design and Programming Methodology", Lecture Notes in Computer Science 79, Springer-Verlag, New York

Schnatmeier V (1988) A Banner Year for UNIX", Unix World

Schulman M (1988) Open Systems: Facts and Fallacies, Soloman Bros. Inc., NY

Shipments of UNIX Systems (1987) Electronic News

Stahlman M (1988) Bernstein Research Notes, Sanford Bernstein & Co., Inc., NY

Strong B, Hosler J. (1987) The UNIX for Beginners Book: a Step-by-Step Introduction, John Wiley & Sons, New York

SUNOS Technical Overview (1988) Sun Microsystems, Inc., Mountain View, CA

Trommer I (1990) TerminalBuch Bourne- und Korn-Shell, 216 S, Oldenbourg, München

UNIX: Japan Jumps into the US Computer Marketplace (1987) Electronic Business

UNIX (1989) Products Directory, /usr/group, Santa Clara, CA

UNIX Systems & Software (1989, 1990) Datapro, Delran, NJ

Waite M, Martin D, Prata S (1983) UNIX Primer Plus, Howard W. Sams & Co., Inc., Indianapolis, Ind.

Wolfinger C (1991) Keine Angst vor UNIX. Ein Lehrbuch für Einsteiger. 5. Aufl, XI, 296 S, 45 Abb, VDI, Düsseldorf

Wood PH, Kochan SG (1985) UNIX System Security, Hayden Book Company, Hasbrouck Heights, NJ

X/OPEN, X/OPEN Portability Guide (1989) Prentice-Hall, Englewood, Cliffs, NJ

Young J, Manuel T (1987) UNIX Looking Better, Electronics